Christian Brüggemann | Björn Hermstein | Rita Nikolai (Hrsg.)
Bildungskommunen

Institutionenforschung im Bildungsbereich

Herausgegeben von
Nils Berkemeyer | Inka Bormann | Thomas Brüsemeister |
Sebastian Niedlich | Michael Schemmann

Den Institutionen-Begriff zu aktualisieren und in der Bildungsforschung wieder stärker zu berücksichtigen, ist das zentrale Anliegen der Buchreihe. Im akademischen und gesellschaftlichen Kontext haben sich die Vorstellungen über die Bedeutungen von Bildungsinstitutionen stark verändert. Institutionen werden nicht mehr nur restriktiv, top-down gedacht. Die Diskussion wurde vielmehr erweitert um Begriffe wie Mehrebenensystem, Ermöglichung, Hybrid, Wechselwirkung, Ambivalenz. Dabei verändern sich Spielarten, Funktionen und Wirkungsweisen von Institutionen, ohne ihre grundsätzliche gesellschaftliche Relevanz zu verlieren. Durch Prozesse der De-Institutionalisierung des Alten und der Institutionalisierung des Neuen ist der Wandel von Institutionen an der Tagesordnung.
Die Buchreihe soll Erkenntnisse über legitimatorische, regulative, normative und kognitive Funktionen von Institutionen sowie deren Wandel darstellen und dabei das ganze Potenzial sozialwissenschaftlicher Analysen nutzen. Die Reihe versteht sich als Ort sowohl für gegenstandsbezogene Empirie- und Theoriebildung, als auch für grundlagentheoretische Reflexionen.

Christian Brüggemann | Björn Hermstein |
Rita Nikolai (Hrsg.)

Bildungskommunen

Bedeutung und Wandel kommunaler Politik und Verwaltung im Bildungswesen

BELTZ JUVENTA

MIX
Papier aus verantwortungsvollen Quellen
FSC® C089473

Dieses Buch ist erhältlich als:
ISBN 978-3-7799-6905-1 Print
ISBN 978-3-7799-6906-8 E-Book (PDF)

1. Auflage 2023

in der Verlagsgruppe Beltz · Weinheim Basel
Werderstraße 10, 69469 Weinheim

Herstellung: Ulrike Poppel
Satz: Helmut Rohde, Euskirchen
Druck und Bindung: Beltz Grafische Betriebe, Bad Langensalza
Beltz Grafische Betriebe ist ein klimaneutrales Unternehmen (ID 15985-2104-100)
Printed in Germany

Weitere Informationen zu unseren Autor:innen und Titeln finden Sie unter: www.beltz.de

Inhalt

Bildungskommunen

Eine einleitende Systematisierung zur Reform kommunaler Bildungspolitik und -verwaltung

Christian Brüggemann, Björn Hermstein und Rita Nikolai

Die Bedeutung kommunaler Politik und Verwaltung für die Organisation des Bildungswesens erfährt seit einigen Jahren einen grundlegenden Wandel. Waren Kommunen traditionell insbesondere mit den sogenannten äußeren Schulangelegenheiten betraut (Hermstein, 2021), werden sie zunehmend als Instanzen betrachtet, die Bildungseinrichtungen und Bildungsangebote vor Ort steuern sollen. Eine entsprechende politische Programmatik etabliert sich spätestens seit Mitte der 2000er Jahre und firmiert im Rahmen der aktuellen Förderrichtlinie des Bundesministeriums für Bildung und Forschung (BMBF) unter dem Schlagwort Bildungskommunen.[1]

Der Reformslogan Bildungskommunen folgt auf Begriffe wie Bildungsnetzwerke und Bildungslandschaften. Der Begriff von Bildungskommunen markiert eine zunehmende Inpflichtnahme der kommunalen Ebene als Schaltstelle für Bildungspolitik. Während Kommunen in den Diskursen über Bildungsnetzwerke noch als Organisationen unter vielen gehandelt wurden, wird ihnen zunehmend eine Schlüsselrolle in der Gestaltung von Bildungseinrichtungen und Implementation von Bildungsreformen zugewiesen. Kommunalverwaltungen sollen die Verantwortung für die Koordination des Bildungsgeschehens vor Ort übernehmen und dadurch in die Lage versetzt werden, „den Bürgerinnen und Bürgern in allen Lebensphasen passende Bildungsangebote zu machen und bildungspolitische Herausforderungen vor Ort gezielt zu bearbeiten" (BMBF, 2022, S. 1).[2] Das Ministerium versteht unter Bildungskommunen Kreise und kreisfreie Städte, die durch die Einführung oder Weiterentwicklung eines kommunalen Bildungsmanagements „gezielt die (Weiter-)Entwicklung, Koordinierung und Steuerung der

1 Wir danken Katrin Schwab für ihre stets kompetente Unterstützung bei der Prüfung und Formatierung des Manuskripts.

2 Man darf darüber spekulieren, dass die Wortschöpfung Bildungskommunen auch entstanden sein dürfte, weil das Ministerium mit originell klingenden Überschriften den Innovationsgehalt seiner Programme glaubhaft machen muss, auch wenn die zentralen Ziele, Inhalte und Logiken der aufeinander folgenden Förderrichtlinien weitestgehend konstant bleiben. Nachdem zahlreiche Begriffe bereits für noch laufende oder bereits beendete Förderprogramme besetzt bzw. verbraucht sind, muss ein neuer Name her, trotz oder gerade wegen der frappierenden Kontinuität der Programmatik.

Bildungslandschaft befördern" (ebd.). Damit wird unmissverständlich deutlich, dass die Richtlinie nahtlos an die seit 2008 etablierte Förderung kommunalen Bildungsmanagements anschließt.

Neben dem Bund sind auch einige Länder und diverse Stiftungen seit ca. zwei Dekaden intensiver in die politische und finanzielle (Projekt-)Förderung von Strukturelementen und Sozialtechniken eingestiegen, die in der Erziehungswissenschaft unter dem Schlagwort „Regionalisierung" verhandelt werden.[3] Im Rückblick auf diese Phase der Regionalisierungspolitik im Bildungswesen fällt auf, dass sich die wissenschaftliche Analyse noch nicht ausreichend von den begleitenden Projekt- und Programmevaluationen hat lösen können. Zu beobachten ist eine limitierende programmimmanente Ausrichtung von Forschungsanliegen. Insofern zum evaluativen Maßstab ausgerufene Zielsetzungen ohne Rekurs auf theoretisch orientierte Operationalisierungen auskommen, die angenommenen Wirkmechanismen nur unzureichend expliziert oder gar vorab festgelegt werden und es am forschungsmethodisch adäquaten Zugang oder an realitätsnahen Modellierungen des zu untersuchenden Feldes mangelt, bleiben eklatante Forschungsdesiderate bestehen. Da die eigentlichen Ziele der Regionalisierungspolitik wie beispielsweise eine Verbesserung der Bildungsbeteiligung oder Erhöhung der Chancengleichheit vor dem Hintergrund zeitlicher und methodischer Restriktionen nicht adäquat erfasst werden können, beschränken sich Begleitforschungen häufig darauf, die Etablierung von Strukturen und Techniken und deren Bewertung durch programmbeteiligte Akteure zu untersuchen. Es liegt nahe, dass sich derartige Analysen nicht ausreichend von den programmatisch vorgegebenen Problembeschreibungen und Wirkungsannahmen trennen können (Emmerich, 2017, S. 80).

Das Anliegen des vorliegenden Bandes ist deshalb die stärkere Sichtbarmachung einer von konkreten Förderprogrammen unabhängigen Forschungsperspektive (s. hierzu auch die Beiträge in Olk & Schmachtel, 2017). Die Autor:innen sind dazu aufgerufen, eine distanzierte Betrachtung aktueller Modernisierungsversuche vorzunehmen und Formen und Praktiken kommunaler Bildungssteuerung vor dem Hintergrund mittel- bis langfristiger Institutionalisierungsprozesse zu untersuchen. Zudem sind bisher wenig beachtete Dimensionen und Akteure kommunaler Koordinierung in den Fokus zu nehmen. Vor allem die Bedeutung von Kommunalverwaltung und Kommunalpolitik als Bildungsträger, beispielsweise im Hinblick auf die Umsetzung bildungspolitischer Reformprogramme, die Koordinierung von Angeboten und Einrichtungen sowie den Erhalt und Ausbau der Bildungsinfrastruktur ist nach wie vor nur unzureichend erforscht.

3 Siehe zum Regionalisierungsdiskurs im Bildungswesen Emmerich (2010, 2015), Höhne (2010), Jungermann, Manitius und Berkemeyer (2015), Manitius, Berkemeyer, Brüsemeister und Bos (2015), Koranyi und Kolleck (2017) sowie zusammenfassend Niedlich (2020, S. 207–290).

Der vorliegende Band nimmt die angesprochenen Leerstellen in Forschung und Diskurs zum Ausgangspunkt, um die Bedeutung kommunaler Politik und Verwaltung im Bildungsbereich vor dem Hintergrund sich verändernder gesellschaftlicher Zuschreibungen und den damit verbundenen Widersprüchen und Ambivalenzen in den Blick zu nehmen.

Um einführend den in einzelnen Beiträgen des Bandes nicht systematisch einzuholenden ideellen und strukturellen Rahmen der Konzeptualisierung von Bildungskommunen aufzuspannen, werden im Folgenden zentrale Charakteristika der gegenwärtigen Reformagenda herausgearbeitet. Wir argumentieren, dass Bildungskommunen ein Ergebnis staatlicher Projektpolitik sind, welches – ohne Gesetzesänderungen auskommend – die institutionellen Erwartungen an angemessenes kommunales Verwaltungshandeln verschiebt. Bildungskommunen sind ein Aufruf zum freiwilligen kommunalen Engagement im Bildungsbereich, verbunden mit temporären finanziellen Anreizen für die Übernahme eines Sets von Managementtechniken. Durch Bildungsmanagement sollen Kommunalverwaltungen zu „besseren" Bildungsakteuren werden. Welche Wirkungen von entsprechenden Reformversuchen ausgehen, bleibt eine spannende, aber zunächst ungeklärte Frage.

1. Bildungskommunen als Aktualisierung institutioneller Erwartungen

Die kommunale Ebene erlebt gegenwärtig einen Höhepunkt im Hinblick auf die ihr zugeschriebene Bedeutung für die Bildungspolitik (Ratermann & Stöbe-Blossey, 2012; Hangartner & Heinzer, 2016). Kommunalpolitik und -verwaltung sind aufgefordert, Bildung als ein zentrales Handlungsfeld zu begreifen und ihre bildungspolitischen Gestaltungsspielräume auszubauen. Kommunen können – so wird suggeriert – Bildungseinrichtungen und -angebote in ihrem Wirkungskreis managen und dadurch höchst unterschiedliche Herausforderungen besser bewältigen. Mit dieser Zuschreibung ist eine wirkungsmächtige Aktualisierung institutioneller Erwartungen verbunden. Institutionelle Erwartungen sind jene teils diffusen, teils konkreten Auffassungen darüber, was eine moderne Kommunalverwaltung ausmacht, welche Aufgaben sie zu erledigen und welche Leistungen sie wie zu erbringen hat (vgl. grundlegend Meyer & Rowan, 1977; Tolbert & Zucker, 1983).

Einen wesentlichen Ausgangspunkt nimmt die Aktualisierung der an Kommunen gerichteten institutionellen Erwartungen in der Debatte um kommunale Bildungslandschaften. Der Ruf nach Bildungslandschaften wird erstmals in der Denkschrift „Zukunft der Bildung – Schule der Zukunft" der Bildungskommission NRW (1995) laut, gefordert wurden eine organisationsübergreifende Kooperation und Vernetzung, die Schaffung kommunaler Gestaltungsspielräume für innere Schulangelegenheiten und die Einrichtung kommunaler Bildungskommissionen anstelle von Schulausschüssen mit Beteiligung sachkundiger Bürger:innen und Vertreter:innen anderer Bildungsorganisationen. Mitte der 2000er Jahre wird die Forderung nach kommunalen Bildungslandschaften, auch vor dem Hintergrund einer nahezu allgegenwärtigen Aufforderung nach Vernetzung, zunehmend konsensual. Der Zwölfte Kinder- und Jugendbericht der Bundesregierung fordert ein integriertes System von Bildung, Erziehung und Betreuung, welches „insbesondere durch den Aufbau einer kommunalen Bildungsplanung an die kommunale Steuerungsebene" angebunden werden soll (BMFSFJ, 2005, S. 14). Der Begriff Bildungslandschaften wird hier einerseits als Beschreibung der Gesamtheit aller vorhandenen bildungsrelevanten Institutionen verwendet, anderseits als Zielperspektive im Hinblick auf funktionierende Kooperation. Der Deutsche Verein – ein wichtiger Dachverband öffentlicher und freier Träger der Sozialen Arbeit – wiederholt die Forderungen in zwei Stellungnahmen (Deutscher Verein, 2007, 2009). Demnach sollen die Kommunen die Federführung beim Aufbau von Bildungslandschaften übernehmen, indem sie ein bildungspolitisches Gesamtkonzept entwickeln und sich für dessen Steuerung und Umsetzung verantwortlich zeigen.

Wesentlich für den Durchbruch kommunaler Bildungslandschaften als institutionelle Erwartung an Kommunalverwaltung und Kommunalpolitik sind außerdem die Positionierungen der kommunalen Spitzenverbände. 2007 gründete sich die Weinheimer Initiative als ein Zusammenschluss von Kommunen und Expert:innen unterschiedlicher Couleur und forderte dazu auf, kommunal koordinierte Verantwortungsgemeinschaften zu gründen (Weinheimer Erklärung, 2007). Im gleichen Jahr appellierte der Deutsche Städtetag in seiner viel zitierten Aachener Erklärung an die Kommunen, Bildung als „zentrales Feld der Daseinsvorsorge" zu erkennen und die Gestaltung der kommunalen Bildungslandschaft als Leitbild des eigenen Engagements zu begreifen (Deutscher Städtetag, 2007, S. 1). Die kommunale Ebene sei der Ausgangspunkt für Bildungsprozesse, hier entscheide sich „Erfolg oder Misserfolg von Bildung" (ebd.). Der kommunale Gestaltungswille und die Bereitschaft bildungspolitische Verantwortung zu übernehmen, wird wenige Jahre später sowohl vom Städtetag als auch vom Landkreistag erneut betont. Bildung werde für Städte zur „zentralen Zukunftsstrategie" (Deutscher Städtetag, 2012, S. 1) und müsse „vor Ort, in den Landkreisen und ihren Gemeinden gestaltet werden" (Deutscher Landkreistag, 2014, S. 1). Auch die Gewerkschaft Erziehung und Wissenschaft (GEW, 2011), einige politische Stiftungen (Duveneck & Volkholz, 2011; Wernstedt & Ohnesorg, 2010) und die Kommunale Gemeinschaftsstelle für Verwaltungsmanagement (KGSt, 2014) bekräftigen entsprechende Positionen. Nicht zuletzt wurde in der der Debatte um gleichwertige Lebensverhältnisse empfohlen, durch den Aufbau von Bildungsmanagementstrukturen die kommunalen Koordinations- und Kooperationskapazitäten zu stärken (BMI, 2019, S. 128).

Im Rahmen der oben skizzierten Positionierungen – die als Hinweis auf eine entsprechende Diskursverschiebung an dieser Stelle ausreichen soll – verändert sich die Auffassung darüber, was zunächst im Kreise von Expert:innen und dann allgemeinhin als angemessene Selbstbeschreibung von Kommunen aufgefasst wird. Der kommunale Verantwortungsbereich wird erweitert, indem der Kommune die maßgebliche Zuständigkeit für „Bildung vor Ort" – d.h. die Koordination und Vernetzung von Bildungseinrichtungen und Bildungsangeboten zugeschrieben wird. Bildungskommunen können das Feld der Bildungspolitik nicht mehr den Ländern überlassen, sondern sind aufgefordert selbst Verantwortung zu übernehmen.

2. Bildungskommunen als Aufruf zum freiwilligen Engagement

Eine Bildungskommune – d.h. eine Kommune die über kommunales Bildungsmanagement verfügt und eine kommunale Bildungslandschaft entwickelt – erschließt einen Aufgabenbereich, für den sie in diesem umfassenden Sinn formal nicht zuständig ist. In zahlreichen das Bildungs- und Sozialwesen betreffenden Bundes- und Landesgesetzen findet sich die Aufforderung zur Kooperation, etwa zwischen den öffentlichen und den freien Trägern der Jugendhilfe oder zwischen Schulen und außerschulischen Bildungseinrichtungen. Daran anknüpfend kann aber nicht die Verantwortung für die Koordination von Einrichtungen und Angeboten, geschweige denn für die Entwicklung und Umsetzung einer bildungspolitischen Gesamtstrategie abgeleitet werden.

Während im Bereich der Jugendhilfe zahlreiche Kompetenzen, einschließlich der Gesamt- und der Planungsverantwortung, auf der kommunalen Ebene verortet sind, ist die Kommune in der Schulpolitik weitgehend auf ihre Rolle als Schulträgerin reduziert. Kein Bundes- oder Landesgesetz erwähnt den Aufbau von Bildungslandschaften, die Koordination von Einrichtungen und Angeboten im Bildungsbereich oder die Erarbeitung einer bildungspolitischen Gesamtstrategie als eine kommunale Aufgabe. Auch können Kommunen ihre Schulen nicht zur Beteiligung an derartigen Initiativen rechtlich verpflichten (Avenarius, 2015, S. 78). Ein solches Engagement ist eine rein freiwillige Leistung der Kommunen – im Gegensatz zu weisungsgebundenen Pflichtaufgaben, d.h. Aufgaben deren Ausführung strikt gesetzlich geregelt sind (z.B. der Vollzug des Aufenthaltsrechts) und pflichtigen Selbstverwaltungsaufgaben, d.h. Aufgaben, die ausgeführt werden müssen, über deren konkrete Umsetzung aber die Kommune entscheidet (z.B. Schulträgerschaft). Lediglich im nordrhein-westfälischen Schulgesetz wird seit einer Gesetzesänderung vom 23. Februar 2022 durch die Einführung des § 78a auf die Möglichkeit hingewiesen, dass Schulen, Schulträger, Schulaufsichtsbehörden und weitere Einrichtungen im „Interesse erfolgreicher Bildungsbiografien" in Bildungsnetzwerken zusammenarbeiten können. Das Gesetz verweist jedoch auch explizit darauf, dass die Zuständigkeiten der Schulträger und der staatlichen Schulaufsicht davon unberührt bleiben. Die von der Denkschrift der Bildungskommission NRW (1995) formulierte und vom Deutschen Städtetag (2007, 2012) wiederholt geforderte Neuordnung der kommunalen Steuerungsmöglichkeiten, durch eine schulgesetzlich geregelte Kompetenzzuweisung an die Kommunen, hat bisher nicht stattgefunden.

Die Aufforderung, eine Koordination durch eine verbesserte und für alle Parteien freiwillige Abstimmung und Vernetzung zu gewährleisten, scheint gerade deshalb so attraktiv zu sein, weil dadurch die formal konstituierten Zuständigkeiten nicht in Frage gestellt werden müssen (Emmerich, 2010, S. 363). Bund und Länder können so die Kommunen für die Bearbeitung der Folgeprobleme von Politikverflechtungen in die Pflicht nehmen, ohne eigene Kompetenzen abgeben zu müssen. Die Kommunen sind demnach aufgefordert, Interdependenzen zu koordinieren, die sich daraus ergeben, dass die Bildungsbereiche (Elementarbildung, Schulbildung, Berufsbildung usw.) von höchst unterschiedlichen Steuerungslogiken und gesetzlichen Grundlagen geprägt, aber dennoch stark aufeinander bezogen sind (Ratermann & Stöbe-Blossey, 2012, S. 255). Die Zuständigkeit für das Management dieser wechselseitigen Abhängigkeiten wird somit als Aufgabe an die kommunale Ebene delegiert. Obwohl die Rolle der Kommune dadurch zunehmend in den Fokus rückt, kann in diesem Zusammenhang jedoch nicht von Dezentralisierung oder Kommunalisierung gesprochen werden, solange nicht auch politische Entscheidungsrechte in Verbindung mit einer entsprechenden Ressourcenausstattung übertragen werden (vgl. Kuhlmann, 2019).

Der Aufruf zum freiwilligen kommunalen Engagement folgt mindestens drei Argumentationssträngen.

- *Erstens* sind die Kommunen aufgerufen, im eigenen wirtschaftlichen Interesse zu handeln, um im kommunalen Wettbewerb zu bestehen. So heißt es zum Beispiel beim Deutschen Verein, Kommunen müssten „ein fundamentales eigenes Interesse daran haben, ihre Standortqualität als Bildungskommune auszubauen“ (2007, S. 17). Es solle eine „aktiv gestaltende Bildungspolitik betrieben werden“, denn das Bildungsangebot beeinflusse die Standortwahl von Unternehmen und Wohnentscheidungen von Familien, während fehlgeschlagene Bildungsbiografien für die Kommunen mit steigenden Kosten für Sozialleistungen verbunden seien (Deutscher Verein, 2009, S. 2).
- *Zweitens* sollen Kommunen im Interesse der Menschen handeln. Kommunen sollen sich an den Wünschen der Bevölkerung orientieren und dafür sorgen, dass Bildungsangebote „passgenau“ (BMBF, 2015, S. 2) und „bedarfsgerecht“ (Deutscher Verein, 2007, S. 10) ausgerichtet werden. Entsprechend sei es einigen besonders engagierten Kommunen bereits gelungen

„Managementstrukturen für ein ganzheitliches Bildungswesen aufzubauen, […] in deren Mittelpunkt die Menschen und ihre Bildungsbiographien stehen“ (ebd., S. 1).

- *Drittens* wird an die Kommunen appelliert, durch aktive Bildungspolitik einen Beitrag zur Durchsetzung moralischer Prinzipien zu leisten. Durch mehr Engagement im Bildungsbereich sollen sie aktiv dazu beitragen, „mehr Bildungschancen für alle Menschen“ (BMBF, 2022) zu ermöglichen und gesellschaftliche Partizipation zu gewährleisten. Die Qualitätsmängel und die starken Selektionstendenzen im Deutschen Bildungssystem seien mit einem Anspruch auf demokratische Teilhabe nicht mehr vereinbar (Deutscher Städtetag, 2007, S. 1). In diesem Sinne sei kommunale Verantwortungsübernahme für Bildung im Interesse an „sozialem Zusammenhalt und lebendiger Demokratie“ unverzichtbar (Weinheimer Initiative, 2007, S. 5).

Typisch für den Diskurs um kommunales Engagement im Bildungswesen ist die Vagheit der Problembeschreibungen, die durch entsprechende Aktivitäten bearbeitet werden sollen (Gaus, 2014). Kommunales Engagement in Form kommunalen Bildungsmanagements kann so flexibel auf eine Vielzahl höchst unterschiedlicher und teilweise widersprüchlicher Problemlagen angewendet werden. Beispielsweise soll Bildungsmanagement einerseits die Wettbewerbsfähigkeit von Kommunen erhöhen (BMBF, 2015, S. 2) und anderseits zur Schaffung bundesweit gleichwertiger Lebensverhältnisse beitragen (BMI, 2019, S. 100). Wenn entsprechende Reformsemantiken in den Kommunen aufschlagen, muss nicht mehr erörtert werden, wie ein bestimmtes Problem bearbeitet werden soll. Stattdessen stehen die Kommunen vor der Herausforderung die Frage zu beantworten, auf welche der vielen möglichen gesellschaftlichen Problemvorgaben das kommunale Engagement im Bildungsbereich eigentlich die Antwort sein soll.

3. Bildungskommunen als Ergebnis von Projektpolitik

Der oben knapp skizzierten Diskursentwicklung entsprechend werden etwa zeitgleich vom BMBF und einigen Bundesländern an die Kommunen adressierte Förderprogramme zum Aufbau eines kommunalen Bildungsmanagements aufgesetzt.[4] Der mit Abstand größte Mittelgeber ist das BMBF mit einer ganzen Reihe von einander anschließenden großangelegten Förderprogrammen mit einem Umfang von mehreren hundert Millionen Euro (s. Tab. 1). Mit dem Programm

4 Die Programme der Länder verwenden zwar nicht den Begriff „Bildungsmanagement“, die Programme folgen jedoch den gleichen Zielen und auch die Förderstruktur ähnelt sich stark, mit der Ausnahme, dass Bildungsmonitoring als Bestandteil von Bildungsmanagement maßgeblich durch den Bund gefördert wird.

„Lernen vor Ort“ (BMBF, 2008) wurden bundesweit von 2009 bis 2014 zunächst 40 Modellkommunen im Aufbau eines kommunalen Bildungsmanagements gefördert. Daran anknüpfend richtete das BMBF im Rahmen der sogenannten Transferinitiative ab 2015 neun Transferagenturen ein, die als Diffusionsagenten agieren und die Erfahrungen der Modellkommunen aus „Lernen vor Ort“ in die Fläche tragen sollen. Die Agenturen wurden von etablierten Organisationen, unter anderem dem Deutschen Jugendinstitut und der Deutschen Kinder- und Jugendstiftung, aufgebaut. Sie fungieren als Consultants, deren Auftrag es ist, auf Basis von Zielvereinbarungen den Aufbau kommunalen Bildungsmanagements zu initiieren und die Umsetzung zu begleiten. Neben Beratungsleistungen wird von jeder Agentur ein großangelegtes Weiterbildungsprogramm realisiert und durch umfangreiche Öffentlichkeitsarbeit gerahmt.[5]

Daran anknüpfend wurden zwischen 2015 und 2021 zusätzlich in über 100 Kreisen und kreisfreien Städten, die über eine entsprechende Zielvereinbarung mit einer Agentur verfügen, im Rahmen des Programms „Bildung integriert“ Personalstellen für Bildungsmanagement und Bildungsmonitoring geschaffen. Als Reaktion auf die im Vergleich zu den Vorjahren deutlich gestiegene Fluchtmigration nach Deutschland in den Jahren 2015/16 wurden zudem in 321 Kreisen und kreisfreien Städten Personalstellen gefördert, die für die kommunale Koordination von Bildungsangeboten für Neuzugewanderte zuständig sein sollten. In diesem Zuge wurden in Kommunen bundesweit einheitliche Stellenprofile geschaffen. Bildungsmanagement kann damit als ein in kommunalen Stellenplänen ausgewiesenes Tätigkeitsfeld der Kommunalverwaltung bestimmt werden. Die im Zuge der Personalförderung in den Kommunen angestellten Mitarbeiter:innen sind Zielgruppe von Beratungs- und Weiterbildungsangeboten der Transferagenturen. Die laufende Förderung setzt diesen Trend fort. Seit 2022 können Kreise und kreisfreie Städte, die Bildungsmanagement auf- und ausbauen wollen, sich auf die Richtlinie „Bildungskommunen“ bewerben. Ab 2024 werden Entwicklungsagenturen und Fachstellen gefördert, die aller Voraussicht nach die Arbeit der Transferagenturen weiterführen sollen.

Parallel zu den Aktivitäten des Bundes etablieren und verstetigen Nordrhein-Westfalen, Baden-Württemberg, Bayern und Niedersachsen eigene an die Kommunen gerichtete Landesprogramme.[6] Mit Ausnahme des Programms

5 Siehe zu den Transferagenturen: https://www.transferinitiative.de/Transferagenturen.php, siehe zur ursprünglichen Konzeption der Agenturen Euler, Sloane, Fäckeler, Jener, Loch, Meier, Rüschen und Schröder (2016).

6 Baden-Württemberg etablierte bereits 2006 das Modellprojekt „Regionale Bildungslandschaften“ in Freiburg und Ravensburg, welches zu einem „Impulsprojekt“ ausgebaut wurde und seit 2013 als Landesprogramm verstetigt wird. Etwa zeitgleich entstand in Nordrhein-Westfalen das Landesprogramm „Regionale Bildungsnetzwerke in NRW“ ab 2008. Bayern und Niedersachsen richteten 2012 bzw. 2014 unter dem Slogan „Regionale Bildungslandschaften“ eigene Landesprogramme ein.

Bildungsregionen in Bayern werden hier durch die Länder ebenfalls Personalkosten zum Aufbau von Koordinierungsstrukturen gefördert. In Bayern hingegen können Kommunen, die sich entsprechend der Förderrichtlinie im Bildungsbergeich engagieren, das vom Land verliehene Zertifikat „Qualitätssiegel Bildungsregion in Bayern“ erwerben.

Insgesamt gesehen erreichen die Programme eine beachtliche Verbreitung. An den Landesprogrammen sind 64 % (in Baden-Württemberg) bis 96 % (in Nordrhein-Westfalen) der antragsberechtigten Kommunen beteiligt. Die BMBF-Programme „Lernen vor Ort“ und „Bildung Integriert“ erreichten 43 % aller Kreise und kreisfreien Städte. Die Transferagenturen decken deutlich über die Hälfte aller Kreise und kreisfreien Städte mit Zielvereinbarungen ab. An dem Programm „Kommunale Koordinierung der Bildungsangebote für Neuzugewanderte“ waren bundesweit 80 % der Kommunen beteiligt. Die Reichweite der 2022 aufgesetzten Förderrichtlinie „Bildungskommunen“ ist noch nicht absehbar. Das BMBF geht von bis zu 100 teilnehmenden Kommunen aus (BMBF, 2023). Inzwischen dürften sich etwa 95 % der Kommunen bundesweit (zumindest temporär) an einem der oben genannten Programme beteiligt haben, womit aber noch keine Aussage über die Nachhaltigkeit der Programme getroffen werden kann. Dies gilt auch deshalb, weil die inzwischen über 100 von den Transferagenturen oder dem BMBF-Projektträger DLR publizierten und sich in ihren Inhalten häufig wiederholenden Veröffentlichungen zum kommunalen Bildungsmanagement (Handreichungen, Magazine, Broschüren und Working Paper) nahezu ausschließlich Beispiele guter Praxis kennen.[7]

7 Wir beziehen uns hier auf eine Durchsicht der online verfügbaren Publikationen der Jahre 2011–2022. Die Veröffentlichungen der Transferagenturen sind häufig ein Hybrid aus jeweils themenbezogenen praxisorientierten Beiträgen von Wissenschaftler:innen, Fachbeiträgen von Praktiker:innen (inkl. Ablaufdiagrammen und Checklisten), Erfahrungsberichten aus den Kommunen und Programmwerbung, wobei die Grenzen fließend sind. Im Vordergrund stehen Beispiele guter Praxis. Beispiele schlechter Praxis – von denen sicherlich beachtliche organisationale Lerneffekte zu erwarten wären – werden im Rahmen der Transferinitiative nicht öffentlich thematisiert.

Tab. 1: An Kommunen adressierte Förderprogramme des BMBF, Unterabteilung 33 „Bildung in Regionen“

Förderrichtlinie	Anzahl der beteiligten Kommunen (% aller Kommunen in Deutschland)	Zeitraum
Lernen vor Ort	40 (9,7 %)	2009–2014
Transferagenturen kommunales Bildungsmanagement	> 200 (> 50 %)[1]	2014–2023
Bildung integriert	134 (33,4 %)	2015–2022
Kommunale Koordinierung der Bildungsangebote für Neuzugewanderte	321 (80,0 %)	2016–2021
Bildungskommunen	Anträge laufen	2022–2027
Fachnetzwerk kommunales Bildungsmanagement (Entwicklungsagenturen und Fachstellen)	Anträge laufen	2024–2027

[1] Anzahl der Kommunen, die eine Zielvereinbarung mit einer Transferagentur abgeschlossen haben.
Quelle: Eigene Internetrecherche, Stand: Januar 2023

Tab. 2: An Kommunen adressierte Förderprogramme der Bundesländer

Förderrichtlinie	Anzahl der beteiligten Kommunen (% der Kommunen in einzelnen Bundesländern)	Zeitraum
Bildungsnetzwerke in Nordrhein-Westfalen	51 (96,2 %)	seit 2008
Bildungsregionen in Baden-Württemberg	28 (63,6 %)	seit 2009
Bildungsregionen in Bayern	72 (78,1 %)	seit 2012
Bildungsregionen in Niedersachsen	36 (80,0 %)	seit 2014

Quelle: Eigene Internetrecherche, Stand: Januar 2021

Die Programme verfolgen den Zweck, die kommunalen Selbststeuerungskräfte im Bildungswesen zu fördern. Die Mittel zur Zielerreichung werden allerdings nicht den Kommunen überlassen, sondern basieren auf konkreten Vorgaben und Vorschlägen. In der Regel sind Steuerungsgremien zu etablieren und Netzwerke zu gründen, Geschäftsstellen müssen eingerichtet und Strategien entworfen werden. Kommunen bewerben sich auf eine befristete finanzielle Förderung (i. d. R. von Personalstellen und ggf. Sachmitteln) oder gehen eine Zielvereinbarung mit einer Transferagentur ein und verpflichten sich im Gegenzug zum Aufbau eines kommunalen Bildungsmanagements bestehend aus einem Set von Strukturen und Techniken. Die Programme könne daher treffend als dezentrale Kontextsteuerung von Bund und Ländern bezeichnet werden (Gaus, 2014, S. 116). Zwar übernehmen die Kommunen vordergründig Verantwortung – in welcher Form sich die Steuerungsversuche manifestieren, wird jedoch maßgeblich durch die Richtlinien von Bund und Ländern mitbestimmt. Der gewonnene Gestaltungsspielraum geht somit auch mit neuen Abhängigkeiten gegenüber den Fördermittelgebern einher.

4. Bildungskommunen als Diffusion eines Sets an Managementtechniken

Kommunen, die ihr Engagement im Bildungsbereich intensivieren, bedienen sich eines Sets an Managementtechniken, welches in der Terminologie des BMBF als Datenbasiertes Kommunales Bildungsmanagement (DKBM) bezeichnet wird. Dadurch lässt sich auf der Strukturebene eine erstaunliche Gleichförmigkeit beobachten. Bundesweit wurden Organisationseinheiten gegründet, Steuerungsgruppen berufen, Netzwerke etabliert, Bildungskonferenzen organisiert und kommunale Bildungsberichte veröffentlicht. Die folgenden Elemente können als Kernbestandteile kommunalen Bildungsmanagements identifiziert werden.

- Eine Organisationseinheit – bundesweit häufig als *Bildungsbüro* bezeichnet – wird als Stabsstelle oder Abteilung Teil der Verwaltungshierarchie und ist mit der Geschäftsführung des Bildungsmanagements beauftragt. Im Bildungsbüro werden mehrere Personalstellen für Bildungsmanagement bzw. Bildungskoordination eingerichtet. Neben der Koordinierungstätigkeit als übergreifender Hauptaufgabe erhält das Bildungsbüro eine Reihe zusätzlicher Aufgaben, typischerweise Bildungsmonitoring, Bildungsberatung, die Gestaltung von Übergängen oder die Koordination der Bildungsintegration von Neuzugewanderten.
- Ein *Leitungsgremium* (Steuerungsgruppe, Lenkungskreis, o. ä.), bestehend aus Vertreter:innen bildungsrelevanter Abteilungen der Kommunalverwaltung (oft aus den Bereichen Schule, Jugendhilfe und Soziales) und unterschiedlicher verwaltungsexterner Organisationen (bspw. der staatlichen Schulaufsicht, Industrie- und Handwerkskammer, Agentur für Arbeit, Schulen, kreisangehörige Kommunen), ist zuständig für die Zielsetzung und strategische Ausrichtung des Bildungsmanagements und soll zugleich die Mitwirkung wichtiger Akteure sicherstellen.
- *Arbeitsgruppen* (Netzwerke, Fachgremien, Runde Tische, Kooperationskreise, Foren o. ä.) widmen sich bestimmten Aufgabenfeldern, für die ein organisationsübergreifender Abstimmungsbedarf festgestellt wurde. In den einschlägigen Konzepten werden diesen Gremien die Funktion der operativen Abstimmung und Netzwerkbildung zugeschrieben, während dem Leitungsgremium die strategische Abstimmung vorbehalten bleibt. Arbeitsgruppen werden i. d. R. durch das Bildungsbüro betreut oder unterstützt.
- Eine in größeren Abständen durch das Bildungsbüro organisierte *Bildungskonferenz* adressiert die kommunale Fachöffentlichkeit. Sie soll über die Arbeit des Bildungsbüros und die Bildungssituation in der Kommune informieren, das Personal unterschiedlicher Bildungseinrichtungen vernetzen und (i. d. R. nicht genauer spezifizierte) Partizipation möglichst aller Bildungsakteure ermöglichen. Bildungskonferenzen gelten als Begegnungsräume und

zielen unter anderem auf die Entwicklung einer gemeinsamen Identität als Bildungslandschaft.

- *Bildungsmonitoring* hat die Aufgabe, Informationen über Bildung in der Kommune zusammenzutragen, auszuwerten und bereitzustellen. Damit ist das Ziel verbunden, kommunale Abstimmungen und Entscheidungen auf Daten zu basieren und Entwicklungen anhand von Kennzahlen zu überprüfen. Die typischen Produkte des Bildungsmonitorings sind kommunale Bildungsberichte, die eine umfangreiche „Gesamtschau" über Bildung in der Kommune gewährleisten sollen, sowie kürzere thematische Berichte, die über einzelne Bildungsbereiche informieren.

Die genannten Elemente werden entweder durch die Förderrichtlinien vorausgesetzt oder zumindest in der Fachdebatte empfohlen, auf jeden Fall aber als Managementpaket von den Transferagenturen beworben. Die konkrete Zusammenstellung dieses Reformsets variiert vor Ort: Bspw. ist die Teilnahme an dem Programm „Bildung Integriert" mit dem Aufbau eines Bildungsmonitorings verbunden, während selbiges im Rahmen der Landesförderung nicht vorausgesetzt wird. Auch Labels und Bezeichnungen variieren. Beispielsweise wird anstelle eines Leitungsgremiums ein Beirat eingerichtet oder der Begriff Bildungsmanagement bewusst vermieden und von Bildungskoordination gesprochen. Dennoch entstehen im Zuge der Diffusion kommunalen Bildungsmanagements bundesweit bemerkenswert einheitliche Strukturen und Techniken.

Die Ergebnisse einer Internetrecherche zeigen, dass mindestens 162 (40 %) der Kreise und kreisfreien Städte in Deutschland eine Organisationseinheit mit der Bezeichnung „Bildungsbüro" etabliert haben (s. Tab. 3). Dazu kommen zahlreiche Kommunen, die über funktional äquivalente Strukturen verfügen, die aber nicht als Bildungsbüro bezeichnet werden. Wird die bundesweite Verbreitung von Bildungsbüros anhand der kommunalen Siedlungsstruktur und Strukturstärke differenziert, zeigen sich einige Auffälligkeiten. Etwa zwei Drittel aller kreisfreien Großstädte haben ein Bildungsbüro eingerichtet, aber weniger als ein Fünftel der dünn besiedelten ländlichen Kreise. Demnach ist von einem Stadt-Land-Gefälle im Hinblick auf die Diffusion kommunalen Bildungsmanagements auszugehen. Hingegen ist der Anteil von Kommunen mit Bildungsbüros zwischen strukturstarken und strukturschwachen Kommunen etwa gleich verteilt.[8]

8 Einschränkend muss darauf hingewiesen werden, dass sich die BBSR-Kategorien „stark überdurchschnittliche Kommunen" und „stark unterdurchschnittliche Kommunen" nur auf etwa 15 % der Kreise und kreisfreien Städte beziehen.

Tab. 3: Bundesweite Verbreitung von Bildungsbüros differenziert nach Siedlungsstrukturellen Kreistypen und Strukturstärke

Siedlungstyp	
Kreisfreie Großstädte (N=67)	45 (67 %)
Kreisfreie Mittelstädte (N=40)	18 (45 %)
Städtische Kreise (N=119)	52 (44 %)
Ländliche Kreise mit Verdichtungsansätzen (N=84)	30 (36 %)
Dünn besiedelte ländliche Kreise (N=91)	17 (19 %)
Strukturstärke	
Stark überdurchschnittliche Kommunen (N=32)	12 (38 %)
Durchschnittliche Kommunen (N=341)	140 (41 %)
Stark unterdurchschnittliche Kommunen (N=28)	10 (36 %)
Gesamt (N=401)	**162 (40 %)**

Quelle: Eigene Internetrecherche, Stand: Januar 2023. Zur Kategorisierung siehe BBSR (2015, 2017), zusammenfassend Brüggemann & Tegge (2018, S. 5–7), Kreisfreie Mittelstädte wurden als Kategorie hinzugefügt. Die erst seit Kurzem kreisangehörige Stadt Eisenach wird hier noch berücksichtigt.

DKBM mag auf den ersten Blick als ein besonders innovatives Konzept zur Koordinierung öffentlicher Leistungen erscheinen, die oben skizzierten Bestandteile kommunalen Bildungsmanagements sind jedoch keine Innovation des Bildungssystems. Es handelt sich um Strukturen und Techniken, die sich systemübergreifend großer Beliebtheit erfreuen. Die Einführung von Organisationseinheiten für die Bearbeitung neuer Aufgaben, die Etablierung einer auf Zielen basierenden strategischen Planung in Kombination mit Berichterstattung und Monitoring sind typische Bestandteile von Reformen des öffentlichen Sektors. Ein ganz ähnliches Set an kommunalen Managementtechniken wird bspw. in den Feldern der kommunalen Migrationspolitik und des kommunalen Klimaschutzes propagiert. Neu sind daher nicht die hier skizzierten Managementstrukturen und -techniken, neu ist lediglich ihre spezifische Kombination und Zielstellung in Verbindung mit der Kommunalverwaltung als Adressatin der Reform.

Kennzeichnend ist außerdem, dass DKBM nicht eindeutig einem Verwaltungsleitbild zugeordnet werden kann (Niedlich, 2020, S. 322–330). Während der Begriff des Managements und die Rede von kommunaler Standortattraktivität insbesondere eine Nähe zum New-Public-Management (NPM) nahelegt, steht kommunales Bildungsmanagement eher in der Tradition der New-Public-Governance.[9] Zentrale Kernbereiche der NPM-Reform wie beispielsweise Verwaltungsdezentralisierung, Outsourcing, produktorientierte Steuerung, Kontraktmanagement und eine insgesamt stärker betriebswirtschaftliche Ausrichtung der Kommunalverwaltung sind kein Kennzeichen kommunalen

9 Deshalb trägt die Bezeichnung DKBM nicht gerade zum Verständnis bei. Kommunale Koordinierung wäre wohl der geeignetere Begriff.

Bildungsmanagements. Zwar lassen sich mit Zielvereinbarungen und Bildungsberichterstattung Ansätze von Outputorientierung beobachten. Mit der Einrichtung von Bildungsbüros und Personalstellen in Kombination mit der Etablierung von Gremien, Netzwerken und Konferenzen als Koordinationsmechanismen geht es steuerungstheoretisch jedoch weniger um Wettbewerbsorientierung als um die nach außen sichtbare Gestaltung von Interaktions- und Interdependenzbeziehungen zwischen Bildungsorganisationen und damit um eine Zielstellung, die eher Governance als verwaltungspolitischem Reformkonzept entspricht (vgl. Fürst, 2001; Jann & Wegerich, 2004, S. 203–205).[10]

Eine Sonderstellung nimmt dabei allerdings das Bildungsmonitoring ein. Kommunales Bildungsmonitoring folgt dem Trend der Anfang der 2000er Jahre einsetzenden nationalen Bildungsberichterstattung. Kreise und kreisfreie Städte sollen durch Bildungsmonitoring in die Lage versetzt werden, das Bildungsgeschehen vor Ort zu steuern (s. z. B. Wagner & Weishaupt, 2014). Als wesentliches Produkt haben sich kommunale Bildungsberichte durchgesetzt, die angelehnt an die nationale Bildungsberichterstattung eine Gesamtschau der für die kommunale Ebene vorhandenen Bildungsdaten abbilden. Bildungsberichte sind i. d. R. sekundärdatenbasierte und bildungsbereichsübergreifende Kennzahlensammlungen mit einem Umfang von mehreren hundert Seiten. In der Programmatik datenbasierten Bildungsmanagements sollen Handlungen und Entscheidungen ausnahmslos auf Monitoringdaten basieren: „Die Grundlage jeder Entscheidung und jeden Handelns im DKBM bilden die Daten des *Bildungsmonitorings*" (BMBF/DLR, 2014, S. 16, Hervorhebung im Original). Entsprechend umfangreich ist der Aufwand, der im Rahmen der Transferinitiative betrieben wird, um Kommunen mit Kompetenzen in Monitoring und Berichtslegung auszustatten. Zu keinem Thema werden mehr Fortbildungen angeboten oder Handreichungen veröffentlicht.[11] Das Bildungsmonitoring ist Teil eines allgemeinen gesellschaftlichen Datafizierungstrends, der sich im Bildungswesen in Form einer datengetriebenen Bildungspolitik manifestiert (Bellmann, 2017; Hartong, 2018) und im Diskus um kommunales Bildungsmanagement als zentrales Steuerungsversprechen verhandelt wird (Brüggemann, 2021).[12]

---

10 Vor diesem Hintergrund wird eine zunehmende Wettbewerbsorientierung (Duveneck, 2016; Förschler, 2018, S. 125) sowie eine einseitige Orientierung an Employability und den Bedürfnissen der lokalen Wirtschaft attestiert (Mattern & Lindner, 2015, S. 88; Wischmann, 2014, S. 77). Unter dem Strich lässt sich u. E. aber eine Aufgabenerweiterung der Kommunalverwaltung und damit zusammenhängend tendenziell eine Stärkung der Koordinationsmechanismen „Hierarchie" und „Netzwerk" beobachten.

11 Wir beziehen uns hier neben den Publikationen (siehe Fußnote 7) auf eine Durchsicht der Veranstaltungsankündigen der Transferagenturen aus den Jahren 2015–2022.

12 Diese Ausrichtung ist aus unserer Sicht erstaunlich. Als Ziel von Bildungsmanagement wird bestimmt, dass Menschen Zugänge zu jenen Bildungsangeboten offenstehen sollen, die sie zur „Realisierung ihrer individuellen Bildungsziele benötigen" (BMBF, 2022, S. 1) und dass das lokale Bildungsangebot auf die „konkreten Bedürfnisse ausgerichtet" werden

5. Bildungskommunen als Versuch, einen Bildungsakteur zu etablieren

Bildungskommunen können in Anlehnung an die Analysen zur Reform des öffentlichen Sektors von Nils Brunsson und Kerstin Sahlin-Anderson (2000) als Versuch verstanden werden, aus Kommunalverwaltungen bessere Organisationen zu machen, indem mit Bildungsmanagement ein spezifischer Modus der Handlungskoordination propagiert wird. Kommunalverwaltungen sollen mit jenen Eigenschaften ausgestattet werden, die einen (bildungspolitisch) handlungsfähigen Akteur gemeinhin ausmachen (s. Tab. 4).

Tab 4: Konstruktion von Bildungskommunen

Identität	
Autonomie	Kommunalverwaltungen werden in ihrer Selbstverwaltung und (vermeintlichen) Entscheidungsfreiheit gestärkt.
Grenzarbeit	Kommunalverwaltungen werden aufgefordert, den eigenen Handlungsbereich auszuloten sowie sich selbst und andere Organisationen als Akteure wahrzunehmen.
Verbesonderung	Kommunalverwaltungen sollen sich untereinander unterscheiden, ihre jeweils eigenen, einzigartigen Selbstbeschreibungen entwickeln und Erfolge durch Öffentlichkeitsarbeit sichtbar machen.
Koordination	
Techniken	Kommunalverwaltungen sollen mit Vernetzung und Monitoring neue Steuerungsmechanismen implementieren.
Management	Kommunalverwaltungen sollen nicht verwaltet, sondern gemanagt werden. Dafür wird spezifisch geschultes Personal benötigt. Stellen für Bildungsmanagement und Bildungsmonitoring werden eingerichtet.
Rationalität	
Zielarbeit	Kommunalverwaltungen sollen Ziele definieren, ihre Handlungen danach ausrichten und sich an der Erreichung dieser Ziele messen lassen.
Ergebniskontrolle	Kommunalverwaltungen sollen durch Evaluation und Monitoring die Entwicklungen der Bildungslandschaft bewerten und Ziele entsprechend anpassen.

Quelle: Eigene Darstellung in Anlehnung an Brunsson und Sahlin-Andersson (2000, S. 722–729).

Zunächst müssen Kommunalverwaltungen überhaupt erst einmal als Bildungsakteur konzeptualisiert und angesprochen werden, indem ihnen mit Autonomie, Handlungsfähigkeit und Eigeninteresse jene Eigenschaften unterstellt werden, die notwendig sind, um eine eigene bildungspolitische Agenda zu entwickeln und durchzusetzen. Grundlegend dabei ist die Ausstattung mit einer spezifischen *Identität*. Die Kommunen sollen sich auf den Weg machen, eine

soll (BMBF, 2015, S. 1). In diesem Sinne wäre u. E. ein bedarfsorientiertes anstatt eines datenbasierten kommunalen Bildungsmanagements naheliegend.

Bildungslandschaft zu werden und signalisieren damit, dem Thema Bildung eine besondere Bedeutung sowie herausragende Stellung einzuräumen. Kommunale Bildungspolitik wird zu einem Feld, welches mithilfe von Fördermitteln in eigener Verantwortung bestellt werden soll (Autonomie). Entsprechend müssen sich die Kommunen insbesondere selbst aber auch alle anderen Bildungsorganisationen in ihrem Wirkungskreis als relevante und strategisch positionierte Akteure wahrnehmen und ihre Interessen und Handlungsbereiche abstecken (Grenzarbeit). Auch die kommunale Selbstdarstellung und Öffentlichkeitsarbeit verändert sich. Bildungsbüros erhalten eigene Logos. Webseiten und Newsletter informieren über relevante Entwicklungen, Meilensteine und Erfolge (Verbesonderung).

Kommunen etablieren darüber hinaus neue Ansätze der *Koordination*. Dies beinhaltet eine nach innen gerichtete Kooperation unterschiedlicher Ämter und Abteilungen sowie eine nach außen gerichtete Kooperation mit den in der Kommune tätigen Bildungsorganisationen. Vernetzung und Monitoring werden als Steuerungsmechanismen eingeführt (Techniken). Die Unterscheidung zwischen einer strategischen Ebene und einer operativen Ebene sowie einer Geschäftsführung etabliert eine Quasi-Hierarchie für die Umsetzung bildungspolitischer Anliegen. Benötigt wird darüber hinaus akademisch qualifiziertes Personal mit besonderen Anforderungen in den Bereichen der Kommunikation, Strategieentwicklung und dem Umgang mit Daten (Management). Der Managementauftrag der in der Regel sozialwissenschaftlich ausgebildeten Mitarbeitenden erstreckt sich dabei nicht nur auf das originäre Aufgabenfeld der Kommunalverwaltung, sondern verfolgt den Anspruch, möglichst alle vorhandenen Bildungsangebote zu berücksichtigen sowie Ideen und Programme an verwaltungsexterne Organisationen heranzuführen. Die Transferagenturen sorgen durch Austauschtreffen, Fortbildungen und Konferenzen sowie Beratung für eine bundesweite Diffusion des benötigten Managementwissens.

Zentral ist ferner die Annahme der *Rationalität* – eines stets zielgerichteten und gut begründeten Verwaltungshandelns. Um diesem näher zu kommen, müssen Leitbilder oder Visionen entwickelt, daraus Strategien abgeleitet und Handlungsschritte formuliert werden (Zielarbeit). Kaum eine Handreichung über kommunales Bildungsmanagement kommt ohne Ablaufmodelle und Kreisläufe aus, die i.d.R. eine Analyse der Ausgangssituation, Zielfindung, Ableitung von Handlungsschritten und anschließende Überprüfung des Erreichten vorsehen. Bildungsmonitoring soll in diesem Prozess alle relevanten Informationen liefern, um den Abgleich von Sein und Sollen kontinuierlich sicherzustellen (Ergebniskontrolle). Im Ergebnis lassen sich entsprechende Reformanliegen als Versuch verstehen, den gängigen Idealvorstellungen über handlungsfähige Akteure zu entsprechen (Brunsson & Sahlin-Andersson, 2000, S. 736–738). Bildungskommunen werden damit als Nachahmung bereits vollzogener Reformen im öffentlichen Sektor beobachtbar.

6. Bildungskommunen als Gegenstand wissenschaftlicher Forschung

Bildungskommunen sind schließlich nicht nur ein Ergebnis eines spezifischen Reformprozesses, sondern auch ein Gegenstand wissenschaftlicher Auseinandersetzung. Hier setzen die versammelten Beiträge an. Zentrale Bezugspunkte der in diesem Band vorliegenden Studien sind die wissenschaftlichen Diskurslinien über regionale bzw. lokale Bildungsnetzwerke und Bildungslandschaften. Die Forschung zu Bildungsnetzwerken untersucht Beziehungskonstellationen zwischen Bildungsakteuren und fragt unter anderem nach den Strukturen, Merkmalen und Ausprägungen als auch den Möglichkeiten und Grenzen dieser Form der Handlungskoordination.[13] Die Forschung zu Bildungslandschaften widmet sich spezifischen Kooperationsarrangements und Akteurskonstellationen, wobei sehr kleinräumige Initiativen wie bspw. Campus-Projekte ebenso einbezogen werden wie Kooperationen auf kommunaler und regionaler Ebene. Teil der Diskuslinie sind u. a. raumtheoretische Perspektiven aber auch städtebauliche Fragestellungen.[14] Die vorliegenden Beiträge nehmen stärker als dies in den Diskursen zu Bildungsnetzwerken und Bildungslandschaften bisher geschehen ist, die kommunale Verwaltung und Politik als die Ebene in den Blick, auf die sich die oben skizzierten Reformbemühungen gegenwärtig konzentrieren. Aufgrund der hier dargestellten Institutionalisierungsprozesse ist davon auszugehen, dass für ein besseres Verständnis der aktuellen Regionalisierungsbestrebungen im Bildungswesen insbesondere die Bedeutung und Wandel kommunaler Politik und Verwaltung in den Blick zu nehmen sind.

Anke Spies und *Anke Wischmann* erinnern an die Vorläufer von Bildungskommunen. Am Beispiel der Stadt Münster wird gezeigt, dass es bereits in den 1970er und 1980er Jahren vereinzelt Städte gab, die sich als bildungspolitische Akteure in Szene setzten und eine enge Verzahnung von Schule und Jugendhilfe sowie eine Öffnung von Schule in den Sozialraum vorsahen. Dabei standen, im Gegensatz zu den aktuellen Entwicklungen, pädagogische Konzeptionen im Mittelpunkt der Reformbemühungen. Im Anschluss an die Wiederentdeckung einer weitestgehend vergessenen wissenschaftlichen Auseinandersetzung plädieren Spies und Wischmann für eine stärkere Gewichtung der Bedeutung pädagogischen Handelns in der Debatte über Bildungskommunen.

---

13 Siehe u. a. Berkemeyer, Bos und Kuper (2010), Haan und Schwippert (2016), Kolleck, Kulin, Bormann, Haan und Schwippert (2016), Otto, Sendzik, Järvinen, Berkemeyer und Bos (2015), Rürup, Röbken, Emmerich und Dunkake (2015), Schubert (2018), Stegbauer und Häußling (2010).

14 Sie u. a. Berkemeyer, Hermstein und Manitius (2015), Bollweg und Otto (2015), Brüschweiler und Falkenreck (2019), Duveneck und de Haan (2020), Heinrich (2020), Hermstein und Berkemeyer (2023), Maykus (2012, 2015), Olk und Schmachtel (2017), Reutlinger (2009), Schmachtel (2022), Sendzik (2020), Spies und Wolter (2020), Täubig (2011), Weiß (2011).

Daran anschließend beschäftigen sich zwei Beiträge mit Gestaltungsspielräumen in der frühkindlichen Bildung. Die kommunale Steuerung bzw. Nichtsteuerung der Vergabe von Kita-Plätzen wird im Hinblick auf Implikationen für die Reproduktion sozialer Ungleichheit im Bildungswesen befragt. In ihrem Beitrag analysieren *Antonia Scholz* und *Britta Menzel* wie kommunale Akteure in Deutschland, Kanada und Schweden die Aufnahmeprozesse von Kindern in Kindertagesbetreuungen gestalten. Für Kanada und Deutschland wird eine stärker netzwerkorientierte Handlungskoordination beobachtet, während in Schweden stärker auf eine hierarchische Steuerung gesetzt wird. Die kommunalen Einflussmöglichkeiten auf die konkrete Gestaltung der Zugänge bleiben in allen drei Ländern begrenzt, da eine verpflichtende Durchsetzung trägerübergreifender Aufnahmeverfahren außerhalb der kommunalen Handlungsspielräume liegt. Dennoch werden im Rahmen von Koordinationsbemühungen Zugangsverfahren vereinheitlicht und vereinfacht, wovon auch insbesondere Familien in benachteiligten Lebenslagen profitieren könnten.

Nora Jehles widmet sich dem Problem sozialer Ungleichheit im Zugang zu Angeboten frühkindlicher Bildung. Wie bereits theoretisch zu vermuten war spielen die rechtlichen Rahmenbedingungen auf Bundesebene (Rechtsanspruch, Trägerautonomie und Subsidiaritätsprinzip), die kommunale Haushaltssituation und das Platzangebot vor Ort dabei eine Rolle, wie sie auf Grundlage einer Interviewstudie mit kommunalen Jugendhilfeplaner:innen zeigen kann. Anschließend an die empirischen Befunde schlussfolgert sie, dass eine differenzierte Datengrundlage für einen weiteren bedarfsgerechten Platzausbau, eine bedarfsgerechte Mittelverteilung sowie die Förderung einer ungleichheitssensiblen Haltung der Akteure zentrale kommunale Ansatzpunkte seien, um allen Kindern frühkindliche Bildung in Kitas zu ermöglichen.

Sandra Fischer, Philipp Hackstein und *Sybille Stöbe-Blossey* gehen davon aus, dass die oben skizzierten Reformbemühungen mit einem Potenzialgewinn, d. h. einer potenziellen Erweiterung kommunaler Handlungsoptionen verbunden sind. Von dieser Annahme ausgehend kann im Rahmen von Fallstudien für jeweils spezifische Bildungsbereiche und Reformversuche untersucht werden, ob besagte Handlungsspielräume nur latent vorhanden sind oder im Sinne der Entstehung von Policies tatsächlich realisiert werden. Im vorliegenden Beitrag fragen Fischer et al. nach einem Potenzialgewinn im Rahmen des Aufbaus von Familienzentren im Primarbereich in Nordrhein-Westfalen und erörtern die in diesem Zusammenhang stehenden Koordinierungsmechanismen politikfeldübergreifender Kooperation.

Carmen Hack und *Stephan Maykus* diagnostizieren ein den gegenwärtigen bildungs- und sozialpolitischen Reformprogrammen zugrundeliegendes Kooperations- und Netzwerkparadigma. Die Kommune sei als „Hoffnungsträgerin ersten Ranges" gefordert, den Problemen staatlicher Steuerungsunfähigkeit im Bildungs- und Sozialwesen zu begegnen. Am Beispiel des Landesprogrammes

„Kommunale Präventionsketten“ in Nordrhein-Westfalen zeigen Hack und Maykus, dass sich Projektstrukturen als Parallelstrukturen manifestieren und attestieren ein damit zusammenhängendes geringes Innovationspotenzial für die Umsetzung kommunaler Gesamtstrategien.

Sandrine Bakoben und *Thorsten Schlee* stellen fest, dass in der Bildungs- und Migrationspolitik ähnliche Reformversuche implementiert werden. Insbesondere in Nordrhein-Westfalen lässt sich ein eigentümlicher Overlap beobachten: Neben Bildungsbüros existiert mit Kommunalen Integrationszentren landesweit eine weitere für Bildungsintegration zuständige Organisationseinheit, die sich den gleichen Techniken – Vernetzung und Monitoring – bedienen soll und entsprechend Arbeitsgruppen etabliert, Konferenzen organisiert und Berichte produziert. Eine Folge der Projektförmigkeit ist zudem, dass sich die so finanzierten Stellen gezwungen sehen, einen signifikanten Teil ihrer Arbeit auf die Absicherung der eigenen Stellung innerhalb der Verwaltung und die Akquise neuer Drittmittel zu verwenden. Bakoben und Schlee kommen zu dem Ergebnis, dass es den in ihrer Fallstudie untersuchten Verwaltungen durchaus gelingt, lokale Anliegen aufzugreifen und eigene Schwerpunkte zu entwickeln, die strukturellen Probleme der Bildungsintegration durch Bildungsmanagement jedoch nicht angemessen bearbeitet werden können.

Zwei weitere Beiträge analysieren Netzwerke als Mechanismen bildungspolitischer Koordination. *Tabea Schlimbach, Alexander Kanamüller, Ronald Langner* und *Christine Steiner* untersuchen kommunale Netzwerk- und Koordinierungspraktiken, wobei der Fokus auf dem Austausch mit der organisierten Zivilgesellschaft und deren Einbindung in bildungsbezogene Gestaltungsprozesse liegt. Sie identifizieren dabei die vergleichende Betrachtung der jeweiligen Perspektiven von Akteuren der Kommunalverwaltung und der Zivilgesellschaft als zentrales analytisches Instrument. Netzwerke und Koordinierungsinstanzen scheinen die Bearbeitung gegenseitiger Abhängigkeiten zwischen Kommune und Zivilgesellschaft einerseits konstruktiv zu unterstützen, erweisen sich aber andererseits aus einer Beteiligungsperspektive auch als problematisch, weil dadurch vor allem die kommunalen Netzwerkeinflüsse gestärkt werden und genuin zivilgesellschaftliche Perspektiven nur noch gefiltert zur Geltung gelangen.

Thi Huyen Trang Le, Lea Fobel und *Nina Kolleck* fragen unter Bezugnahme auf die Governance-Perspektive, welche Bedingungen zur Entstehung und Entwicklung von Vertrauen zwischen Beteiligten der öffentlichen Verwaltung und der kulturellen Bildung beitragen und welche regionalspezifischen Unterschiede sich finden lassen. Basierend auf einem multimethodisch-vergleichenden Analysedesign verdeutlichen sie die Vielschichtigkeit von Vertrauensbeziehungen in Kommunen und sensibilisieren dafür, dass die Zusammenarbeit mit der Zivilgesellschaft gerade in ländlichen Regionen nicht allein auf persönlichen Vertrauensverhältnissen fußen kann, sondern Sichtbarkeit und Institutionalisierung wesentliche Triebfedern für Entwicklungen in diesem Bildungsfeld sind.

Sabine Klomfaß, *Simon Gordt* und *Ariana Baray* verdeutlichen am Beispiel der Analyse des Projekts Praxistag für gering qualifizierte Schüler:innen einer Kommune in Rheinland-Pfalz, die Gefahr eines Praxis-Mythos von Bildungskommunen. Die Autor:innen untersuchen, wie Akteur:innen auf kommunaler Ebene das Projekt Praxistag rekontextualisieren. Dabei zeigen sie, wie die staatliche Aufgabe der Qualifizierung von Schüler:innen zum Allokationsproblem in Bildungskommunen umdefiniert wird. Trotz der Wahrnehmung von Unstimmigkeiten im Konzept, wird der Praxistag als legitimes und erfolgreiches Konzept zur Qualifizierung von Schüler:innen gedeutet und damit als kommunale Maßnahme institutionell stabilisiert.

Michael Brock und *Franciska Mahl* konstatieren, dass trotz der großen Zahl an veröffentlichten Produkten wie Berichten und Reports bisher kaum Wissen zur konkreten Praxis und Umsetzung von kommunalem Bildungsmonitoring vorliegt. Die Autor:innen untersuchen empirisch, wie Spannungen zwischen divergierenden und widersprüchlichen Anforderungen in der Umsetzung eines Bildungsmonitorings bearbeitet werden. Sie unterscheiden dabei zwischen einerseits wissenschaftlichen und andererseits politisch-administrativen Bezügen in der Formulierung von Erwartung an und Rezeption von monitoringbasierter Kommunikation über Bildung. Die Ergebnisse verdeutlichen, dass die Umsetzung eines Bildungsmonitorings nicht einer spezifischen Logik folgt. Vielmehr treffen unterschiedliche Reflexionsräume zusammen, die zu komplexen Verschachtelungen von Perspektiven und zu unterschiedlichen Praxisformen des kommunalen Bildungsmonitorings führen.

Julia Klausing und *Elisabeth Aram* beschäftigen sich mit der Frage, ob mit der bundesweiten Diffusion von DKBM und den damit zusammenhängen Stellenaufwuchs in Kommunalverwaltungen ein neues Berufsbild entsteht und erörtern, ob sich auf Grundlage von Stellenausschreibungen, Stelleprofilen und Tätigkeitsbeschreibungen ein typisches Profil einer Fachkraft für kommunales Bildungsmanagement ableiten lässt. Klausing und Aram zeigen, dass die in den Dokumenten festgehaltenen Tätigkeitsbeschreibungen größtenteils den programmatischen Anforderungen entsprechen und die Kommunen (abgesehen von der Übernahme von Aufgaben aus dem Regelbetrieb) scheinbar kaum eigene Ansprüche an kommunales Bildungsmanagement formulieren. An diese Ergebnisse anschließend darf vermutet werden, dass entsprechende Stellen- und Tätigkeitsbeschreibungen nicht das Ergebnis kommunaler Auseinandersetzungen und Problemvorgaben sind, sondern lediglich die Semantik der jeweiligen Förderprogramme reproduzieren.

Anika Duveneck und *Stefanie Schmachtel* beschäftigen sich mit der im kommunalen Bildungsmanagement zweifellos bedeutenden multiperspektivischen Zusammenarbeit. Zunächst stellen die Autorinnen fest, dass die Bedeutung von wechselseitigen Lernprozessen und Wissensarbeit in aktuellen Reformbemühungen wenig beachtet wird, obwohl diesbezüglich von einer notwendigen Grundlage interorganisationaler Zusammenarbeit ausgegangen werden kann. In Anlehnung an die britische Kulturhistorikerin Anne Edwards wird Relational Agency als Ansatz vorgestellt, mit dem Kooperation und Vernetzung gezielt gefördert werden können. Duveneck und Schmachtel weisen allerdings darauf hin, dass strukturelle Rahmenbedingungen Kooperationsanliegen unterminieren können und deshalb mitbedacht werden müssen.

Jakob Benecke und *Nicole Luthardt* diskutieren „Erwachsenenbildung als kommunale Bildungsaufgabe" und untersuchen anhand einer Programmanalyse von Heften einer Volkshochschule in einer thüringischen Kommune die Bildungsangebote und Kooperationsformen. Um ein „teilnehmerorientiertes, plurales, flexibles und offen zugängliches Bildungsangebot" anbieten zu können, dass unterschiedlichen Bildungsbedürfnissen und Bildungsbedarfen von Erwachsenen in einer Kommune entsprechen kann, müssen Kommunen mit verschiedenen (regionalen) Bildungsanbietern kooperieren und diese Beziehungen auch nachhaltig pflegen. Zu einem professionellen Planungshandeln gehört nicht nur die Berücksichtigung interner Rahmenbedingungen (z. B. Analysen der Statistiken von Teilnehmenden und deren Bedürfnissen und Bedarfen), sondern auch Umfeldanalysen (z. B. kommunale Entwicklungen, Entwicklungen der Angebote formaler und non-formaler Bildung) um Bildungseinrichtungen in einer Kommune konkurrenzfähig zu organisieren.

In seinem den Sammelband abschließenden Beitrag beleuchtet *Robert Stölner* die Institution Bildungslandschaft und nimmt eine Institutionenanalyse nach Max Weber vor. Diskutiert wird in dem Beitrag, wie sich Bildungslandschaften als Institution beschreiben lassen und inwieweit kulturelle Bildungsideen die Wirkmächtigkeit von Bildungslandschaften beeinflussen. Der Beitrag von Robert Stölner ist als ein Angebot zur Entwicklung einer theoretischen Perspektive zu verstehen, um die Institutionenanalyse von Max Weber mit Forschungsansätzen der Educational-Governance-Forschung zusammenzubringen. In der Analyse des Handelns von Bildungskommunen zeigt Stölner, dass das Zusammenspiel von Ideen und Interessen von Akteuren empirisch zu erschließen ist und eine Institutionenanalyse nach Max Weber gewinnbringende Erkenntnisse liefern kann.

7. Fazit und Ausblick

Unter dem aktuellen Reformslogan Bildungskommunen wird eine Programmatik fortgeführt, die Kreise und kreisfreie Städte als bildungspolitische Akteure in Szene setzt. Mit diesem Reformprozess ist *erstens eine Aktualisierung institutioneller Erwartungen* verbunden. Bildungskommunen sind demnach Kommunen, die Bildungseinrichtungen und -angebote strategisch managen, anstatt im Rahmen ihrer Pflichtaufgaben „nur" passiv zu verwalten. Bildungskommunen sind *zweitens ein Aufruf zum freiwilligen Engagement*, denn mit entsprechenden Projekten geht keine Veränderung der formalen Kompetenz- bzw. Zuständigkeitsverteilung und keine grundsätzliche Verschiebung von Ressourcen einher. Bildungskommunen sind *drittens ein Ergebnis von Projektpolitik* im Bildungswesen. Im Rahmen der Förderung verpflichten sich die Kommunen zum Aufbau spezifischer Formalstrukturen und erhalten im Gegenzug i. d. R. Personal- und Sachmittel sowie umfangreiche Beratungsleistungen. Bildungskommunen sind *viertens gekennzeichnet durch die Diffusion eines neuen Bündels alter Managementtechniken.* Neuheitswert hat lediglich die spezifische Kombination von Managementtechniken, während die einzelnen Bestandteile des Reformpakets in unterschiedlichen Bereichen der öffentlichen Verwaltung und Sozialwirtschaft lange etabliert sind. Bildungskommunen können *fünftens als Versuch charakterisiert werden, aus der Kommunalverwaltung einen Bildungsakteur zu machen*, der dem Ideal moderner Organisationen entspricht. Bildungskommunen werden darin gestärkt, sich als Akteur wahrzunehmen und Eigenschaften moderner Akteure zu erwerben. Sie konstruieren eine eigene Identität als Bildungslandschaft, versuchen verstärkt, Koordination und Kontrolle auszuüben sowie – mit der Hilfe von Managementtechniken – rational(er) zu handeln. In diesem Sinne sind Bildungskommunen eine Nachahmung international verbreiteter Reformanliegen.

Bildungskommunen werden *sechstens zu einem Gegenstand wissenschaftlicher Forschung*. Bedeutende Referenzpunkte sind jüngere Forschungen zu Bildungsnetzwerken, Bildungslandschaften und Bildungsmanagement, wobei Bezugnahmen auf Forschungsperspektiven der Educational Governance-Forschung dominieren. Die in diesem Band versammelten bildungshistorischen, theoretisch-konzeptionellen und empirischen Analysen verstehen sich als Beitrag zu einem sich etablierenden Forschungsfeld über kommunale Politik und Verwaltung im Bildungswesen. Inwiefern die zukünftig, sicherlich noch systematischer auszuformulierenden Bausteine der Reformagenda um Bildungskommunen tatsächlich die Orientierungen und Prozesse in kommunaler Bildungspolitik und -verwaltung strukturieren, wird auch mit diesem Band eher erkenntnisbereichernd nachgespürt denn abschließend aufgeklärt. In einem noch recht jungen Forschungsfeld liegt es in der Natur der Sache, dass die angestellten Analysen mehr Fragen aufwerfen als sie abschließend beantworten können. Obschon der Band unter Beweis stellt, dass die Bildungskommune in ihrer soziokulturellen, historischen und institutionellen Komplexität der wissenschaftlich Erschließung auch abseits von programmierter Begleitforschung zugänglich ist, wird zugleich deutlich, dass noch viele Schritte zu gehen sind, damit die auf kommunale Bildungspolitik und -verwaltung konzentrierten Forschungsbemühungen eine solche methodische, theoretische und systematische Reife gewinnen und auch, als dass von einem nachhaltig fruchtbaren Forschungsfeld die Rede sein kann.

Zukünftig bedarf es verstärkt theoretisch angeleiteter empirischer Studien, die multimethodisch angelegt sind, verschiedene Datentypen hinzuziehen und Anschluss halten an die aktuellen Forschungslinien in Soziologie, Erziehungs- und

Politikwissenschaft. Der vorliegende Band möchte einen weiteren Bezugspunkt für Forschungsaktivitäten in dieser Richtung liefern. Ob die intensiven Bemühungen um die strukturelle Etablierung von auf Managementorientierung und Datenbasierung fußenden Bildungskommunen der vergangenen Jahre auch wirklich imstande sind, kommunale Bildungspolitik und -verwaltung nachhaltig zu verändern und ihre Leistungsfähigkeit zu erhöhen, wird sich in den kommenden Jahren zeigen.

Referenzen

Altrichter, H., & Maag Merki, K. (Hrsg.) (2016). *Handbuch Neue Steuerung im Schulsystem*. Wiesbaden: Springer Fachmedien. https://doi.org/10.1007/978-3-531-18942-0

Avenarius, H. (2015). Schule zwischen Kommune und Staat aus rechtlicher Sicht. In H. Döbert & H. Weishaupt (Hrsg.), *Bildungsmonitoring, Bildungsmanagement und Bildungssteuerung in Kommunen: ein Handbuch* (S. 73–81). Münster: Waxmann.

Bellmann, J. (2017). Datengetrieben und/oder evidenzbasiert? Wirkungsmechanismen bildungspolitischer Steuerungsansätze. *Zeitschrift für Erziehungswissenschaft, 19*(1), 147–161. https://doi.org/10.1007/s11618-016-0702-6

Berkemeyer, N., Bos, W., & Kuper, H. (Hrsg.) (2010). *Schulreform durch Vernetzung: Interdisziplinäre Betrachtungen*. Münster: Waxmann.

Berkemeyer, N., Hermstein, B. & Manitius, V. (2015). Raum als Kategorie einer bildungssoziologischen Schulforschung. In T. Coelen, A. J. Heinrich & A. Million (Hrsg.). *Stadtbaustein Bildung* (S. 331–340). Wiesbaden: VS Verlag.

Bildungskommission NRW (1995). Zukunft der Bildung – Schule der Zukunft. Denkschrift der Kommission „Zukunft der Bildung – Schule der Zukunft" beim Ministerpräsidenten des Landes Nordrhein-Westfalen. Neuwied: Luchterhand.

Bollweg, P., & Otto, H.-U. (2015). Bildungslandschaft zwischen Raum und Bildung. In T. Coelen, A. J. Heinrich, & A. Million (Hrsg.), *Stadtbaustein Bildung* (S. 203–213). Wiesbaden: VS Verlag. https://doi.org/10.1007/978-3-658-07314-5_17

Brüggemann, C. (2021). Datenbasiertes Bildungsmanagement als Steuerungsversprechen der Regionalisierungspolitik im Bildungswesen. *Zeitschrift für Pädagogik, 67*(3), 338–352. https://doi.org/10.3262/ZP2103338

Brüggemann, C., & Tegge, D. (2018). *Strukturen kommunalen Bildungsmanagements in Deutschland*. Bonn: Programmstelle Transferinitiative Kommunales Bildungsmanagement beim Deutschen Zentrum für Luft- und Raumfahrt.

Brunsson, N. & Sahlin-Andersson, K. (2000). Constructing Organizations: The Example of Public Sector Reform. *Organization Studies, 21*(4), 721–746. https://doi.org/10.1177/0170840600214003

BBSR = Bundesinstitut für Bau-, Stadt- und Raumforschung (2017). Regionen mit stark unterdurchschnittlichen Lebensverhältnissen. Analyse bzgl. der Kleinen Anfrage der Bundestagsfraktion Bündnis 90/Die Grünen (Bundestagsdrucksache 18/10951). Unveröffentlichtes Dokument. Bonn.

BBSR = Bundesinstitut für Bau-, Stadt- und Raumforschung (2015). Laufende Raumbeobachtung – Raumabgrenzungen. Siedlungsstrukturelle Kreistypen 2015.

BMBF = Bundesministerium für Bildung und Forschung (2008). *Förderrichtlinien für das Programm „Lernen vor Ort"*. https://www.bmbf.de/foerderungen/bekanntmachung-379.html [17.01.2023].

BMBF = Bundesministerium für Bildung und Forschung (2015). *Förderrichtlinien für das Programm „Bildung integriert"*. https://www.bmbf.de/foerderungen/bekanntmachung-1010.html [17.01.2023].

BMBF = Bundesministerium für Bildung und Forschung (2022). *Förderrichtlinien „Bildungskommunen"*. https://www.bmbf.de/bmbf/shareddocs/bekanntmachungen/de/2022/01/2022-01-18-Bekanntmachung-Bildungskommunen.html [17.01.2023].

BMFSFJ = Bundesministerium für Familien, Senioren, Frauen und Jugend (2005). *Zwölfter Kinder und Jugendbericht. Bericht über die Lebenssituation junger Menschen und die Leistungen der Kinder- und Jugendhilfe in Deutschland.* https://www.bmfsfj.de/resource/blob/112224/7376e6055bbcaf822ec30fc6ff72b287/12-kinder-und-jugendbericht-data.pdf [17.01.2023].

BMBF/DLR = Bundesministerium für Bildung und Forschung/Deutsches Zentrum für Luft- und Raumfahrt e. V. (2014). *Bildung gemeinsam gestalten. Ein Leitfaden für ein datenbasiertes kommunales Bildungsmanagement.* https://www.transferinitiative.de/media/content/Bildung_gemeinsam_gestalten_Ein_Leitfaden_fuer_ein_datenbasiertes_kommunales_Bildungsmanagement_barrierefrei.pdf [17.01.2023].

BMI = Bundesministerium des Innern, für Bau und Heimat (2019). *Unser Plan für Deutschland – Gleichwertige Lebensverhältnisse überall –.* https://www.bmi.bund.de/SharedDocs/downloads/DE/veroeffentlichungen/themen/heimat-integration/gleichwertige-lebensverhaeltnisse/unser-plan-fuer-deutschland-langversion-kom-gl.html;jsessionid=EF00D4CA86CB87F5AC8D3C3E4E8C7257.2_cid332 [17.01.2023].

Brüschweiler, B., & Falkenreck, M. (2019). Bildungsorte und Bildungslandschaften: Als sozialraumbezogenes Handlungsfeld. In F. Kessl & C. Reutlinger (Hrsg.), *Handbuch Sozialraum* (S. 419–433). Wiesbaden: Springer. https://doi.org/10.1007/978-3-531-19983-2_27

Deutscher Landkreistag (2014). *Herausforderungen im Bildungswesen – Kommunaler Gestaltungsauftrag und Gestaltungswille.* Beschluss des Präsidiums des Deutschen Landkreistages vom 1./2.10.2014. https://www.landkreistag.de/images/stories/publikationen/2014_Herausforderungen_im_Bildungswesen.pdf [17.01.2023].

Deutscher Städtetag (2007). *Aachener Erklärung des Deutschen Städtetages anlässlich des Kongresses „Bildung in der Stadt“ am 22./23. November 2007.* https://www.staedtetag.de/files/dst/docs/Dezernat-3/Archiv/aachener-erklaerung-2007.pdf [17.01.2023].

Deutscher Städtetag (2012). *Bildung gemeinsam verantworten.* Münchner Erklärung des Deutschen Städtetages anlässlich des Kongresses „Bildung gemeinsam verantworten“ am 8./9. November 2012. https://www.staedtetag.de/files/dst/docs/Dezernat-3/Archiv/muenchner-erklaerung-2012.pdf [17.01.2023].

Deutscher Verein = Deutscher Verein für öffentliche und private Fürsorge e. V. (2007). *Diskussionspapier des Deutschen Vereins zum Aufbau Kommunaler Bildungslandschaften.* DV 43/06 AF II. 13. Juni 2007.

Deutscher Verein = Deutscher Verein für öffentliche und private Fürsorge e. V. (2009). *Empfehlungen des Deutschen Vereins zur Weiterentwicklung Kommunaler Bildungslandschaften.* https://www.deutscher-verein.de/de/download.php?file=uploads/empfehlungen-stellungnahmen/dv-19-09.pdf [17.01.2023].

Duveneck, A. (2016). *Bildungslandschaften verstehen. Zum Einfluss von Wettbewerbsbedingungen auf die Praxis.* Weinheim, Basel: Beltz Juventa.

Duveneck, A., & de Haan, G. (2020). Kommunale Bildungslandschaften. In K. Böhm, S. Bräunling, R. Geene, & H. Köckler (Hrsg.), *Gesundheit als gesamtgesellschaftliche Aufgabe* (S. 351–362). Wiesbaden: Springer Fachmedien. https://doi.org/10.1007/978-3-658-30504-8_34

Duveneck, A. & Volkholz, S. (2011). *Kommunale Bildungslandschaften.* Heinrich-Böll-Stiftung, Schriftenreihe zu Bildung und Kultur Band 9. https://www.boell.de/sites/default/files/2012-02-Kommunale_Bildungslandschaften.pdf [17.01.2023].

Emmerich, M. (2010). Regionalisierung und Schulentwicklung. In H. Altrichter & K. Maag Merki (Hrsg.), *Handbuch Neue Steuerung im Schulsystem* (S. 355–375). Wiesbaden: VS Verlag.

Emmerich, M. (2015). Regionalisierung von Bildung. In T. Coelen, A. J. Heinrich, & A. Million (Hrsg.), *Stadtbaustein Bildung* (S. 297–306). Wiesbaden: VS Verlag.

Emmerich, M. (2017). Semantiken regionaler Bildungssteuerung. In Olk, T., & Schmachtel, S. (Hrsg.), *Educational Governance in kommunalen Bildungslandschaften* (S. 78–99). Weinheim, Basel: Beltz Juventa.

Euler, D., Sloane, P. F. E., Fäckeler, S., Jenert, T. J., Loch, S., Meier, C., Meier, K., Rüschen, E., & H. Schröder (2016). *Kommunales Bildungsmanagement.* Detmold: Eusl.

Förschler, A. (2018). Ökonomisierung von Bildung am Beispiel des (neoliberalen) Regierungsprogramms Bildungslandschaften. In B. Hermstein, S. Hartong, & T. Höhne (Hrsg.), *Ökonomisierung von Schule? Bildungsreformen in nationaler und internationaler Perspektive* (S. 111–129). Weinheim, Basel: Beltz Juventa.

Fürst, D. (2001). Regional governance – Ein neues Paradigma der Regionalwissenschaften? *Raumforschung und Raumordnung, 59*(5), 370–380. https://doi.org/10.1007/BF03183038
Gaus, D. (2014). Kommunale Bildungslandschaften. In E. Drieschner & D. Gaus (Hrsg.), *Das Bildungssystem und seine strukturellen Kopplungen* (S. 101–146). Wiesbaden: VS Verlag.
GEW = Gewerkschaft Erziehung und Wissenschaft (2011). Kommunale Bildungslandschaften Netzwerk der Zukunft. *Themenheft der Zeitschrift Erziehung und Wissenschaft 62*(1).
Hangartner, J., & Heinzer, M. (Hrsg.) (2016). *Gemeinden in der Schul-Governance der Schweiz: Steuerungskultur im Umbruch.* Wiesbaden: VS Verlag. https://doi.org/10.1007/978-3-658-13092-3
Hascher, T., Idel, T.-S., & Helsper, W. (Hrsg.) (2020). *Handbuch Schulforschung.* Wiesbaden: Springer Fachmedien. https://doi.org/10.1007/978-3-658-24734-8
Hartong, S. (2018). „Wir brauchen Daten, noch mehr Daten, bessere Daten!". *Pädagogische Korrespondenz, 58*(2), 15–30.
Heinrich, A. J. (2018). *Die sozialräumliche Bildungslandschaft Campus Rütli in Berlin-Neukölln.* Wiesbaden: Springer Fachmedien. https://doi.org/10.1007/978-3-658-21845-4
Heinrich, A. J. (2020). Sozialräumliche Bildungslandschaften. In P. Bollweg, J. Buchna, T. Coelen, & H.-U. Otto (Hrsg.), *Handbuch Ganztagsbildung* (S. 1337–1349). Wiesbaden: Springer Fachmedien. https://doi.org/10.1007/978-3-658-23230-6_99
Hermstein, B. (2021). Wer spielt warum mit? Schnittstellen in der Schulsystementwicklung und Prozesse ihrer Rationalisierung. *DDS-Die Deutsche Schule 113*(1), 14–29.
Hermstein, B. & Berkemeyer, N. (i. E.). Alignment und Ko-Konstruktion in der Bildungskommune. Hypothesen zur Bedeutung von Interessen, Motivation und Normen. *Empirische Pädagogik 37*(2).
Höhne, Thomas. (2010). Bildungsregionen. Zur bildungspolitischen Konstruktion neuer Bildungsräume. *Tertium Comparationis 16*(2), 179–199. https://doi.org/10.25656/01:24438
Jann, W., & Wegrich, K. (2004). Governance und Verwaltungspolitik. In A. Benz (Hrsg.), *Governance – Regieren in komplexen Regelsystemen: Eine Einführung* (S. 193–214). Wiesbaden: VS Verlag. https://doi.org/10.1007/978-3-531-90171-8_10
Jungermann, A., Manitius, V., & Berkemeyer, N. (2015). Regionalisierung im schulischen Kontext. Ein Überblick zu Projekten und Forschungsbefunden. *Journal for educational research online, 7*(1), 14–48.
KGSt = Kommunale Gemeinschaftsstelle für Verwaltungsmanagement (2014). Kommunales Bildungsmanagement. Strategische Steuerung und Organisation. KGSt®-Arbeitsergebnisse Nr. 4.
Kolleck, N., Kulin, S., Bormann, I., Haan, G. de, & Schwippert, K. (Hrsg.) (2016). *Traditionen, Zukünfte und Wandel in Bildungsnetzwerken.* Münster/New York: Waxmann.
Koranyi, F., & Kolleck, N. (2017). The role of out-of-school organizations in German regionalization programs: A qualitative content analysis of opportunities for participation. *Journal for Educational Research Online / Journal für Bildungsforschung Online, 9*(3), 141–166.
Kuhlmann, S. (2019). Dezentralisierung, Kommunalisierung, Regionalisierung. In S. Veit, C. Reichard, & G. Wewer (Hrsg.), *Handbuch zur Verwaltungsreform* (S. 239–250). Wiesbaden: Springer Fachmedien. https://doi.org/10.1007/978-3-658-21563-7_22
Manitius, V., Berkemeyer, N., Brüsemeister, T., & Bos, W. (2015). Regionalisierung im Bildungsbereich. Editorial. *Journal for educational research online, 7*(1) https://doi.org/10.25656/01:11045
Mattern, P., & Lindner, M. (2015). Warum Bildungslandschaften? Einige Überlegungen zu Form und Funktion einer eigenartigen Figur. *Widersprüche: Zeitschrift für sozialistische Politik im Bildungs-, Gesundheits- und Sozialbereich, 35*(135), 81–95.
Meyer, J. W., & Rowan, B. (1977). Institutionalized organizations. *American Journal of Sociology, 83*(2), 340–363.
Maykus, S. (2012). *Bildungslandschaften.* In EEO – Enzyklopädie Erziehungswissenschaften Online.
Maykus, S. (2015). Bildungslandschaften zwischen Subjektbezug, Organisationslogik und kommunalem Raum. In T. Coelen, A. J. Heinrich, & A. Million (Hrsg.), *Stadtbaustein Bildung* (S. 223–232). Wiesbaden: Springer Fachmedien. https://doi.org/10.1007/978-3-658-07314-5_19
Niedlich, S. (2020). *Neue Ordnung der Bildung. Zur Steuerungslogik der Regionalisierung im deutschen Bildungssystem.* Wiesbaden: VS Verlag.
Olk, T., & Schmachtel, S. (Hrsg.). (2017). *Educational Governance in kommunalen Bildungslandschaften.* Weinheim, Basel: Beltz Juventa.

Otto, J., Sendzik, N., Järvinen, H., Berkemeyer, N., & Bos, W. (Hrsg.) (2015). *Kommunales Netzwerkmanagement: Forschung, Praxis, Perspektiven.* Münster: Waxmann.

Ratermann, M., & Stöbe-Blossey, S. (2012). Die Entwicklung von „Educational Governance" und die Rolle der Kommune. In M. Ratermann & S. Stöbe-Blossey (Hrsg.), *Governance von Schul- und Elementarbildung* (S. 253–283). Wiesbaden: VS Verlag.

Reutlinger, C. (2009). Bildungslandschaften: Eine raumtheoretische Betrachtung. In J. Böhme (Hrsg.), *Schularchitektur im interdisziplinären Diskurs: Territorialisierungskrise und Gestaltungsperspektiven des schulischen Bildungsraums* (S. 119–139). VS Verlag für Sozialwissenschaften. https://doi.org/10.1007/978-3-531-91868-6_8

Rürup, M., Röbken, H., Emmerich, M., & Dunkake, I. (2015). *Netzwerke im Bildungswesen.* Wiesbaden: Springer Fachmedien. https://doi.org/10.1007/978-3-658-06737-3

Schmachtel, S. (2022). Zur Performativität von sozial- und bildungspolitischen Reformideen als Rationalitätsmythen und Phantasmen. Das Beispiel Bildungslandschaften. *Neue Praxis 52*(3), 293–310.

Schubert, H. (2018). *Netzwerkmanagement in Kommune und Sozialwirtschaft: Eine Einführung.* Wiesbaden: VS Verlag.

Sendzik, N. (2020). *Zwischen Wandel und Stabilität.* Die Rolle von Regionalen Bildungsbüros beim Abbau von Bildungsungleichheit. Kiel: ZBW – Leibniz Information Centre for Economics. https://www.econstor.eu/handle/10419/214272

Spies, A., & Wolter, J. (2020). Die Bildungslandschaft als Rahmenkonstrukt einer (pädagogischen) Verantwortungsgemeinschaft für Schulentwicklungsprozesse. In C. Fahrenwald, N. Engel, & A. Schröer (Hrsg.), *Organisation und Verantwortung* (Bd. 27, S. 139–153). Wiesbaden: Springer Fachmedien. https://doi.org/10.1007/978-3-658-26248-8_11

Stegbauer, C., & Häußling, R. (Hrsg.) (2010). *Handbuch Netzwerkforschung.* Wiesbaden: VS Verlag. https://doi.org/10.1007/978-3-531-92575-2

Täubig, V. (2011). Lokale Bildungslandschaften – Governance zwischen Schule und Jugendhilfe zum Abbau herkunftsbedingter Bildungsungleichheit? In F. Dietrich, M. Heinrich, & N. Thieme (Hrsg.), *Neue Steuerung – Alte Ungleichheiten? Steuerung und Entwicklung im Bildungssystem* (S. 219–228). Münster u. a.: Waxmann.

Tolbert, P. S., & Zucker, L. G. (1983). Institutional sources of change in the formal structure of organizations: The diffusion of civil service reform, 1880–1935. *Administrative science quarterly 28*(1), 22–39. https://doi.org/10.2307/2392383

Wagner, S., & Weishaupt, H. (2014). Vom Bildungsmonitoring zum Bildungsmanagement. In K. Drossel, R. Strietholt & W. Bos (Hrsg.), *Empirische Bildungsforschung und evidenzbasierte Reformen im Bildungswesen* (S. 197–210). Münster: Waxmann.

Weinheimer Erklärung (2007). *Weinheimer Initiative 2007.* Lokale Verantwortung für Bildung und Ausbildung. Weinheim: Freudenberg Stiftung. https://bildungsbuero.files.wordpress.com/2007/03/weinheimer_initiative_2007.pdf [17.01.2023].

Weiß, W. W. (2011). *Kommunale Bildungslandschaften: Chancen, Risiken und Perspektiven.* Weinheim, München: Juventa.

Wernstedt, R. & John-Ohnesorg, M. (2010). *Beginnt die Bildungsrepublik vor Ort? Die Stärken lokaler Bildungsnetzwerke.* Berlin: Friedrich Ebert Stiftung. http://library.fes.de/pdf-files/studienfoerderung/07413.pdf [17.01.2023].

Wischmann, A. (2014). Was haben kommunale Bildungslandschaften mit Bildung zu tun? *Pädagogische Korrespondenz, 49*, 75–92.

Der ‚historische Prototyp' einer Bildungslandschaft

Kohärenz als (primar)pädagogische Herausforderung in der kommunalen Bildungssteuerung

Anke Spies und Anke Wischmann

1. Wurzeln und Zusammenhänge kommunaler Bildungssteuerung

Der Beitrag geht der Frage nach, welche Aspekte kommunaler Bildungssteuerung sich aus der hermeneutischen Analyse eines historischen Modells der lebensweltorientierten Konzeption und Erprobung sozialräumlich vernetzter Bildungssettings für Kinder im Grundschulalter ermitteln lassen. Auf der Suche nach den Anfängen der Bildungslandschaft bieten Olk und Simpel (2011) an, den Ausgangspunkt regionalisiert modellierter Konstrukte der Bildungssteuerung in der sog. Schulautonomie und der Arbeit der Nordrhein-Westfälischen Bildungskommission (1995) zu verorten, die mit der Denkschrift ‚Zukunft der Bildung – Schule der Zukunft' die zunehmende Beteiligung kommunaler Schulträger an strukturellen Vernetzungsprozessen von schulischen und außerschulischen Bildungsangeboten forderte.

In der NRW-Bildungskommission setzte sich der, Mitte der 1980er Jahre entstandene, erziehungswissenschaftliche Diskurs zur Schulautonomie fort und folgte damit dem bildungspolitischen Anliegen, Verantwortungsstrukturen und Gestaltungsmuster im Bildungssystem zu reformieren. Allerdings weist Paschen (1995) darauf hin, dass die erziehungswissenschaftliche Auseinandersetzung mit „systematische[r] Theorieanwendung" (Paschen, 1995, S. 16) sowie Aspekten pädagogischen Handelns und pädagogischer Professionalität in diesem Diskurs kaum thematisiert wird.

Auch weitere Modelle, wie das von BMBF, BLK und dem Europäischen Sozialfonds der EU 2001 eingerichtete Förderprogramm der „Lernenden Regionen" zum Aufbau von Bildungsnetzwerken, das im 12. Kinder- und Jugendbericht (BMFSFJ, 2005) entwickelte Konstrukt der Bildungslandschaft und die von Maag Merki (2008) erörterten Bildungsregionen setzen zwar an struktureller Verknüpfung formalisierter Bildung (Schulsystem), öffentlicher Angebote nicht-formalisierter Bildung (z. B. Kita, Jugend(sozial)arbeit, freie Bildungsträger) und informeller private Kontexte (v. a. Familien und Peer-Groups) an, lassen aber die Anforderungen an pädagogisches Handeln in idealiter verzahnten Settings unberücksichtigt (kritisch dazu Spies, 2013, 2018; Spies & Wolter, 2020).

Dagegen haben frühere Ansätze, die z. B. mit der „Sozialpädagogischen Schule" (Homfeldt, Lauff & Maxeiner, 1977) in der Sekundarstufe I und der „Öffnung von Schule" (Benner & Ramseger, 1981, 1984) in der Primarstufe erziehungswissenschaftlich fundierte Modelle auf Sozialraum- und Lebenswelt bezogene, vernetzte Schulentwicklungsprojekte erprobt und beschrieben oder die Zusammenhänge von „Bildungsplanung und Sozialisation" (Faulstich & Faulstich-Wieland, 1975) interdisziplinär als „soziale und politische Determinanten des Bildungsverhaltens" (ebd.) analysiert. Die „Sozialpädagogische Schule" gründete auf den Ansätzen der *Community Education* sowie dem Labeling Approach (Homfeldt, 2023) und bezog sich, ebenso wie das Modellprojekt von Benner und Ramseger, neben sozialpsychologischen und sozialwissenschaftlichen Befunden der angloamerikanischen Forschung sozialräumlicher Vernetzung und lebensweltorientierter Angebotsgestaltung auch auf reformpädagogische Ansätze.

Die „Öffnung von Schule" (Benner & Ramseger, 1981, 1984) ging sowohl von der damals diskursiv verhandelten Schulkritik als auch von ökosystemischen Überlegungen, wie sie u. a. Bronfenbrenner (1981) publizierte, in der Grundlegung der Konzeption vom *gemeinsamen* schul- und sozialpädagogischen Handeln aus. Ebenso wie im Modell „Sozialpädagogische Schule" (Homfeldt, Lauff & Maxeiner, 1977) wurden hier schulpädagogische Aufträge in Wechselwirkung mit sozialpädagogischer Expertise verstanden und konzeptionell in schulische Strukturen und Handlungspraxen eingegriffen, um schulische Defizite unter Berücksichtigung von lebensweltlichen Hindernissen in Bildungsprozessen auszugleichen. Hier deutet sich an, dass die Wurzeln der Bildungslandschaft bis in die erziehungswissenschaftliche Theoriebildung der 1970er (Mollenhauer, 1970) und 1980er (Benner, 1987) Jahre zurückreichen, aber auch interdisziplinäre Zugänge über Wechselwirkungen zwischen kommunalpolitischen Raumkonzepten und Bildungsverhalten (Faulstich & Faulstich-Wieland, 1975) gesucht wurden.

Mithilfe historischer Dokumente und retrospektiver Erläuterungen zur sozialraumorientierten Grundschulentwicklung werden wir im Folgenden die vernetzende Position der Kommune, die Funktion von Unterricht sowie die Relevanz von Partizipation exemplarisch rekonstruieren. Dabei diskutieren wir den Anspruch an Kohärenz im pädagogischen und organisationalen Handeln für die Zusammenarbeit innerhalb des schulisch und kommunal vernetzten Bildungsverhältnisses, das die „Öffnung von Schule" ermöglichte. Hier finden wir eine engagierte Kommune, die schon früh als sozial- und bildungspolitische Akteurin auftritt (Janssen, 1995). Ihr Agieren beruht auf den konkreten Anforderungen der Gemeinschaft, liegt quer zu divergierenden parteipolitischen Interessen und erfordert das Austarieren gleichzeitig wirksamer spezifischer Machtverhältnisse, während das pädagogische und organisationale Handeln dem Anspruch auf Kohärenz in der Zusammenarbeit innerhalb eines schulisch und kommunal vernetzten Bildungsverhältnisses folgte. Mit der von Benner und Ramseger vorgelegten Projektberichterstattung (1981, 1984), weiteren Diskursbeiträgen aus sieben Projektjahren sowie der autorisierten Verschriftlichung eines 2019 mit Dietrich Benner geführten retrospektiven Fachgesprächs (Benner, 2023) zur Sicherung von Kontextwissen (Huf, 2017) steht ein Fundus zur Ermittlung von Desiderata kommunaler Bildungssteuerung – quasi als ‚materialgesättigter' historischer Fall – zur Verfügung, um Anhaltspunkte für die künftige erziehungswissenschaftliche Auseinandersetzung mit kommunaler Bildungssteuerung und vernetzender Grundschulentwicklung zu finden, weil empirische Befunde der aktuellen Programmatiken auf ‚blinde Flecke' im pädagogischen Handeln verweisen.

2. Programmatik ohne pädagogisches Programm

Den Befunden von Sendzik (2020) zufolge gelingt es den Programmen und Programmatiken der gegenwärtigen strukturellen Steuerungsinfrastruktur, die größtenteils aus dem Feld der Erwachsenenbildung stammen, nicht wie beabsichtigt, die mit Transitionen in Bildungsbiografien von Kindern und Jugendlichen verbundenen Krisen zu entschärfen. Demnach fehlen aktuellen Konzepten Perspektiven auf strukturelle und *pädagogische* Handlungsoptionen, um die bildungslandschaftliche durch eine pädagogische Programmatik zu bestätigen. Betrachtet man aber Praxen pädagogischen Handelns von Lehrkräften, in deren Macht z. B. Schullaufbahnentscheidungsprozesse liegen (u. a. Gerheim & Spies, 2017) und Protoselektionsmechanismen tradiert sind (Hofstetter, 2017), muss die Reflexionserwartung, die Sendzik (2020) an schulische Selektionspraxen richtet (ebd., S. 78), enttäuscht werden. Denn weder strukturelle Instanzen wie z. B. ‚Bildungsbüros' noch kommunale Bildungsberichterstattung (vgl. kritisch dazu Brüggemann, 2021) können ein organisations*pädagogisches* Problem lösen, dessen schulische und außerschulische Akteur:innen ihr pädagogisches Handeln als *kollektive* Akteur:innen *gemeinsam* auf das Ziel (Fahrenwald, 2016) beziehen (müssten), während sie professionelle Differenz in Kohärenz bringen und konditionale Normen des Bildungssystems und seiner segregierenden Schulstruktur überwinden sollen.

Jenseits der von Brüggemann (2021) belegten symbolischen Funktion kommunaler Bildungssteuerungsinstrumente oder der von Sendzik (2020) erörterten Abwehrbewegung gegen programmatische staatliche Aktivierungspolitik auch für Übergänge in der Primarstufe, kann segregierendes pädagogisches Handeln, seine konzeptionelle Struktur sowie seine Einflüsse auf bildungsbiografische Entwicklungen, nicht durch Schulformatentscheidungen (Spies, 2020) oder Kooperationsverträge (Sendzik, 2020) entschärft werden, weil die Akteur:innen, die

Lern- und Bildungssettings bereitstellen, mit deren Adressat:innen in Interaktion treten und Ausgrenzungen bzw. ‚Doings' entlang konstruierter Differenzlinien als Ausdruck pädagogischen Handelns reproduzieren (u. a. Faulstich-Wieland, Weber & Willems, 2004; Machold & Wienand, 2021; Rutter, 2021; Steinbach & Spies, 2021).

Hier deutet sich an, dass eine Programmatik für deren gemeinsame Verantwortung die „kohärente Verschränkung" formaler, nicht-formaler und informeller „Bildungsorte und -gelegenheiten in einem geografisch begrenzten Raum" (Kollek, de Haan & Fischbach, 2012, S. 138) durch professionell gestaltetes, gemeinsames, planvolles Handeln einer „Verantwortungsgemeinschaft" (ebd.) nötig ist, die nicht alleine mit sozialwissenschaftlicher Analyse und Struktur (z. B. Bleckmann & Durdel, 2009) erschlossen bzw. konzipiert werden kann. Die Vernetzung des Bildungs- und Hilfesystems bringt also die bildungstheoretische Auseinandersetzung mit Normen und Normenkonflikten pädagogischen Handelns und teildisziplinärer Deutungen mit sich (Spies & Steinbach, 2020) die über (inter-)institutionelle und (inter-)organisationale Strukturen (Spies & Wolter, 2020) hinausreichen.

Eine regionale Bildungsstruktur, die dem Konstrukt der Bildungslandschaft folgt, ist für uns zum einen auf ein kommunales, auf sozialräumliche Gegebenheiten bezogenes Vernetzungskonzept der Bildungsangebote angewiesen, aber zum anderen vom pädagogischen Handlungskonzept und seinen Ausdrucksformen repräsentiert und abhängig, weil die je Einzelschule praktizierte Schulautonomie sowie das Maß der kollektiv gestalteten pädagogischen Kohärenz in Wechselwirkung zueinanderstehen.

Die strukturelle Vernetzung von formalen (Zertifikatserwerb), nicht-formalen (freiwillig aufgesuchten) Bildungssettings und informellen (sozialräumlichen und lebensweltlichen) Gegebenheiten neben den kommunal gesteuerten konditionalnormativen[1] Rahmungen aus bildungs- und sozialpolitischen, sowie rechtlichen Regelungen, ökonomischen Bedingungen und Interessen und (auch) medial kommunizierter bzw. tradierter ‚öffentlicher Meinung', muss also auch von der konzeptionellen Berücksichtigung der Sinn- und Sachnormebenen pädagogischen Handelns abhängig sein. Die damit verbundenen unauflösbaren Normenkonflikte (Bokelmann, 1965; Fuchs, 2019) pädagogischen Handelns müssten sich also auch in der konzeptionellen Anlage der frühen pädagogischen Modelle wiederfinden lassen, da die Modelle schon damals dem Ziel folgten, Bildungsbarrieren durch die Gestaltung von Lernumwelten abzubauen, indem konditionale Bedingungen auf der politisch-administrativen (Lange, 1995), der rechtlichen (Vogel, 1995) und der ökonomischen (Timmermann, 1995) Ebene

1 konditional: rechtliche Rahmungen, politische und strukturelle Vorgaben, ökonomische Ressourcen, mediale/öffentliche Diskurse, Traditionen (Bokelmann, 1965; Fuchs, 2019).

in Wechselwirkung mit organisationalen und professionellen Entwicklungen verstanden wurden.

3. Zugänge zur historischen Dimension kommunaler Bildungssteuerung

Als die Kommission des 12. Kinder- und Jugendberichts (BMFSFJ, 2005) den Begriff der Bildungslandschaft konstruierte, ging sie von fachdiskursiven Betrachtungen und den sich im Rahmen von Förderprogrammen entwickelnden Modellen struktureller Vernetzung zwischen formellen und nicht-formellen Bildungs- und Hilfesettings aus. Die Subsummierung des Hilfebegriffs im Konstrukt der Bildungslandschaft mag dabei auch dem sozialpädagogischen Diskurs um den Bildungsbegriff geschuldet sein, der im Kontext der ersten Pisa-Befunde u. a. zu den „Leipziger Thesen zur aktuellen bildungspolitischen Debatte" (AGJ, 2002) führte.

Aber schon die beiden vorangegangenen Kinder- und Jugendberichte (BMFSFJ, 2002, 1998) belegen als Zusammenfassung damals aktueller Fachdiskurse, dass die sozialpädagogische Analyse lange vor den Befunden der ersten PISA-Studien intensiv mit den Querverbindungen zwischen Bildungssystem und Angebotsstrukturen des Kinder- und Jugendhilfesystems befasst war und dabei die Situation von Kindern, Jugendlichen und ihren Familien im Kontext der Wechselwirkungen zwischen schulischen Gegebenheiten und lebensweltlichen Bedingungen des Aufwachsens analysierte. Die Sozialberichterstattung betonte damals die gleichen bildungsbiografischen Folgen institutioneller Diskriminierung mit Bezug zu Herkunft sowie die Notwendigkeiten institutioneller Kooperationen, wie spätere Studien (vgl. u. a. Grundmann, Bittlingmayer, Dravenau & Groh-Samberg, 2004; Liesner & Wischmann, 2010) sie bestätigen.

Während die fachdiskursiven Strömungen zur Vernetzung sozial- und schulpädagogischer Handlungsfelder nach Inkrafttreten des SGB VIII (1990/91) mit seinen konditionalen Regelungen zur Rahmung von interinstitutionellen Kooperationen zwischen sozialpädagogischen Handlungsfeldern und Schule(n) entlang der Sozialberichterstattung der 1990er Jahre rekonstruiert werden können, ermöglichen die diesen Diskursen vorausgegangenen Publikationen zu Modelprojekten der 1970er und 1980er Jahre zudem die exemplarische Analyse von deren pädagogischen Implikationen und den damit verbundenen kommunalen Interessen (Janssen, 1995).

Das im 19. Jahrhundert im Kontext von Industrialisierung (vgl. Buhren, 1997) und der Zuwanderungsgesellschaft der USA zur Stabilisierung der demokratischen Ordnung entstandene Konzept der *Community Education*, das in den 1970er Jahren (Homfeldt, 2023), ebenso wie in jüngeren Publikation (z. B. Coelen, 2009; Müller, 2011) zur Erörterung kommunaler Bildungslandschaft herangezogen wurde und das in deutschsprachigen Veröffentlichungen auch für die Erörterung von Ambivalenzen und Widersprüchlichkeiten unterschiedlicher Perspektiven genutzt wird, wenn z. B. gegenläufige Interessenlagen Kooperationsbestrebungen behindern (u. a. Weiß, 2011), ist unser Bindeglied zwischen Vergangenheit und Gegenwart: Vor dem Hintergrund unserer Vermutung, dass die Idee der Vernetzung zwischen Jugendhilfeträgern und staatlichem Bildungssystem auf ältere Diskurse über Bildung und Partizipation verweist (Hünersdorf & Wischmann, 2016), die deutlich vor der Verknüpfung neoliberaler Wirtschaftsinteressen mit Bildungskonzepten entstanden (Wischmann, 2014), nutzen wir das Konzept der *Community Education* als theoretischen Hintergrund für unsere Interpretation. So können wir Erziehung, Bildung und Lernen in Bezug auf den Kontext eines sozialen Raumes oder Netzwerks fassen. Dabei orientieren sich die Anregungen für Erziehungs-, Bildungs- und Lernprozesse einerseits an den sozialen Strukturen (Bildungslandschaften, kommunale Netzwerke, Gemeinwesen etc.) und andererseits an den daran partizipierenden und darin agierenden Subjekten (Individuen, Personen, Akteur:innen Gruppen etc.) (Dewey, 1916/2011). *Community Education* zeichnet sich als reaktives bzw. responsives, bedarfsorientiertes Konzept durch ein spezifisches, normatives Profil aus. Sie will die Bedingungen für Erziehungs-, Bildungs- und Lernprozesse in einem bestimmten sozialen Raum verbessern bzw. für die beteiligten Subjekte ermöglichen und diese unterstützen, indem bereits bei der Generierung und Formulierung der Bedarfe möglichst alle Beteiligten einbezogen werden. Daraus ergibt sich der Anspruch auf milieu- und altersübergreifende Transparenz und Partizipation unter professioneller pädagogischer Koordination (etwa Göhlich, 1997; Buhren, 1997; Bleckmann & Schmidt, 2012). *Community Education* ist somit beides, ein Theoriekonzept *und* ein Handlungsansatz.

Um Zusammenhänge in ihrem jeweiligen Kontext und im Hinblick auf ihre pädagogische Relevanz sowie als Teil erziehungswissenschaftlicher Theoriebildung (Benner, 2015/2023) zu *verstehen*, folgen wir mit hermeneutischer Haltung gegenüber Gegenstand und Material dem Sinnzusammenhang des Falls (z. B. Sutter, 2004), um ihn zu rekonstruieren und intersubjektiv nachvollziehbar zu machen. Unsere Fallstudie erschließt die kommunale bildungs- und sozialpolitische Rahmung des Modellprojekts der 1970er und 1980er Jahre also aus einer bildungstheoretischen Perspektive. Für die Erfassung der sozialökologischen Verwobenheiten und des Zusammenspiels sozial- und schulpädagogischer Handlungsprämissen und Wissensbestände interpretieren wir ausgewählte Passagen des von Dietrich Benner autorisierten Fachgesprächs und die dort thematisierten, spezifischen historischen und politischen Kontexte der Wechselwirkung zwischen kommunalen Steuerungsinteressen und -prozessen mit den pädagogischen Implikationen im Zusammenspiel zwischen allgemein-, schul- und sozialpädagogischen Ansätzen im Sinne der *Community Education*. Die bildungstheoretischen

Perspektiven werden von ausgewählten Ankersequenzen aus der Projektberichterstattung und einem späteren Text zur politischen Bildungsverantwortung der Kommune (Janssen, 1995) hermeneutisch interpretierend ergänzt, um Rückschlüsse auf bildungstheoretisch begründete *Desiderata zur aktuellen Ausgestaltung von Bildungslandschaften im Primarbereich* zu gewinnen.

4. Eine sozialraumorientierte Grundschule in kommunalem Interesse

Von 1977 bis 1984 wurde eine städtische Grundschule in Münster in der Entwicklung und Erprobung ihres stadtteilbezogenen, partizipativen Ganztagskonzepts wissenschaftlich begleitet. Der sozial heterogene, expandierende Stadtteil in städtischer Randlage und die Situation von dort wohnhaften Kindern aus sozioökonomisch benachteiligten Familien begründeten das Anliegen der kommunalen Verwaltung, um im damaligen Verständnis innovativer Stadtteilorientierung der Sozialen Arbeit präventive Strukturen des Zugangs zu sozialpädagogischen Handlungsfeldern wie z. B. Offene Kinder- und Jugendarbeit oder Erziehungsberatung aufzubauen. Der engagierten Schulleitung war der Ausgleich der Benachteiligung von Kindern, deren Eltern z. T. keinen Zugang zum Schriftspracherwerb hatten und gegenüber Kindern aus Akademikerfamilien in ihren Teilhabechancen begrenzt waren, ebenso wichtig, wie ein Betreuungsangebot zur Sicherung der Berufstätigkeit von Frauen, sowie eine Entlastung von Einelternfamilien zu etablieren und Anlass, die Schule konzeptuell umzustrukturieren und dafür die Unterstützung wissenschaftlicher Begleitung zu suchen. Die Fallstudie zur schulischen Entwicklungsforschung aus den Anfängen der empirischen Bildungsforschung (Rabenstein & Reh, 2009), die „auf die Verminderung der Trennung zwischen schulischem Lernen und außerschulischen Erfahrungen“ (ebd., S. 732) zielte, hat ihren aktuellen Bezug u. a. in der kommunalen Steuerung der Verknüpfung formaler, non-formaler und informeller Bildungs- und Lernsettings. Damit birgt die Studie nicht nur inhaltliche Erkenntnisse, an die anzuschließen wäre, sondern auch methodische Implikationen für aktuelle Forschung.

Wir konzentrieren uns darauf, in drei Schritten entlang der Perspektiven von Kommune, Unterricht und Partizipation zu rekonstruieren, wie die Auseinandersetzung mit schulisch verortetem pädagogischem Handeln und dessen diversitätssensible Vernetzung mit familienbezogenen Interaktionen bzw. Elternpartizipation unter Einbezug sozialpädagogischer Handlungsfelder den sozialraumbezogenen Schulentwicklungsprozess in Wechselwirkung zur kommunalen Steuerung setzt. Anschließend prüfen wir, welche Funktionen dem erziehungswissenschaftlichen Fachdiskurs und der Kohärenz pädagogischen Handelns dabei zukommen.

Kommune

Unterstützt und gefördert durch den kommunalen Schulträger wurde ein Ganztagsformat der Primarstufe in einer sozialräumlichen Vernetzungsstruktur mit der Jugendhilfe aufgebaut, das (möglicherweise) als ‚Prototyp' einer Bildungslandschaft im gegenwärtigen Verständnis des Konstrukts gelten kann: So spricht Hermann Janssen (1995) aus der Perspektive des Münsteraner Stadtdirektors und damaligen Vorsitzenden des Schulausschusses des Deutschen Städtetages in dem 1993 anlässlich der Eröffnung der universitären Vortragsreihe „Schule in der Stadt" gehaltenen Vortrags „Schule und Stadt – Ein Bündnis für Kinder und Jugendliche" von der „*Erfahrung über Jahre*", die gezeigt habe, dass eine „erweiterte() Schulträgerschaft" (1995, S. 13; Hervorhebung A. S.) anstelle der Abgrenzung zwischen „äußeren" und „inneren Schulangelegenheiten" nötig sei und in Münster „bestens funktioniert" (ebd.). Janssen bezieht sich hier auf gesellschaftliche Entwicklungen und den Einfluss von (bildungs- und sozialpolitischen) Konditionalnormen (Bokelmann, 1965; Fuchs, 2018), die Schulen in sozial belasteten Lagen in ihrem pädagogischen Handeln in Überforderungssituationen bringen (können). Er verweist u. a. auf die in Münster erfolgreich etablierten, dezentralen Kooperationsstrukturen zwischen Schulen und „ergänzende(n) Systeme(n)" (Janssen, 1995, S. 13) sowie auf eine demokratische(!) Grundstruktur, die Eltern und Schüler:innen am schulischen Entwicklungsprozess beteiligt.

Die jahrelange Erfahrung, auf die Janssen sich bezieht, gründet in der Münsteraner Praxis, eine stadtteilbezogene, sozialräumliche Vernetzungsstruktur formaler und nicht-formaler Bildungssettings nachhaltig aufzubauen, indem das Jugendhilfesystem einbezogen und die Prämissen gemeinsamer Verantwortung für gesellschaftliche Teilhabechancen und bildungsbiografische Verläufe ins Zentrum dieser – auch pädagogisch implizierten – Entwicklung gesetzt werden: Der „Erziehungs- und Lernprozess, der sich an den konkreten Lebensweltbezügen der Schüler orientiert und auf ganzheitliche pädagogische Förderung ausgerichtet ist (und) keine wechselseitigen Problemzuweisungen" (Janssen, 1995, S. 15) gestattet, sondern das „System von Hilfen und Stützen für schulische Bildung und Erziehung" als „Gemeinschaftsaufgabe von Eltern, der einzelnen Schule und der Stadt" (ebd., S. 18) versteht, ist Janssen zufolge „unverzichtbarer Teil der kommunalen Daseinsfürsorge" (ebd., S. 18). Das Überwinden von „Ressortdenken" und die auf der Basis von, auf übergeordneten Ebenen von Politik und Verwaltung getroffenen, vertraglichen Vereinbarungen, geben einen verlässlichen Rahmen an Konditionalnormen für pädagogisches Handeln vor, brauchen aber auch den „Beistand der Wissenschaft, ihre vom Tage abgehobenen Reflexionen, Erkenntnisse und Einsichten" (ebd., S. 25).

Es fällt auf, dass Janssen Anfang der 1990er Jahre die spätere Terminologie bildungslandschaftlicher Anliegen verwendet, um die Entwicklung seit Ende der 1970er Jahre zu skizzieren und zu bestätigen. Als Ausgangspunkt der in

Münster also bereits Anfang der 1990er Jahre etablierten, ‚bildungslandschaftlichen' Kooperationsstrukturen mit einer „Fülle von flexiblen Angeboten an vielen Schulen", die dazu geführt haben, dass „nicht nach den Bedürfnissen und Strukturen von Ämtern und Hauptamtlichen dividiert" (ebd., S. 14) werde, sondern die Zusammenarbeit auf der „einzelne(n) Schule und deren Probleme" (ebd., S. 15) gründet, nennt Janssen die, 2008 mit dem, an der nachhaltigen Gestaltung von partizipativen Bildungssettings orientierten (Faulstich-Wieland, 2023), Deutschen Schulpreis ausgezeichnete Wartburggrundschule im Stadtteil Gievenbeck.

In ihren Anfängen wurden an dieser Schule der schulpädagogische Auftrag Unterricht und die sozialpädagogische Maxime der Lebensweltorientierung zueinander in Beziehung gesetzt, indem die vorhandene schulische Praxis um die kommunale Trägerschaft von je einer dauerhaften Erzieher:innenstelle je Klasse durch deren sozialpädagogische Expertisen erweitert, sowie außerschulische Angebote der Kinder- und Jugendhilfe in die Gestaltung des Ganztags- und Beratungsangebots einbezogen wurden. Dieser Prozess des Kooperationsaufbaus wurde in die analytische Auseinandersetzung mit den schulpädagogischen Diskursen der (damaligen) Gegenwart eingebettet, um grundlegende erziehungswissenschaftliche Theoriebildung zu erweitern, die „problemgeschichtlich und prinzipienbasiert zwischen Theorien der Erziehung, der Bildung und der pädagogischen Institutionen sowie regierenden, unterrichtlichen und beratenden Handlungsformen" (Benner, 2023) unterscheidet. Indem Benner hier rekonstruktiv auf die pädagogischen Handlungsformen rekurriert und die beabsichtigten Erziehungs-, Bildungs- und Lernprozesse ins Verhältnis zu den sozialen Strukturen und den daran partizipierenden und darin agierenden Akteur:innen und Adressat:innen setzt, deutet sich das *Community Education*-Konzept an, ohne dass es als solches benannt wird. Dabei wurde ein Schwerpunkt der Kooperation in der Unterstützung von Familien mit Kindern in der Schuleingangsphase gesetzt, damit diese in „ihrem neuen Lernraum Schule heimisch [...] werden und Verbindungen zum Stadtteil, die bei der Einschulung bereits bestanden, aufrechtzuerhalten (können)" (Benner & Ramseger, 1981, S. 176). Ebenso wurde die organisationale Einbindung von Eltern auf allen schulischen Ebenen betont, weil die innerschulische Öffnung des Unterrichts und dessen Sozialraumorientierung als wechselwirksam verstanden wurden (Benner, 2023).

Die Entwicklung des pädagogischen Gesamtkonzepts basierte aber auch auf dem kommunalen Anliegen, dass die „Verknüpfung von Sozialpädagogik und Schulpädagogik in Gievenbeck zum städtischen Programm werden" (ebd.) sollte: „Die Stadt hatte also ein ähnliches Programm wie unser Grundschulentwicklungsprojekt, an dessen Entwicklung Dieter Sengling in seiner Funktion als Leiter des Städtischen Jugendamtes schon vor seiner Berufung an die WWU im Jahre 1977 beteiligt war" und „auch die Vorsitzende des Münsteraner Schulausschusses [...] (vertrat) das pädagogische Ethos eines nicht-diskriminierenden gesellschaftlichen Lernens und einer unterstützenden Institution" (ebd.). Der Verweis auf die fachliche Beteiligung von Dieter Sengling am strukturellen und pädagogischen Gesamtkonzept vor und nach dessen Ruf auf die Professur für Sozialpädagogik, belegt die Berücksichtigung und Relevanz sozialpädagogischer Diskurse der Stadtteilorientierung und der Ökologie der Lebenswelt (Bronfenbrenner, 1981), wie sie in den 1980er Jahren breit diskutiert und erprobt wurden, um soziale Benachteiligung von Kindern und ihren Familien verstehen und entschärfen zu können (Sengling, 1996; Sengling & Jordan, 1994).

Der Schulentwicklungsprozess war also wissenschaftlich als ‚Lern-Raum' zum Theorie-Praxis-Transfer konzipiert, während die Kommune ebenfalls nach Lösungen suchte und sich dafür auf den Dialog mit dem Fachdiskurs eingelassen hat. Die Rekonstruktion von inner- und außerschulischen, kooperativen pädagogischen Strukturen, den Wechselwirklungen zwischen professionsbezogenen Handlungsmaximen, Brüchen und Widersprüchen, sowie den damit verbundenen Auseinandersetzungen mit Ansprüchen und Grenzen der Gestaltung von differenzliniensensiblen pädagogischen Beziehungen (u. a. in der Schuleingangsphase) scheint demnach – unter Berücksichtigung epochaler Kontexte, damaliger wie gegenwärtiger Fachdiskurse sowie empirischer Befunde aus Kindheitspädagogik, Grundschulforschung, Sozialpädagogik, Organisationspädagogik etc. – ein vielversprechendes Desiderat für die Frage nach den strukturellen Bedingungen, die für die Gestaltung pädagogischen Handelns in kommunal verorteten Bildungskooperationen gegeben sein müssen. Die spätere Auszeichnung mit dem Deutschen Schulpreis 2008 betont die indirekte Verbindung zwischen diesem frühen Modell der bildungslandschaftlichen Konstruktion und den Ergebnissen der NRW-Bildungskommission, denn im Anschluss an deren Arbeit wurden die Kriterien des Deutschen Schulpreises erarbeitet (Faulstich-Wieland, 2023), die bereits in der frühen Entwicklungsphase des Gesamtkonzepts im Modellprojekt Gievenbeck eine Rolle gespielt haben.

Unterricht

Die Einbindung der Eltern in Ganztags- und Unterrichtskonzept setzte einen diskriminierungssensiblen Ansatz schulischer Interaktionen ins Verhältnis zu einer stadtteil- bzw. sozialraumorientierten Grundstruktur, die u. a. die Erarbeitung der Grundlagen an Ortskenntnis auf der Ebene des Projektunterrichts platzierte bzw. in Wechselwirkung dazu stellte. Schule wurde als diejenige Institution verstanden, die sich sowohl in Unterricht und Tagesstruktur als auch ihren Kooperationsverhältnissen und Partizipationsgrundätzen fachlich und strukturell nach außen öffnen musste, um soziale Benachteiligungen in ihren Auswirkungen auf Bildungsbiografien abzumildern. Dabei stand die kontinuierliche Reflexion pädagogischen Handelns (Benner & Ramseger, 1980) im Zentrum des nicht-diskriminierenden Konzepts:

> „Wir haben in Gievenbeck nie kompensatorische Erziehung trainiert oder darüber gesprochen, was ‚Unterschichten' sind, worin ihre Benachteiligung liegt oder wie gering oder groß ihre Chancen sind und wie man sie wissenschaftlich beschreiben und gegebenenfalls ändern kann. Statt Emanzipation nach damals üblichen sozialwissenschaftlichen Modellen zu betreiben, orientierte sich die pädagogische Arbeit im Grundschulprojekt Gievenbeck an Ordnung schaffenden, aber keine positiven Ziele durchsetzenden Formen […] pädagogischen Handelns und an Unterricht, der Erfahrung und Umgang erweitert, aber nicht standardisiert, sowie an Formen einer beratenden Erziehung, die Kinder darin unterstützt, sich mit sich selbst und anderen zu beraten" (Benner, 2023).

Mit der „nicht additive(n) Verknüpfung von Sozialpädagogik und Unterrichtspädagogik" und der „Integration von Schul- und Sozialarbeit" (Benner & Ramseger, 1984, S. 125) wurde das sinnnormative pädagogische Handeln zum Maßstab des nötigen Ressourceneinsatzes für ein erfolgreiches kommunales Kooperationsprogramm der institutionellen Öffnung von Unterricht, das zugleich konditionalnormative Prozesse des konzeptionellen ‚Umdenkens' erforderte, weil sowohl die Zustimmung der städtischen Gremien wie auch der Schulbehörde für dieses Modell erforderlich waren und die Einhaltung von sachnormativen curricularen Vorgaben (Unterrichtsinhalte) seitens der Kultusbehörde überprüft wurden. Auch hier lässt sich die Idee einer *Community Education* erkennen, die in ihren (Bildungs-)Anspruch die Gemeinschaft der Kommune integriert und als notwendiges Moment pädagogischer Arbeit innerhalb einer demokratischen Gesellschaft partizipativen Grundsätzen folgt.

Partizipation

Das Bestreben, die Grundschule über die Erprobung von neuen Unterrichts- und Klassenkonzepten sowohl nach innen, als auch über die Sozialraumorientierung nach außen so zu öffnen, dass die „Institutionen – Familie, Arbeitswelt, geselliges Leben und anderes mehr – sich für eine selbsttätige Mitwirkung der Heranwachsenden öffnen" konnten, war sowohl Bedingung für „schulisches Lernen(, das) sich tatsächlich an den Maximen methodischer und thematischer Offenheit orientieren kann" (Benner & Ramseger, 1981, S. 26), als auch, z. B. im Projekt „Stadtteil", der Versuch, der lebensweltlichen und sozialräumlichen Wirklichkeit außerhalb der schulischen Räume gerecht zu werden. Pädagogisches Handeln folgte dem Ziel, „die Heranwachsenden zur Mitwirkung in den gesellschaftlichen Handlungsfeldern zu befähigen" (Benner & Ramseger, 1981, S. 26), indem sich ihre Schule *aktiv* zum „Stadtteil und gesellige[m] Leben" (ebd., S. 6) hin öffnete. Bemerkenswert scheint hier vor allem, dass dieser Prozess von der Schule initiiert und strukturiert wird, indem – kommunal unterstützt – Kooperationsbeziehungen aufgebaut werden und sowohl Eltern der Schüler:innen aktiv einbezogen, wie auch die nicht im direkten Kontakt mit der Schule stehenden Bewohner:innen des Stadtteils angesprochen werden.

In der Praxis führten außerdem die sozialräumlichen Kooperationsbeziehungen zwischen der Grundschule und den außerschulischen sozialpädagogischen Angeboten dazu, dass beispielsweise das Jugendzentrum erst nach Schulschluss der Ganztagsgrundschule öffnete (Benner & Ramseger, 1984, S. 74), um Gelegenheiten für die Teilhabe an den Angeboten nicht-formeller Bildungssettings zu ermöglichen. Für die „Koordination der Bildungsangebote der verschiedenen Einrichtungen" wurden „regelmäßige Kontakte mit der örtlichen Sozialpädagogin des Jugendamtes" gepflegt (ebd., 1981, S. 177) und „Aktivitäten an außerschulischen Lernorten und unter der Trägerschaft anderer Organisationen der Jugendarbeit [...] (und) insbesondere mit dem Jugend- und Freizeitzentrum [...] eine institutionalisierte Kooperation" aufgebaut, da man „für einzelne Veranstaltungen den Charakter eines Lernverbundes" (ebd., S. 178; Benner & Ramseger, 1984, S. 81) anstrebte[2].

Neben der strukturellen Sozialraumorientierung im Sinne professioneller Kooperationsbeziehungen gehörte auch die ‚individuelle' Kooperation mit den Eltern der Grundschüler:innen zum sozialräumlichen Öffnungskonzept der Schule. Um Eltern an den Lernprozessen und schulischen Entwicklungsverläufen ihrer Kinder zu beteiligen, wurden Mütter, die vor der Familienphase in pädagogischen Berufsfeldern gearbeitet hatten, als Ehrenamtliche in die Klassenteams aufgenommen und weitere Eltern in die Hausaufgabenbetreuung eingebunden. Außerdem gehörten elterliche Unterrichtshospitationen, die Mitbestimmung in Gremiensitzungen und wöchentlichen Klassenkonferenzen sowie wöchentliche Projektsitzungen zur Besprechung konzeptioneller Entwürfe, Planungen und Entwicklungen zum elterlichen Partizipationskonzept, mit dessen Hilfe die Sozialraumorientierung im Schulentwicklungsprozess platziert wurde (Benner & Ramseger, 1981, S. 166).

Die niedrigschwellige Elternbeteiligung und die strukturelle Absicht, ein „Netz von Beziehungen" im „Charakter von Freundschafts- und Nachbarschaftskontakten" (Benner & Ramseger, 1981, S. 173) innerhalb des Stadtteils aufzubauen, diente zugleich als Grundlage für Einzelfallberatungen, um „unterhalb der offiziellen Ebene von förmlichen Sprechstundenterminen nach Lösungen zu suchen" (Benner & Ramseger, 1984, S. 81) und Eltern auf diese Weise permanent an den Lernprozessen der Kinder teilhaben zu lassen und die pädagogische Beziehung zu den Kindern zu festigen.

---

2 Es scheint, als habe sich diese Kooperation nachhaltig etablieren können, denn noch Ende der 1990er Jahre gehörte der Pädagogische Arbeitskreis Gievenbeck als institutionalisierter Ausdruck der strukturellen Zusammenarbeit im Sozialraum zur städtischen Jugendhilfeinfrastruktur.

Die kooperative Zusammenarbeit mit außerschulischen Organisationen und die organisationale Einbindung von Eltern auf allen innerschulischen Ebenen standen in Wechselwirkung mit der schulischen Öffnung des Unterrichts nach innen und außen sowie mit dessen Sozialraumorientierung, die in der Summe auch als *Lebensweltorientierung* des pädagogischen Konzepts der Grundschule verstanden werden kann. Die lebensweltlichen Bedingungen und Bewältigungsstrategien wurden als Ausgangspunkt pädagogischen Handelns reflektiert und in der Gestaltung von Unterricht sinnnormativ zentral gesetzt, wenn z. B. im Zwischenbericht betont wird, dass es darauf ankomme, „zum einen die schulischen Lernprozesse gegenüber der konkreten Bedeutung der Lerninhalte im Erfahrungskontext der Schüler zu öffnen und zum andern den schulischen Unterricht als Hilfe zur Bewältigung von Lebenssituationen anzulegen“ (Benner & Ramseger, 1981, S. 25).

Kohärenz

Die Suche nach einem Modell für *kohärentes pädagogisches Handeln* gründete damals auf einem „neu zu gewinnenden Rollenverständnis der Pädagogen in der Ganztagsschule“, die das „Zusammenleben mit den Schülern, die Erweiterung des reinen Sachlernens um soziales Lernen und persönliche Zuwendung, das Sich-zur-Verfügung-Halten für nicht organisierte Gelegenheiten zur Kommunikation, die angestrebte enge Zusammenarbeit mit den Eltern, die Öffnung der Schule zum Stadtteil“ (Benner & Ramseger, 1981, S. 59) zentral setzte. Dafür wurde ein kooperativ-integrierendes Konzept pädagogischen Handelns verfolgt, das inner- und außerschulische Lernprozesse kohärent miteinander zu verbinden suchte (Benner & Ramseger, 1981, S. 321; ebd. 1984, S. 32), indem organisationale Strukturen von Schule und Jugendhilfe zusammengeführt wurden, um gemeinsame Lernräume und Lernprozesse anzuregen (Benner & Ramseger 1981, S. 24; ebd. 1984, S. 32). Die darin enthaltene Kritik an schulisch tradierter Verkürzung pädagogischer „Praxis auf Tätigkeiten von Unterrichtsbeamten in Schulen (die) der Komplexität pädagogischen Handelns nicht gerecht wird, weil sie außer Acht läßt, daß Lehr- und Lernprozesse nur erfolgreich sein können, wenn sie an die Vorerfahrungen und das Vorverständnis ihrer Adressaten anknüpfen und nicht einer Sachlogik folgen, die von diesen weitgehend abstrahiert“ (Benner & Ramseger, 1981, S. 23–24), scheint aus gegenwärtiger Perspektive durchaus zeitlos zu sein.

In der Retrospektion wird deutlich, dass Umsteuerungsprozesse im Bildungswesen der Kohärenz auf mehreren Ebenen zu bedürfen scheinen. Die fachdiskursive erziehungswissenschaftliche Auseinandersetzung reichte in der Vergangenheit deutlich über Steuerungsstrukturen hinaus: „Das Schulentwicklungsprojekt in Gievenbeck ist zu einem Teil aus der wissenschaftlichen Auseinandersetzung mit der damals aktuellen Gegenschulbewegung entstanden. Ich schrieb zu der

Zeit schon an meiner *Allgemeinen Pädagogik*. Zusammen mit Jörg Ramseger habe ich in einem Seminar zum offenen Unterricht die Offenheit in eine methodische, thematische und institutionelle Offenheit differenziert. Methodische Offenheit bedeutet, die Arbeitsformen von Kindern entlang der methodischen Erfordernisse der Vermittlung von Inhalten so zu gestalten, dass Wechselwirkungen zwischen der methodischen Struktur der Gegenstände und der methodischen Kompetenz von Kindern entstehen" (Benner, 2023). Demnach kann weder von solitären schulischen Maßnahmen noch von strukturellen Vorgaben oder Schulformaten selbstläufige Veränderung erwartet werden.

Auch die diskursive Kohärenz der personellen Bedarfe oder das Zusammenwirken von Schule, Kommune und Eltern kann ohne konzeptuell adäquates Lehr-, Lern- und Unterrichtskonzept für die gesamte Schule und gleichzeitiger konditionalnormativer Anpassung von schulbehördlichen Richtlinien nicht ausreichen, um den Zielen, die gegenwärtig zur Verbesserung von Teilhabechancen mit den Narrativen der Bildungslandschaft verbunden werden, näher zu kommen: Der Unterricht im Modellprojekt Gievenbeck war nach vier Seiten hin zum Sozialraum geöffnet, indem stadtteilbezogenen Unterrichtsprojekte und die Kooperation mit der Jugendhilfe (Jugendarbeit, Beratung) zentral gesetzt wurden und Veränderungen auf der Ebene der Bildungssystemstruktur (Ganztag; Transitionen) sowie die intensive Elternpartizipation darauf bezogen wurden. Die schulische Mikroebene des Unterrichts und seine kooperative Gestaltung erhielt also auf der Mesoebene der Kooperation mit außerschulischen Handlungsfeldern eine flankierende sozialpädagogische Rahmung, die für die Umsetzung der Elternpartizipation ebenfalls funktional zum Tragen kam. Sowohl das Ganztagskonzept als auch die Berücksichtigung der Transitionsanforderungen in der Schuleingangs- und der Übertrittsphase in die Sek I wurden pädagogisch so gestaltet, dass auch die systemische Struktur der Makroebene das ‚kohärenzorientierte' Verständnis der Zusammenarbeit zwischen schul- und sozialpädagogischer Expertise abbilden konnte. Die konzeptuelle Berücksichtigung des Bildungsstandes der Eltern (u. a. Schrift, Hospitation; Beratung), deren lebensweltliche Belange (u. a. Ganztag; institutionelle Vernetzung) und ein partizipatives Transitionsverfahren der Hospitationen an den weiterführenden Schulen erweiterte den Kohärenzanspruch: Die darin beabsichtigte Förderung von Biografizität[3] der Schüler:innen, die deren lebensweltliche Gegebenheiten berücksichtigte, um bildungsbiografische Entwicklungen herkunftsunabhängig(er) fördern zu können, nimmt das gegenwärtige Narrativ des lebenslangen Lernens vorweg.

Die dafür nötigen professionellen pädagogischen Auseinandersetzungen mit der ‚Sozialen Frage' gesellschaftlicher Benachteiligung *musste* also im engen

3 Biografizität (Alheit, 1995) = die Fähigkeit der Bewältigung eines Übergangs in sich verändernde Selbst- und Weltbezüge als „Leistung der Subjekte" (Alheit & Dausien, 2018, S. 888).

gemeinsamen Austausch von schul- und sozialpädagogischen Akteurinnen geleistet werden, weil die konzeptionelle Einbindung sozialpädagogischer Fachlichkeit in Unterricht und Ganztagskonzept die Grundlage der pädagogischen Kooperation war. Hier treffen sich die damaligen schul- und sozialpädagogischen Diskurse, die mit sozialökologischem Verständnis lebensweltliche Gegebenheiten, biografische Verläufe gesellschaftlicher Ausgrenzung und die Defizite des Schulsystems zueinander in Beziehung setzten (u. a. AK Grundschule, 1973; Homfeldt, 1974; Homfeldt et al., 1977; Mollenhauer, 1970; Sengling, 1967).

Die Komplexität des an Kohärenz ausgerichteten pädagogischen Handlungskonzeptes im Modellprojekt, das die Delegationen von sog. ‚sozialen Anforderungen' an die sozialpädagogischen Fachkräfte verhindern sollte, lässt sich erahnen, wenn zwar die Trennung entlang der schul- und sozialpädagogischen Professionsgrenzen als „unsinnig" und „überflüssig" (Benner & Ramseger, 1984, S. 26) bezeichnet wird, aber dennoch entlang der Sinn- und Sachnormen Schwerpunkte in der Zusammenarbeit gesetzt werden: Während die sozialpädagogischen Fachkräfte vor allem die „sozialen Prozesse" (Benner & Ramseger, 1981, S. 70) im Blick haben und Schwerpunkte in der Planung der „Lernsituationen sowie von Spiel- und Freizeitaktivitäten" (ebd.) entlang der erzieherischen Sinnnormen in Zusammenarbeit mit Eltern und den außerschulischen Angeboten der Jugendhilfe (ebd.) setzten, mussten die Lehrkräfte entlang der durch Unterricht repräsentierten Sachnormen „ihre Fachverantwortung für das unterrichtliche Geschehen so wahrnehmen, dass dabei nicht die Selbständigkeit der sozialpädagogischen Mitarbeiter beeinträchtigt wird. Und die sozialpädagogischen Mitarbeiter müssen bei der selbständigen Wahrnehmung von pädagogischen Aufgaben darauf achten, daß sie die Lehrer nicht in Konflikt mit deren schulrechtlich geregelter Verantwortung für den Unterricht bringen" (Benner & Ramseger, 1984, S. 26).

Die Herausforderung, trotz fachlicher Verantwortungen „voneinander (zu) lernen" (Benner & Ramseger, 1981, S. 66) und „*gemeinsam* Lernsituationen der Kinder im Sinne eines erziehenden Unterrichts und Spiels" (ebd. S. 59) zu gestalten, erforderte in der Praxis, dass Lehrkräfte Aufgaben wahrnehmen, „die üblicherweise dem Sozialpädagogen zufallen, wie umgekehrt der Sozialpädagoge auch Lehrerfunktionen ausübt" (ebd.), weil „eine Integration schul- und sozialpädagogischer Konzepte und Maßnahmen sinnvollerweise nur möglich (ist), wenn durch sie die etablierte Spezialisierung der Lehrer auf die Inhaltsebene und der Sozialpädagogen auf die Beziehungsebene überwunden wird" (ebd., S. 24). Die Zusammenarbeit zwischen schul- und sozialpädagogischen Fachkräften vermied also die Unterscheidung von Spezialisierungen für Inhaltsebene oder erzieherische Fragen auf beiden Seiten, begann in der Planungsphase von Unterricht und endete in dessen Reflexion. Der Handlungsansatz ging davon aus, dass es möglich sein muss „die wechselseitige Erzeugung außerschulischer Erziehungsprobleme durch innerschulische Probleme und umgekehrt zu durchbrechen" (Benner &

Ramseger, 1981, S. 9), wenn Konditionalnormen, wie sie u.a. durch die kultusministerielle Erlasslage repräsentiert werden, „extensiv" (Benner & Ramseger, 1981, S. 6) ausgelegt und durch eine, Schul- und Sozialpädagogik integrierende Konzeption für die pädagogische Praxis die „Trennung zwischen schulischem Lernen und außerschulischer Erfahrung der Kinder" reduziert wurde, indem keine „Trennung zwischen innerschulischer und außerschulischer Pädagogik und Erziehung" stattfand.

Wenngleich in dieser zentralen Kohärenzanforderung auf die professionelle pädagogische Zusammenarbeit rekurriert wird, stehen die o.g. institutionellen und strukturellen Kohärenzen doch in enger Wechselwirkung dazu und verweisen darauf, dass eine Bildungskommune ohne vertiefende Auseinandersetzung mit den erziehungswissenschaftlichen Befunden des Forschungsdiskurses zu Kooperationsverhältnissen und der Klärung des pädagogischen Kohärenzanspruchs kaum Aussicht auf Erfolg haben kann.

5. Desiderata

Die Rekonstruktion des ‚historischen Prototyps' zeigt, dass die Dimensionen pädagogischen Handelns in kommunalen Bildungslandschaften stärker berücksichtigt und analysiert werden kann, wenn diese sich nicht auf eine Transformation organisationaler Strukturen und Verwaltungszusammenhänge reduziert verstehen, sondern die Idee einer *Community Education* verfolgen. Dieser konzeptionell-normative Bezug auf eine erziehungswissenschaftliche Perspektive erscheint uns zentral, wenn kommunale Bildung sowohl pädagogische als auch soziale Effekte zeitigen soll, die zum Abbau sozialer Bildungsungleichheiten beitragen können, statt neoliberale Ausgrenzungsstrukturen zu verdecken (Wischmann, 2014).

Für die Bildungslandschaft der Gegenwart deutet sich an, dass ihre theoretische Grundlegung sowohl von einer Auseinandersetzung mit den sozialpädagogischen Paradigmen der Sozialraum- und Lebensweltorientierung ausgehen müsste, als auch von allgemeinpädagogischen Konzepten pädagogischen Handelns profitieren können sollte. Indem Wechselwirkungen zwischen der organisationalen Spezifik primarpädagogischer Settings und ihrer Transitionsbedingungen (Spies, 2020) bzw. die Bewältigungsstrategien der Adressat:innen (Spies & Steinbach, 2020) in der Analyse von kooperativ konnotierten Bildungsstrukturmaßnahmen aufgegriffen werden und dabei differenztheoretische Befunde zu Protoselektion (u.a. Hofstetter, 2017) oder exkludierenden Doing-Prozessen (Machold & Wienand, 2021; Rutter, 2021) Berücksichtigung finden, können Wechselwirkungen zwischen kommunalen Raumkonzepten und Steuerungsprozessen sowie *deren* pädagogischen Implikationen ermittelt werden.

Die damit fraglos interdisziplinär zu verstehenden Desiderata zur aktuellen Ausgestaltung von Bildungslandschaften im Primarbereich reichen von der Rolle des kommunalen Schulträgers für sich ergänzende Aufgaben von Schule und Jugendhilfe, wie sie z. B. mit Kinderschutz (Spies, 2022) oder der Gestaltung von Ganztagsgrundschulen gegeben sind, bis hin zu sozial- und bildungspolitischen Interessenskonflikten und deren konditionalnormativem Ausdruck in Erlassen und Strukturvorgaben. Davon sind Fragen der Schulautonomie ebenso berührt, wie Ansprüche, die sich aus rechtlichen Kooperationsverpflichtungen von Schulen ergeben und in (unproduktive) professionstheoretische Abgrenzungsdiskurse (Spies & Steinbach, 2020; Spies, 2017) hineinreichen.

Unser historischer Fall deutet darauf hin, dass eine kommunale Bildungssteuerungsmaßnahme ohne willentliche Beteiligung der Einzelschule zu scheitern droht, aber Schulen sehr wohl ein Interesse an Unterstützung durch den kommunalen Schul- und Jugendhilfeträger haben (können) und Entwicklungsprozesse von der Rückbindung durch wissenschaftliche Begleitung profitieren. Die kommunale Bildungssteuerung der Zukunft wird also möglicherweise gut daran tun, künftige Konzepte gemeinsam mit der erziehungswissenschaftlichen Schulentwicklungs- und Kooperationsforschung zu entwickeln. Die Anforderungen, die ab 2026 das Recht auf ganztägige Betreuung von Kindern im Grundschulalter für die Kommunen mit sich bringen, könn(t)en eine gute Gelegenheit sein, um kohärente, sich am Konzept einer *Community Education* orientierende Strategien im Sinne einer „erweiterten Schulträgerschaft" (Janssen, 1995) zu entwickeln, die sich an den spezifischen sozialräumlichen und lebensweltlichen Bedarfen orientieren.

Literaturverzeichnis

Alheit, P. & Dausien, B. (2018). Bildung über die Lebensspanne und lebenslanges Lernen. In R. Tippelt & B. Schmidt Hertha (Hrsg.), *Handbuch Bildungsforschung.* (4. Aufl.) (S. 877–903). Wiesbaden: VS Verlag.

AGJ (2002). *Bildung ist mehr als Schule. Leipziger Thesen zur aktuellen bildungspolitischen Debatte. Gemeinsame Erklärung des Bundesjugendkuratoriums (BJK), der Sachverständigenkommission des Elften Kinder- und Jugendberichts und der Arbeitsgemeinschaft für Jugendhilfe (AGJ).* https://www.agj.de/fileadmin/files/positionen/2002/Leipziger%20Thesen2002.pdf [21.07.2022].

Arbeitskreis Grundschule (1973). *Lernen und Lehren im ersten Schuljahr.* Frankfurt/M.: Executive.

Benner, D. & Ramseger, J. (1980). *Erfahrungsbericht über die praktische und wissenschaftliche Arbeit im ersten Jahr des Grundschulprojekts Münster-Gievenbeck.* Münster: Institut für Erziehungswissenschaft der Universität Münster.

Benner, D. & Ramseger, J. (1981). *Wenn die Schule sich öffnet.* München: Juventa.

Benner, D. & Ramseger, J. (1984). *Abschlussbericht der wissenschaftlichen Begleitung über die vierjährige Modellphase des Grundschulprojekts Gievenbeck an der Wartburggrundschule in Münster.* Münster: DVV Copy Center.

Benner, D. (1987). *Allgemeine Pädagogik: Eine systematisch-problemgeschichtliche Einführung in die Grundstruktur pädagogischen Denkens und Handelns.* Weinheim, München: Juventa.

Benner, D. (2023). „Sozialraumbezogene Grundschulentwicklung – wissenschaftliche Theoriebildung und pädagogische Praxis in lebensweltbezogener Kooperation" Fachgespräch mit Anke

Spies und Robert Wunsch. In A. Spies (Hrsg.): *Bündnisse und Verbündete – Vergewisserungen in pädagogischer Absicht.* Weinheim, Basel: Beltz Juventa (i. E.).

Bildungskommission NRW (1995). *„Zukunft der Bildung – Schule der Zukunft" – Denkschrift der Kommission beim Ministerpräsidenten des Landes Nordrhein-Westfalen.* Neuwied: Luchterhand.

Bleckmann, P. & Durdel, A. (Hrsg.) (2009). *Lokale Bildungslandschaften.* Wiesbaden: VS.

Bleckmann, P. & Schmidt, V. (Hrsg.) (2012). *Bildungslandschaften: Mehr Chancen für alle.* Wiesbaden: VS.

BMFSFJ (2005). *Zwölfter Kinder- und Jugendbericht.* Drucksache 15/6014. https://tinyurl.com/3kfv2wk3 [28.08.2021].

BMFSFJ (1998). *Zehnter Kinder und Jugendbericht. Bericht über die Lebenssituation von Kindern und die Leistungen der Kinderhilfen in Deutschland.* Drucksache 13/11368. https://tinyurl.com/3kfv2wk3 [28.08.2021].

Bokelmann, H. (1965). *Maßstäbe pädagogischen Handelns: Normenkonflikte und Reformversuche in Erziehung und Bildung.* Würzburg: Werkbund-Verlag.

Bronfenbrenner, U. (1981). *Die Ökologie der menschlichen Entwicklung.* Stuttgart: Klett-Cotta.

Brüggemann, C. (2021). Datenbasiertes Management als Steuerungsversprechen der Regionalisierungspolitik im Bildungswesen. *Zeitschrift für Pädagogik, 3*(67), 338–352.

Buhren, Claus G. (1997). *Community education.* Waxmann: Münster.

Coelen, T. (2009). Ganztagsbildung im Rahmen einer Kommunalen Kinder- und Jugendbildung. In P. Bleckmann & A. Durdel (Hrsg.), *Lokale Bildungslandschaften* (S. 89–104). Wiesbaden: VS.

Dewey, J. (1916/2011): Demokratie und Erziehung: Eine Einleitung in die philosophische Pädagogik. Weinheim: Beltz.

Fahrenwald, C. (2016). Learning as Being in the World – Organisationales Lernen aus praxistheoretischer Perspektive. In A. Schröer, M. Göhlich, S. M. Weber & H. Pätzold (Hrsg.), *Organisation und Theorie* (S. 97–105). Wiesbaden: VS.

Faulstich, P. & Faulstich-Wieland, H. (1975). *Bildungsplanung und Sozialisation – soziale und politische Determinanten des Bildungsverhaltens.* Braunschweig: Westermann.

Faulstich-Wieland, H., Weber, M. & Willems, K. (2004). *Doing Gender im heutigen Schulalltag.* Weinheim, München: Juventa.

Faulstich-Wieland, H. (2023). Differenzlinie Geschlecht in der intra- und interdisziplinären Auseinandersetzung mit den Anforderungen und Bedingungen des Bildungssystems. Fachgespräch mit Anke Spies und Gerd Stecklina. In A. Spies (Hrsg.), *Bündnisse und Verbündete – Vergewisserungen in pädagogischer Absicht.* Weinheim, Basel: Beltz Juventa (i. E.).

Fuchs, T. (2019). No Way Out. In W. Meseth, R. Casale, A. Tervooren & J. Zirfas (Hrsg.), *Normativität in der Erziehungswissenschaft* (S. 49–68). Wiesbaden: VS.

Gerheim, U. & Spies, A. (2017). Deutungsmuster und pädagogisches Handeln von Lehrkräften im Rahmen der Schullaufbahnempfehlung. *Zeitschrift für Grundschulforschung, 10*(1), 63–75.

Göhlich, M. (1997). Community Education. Geschichte und Konzeption. In M. Göhlich (Hrsg.), *Offener Unterricht, Community education, Alternativschulpädagogik, Reggiopädagogik.* (S. 90–102). Weinheim u. a.: Beltz.

Grundmann, M. S., Bittlingmayer, U. H., Dravenau, D. & Groh-Samberg, O. (2004). Die Umwandlung von Differenz in Hierarchie? Schule zwischen einfacher Reproduktion und eigenständiger Produktion sozialer Bildungsungleichheit. ZSE *Zeitschrift für Soziologie der Erziehung und Sozialisation, 24*(2), 124–145.

Hofstetter, D. (2017). *Die schulische Selektion als soziale Praxis.* Weinheim, Basel: Beltz Juventa.

Homfeldt, H.-G. (1974). *Stigma und Schule Düsseldorf.* Düsseldorf: Schwan.

Homfeldt, H.-G., Lauff, W. & Maxeiner, J. (1977). *Für eine sozialpädagogische Schule.* München: Juventa.

Homfeldt, H.-G. (2023). Soziale Arbeit und Schule – Pädagogisches Handeln im Kooperationsverhältnis zwischen sozial- und schulpädagogischen Institutionen, Professionen und fachdiskursive Analysen. Fachgespräch mit Anke Spies und Karsten Speck. In A. Spies (Hrsg.). *Bündnisse und Verbündete – Vergewisserungen in pädagogischer Absicht.* Weinheim, Basel: Beltz Juventa (i. E.).

Homfeldt, H.-G. Lauff, W. & Maxeiner, J. (1977). *Für eine sozialpädagogische Schule.* München: Juventa.

Huf, C. (2017). Sekundäranalysen ethnografischer Daten. In D. Bambey, A. Meyermann & M. Porzelt (Hrsg.), *Potentiale der Sekundärforschung mit qualitativen Daten – ein Workshopbericht* (S. 4–5). https://tinyurl.com/yc2mh6s2 [28.08.2021].

Hünersdorf, B. & Wischmann, A. (2016). Einleitung des Themenhefts: Versuch zu Formen von Öffentlichkeit in lokalen Bildungs(- und Sorge)landschaften. *Zeitschrift für Sozialpädagogik, 14*(1), 3–16.

Janssen, H. (1995). Schule und Stadt. Ein Bündnis für Kinder und Jugendliche. In G. Reiß (Hrsg.) *Schule und Stadt. Lernorte, Spielräume, Schauplätze für Kinder und Jugendliche* (S. 11–26). Weinheim, München: Juventa.

Jordan, E. & Sengling, D. (1994). *Jugendhilfe: Einführung in Geschichte und Handlungsfelder, Organisationsformen und gesellschaftliche Problemlagen* (3. Aufl.). Weinheim, München: Juventa.

Kolleck, N., de Haan, G. & Fischbach, R. (2012). *Qualitätssicherung in der Bildung für Nachhaltige Entwicklung: Netzwerke, Kommunen und Qualitätsentwicklung im Kontext der UN-Dekade Bildung für Nachhaltige Entwicklung, Bildung für nachhaltige Entwicklung* In: BMBF (Hrsg.). Bildung für nachhaltige Entwicklung – Beiträge der Bildungsforschung. (S. 115–142). Bonn, Berlin: https://www.researchgate.net/publication/272785780_Qualitatssicherung_in_der_Bildung_fur_nachhaltige_Entwicklung_Netzwerke_Kommunen_und_Qualitatsentwicklung_im_Kontext_der_UN_Dekade_Bildung_fur_nachhaltige_Entwicklung [21.7.2022].

Lange, H. (1995). Schulautonomie. *Zeitschrift für Pädagogik, 41*(1), 21–37.

Liesner, A. & Wischmann, A. (2010). Kinderarmut. *Pädagogische Korrespondenz, 41*(1), 46–62.

Maag-Merki, K. (2008). Evaluation im Bildungsbereich Schule in Deutschland. In T. Widmer, W. Beywl, C. Fabian (Hrsg.), *Evaluation* (S. 157–162). Wiesbaden: VS.

Machold, C. & Wienand, C. (2021). *Herstellung von Differenz in der Grundschule.* Weinheim, Basel: Beltz Juventa.

Mollenhauer, K. (1970). Die Vorgeschichte der Schüler. In M. Brauneiser & H. Aebli (Hrsg.), *Attacken auf die Pädagogische Provinz.* Stuttgart: Ernst Klett.

Müller, C. (2011). *Kommunale Bildungslandschaften als Entwicklungsraum früher Bildung, Betreuung und Erziehung.* Münster: Campus.

Olk, T. & Stimpel, T. (2011). Kommunale Bildungslandschaften und Educational Governance vor Ort. In P. Bollweg & H. U. Otto (Hrsg.), *Räume flexibler Bildung* (S. 169–188). Wiesbaden: VS.

Paschen, H. (1995). Schulautonomie in der Diskussion. Zur Einführung in den Themenschwerpunkt. *Zeitschrift für Pädagogik, 41*(1), 15–19.

Rabenstein, K. & Reh, S. (2011). Einzelschulforschung als rekonstruktiv-qualitative Sozialforschung. In S. Hellekamps, G. Mertens, W. Plöger & W. Wittenbruch (Hrsg.), *Schule* (S. 727–735). Paderborn: Schöningh.

Rutter, S. (2021). *Sozioanalyse in der pädagogischen Arbeit.* Wiesbaden: Springer.

Sendzik, N. (2020). *Zwischen Wandel und Stabilität. Die Rolle von Regionalen Bildungsbüros beim Abbau von Bildungsungleichheit*, ZBW – Leibniz Information Centre for Economics, Kiel, Hamburg http://hdl.handle.net/10419/214272 [7.8.2020].

Sengling, D. (1967). *Das Problem der Überforderung im Kindes- und Jugendalter.* Weinheim: Beltz.

Sengling, D. (1996). Wozu Sozialpädagogik? Ein Gespräch mit Dieter Sengling. In A. Gruschka (Hrsg.), *Wozu Pädagogik? Die Zukunft bürgerlicher Mündigkeit und öffentlicher Erziehung* (S. 160–180). Darmstadt: Wiss. Buchges.

Spies, A. (2013). Grundschule in der lokalen Bildungslandschaft – Schulentwicklung im kommunalen Setting. In B. Kopp, S. Martschinke, M. Munser-Kiefer, M. Haider, E. Kirschhock, G. Ranger, & G. Renner (Hrsg./Bd. 17), *Individuelle Förderung und Lernen in der Gemeinschaft* (S. 126–129). Jahrbuch Grundschulforschung, Wiesbaden: VS.

Spies, A. (2017). Professionelle Aufgabenprofile im Wandel – Konsequenzen der kooperativen Ganztagsgrundschule für das professionelle Selbstverständnis von Lehrer_innen. In S. Miller, B. Holler-Nowitzki, B. Kottmann, S. Lesemann, B. Letmathe-Henkel, N. Meyer, R. Schroeder & K. Velten (Hrsg./Bd. 22), *Profession und Disziplin – Grundschulpädagogik im Diskurs* (S. 121–126). Jahrbuch Grundschulforschung. Wiesbaden: VS Verlag.

Spies, A. (2018). Ganztägige Vernetzung als Konzept pädagogischen Handelns – Ein kooperatives Netzwerk zwischen Grundschule und Jugendhilfeträger. In M. S. Weber, C. Schroder, I. Truschkat, L. Peters & A. Herz (Hrsg.), *Organisation und Netzwerke. Jahrbuch Organisationspädagogik* (S. 289–297). Wiesbaden. VS Verlag.

Spies, A. (2020). Der Übergang von der Primarstufe in die Sekundarstufe I. In H.-U. Otto, T. Coelen, P. Bollweg & J. Buchna (Hrsg.), *Handbuch „Ganztagsbildung“.* Überarbeitete Neuauflage (S. 603–614). Wiesbaden: VS Verlag.

Spies, A. & Steinbach, A. (2020). Bildung, Biografizität und Lebensbewältigung. In G. Stecklina & J. Wienforth (Hrsg.), *Handbuch Lebensbewältigung und Soziale Arbeit. Praxis, Theorie und Empirie* (S. 417–425). Weinheim, Basel: Beltz Juventa.

Spies, A. & Wolter, J. (2020). „Die Bildungslandschaft als Rahmenkonzept einer (pädagogischen) Verantwortungsgemeinschaft für Schulentwicklungsprozesse“. In N. Engel, C. Fahrenwald & A. Schröer (Hrsg.), *Jahrbuch Organisation und Verantwortung* (S. 139–153). Wiesbaden: VS Verlag.

Steinbach, A. & Spies, A. (2021). Bildungsbiografische Rekonstruktionen Erfahrungen von Schüler/innen mit verbalen und nonverbalen Anrufungen und Diskriminierungen. *Zeitschrift für Bildungsforschung, 11,* 155–168.

Timmermann, D. (1995). Abwägen heterogener bildungsökonomischer Argumente zur Schulautonomie. *Zeitschrift für Pädagogik, 41*(1), 49–60.

Vogel, J. P. (1995). Verfassungsrechtliche Bemerkungen zur Verselbständigung der Schule. *Zeitschrift für Pädagogik, 41*(1), 39–48.

Wischmann, A. (2014). Was haben kommunale Bildungslandschaften mit Bildung zu tun? *Pädagogische Korrespondenz, 49*(1), 75–92.

Zentralisierte Aufnahmeverfahren als Lösung?

Frühe Bildung und Zugangssteuerung als kommunales Handlungsfeld in Deutschland, Kanada und Schweden

Antonia Scholz und Britta Menzel

1. Einleitung

Die Frühkindliche Bildung, Betreuung und Erziehung (FBBE) und damit verbunden ein guter Einstieg ins Bildungssystem haben hierzulande – nicht zuletzt seit dem ‚PISA-Schock' von 2005 – sowie international (Commission, EACEA & Eurydice, 2019) erheblich an Bedeutung gewonnen. Der Grund dafür ist, dass die kompensatorischen Wirkmöglichkeiten zur Reduktion von Bildungsungleichheit durch qualitativ hochwertige frühpädagogische Angebote mittlerweile umfassend anerkannt sind (vgl. z. B. OECD, 2020) und im Sinne des Sozialinvestitionsparadigmas (z. B. West, Blome & Lewis, 2020) genutzt werden sollen. Entsprechend wurden in Deutschland und vielen weiteren Ländern der Ausbau und die Qualitätsentwicklung von frühkindlichen Angeboten beschlossen und Zugangsrechte (stärker) verankert. Damit verknüpft ist auch eine bildungspolitische „Schlüsselrolle" (s. Einleitung, S. 7) der kommunalen Ebene als umsetzende Instanz. Dies gilt besonders in dezentral angelegten Bildungs- und Betreuungssystemen, in denen die Kommunen Steuerungszuständigkeiten innehaben. Die frühkindliche Bildung stellt hier ein wichtiges kommunales Handlungsfeld dar, in dessen Rahmen die lokalen Behörden die Planung und Organisation des frühpädagogischen Betreuungsangebots und seine Ausgestaltung (in der Regel) gemeinsam mit privaten[1] Trägern verantworten (vgl. Repo, Alasuutari, Karila & Lammi-Taskula, 2020).

Gleichzeitig deuten – international, aber auch im deutschen Kontext – herkunftsbedingt unterschiedliche Nutzungsmuster von Kindertagesbetreuung (Kita) (Blossfeld, Kulic & Skopec, 2017; Jessen, Schmitz & Waights, 2020) und Segregationsphänomene in lokalen Kontexten (z. B. Drange & Telle, 2020; Hogrebe, Pomykaj & Schulder, 2021) darauf hin, dass vielerorts nicht alle Kinder

1 Im internationalen Kontext werden nicht kommunale Träger in der Regel als private Träger bezeichnet. Bei diesen wird zwischen gewerblichen und gemeinnützigen unterschieden. In einigen Ländern, wie z. B. Deutschland oder Schweden, werden nicht kommunale Träger hingegen eher als freie oder unabhängige Träger bezeichnet. Im Sinne der Vergleichbarkeit wird im Folgenden jedoch von privaten Trägern gesprochen.

gleichermaßen Zugang zu frühkindlichen Bildungs- und Betreuungseinrichtungen haben. Die Schaffung gleicher Zugangsbedingungen stellt jedoch eine wichtige Aufgabe für die Kommune als Bildungsort mit Blick auf Chancengleichheit dar.

Eine konkrete Steuerung von Zugängen ist das Aufnahmeverfahren in ein Betreuungsangebot (Kindertageseinrichtung und Kindertagespflege). Das Aufnahmeverfahren umfasst sowohl die Vormerkung für einen Platz durch die Eltern als auch die Platzvergabe, was sich in den Kommunen durchaus unterschiedlich gestaltet. Die Organisation und Umsetzung des Aufnahmeprozesses bieten für die lokal verantwortlichen Akteur:innen die Möglichkeit, Zugänge zu FBBE konkret zu gestalten. Dabei werden die Steuerungsmöglichkeiten der Kommunen in der Verteilung von (vielerorts knappen) Betreuungsplätzen durch Regelungen und Vorgaben innerhalb der jeweiligen FBBE-Systeme bestimmt. Hier knüpft der vorliegende Beitrag an und stellt die Frage, *wie kommunale Steuerungsakteure in verschiedenen Ländern mit ihren jeweiligen Handlungsspielräumen bei der Aufnahme von Kindern in die Kindertagesbetreuung und mit den damit verknüpften ungleichheitsrelevanten Herausforderungen umgehen.*

Mit Blick auf gleiche Bildungschancen ist hierbei von besonderem Interesse, inwiefern Ungleichheiten im Zugang zu FBBE gerade auch in unterschiedlichen Wohlfahrtskontexten entstehen bzw. verfestigt werden. Vor diesem Hintergrund nimmt der Beitrag je einen Fallvergleich einer Kommune in Deutschland, Kanada und Schweden vor, um lokale Zugangsbedingungen in liberalen (Kanada), konservativen (Deutschland) und sozialdemokratischen (Schweden) Wohlfahrtstraditionen (Esping-Andersen, 1990) zu beleuchten. Alle drei Betreuungssysteme verfügen über eine dezentrale Organisationsstruktur mit Steuerungsverantwortung bei der kommunalen Verwaltung.

Um Zugangsbedingungen in ihrer Komplexität besser zu verstehen, bietet sich ein multidimensionales Verständnis von ‚Zugang' an, welches die unterschiedlichen Aspekte dieses Begriffes betrachtet (Vandenbroeck & Lazzari, 2014): Mit Blick auf Aufnahmeprozesse wird die tatsächliche *Zugänglichkeit* (*accessibility*)[2] von Angeboten in der Praxis relevant, die sich in der Anlage des jeweiligen Aufnahmeverfahrens manifestiert und als Vergleichsdimension für eine international angelegte Betrachtung herangezogen werden kann. Gleichzeitig stellt die Zugänglichkeit von Angeboten vor Ort als solche ein Ergebnis lokaler Aushandlungsprozesse dar. Verschiedene Governance-Formen können sich (hierarchisch, marktbasiert oder netzwerkorientiert; vgl. z. B. Möltgen-Sicking & Winter, 2019) unterschiedlich auf die Gestaltung der Verfahren auswirken. Eine governanceanalytische Perspektive kann hier Aufschluss über den Zusammenhang von kommunalem Steuerungshandeln und lokalen Zugangsbedingungen geben.

2 Als weitere Dimensionen wurden in der zugrundeliegenden Studie die Verfügbarkeit (*availability*), die Bezahlbarkeit (*affordability*) sowie die Bedarfsgerechtigkeit (*adequacy*) berücksichtigt (vgl. Menzel & Scholz, 2022; sowie Kapitel 4).

Solche Muster lokaler Zugangssteuerung und damit verknüpfte, potenziell ungleichheitsgenerierende Momente am Beispiel des Kita-Aufnahmeverfahrens international vergleichend zu analysieren, ist das Ziel des vorliegenden Beitrags – mit dem Fokus auf Kommunalverwaltungen als zentrale Akteure in der Frühen Bildung.

2. Lokale Steuerung von Aufnahmeverfahren als Gegenstand wissenschaftlicher Studien

Die wissenschaftliche Auseinandersetzung mit der lokalen Steuerungsebene eines Kita-Systems ist ein jüngeres Phänomen sowohl in der deutschen und internationalen empirischen Bildungsforschung als auch in der sozialwissenschaftlichen Forschung zu lokaler Wohlfahrtsversorgung (zu der auch die Organisation von Kinderbetreuungsangeboten gerechnet wird). Zunehmend wird dabei die Relevanz lokaler Steuerung für bildungspolitische Maßnahmen thematisiert, auch weil internationale Agenden früher Förderung und Chancengerechtigkeit (Rostgaard, 2018) sowie nationale Reformen (z. B. Einführung eines Rechtsanspruchs auf Betreuung) vor Ort umgesetzt werden müssen (Campbell-Barr & Bogatić, 2017; Kutsar & Kuronen, 2015).

Unterschiedliche geografische, soziale und soziokulturelle Ausgangslagen in den Kommunen (Fraisse & Escobedo, 2014; Kutsar & Kuronen, 2015) resultieren schließlich in lokal mitunter sehr unterschiedlich ausgestalteten Angebotslandschaften, was nicht zuletzt über die Betreuungssituation von Familien und deren Wahlmöglichkeiten vor Ort entscheidet (Yerkes & Javornik, 2019). Im deutschen Kontext konnte dabei beispielsweise im Rahmen des bundesweiten Ausbaus der Kindertagesbetreuung gezeigt werden, dass Steuerungsentscheidungen sowohl das Ergebnis von lokalen Aushandlungskulturen zwischen den beteiligten Akteuren (Riedel, 2009) als auch der individuellen Überzeugungen von Verwaltungsmitarbeitenden sein können (Vidot, 2017).

Nicht zuletzt wächst die Aufmerksamkeit für lokale Steuerungspotenziale mit Blick auf die beobachtete soziale Ungleichheit im Zugang (Repo et al., 2020) ebenso wie für Segregationstendenzen auf Träger- und Einrichtungsebene: Unterschiede in der Zusammensetzung von Kindern verschiedener sozialer und kultureller Herkunft in Kindertageseinrichtungen (Hogrebe et al., 2021) werden durch konkrete Hinweise auf selektive Mechanismen in der Platzvergabe ergänzt, wenn Kinder aus sozial benachteiligten Lebenslagen bzw. mit Migrationshintergrund bei manchen Trägern weniger vertreten sind als bei anderen (Dohmen, Karrmann & Bayreuther, 2021; Drange & Telle, 2020).

In der empirischen Auseinandersetzung mit der Umsetzung des Zugangs zu früher Bildung rückt neben der Bedeutung der Träger auch die Koordinationsverantwortung der kommunalen Behörden hinsichtlich der Zugänglichkeit des

Systems und deren Steuerungsmöglichkeiten bei Vormerkung und Platzvergabe in den Blick. Entsprechende Verfahren können dezentral, d.h. bei den Trägern und/oder den Einrichtungen oder (teilweise) zentral, also bei der Kommune, angelegt werden. In diesem Beitrag wird der bisher wenig beleuchteten Frage nachgegangen, wie kommunale Verwaltungen solche Aufnahmeprozesse in verschiedenen Kita-Systemen (mit-)gestalten und welche potenziellen Risiken hinsichtlich ungleicher Zugänge aus der lokalen Governance entstehen können.

3. Theoretische Verortung: *(local) governance* und soziale Ungleichheit

In sozial- und erziehungswissenschaftlichen Studien haben sich governancetheoretische Ansätze zur Untersuchung der Bedeutung von Kommunen als gestaltende Akteure im Bildungswesen etabliert (für eine Ausdifferenzierung unterschiedlicher Governance-Ansätze siehe z.B. Ansell & Torfing, 2017). Governance-Ansätze haben hierbei eine „analytische Funktion" (Niedlich, 2020, S. 25) inne und basieren auf der Annahme, dass politische Steuerung nicht ausschließlich entlang staatlicher Hierarchien organisiert ist. Vielmehr ist eine Vielzahl von weiteren ökonomischen und zivilgesellschaftlichen Akteuren in Entscheidungs- und Implementierungsprozessen involviert, und damit verbunden ist eine „Verlagerung von Entscheidungen und Regelungskompetenzen" (Blumenthal, 2005, S. 1153). Die staatlichen und die nicht staatlichen Akteure stehen demnach auf unterschiedliche Weise in Interdependenzen zueinander, was Aushandlungsprozesse und Handlungskoordinationen erfordert (vgl. Benz, 2004).

Im frühkindlichen Bildungswesen übernehmen Kommunalverwaltungen als Planungsverantwortliche und oft auch Träger von Angeboten eine komplexe Funktion und interagieren dabei insbesondere mit privat-gemeinnützigen und gewerblichen Trägern. In einer horizontalen Perspektive auf Governance wird in der Handlungskoordination dieser Akteure die FBBE – somit auch das Aufnahmeverfahren – gestaltet und implementiert. Gleichzeitig werden auch vertikale Verschränkungen der verschiedenen Steuerungsebenen (lokal, regional, national) für das frühe Bildungswesen relevant, indem die jeweils verankerten gesetzlichen Vorgaben und festgelegten Kompetenzbereiche den Rahmen für lokale Handlungskoordination setzen (vgl. Evers, Lewis & Riedel, 2005). Demnach unterscheiden sich die Handlungsspielräume für einzelne Kommunen ausgehend von gesetzlichen Vorgaben und Regelungen sowie von lokalen Gegebenheiten (wie z.B. Bedarfen) teilweise erheblich, was sich auch auf die jeweilige Handlungskoordination mit den nicht staatlichen Akteuren auswirkt (bzw. auswirken kann).

Governance-Ansätze richten ihren Blick somit auf Steuerungsprozesse und die daran beteiligten Akteure. Dabei kann idealtypisch zwischen hierarchischen, marktbasierten und netzwerkorientierten Governance-Formen unterschieden werden. Als hierarchische Governance ist ein „System der Über- und Unterordnung verschiedener Akteure“ (Möltgen-Sicking & Winter, 2019, S. 14) zu verstehen. Der zentrale Mechanismus der hierarchischen Interaktion ist demzufolge die Weisung, d. h. ein Akteur verfügt über die Möglichkeit der Beeinflussung anderer Akteure. Im Gegensatz dazu fußt die marktbasierte Governance-Form vor allem auf wirtschaftlichen Abwägungen der Akteure in ihren Handlungskoordinationen. Als ausschlaggebender Mechanismus wirkt in solchen wettbewerblich angelegten Gefügen der Preis bzw. die Kosten (ebd., S. 15). Von netzwerkorientierter Governance wird gesprochen, wenn die Interaktionen der Akteure dauerhaft, aber wenig formal geregelt sind und auf das Gemeinwohl abzielen (ebd., S. 16). Governance-Netzwerke sind charakterisiert durch „Vertrauen, Selbstverpflichtung und Verlässlichkeit“ (ebd., S. 15) in den Beziehungen zwischen staatlichen und anderen (z. B. korporativen) Akteuren. Jede genannte Form von Governance ist nicht als ausschließlich zu verstehen, diese Formen können (auch) ineinander verschränkt sein (Holtkamp, 2007). Ein mögliches Erkenntnisinteresse richtet sich dabei auf „die Bewältigung politischer Probleme, die sich z. B. mit Blick auf die Teilhabe an einem knappen Gut (z. B. Bildung) ergeben“ (van Ackeren & Klein, 2015, S. 51).

Bei der Forschungsfrage in diesem Beitrag geht es darum, welche Governance-Formen der Verteilung von Betreuungsplätzen als „knappes Gut“ (ebd., S. 51) zugrunde liegen – was impliziert, dass Betreuungsplätze bislang nicht für alle Kinder gleichermaßen zur Verfügung stehen und sich darin gesellschaftliche Ungleichheitsverhältnisse reproduzieren können. Demnach wohnt governancetheoretischen Ansätzen das Potenzial inne, mit einem spezifisch steuerungsinteressierten Blick einen wichtigen Beitrag zur Ungleichheitsforschung zu leisten.

Für den frühkindlichen Bildungsbereich wurden steuerungsbedingte Ungleichheitsverhältnisse bislang vornehmlich auf der Makro- (z. B. Ünver, Bircan & Nicaise, 2021; van Lancker, 2017) oder der Mikroebene (z. B. Betz, Bischoff-Pabst, Eunicke & Menzel, 2019; Mader & Mierendorff, 2017) untersucht. Der Ansatz der *local governance* bietet die Möglichkeit, Steuerungsprozesse auf der Mesoebene als zentrale Stellschraube für die (Re-)Produktion und/oder Reduktion von Ungleichheitsverhältnissen stärker zu berücksichtigen – und dient daher hier als Grundlage.

Mit Blick auf die zuvor beschriebenen, lokal teilweise unterschiedlichen Steuerungsvoraussetzungen ist für die Untersuchung von ungleichheits(-re-)produzierenden Mechanismen im Aufnahmeverfahren zudem nicht nur angezeigt, danach zu fragen, wie die Handlungen zwischen den verschiedenen Akteuren koordiniert werden, sondern auch, welche Rahmenbedingungen diesen zugrunde liegen. Schließlich kann eine Untersuchung zum Steuerungshandeln kommunaler Verwaltungen dazu dienen, ein besseres Verständnis davon zu erhalten, wie ungleiche Aufnahmebedingungen potenziell begünstigt oder vermindert werden – einerseits durch vorgegebene Rahmenbedingungen (*vertical governance*), andererseits durch die Handlungskoordination zwischen kommunaler Verwaltung und nicht staatlichen Akteuren (*horizontal governance*).

4. Methodologie und Datengrundlage

Die Analysen basieren auf Daten der *Equal Access* Studie (2017–2021) (Erhard, Scholz & Harring, 2018; Menzel & Scholz, 2022), in der durch leitfadengestützte Experteninterviews (Meuser & Nagel, 2009) mit Kommunal- und Trägervertreter:innen (n=62) qualitative Fallstudien (Muno, 2009) in sechs Kommunen in Deutschland, Kanada (Provinz Ontario) und Schweden erstellt wurden. Aufgrund der bislang überschaubaren Datenlage international vergleichender Forschung zu lokalen Kita-Steuerungsprozessen wurde die Studie explorativ angelegt. Die Ergebnisse dienen damit nicht der Repräsentativität für das jeweilige Land, sondern sollen die lokalen Varianzen und deren Einbettung in die verschiedenen Systeme beleuchten. Für den vorliegenden Beitrag wurden Daten aus drei der sechs Fallstudien berücksichtigt und inhaltsanalytisch ausgewertet (Kuckartz, 2018). Einbezogen waren eine deutsche Großstadt in Nordrhein-Westfalen (NRW; DE2), eine kanadische Kleinstadt in Ontario (KA1) und eine Großstadt in Südschweden (SE1)[3] (für eine detaillierte Beschreibung der Fallauswahl: Menzel & Scholz, 2022).

Mit Blick auf die an sozialen Ungleichheitsverhältnissen interessierte Fragestellung der Studie wurde für den empirischen Fallvergleich die von Vandenbroeck und Lazzari (2014) vorgeschlagene Heuristik zur Untersuchung (un-)gleicher Zugangsbedingungen in der Frühen Bildung für die Kategorienbildung herangezogen und adaptiert. Zur Analyse ungleichheits(-re-)produzierender Mechanismen, die sich durch die lokale Steuerung von Aufnahmeverfahren ergeben (können), dient die Dimension der Zugänglichkeit (*accessibility*, vgl. Vandenbroeck & Lazzari, 2014) als Vergleichsgrundlage. Vandenbroeck und Lazzari zufolge bestimmen Faktoren wie die Verfügbarkeit von Informationen, Wartelisten und trägereigene Präferenzen in der Platzvergabe darüber, wie zugänglich ein FBBE-System speziell auch für Kinder in benachteiligten Lebenslagen ist (vgl. Vandenbroeck & Lazzari, 2014, S. 331).

Demnach bezieht sich die Dimension der Zugänglichkeit konkret auf Aspekte, die den Aufnahmeprozess betreffen. Für die international vergleichende Untersuchung stellt das Tertium Comparationis die in allen Kommunen verfolgten Ansätze dar, die Aufnahmeverfahren in Abstimmung mit den privaten Trägern stärker zu zentralisieren. In einer governance-analytischen Perspektive bilden die Handlungskoordinationen zwischen kommunaler Verwaltung und Trägern

3 Auf Quellenangaben zu kommunalen Daten wird im Folgenden aus Anonymisierungsgründen verzichtet.

sowie die sich dabei manifestierenden Governance-Formen den Ausgangspunkt des Vergleichs, um entlang der Dimension der Zugänglichkeit nachzuzeichnen, wie das jeweilige Steuerungshandeln die Zugänglichkeit potenziell verbessert (oder nicht).

Für die Ergebnisdarstellung wurde schließlich ein „fallanalytisches Verfahren [gewählt, Anm. d. Verf.], welches die Individualität jedes Falles anerkennt und berücksichtigt, zugleich aber nicht den nomothetischen Anspruch aus den Augen verliert“ (van Ackeren & Klein, 2015, S. 63). Demnach werden sowohl die lokalen Spezifika der Aufnahmeverfahren herausgestellt und diskutiert als auch im übergeordneten *policy*-Kontext vergleichend interpretiert.

5. Bestandsaufnahme der Governance frühkindlicher Bildung: Kommunale Handlungsspielräume im Aufnahmeverfahren

Die Kommunen in Deutschland, Kanada und Schweden haben in der Gestaltung des FBBE-Systems vergleichbare Verantwortlichkeiten (u. a. Planung und Organisation des lokalen Angebots, Verteilung finanzieller Mittel), wenngleich sich die jeweiligen Bedingungen für kommunales Steuerungshandeln unterscheiden. Im Folgenden werden jene Rahmenbedingungen der drei Systeme beschrieben, die für die Handlungsspielräume der Fallkommunen ausschlaggebend sind. Im Anschluss daran wird die jeweilige lokale Ausgangslage mit Blick auf die Versorgungssituation umrissen, die den Kontext des Aufnahmeprozesses abbildet.

Das frühkindliche Bildungssystem in Deutschland ist in der Sozialpolitik verortet, die Kindertagesbetreuung wird als Teil der Kinder- und Jugendhilfe organisiert. Im Rahmen einer auf verschiedene Akteure verteilten Finanzierungsverantwortung in korporatistischer Tradition übernehmen die Kommunen die Hauptlast bei gleichzeitig regional unterschiedlich hohen, in der Regel gestaffelten Elternbeiträgen (ausführlich: Scholz, Erhard, Hahn & Harring, 2018). Die Kommunen sind zudem für die Planung und Organisation des Angebots hauptverantwortlich (SGB VIII) (vgl. auch Jehles in diesem Band zum deutschen System).

In Kanada ist die Kindertagesbetreuung dezentral auf Provinzebene organisiert; in Ontario wird sie dem Bildungsbereich zugeordnet. Der Anteil öffentlicher Finanzierungsstrukturen ist in dem marktwirtschaftlich ausgerichteten FBBE-System Kanadas vergleichsweise gering, sodass das Betreuungsangebot auch in Ontario in großen Teilen durch relativ hohe Elternbeiträge finanziert wird (ausführlich: Japel & Friendly, 2018). Während die Provinz die Grundfinanzierung und Lizenzierung der Träger verantwortet, ist die Kommune für die Mittelverteilung und Organisation des lokalen Angebots zuständig (*Child Care and Early Years Act*).

In Schweden wiederum liegt die Verantwortung für den Vorschulbereich (*förskola*) als Teil des Bildungssystems in staatlicher Hand. Im Sinne der sozialdemokratischen Versorgungstradition ist der Vorschulbereich mit einem hohen öffentlichen Finanzierungsanteil bei gleichzeitiger Deckelung von Elternbeiträgen bzw. weitgehender Kostenfreiheit für Kinder ab drei Jahren ausgestattet (ausführlich: Garvis & Lunneblad, 2018). Die Kommunen sind zuständig für Planung, Organisation und Finanzierung von Angeboten sowie für Zulassung und Qualitätsprüfung der privaten Träger (*Skollagen*).

Die Umsetzung des FBBE-Angebots auf lokaler Ebene ist des Weiteren in Deutschland und Schweden durch rechtlich verankerte Zugangsregelungen auf nationaler Ebene geprägt, auf deren Grundlage die Kommunen Kindern in der Regel ab einem Jahr einen Betreuungsplatz in einer Kindertageseinrichtung (oder auch Tagespflege in Deutschland) zur Verfügung stellen müssen (vgl. zu Einzelheiten: Menzel & Scholz, 2022).

In Kanada gibt es keine vergleichbare Regelung. Die Angebotsstruktur gestaltet sich in der Frühen Bildung entsprechend den in den Systemen verankerten Interdependenzen zwischen Kommune und privaten Trägern etwas unterschiedlich. In Deutschland regeln das Subsidiaritätsprinzip und die Trägerautonomie (§§ 3–4, SGB VIII) das Verhältnis, welche den privaten Trägern eine zentrale Rolle einräumt. In Ontario, Kanada, besteht keine vergleichbare Regulierung der Angebotslandschaft. Zudem zeigt sich eine starke Marktorientierung, weil die Provinzregierung Ontarios zum Erhebungszeitpunkt im Lizenzvergabeverfahren privat-gewerbliche Träger fördert. In Schweden sind die privaten Träger den kommunalen zwar bezüglich der Förderbedingungen gesetzlich gleichgestellt. Die Kommunen sind jedoch gleichzeitig für die Qualitätsprüfung privater Einrichtungen verantwortlich, wodurch sie diesen gegenüber faktisch eine Aufsichtsrolle einnehmen.

Die jeweilige Anlage des Verhältnisses von Kommune und privaten Trägern spiegelt sich auch in den Trägerstrukturen wider: In Deutschland wird das Betreuungsangebot vor allem durch privat-gemeinnützige (2019: rund 65 %) und zu einem Drittel durch kommunale Träger gestellt (Autorengruppe Bildungsberichterstattung, 2020, S. 82). In Ontario machten kommunale Einrichtungen 2014 lediglich unter 2 % des Gesamtangebots aus (vgl. Japel & Friendly, 2018), während privat-gemeinnützige Träger die Mehrzahl der Plätze stellten. Der Anteil privat-gewerblicher Einrichtungen liegt bei 24 % des Gesamtangebots in der Provinz (vgl. Ministry of Education, 2019). In Schweden dominieren hingegen kommunal getragene Betreuungseinrichtungen das Angebot (2019: etwa 70 %; Skolverket, 2020). Diese jeweils charakteristische, national bzw. regional erfasste Angebotsstruktur spiegelt sich auch in der Trägerverteilung in den hier untersuchten Fallkommunen.

Der Versorgungsgrad an Betreuungsplätzen in den drei Kommunen weist – trotz der teilweisen kommunalen Angebotspflichten – deutliche Unterschiede auf. Dabei decken sich die empirischen Beobachtungen der Fallstudien mit früheren Forschungsbefunden: In der deutschen Kommune DE2 besteht trotz

Ausbauanstrengungen weiter eine Diskrepanz zwischen den verfügbaren Plätzen und den konstatierten Betreuungsbedarfen für unter Dreijährige (vgl. Jessen et al., 2020); deswegen wird die Kommunalverwaltung dieser Großstadt mit entsprechend vielen Klagen von Eltern konfrontiert. In der schwedischen Kommune SE1 fällt nach einer Ausbauphase – abgesehen von lokalen Engpässen im Stadtgebiet – das Kapazitätsproblem weniger schwerwiegend aus (vgl. Naumann, 2014). In der kanadischen Kommune KA1 stehen bei Weitem nicht ausreichend lizenzierte Betreuungsplätze zur Verfügung, sodass durch die Marktausrichtung von einem Unterangebot zu sprechen ist (vgl. Mahon, 2020).

Es lässt sich festhalten, dass sich die Handlungsspielräume der kommunalen Verwaltungen dieses Samples für die Gestaltungen zentraler Aufnahmeverfahren unter jeweils unterschiedlichen Rahmenbedingungen ergeben. Wie sie diese im Einzelfall nutzen, ist Gegenstand der nachfolgenden Analyse zu den lokalen Governance-Prozessen im Kontext des Aufnahmeverfahrens.

6. Empirische Befunde zur Gestaltung von Aufnahmeprozessen in drei Kommunen

6.1 Handlungskoordination im Aufnahmeverfahren einer deutschen Kommune (NRW)

In DE2 werden circa 40 % der institutionell betreuten Kinder in Einrichtungen kommunaler Träger und etwa 60 % bei jenen in privater Trägerschaft (mehrheitlich gemeinnützig) aufgenommen. Dafür können sich Familien über ein digitales Portal für einen Betreuungsplatz in mehreren öffentlichen und/oder privat-gemeinnützigen[4] Einrichtungen zentral vormerken lassen. Es sind jedoch auch zusätzliche Wege der Vormerkung weiterhin möglich (z. B. persönlich über das Elternbüro), die Vormerkung greift dann aber nicht für das gesamte Angebot.

Zum Erhebungszeitpunkt war die Implementierungsphase des Onlinetools gerade abgeschlossen. Angestoßen wurde der Prozess durch die kommunale Verwaltung, die sich von entsprechenden Vormerkverfahren unter anderem eine verbesserte Datengrundlage für die Bedarfsplanung sowie eine vereinfachte Platzvergabe versprach. In Bezug auf den Entwicklungsprozess war es einer Verwaltungsangestellten zufolge ein Anliegen, für das Onlinetool bei den Trägern ausreichend Akzeptanz zu schaffen: „Die [privat-gemeinnützigen Träger, Anm. d. Verf.] sind aber, wenn ich das noch richtig im Kopf habe, zeitnah mit ins Boot geholt worden. Was habt ihr für Kriterien, was braucht ihr?“ (DE_2.6). Demnach

4 Bis auf wenige Ausnahmen nehmen nahezu alle privat-gemeinnützigen Träger am zentralen Vormerkverfahren teil. Privat-gewerbliche Träger hingegen sind nicht aufgeführt, was laut Aussage einer Vertretung der kommunalen Verwaltung deren eigene Entscheidung ist.

setzt die kommunale Verwaltung in ihrem Handeln rund um das Vormerkverfahren grundsätzlich auf vertrauensbasierte Netzwerke, weil sie – ausgehend von einer „rückläufigen" (DE_2.3) Anzahl öffentlicher Einrichtungen – auch auf eine gelingende Zusammenarbeit angewiesen ist, um den Rechtsanspruch zu erfüllen.

Gleichzeitig setzt die Kommune im Ausbau von Betreuungsplätzen für unter Dreijährige explizit auf die Kindertagespflege, was in dieser Altersgruppe von circa 8 % genutzt wird. Die Verantwortung für dieses Segment wurde vor einigen Jahren einem Zusammenschluss privat-gemeinnütziger Träger übertragen. Anstoß hierfür waren die Ausbaubemühungen der vorausgegangenen Jahre, wobei Verantwortlichkeiten lokal stärker verteilt wurden, um die kommunale Verwaltung zu entlasten. Während diese Zusammenarbeit mit privaten Trägern zunächst auf eine netzwerkbasierte Governance hindeutet, ist die Kindertagespflege vom digitalen Vormerksystem entkoppelt, obwohl sie in DE2 mittlerweile ein wichtiger Baustein in den Betreuungsangeboten für unter Dreijährige ist. Vielmehr scheint sich in puncto Aufnahmeverfahren ein „paralleles System" (DE_2.4) entwickelt zu haben, wie es die Vertreterin der Kindertagespflegestelle ausdrückt. Laut kommunaler Verwaltung soll zukünftig jedoch die Integration der Tagespflege im Vormerktool vorgenommen werden.

Die Platzvergabe für öffentliche Kindertageseinrichtungen erfolgt zentral über das Jugendamt, die privaten Träger vergeben ihre Plätze nach eigenem Verfahren. Der kommunalen Verwaltung zufolge wäre eine stärkere Verzahnung auch bei der Platzvergabe wünschenswert, dies scheitere jedoch an den privaten Trägern: „[…] wäre natürlich super, wir könnten die Plätze bei den freien Trägern mit vergeben. Können wir nicht. Haben wir keinerlei Einflussmöglichkeiten drauf, null, gar nichts. […] Sehen die Träger naturgemäß anders" (DE_2.3). Hier wird deutlich, inwiefern die Verwaltung in ihrem Handlungsspielraum bei der Platzvergabe eingeschränkt ist. Jedoch werden so aus Sicht eines Verwaltungsmitarbeiters Segregationstendenzen verschärft, da die privaten Träger eigene Kriterien formulieren können und dabei ihre Plätze seltener an „problematische Kinder" (DE_2.3) vergeben würden. Für diese besteht kein Druck zur Kooperation – anders als für die Kommunalverwaltung, die, zur Erfüllung des Rechtsanspruchs, „rechtssicher die Plätze vergeben" (DE_2.3) muss. In der Handlungskoordination bei der Vergabe nehmen die privaten Träger entsprechend Einfluss auf die Verfahrensgestaltung, während sich die kommunale Verwaltung dem Handeln der privaten (überwiegend gemeinnützigen) Träger – als „quasi-öffentliche Organisationen" (vgl. Wollmann, 2016) – faktisch unterordnet. Deren starke Verhandlungsposition ist dabei im Subsidiaritätsprinzip und in der Autonomie auch bei der Vergabe angelegt, wie von kommunaler Seite betont wird.

Abschließend kann festgehalten werden, dass es sich – wegen der Entkoppelung der Kindertagespflege vom Vormerktool und der parallelen Vormerkstrukturen für DE2 – um ein (teil-)zentrales Vormerkverfahren handelt, bei dessen Gestaltung die Verwaltung auf Netzwerkstrukturen in der Handlungskoordination setzt. Die Platzvergabe wiederum bleibt weiterhin dezentral, wobei das Steuerungshandeln der Kommune angesichts der starken Position der Träger zurückhaltend ausfällt.

6.2 Handlungskoordination im Aufnahmeverfahren einer kanadischen Kommune (Ontario)

Auch in KA1 ist das Vormerkverfahren in den vergangenen Jahren digitalisiert und zentralisiert worden. Seitdem können sich Eltern in mehreren Einrichtungen[5] unterschiedlicher Träger und/oder der Kindertagespflege online vormerken und sich auf die Wartelisten der Einrichtungen setzen lassen, die teilweise bis zu 400 Kinder aufnehmen. Die Bündelung der Vormerkung wird von einer Vertretung der kommunalen Verwaltung als Meilenstein für die Verbesserung von Zugangsbedingungen gesehen: „It's great, it's equal access" (CA_1.10). Im Gegensatz zu einer an anderen Stellen sichtbaren Orientierung der Kommune, das privat-gemeinnützige Angebot auszubauen, werden für das Vormerkverfahren seitens der Kommune alle Träger gleichermaßen berücksichtigt. Dies wird von einer Verwaltungsvertretung als herausfordernd, aber notwendig beschrieben: „That's the tension for us, working with the for profit [providers, Anm. d. Verf.]. They do make up a significant part of our system and they meet the need especially" (CA_1.10). Begründet ist dies besonders in der marktorientierten Politik der Regierung Ontarios, die privat-gewerbliche Träger fördert, wodurch die wettbewerbliche Ausrichtung des Betreuungssystems an Bedeutung gewinnt. Demzufolge besteht auch im Aufnahmeverfahren ein gewisses Abhängigkeitsverhältnis für die Kommune und somit die Notwendigkeit, mit privat-gewerblichen Trägern zu kooperieren.

Trotz entsprechender Bemühungen der Verwaltung bleiben parallele Vormerk- und Vergabestrukturen bestehen, indem Familien in Einrichtungen persönlich vorsprechen. Darin zeigt sich, dass das zentrale Vormerkverfahren keinen verbindlichen Charakter zu haben scheint und Kinder ungeachtet der Warteliste dezentral einen Platz erhalten können. Die Kommune spricht diesbezüglich mit den Trägern: „Do you have a separate waiting list? How are you prioritizing? […] we actually need to understand what's actually happening" (CA_1.10). Somit geht die Verwaltung aktiv in den Austausch mit privaten Trägern, um deren Aufnahmelogiken nachzuvollziehen. Das für eine solche netzwerkbasierte Handlungskoordination grundlegende Vertrauen zwischen den Akteuren müsse sich dabei erst entwickeln.

---

5 Für die kanadische Kommune liegen keine genauen Angaben zur Trägerstruktur vor. Zum Erhebungszeitpunkt gab es in der Kommune vier öffentliche Einrichtungen.

Gleichzeitig wird deutlich, dass die Kommune durchaus über Handlungsmöglichkeiten verfügt, parallele Vormerkstrukturen im privaten Segment stärker zu reglementieren: „we have control, like we give money to these programs. [...] if we implement all that [zentrale Vormerkverfahren, Anm. d. Verf.] and at the end of the day people are still keeping their own wait list about who visited and we say that's actually not acceptable, then we have more power than I think sometimes we realize" (CA_1.10). Diese Möglichkeiten werden offenbar (noch) nicht genutzt, um nicht die Missgunst der Träger auf sich zu ziehen, auf deren Kooperationsbereitschaft die Verwaltung im Marktsystem angewiesen ist. Eine stärker hierarchisierende Handlungskoordination wird der Verwaltungsvertretung zufolge als „not popular" (CA_1.10) bei den privaten Trägern eingestuft. Demnach bewegt sich die Handlungskoordination der kommunalen Verwaltung den privaten Trägern gegenüber zwischen einer durch die Regierung Ontarios geförderten wettbewerbsbedingten Konkurrenz und dem Versuch, eine vertrauensvolle Basis für Kooperation zu schaffen.

Zudem zeigen sich Ambivalenzen im Handeln der Kommunalverwaltung hinsichtlich der beobachteten Parallelstrukturen im Aufnahmeverfahren. So geht aus den Interviews hervor, dass beispielsweise Kommunalvertreter:innen den neu zugezogenen Familien selbst vorschlagen, sich persönlich in Einrichtungen vorzumerken, um schneller einen Platz zugeteilt zu bekommen. Demnach werden die Parallelstrukturen – zumindest partiell – ebenso von kommunaler Seite aufrechterhalten.

6.3 Handlungskoordination im Aufnahmeverfahren einer schwedischen Kommune

In SE1 ist das gesamte Aufnahmeverfahren (Vormerkung und Platzvergabe) für die kommunalen Einrichtungen bei der Kommune zentralisiert. So gelingt es in SE1 nach eigenen Angaben, der Verpflichtung nachzukommen, innerhalb der gesetzlich festgelegten Frist von vier Monaten nach einer Vormerkung den Familien einen Platz anzubieten. Die Kommune hat ihr Aufnahmeverfahren auf Druck der Kommunalpolitik vor einiger Zeit umgestellt, von einem rein nach Vormerkdatum gestaffelten Verfahren auf einen komplexeren Ansatz, der, nach eigenen Angaben, die Bedarfe von Familien stärker berücksichtigt. Mittlerweile können Eltern deshalb bei der ganzjährig möglichen Vormerkung mehrere Wunscheinrichtungen angeben. Vergabekriterien sind das Vormerkdatum sowie ein Geschwisterkind-Status.

Grundlage des aktuellen Vergabeverfahrens ist ein gezielter Abgleich von Angebot und Nachfrage in Abhängigkeit vom Wohnort. Hier musste die Kommunalverwaltung aufgrund von lokalen Platzengpässen jedoch nachsteuern: Eine zuvor gültige Garantie auf einen wohnortnahen Platz wurde zurückgenommen.

Stattdessen werden Plätze im gesamten Stadtgebiet der Großstadt verteilt: „Every preschool in SE1, you are going to be eligible for any preschool" (SE_1.6). Familien bekommen in der Folge gegebenenfalls einen weiter vom Wohnort entfernten Platz angeboten, wodurch es der Kommune gelingt, die Angebotsfrist von vier Monaten einzuhalten: „Since we do that and not guarantee a place close by, then we are going to be able to meet the four months" (SE1_1.6). Die Kommunalverwaltung nutzt also ihren Handlungsspielraum beim eigenen Vergabeverfahren aufgrund des Angebotsdrucks. Zwar verfolgt sie das Ziel einer bedarfsgerechte(-re-)n Vergabe, aber aufgrund fehlender Plätze gelingt es nicht immer kurzfristig; deshalb wird die Wohnortnähe ‚aufgeweicht'. In der Verwaltung wird jedoch auch eingeräumt, dass dieses Vorgehen nicht für alle Familien von Vorteil sei: „If we cannot give them a place close to their home, they are not going to go" (SE_1.6).

Anders als die Kommunen unterliegen die privaten Träger in Schweden keiner Angebotspflicht. Mit einem Anteil von weniger als 20 % des lokalen Angebots sind private Träger (gemeinnützig und gewerblich) in SE1 zum Erhebungszeitpunkt unterdurchschnittlich stark vertreten. In dieser Kommune ist es ihnen grundsätzlich freigestellt, am kommunalen Aufnahmeverfahren teilzunehmen oder ein eigenes Verfahren durchzuführen. Im letzten Fall haben sie jedoch entsprechend dem gesetzlich verankerten Gleichstellungsgrundsatz die gleichen Aufnahmekriterien wie die Kommune anzuwenden. Dies bestätigt sich bei einem privaten Träger vor Ort, dessen Leitung als Kriterien den Geschwisterstatus sowie das Vormerkdatum angibt („Siblings and then the date they applied", SE_1.8). Einige Träger nehmen zwar am Aufnahmeverfahren der Kommune teil; im Sinne einer effizienten Vergabe wird ihnen dies aber auch explizit von der Kommunalverwaltung empfohlen, wie es die für die Trägerzulassung und -aufsicht zuständige Verwaltungsvertretung angibt. Ihrer Argumentation zufolge bedeute dies für die Träger weniger bürokratischen Aufwand und eine sichere Besetzung ihrer Plätze. Diese ‚Werbung' der Kommune hat ihren Grund: Sie stößt bei der Vergabe ihrer Plätze immer wieder an Kapazitätsgrenzen und möchte sich somit offenbar Zugriff auf weitere Plätze sichern, um die Angebotsfrist zu erfüllen. Die privaten Träger dürften wiederum kaum auf eine gemeinsame Vergabe angewiesen sein; so möchte zumindest der private Träger im Sample unter Verweis auf die hohe Nachfrage beim eigenen Verfahren verbleiben.

Dabei bestätigt sich insgesamt für das Aufnahmeverfahren (abgesehen von wenigen Ausnahmen) die Beobachtung einer Verwaltungsmitarbeiterin bzw. eines -mitarbeiters, dass die Kooperation zwischen Kommune und privaten Trägern in dieser Stadt insgesamt eher wenig ausgeprägt ist: „Different municipalities are really, really different. Some work very closely with the private providers and [SE1] does not. [...] it's always been like that." (SE_1.6).

Gleichzeitig führt die Kommunalverwaltung im Rahmen ihrer Aufsichtspflicht[6] über die privaten Träger Qualitätskontrollen bei diesen durch, die auch die Überprüfung der jeweiligen Aufnahmeverfahren beinhalten. Die hierfür zuständige Verwaltungsvertretung schildert, dass die Verwaltung in SE1 diese Rolle anders als andere Kommunen explizit wahrnehme und solche Kontrollen regelmäßig und umfassend durchführe. Dabei würden bei Trägern immer wieder Verstöße gegen die Platzvergaberegelungen festgestellt, die auch sanktioniert würden: „They have to follow the queue strictly. [...] that is also a common sanction that they take in [children, Anm. d. Verf.] according to age or gender" (SE_1.7).

Insgesamt zeigen sich damit in der Handlungskoordination bezüglich des Aufnahmeverfahrens in SE1 sowohl eine Netzwerkorientierung als auch eine hierarchische Governance-Form, die aber dominiert: Mit der Möglichkeit für private Träger am kommunalen Verfahren teilzunehmen, trägt die Kommune deren formaler Gleichstellung Rechnung und schafft einen Rahmen für verlässliche Zusammenarbeit im Aufnahmeprozess – allerdings vor allem, um Zugriff auf weitere Plätze zu erhalten. In ihrer Rolle als übergeordnete Kontrollinstanz setzt die Verwaltung in SE1 zudem auf explizite Ausübung ihrer Weisungsbefugnis in Form von Kontrolloptionen hinsichtlich der Aufnahmeverfahren privater Träger.

7. Diskussion: Kommunale Steuerung von Kita-Aufnahme und Ungleichheitsrisiken im Vergleich

Ihrer Aufgabe, lokale Zugänge zu Früher Bildung möglichst gut zu organisieren, begegnen alle drei Kommunen, indem sie in unterschiedlich ausgestalteter Zusammenarbeit mit privaten Trägern (teil-)zentrale Aufnahmeverfahren implementiert haben, bei denen die Platzvormerkung (DE2, KA1, SE1) und auch die Vergabe der kommunalen Plätze (SE1) zentralisiert erfolgt. Damit haben die Kommunen ihre Verfahren für die privaten Träger geöffnet, da sie in unterschiedlicher Weise auf diese angewiesen sind, um die Angebotsversorgung vor Ort und deren Zugänglichkeit gewährleisten zu können.

Die lokalen Handlungskoordinationen zwischen Kommunalverwaltung und Trägern erfolgen in einem jeweils spezifisch gelagerten Spannungsfeld zwischen kommunalen Interessen und der Eigenständigkeit der privaten Träger: In der Zusammenarbeit zum Aufnahmeverfahren überwiegen in der deutschen und der kanadischen Kommune Netzwerk-Elemente, wenn auch aus verschiedenen Gründen. Während die Kommunalverwaltung in DE2 aufgrund von Subsidiarität

6 Während die Kontrollen der kommunalen Einrichtungen Schwedens im Rahmen des staatlichen Qualitätsprüfungsverfahrens durch eine nationale Behörde *(Skolinspektionen)* durchgeführt wird, sind die Kommunen für die Kontrolle der privaten Einrichtungen zuständig (Garvis & Lunneblad, 2018).

und Rechtsanspruch auf die v. a. privat-gemeinnützigen Träger angewiesen ist, ergibt sich für die Verwaltung in KA1 eine gewisse Abhängigkeit von den privat-gewerblichen Trägern durch deren starke Verhandlungsposition im marktbasierten FBBE-System. In beiden Fällen begünstigen zudem ein (erheblicher) Platzmangel sowie begrenzte finanzielle Ausbauressourcen der Kommunen eine netzwerkorientierte Steuerung seitens der Verwaltungen im Aufnahmeverfahren, um ein positives Verhältnis zu den privaten Trägern zu erhalten.

Dagegen setzt die Verwaltung der schwedischen Kommune stärker auf die hierarchische Ausgestaltung der Zusammenarbeit (zugunsten eines starken öffentlichen Angebots). Dies tut sie, indem sie den ihr zur Verfügung stehenden Handlungsspielraum im Rahmen ihrer Aufsichtsrolle über private Anbieter vollumfänglich nutzt und ihre Kontrollfunktion auch mit Blick auf den Aufnahmeprozess voll ausschöpft. Im Vergleich stehen die Verwaltungen der deutschen und der schwedischen Kommunen durch ihre gesetzliche Angebotspflicht erkennbar stärker unter Druck als die kanadischen, Plätze bereitzustellen. Während die Verwaltung in SE1 vor diesem Hintergrund ihr Verfahren für die privaten Träger öffnet – und damit netzwerkorientiert die Zusammenarbeit auch sucht, da sie wegen der Angebotsfrist auf deren Platzkapazitäten angewiesen ist –, agiert die Verwaltung in DE2 eher vorsichtig und beschränkt sich trotz Klagen auf ihre Koordinierungsfunktion.

Mit Blick auf die Funktion von Kommunen als Gestalter von Bildungsangeboten vor Ort lassen sich schließlich aus dem jeweiligen Steuerungshandeln mögliche Konsequenzen für die Zugänglichkeit zu Betreuungsangeboten ableiten, die Aufschluss über ungleichheitsreproduzierende Mechanismen auf kommunaler Ebene geben (könnten). Zunächst kann hierzu konstatiert werden, dass eine breit angelegte Kooperation mit allen lokalen Anbietern frühkindlicher Bildungs- und Betreuungsangebote in der Gestaltung von Aufnahmeprozessen Zugänge potenziell erleichtern kann. Diesbezüglich lassen sich die Verzahnungsbemühungen in DE2 etwas entgegen der Subsidiaritätslogik sowie die Kooperationsansätze gegenüber weniger präferierten Akteuren (private/privat-gewerbliche Träger) in KA1 und SE1 als Fortschritt lesen. Da jedoch in allen drei Fällen die Handlungsspielräume der lokalen Steuerungsebene nicht vorsehen, private Träger zu einem gemeinsamen Aufnahmeverfahren zu verpflichten, bleiben bisher relevante Bereiche (Tagespflege in DE2) bzw. bestimmte Träger außen vor, in der Regel privat-gewerbliche (DE2, KA1, SE1), die ihre Eigenständigkeit im Aufnahmeprozess bewahren wollen. Es scheint den Kommunalverwaltungen im Sample dennoch weitgehend zu gelingen, mittels netzwerk- (DE2, KA1) bzw. hierarchisch (SE1) basierten Steuerungsansätzen die Vormerkungen für die Mehrheit des Angebots zu bündeln und damit, über das einheitliche Vorgehen besonders in fragmentierten Angebotslandschaften den organisatorischen Aufwand für Familien zu senken. Somit wird insbesondere die Zugänglichkeit für Familien in benachteiligten Lebenslagen verbessert, weil die Zentralisierung insgesamt weniger Ressourcen und Systemwissen erfordert als ein dezentral (auf Einrichtungsebene) angelegtes Verfahren.

Gleichzeitig bleiben gewisse Benachteiligungsrisiken durch das kommunale Steuerungshandeln bestehen. Hierzu zählen die weiterhin parallelen Vormerkstrukturen in DE2 und KA1, wo die Verwaltungen den Trägern gegenüber zurückhaltend agieren, die sich nachteilig auswirken können. Dies zeigt sich besonders in DE2, wo eine Vormerkung in zwei verschiedenen Systemen (Kita und Tagespflege) notwendig ist, um den Rechtsanspruch geltend machen zu können.

Ähnlich weist auch die parallele Vormerkstruktur auf Einrichtungsebene in KA1 auf (weiterhin) ungleichheitsreproduzierende Mechanismen hin, wenn aufgrund ausbleibender (Nach-)Steuerung seitens der Kommune (weiterhin) besonders Eltern mit hohen Ressourcen bei der Platzsuche Vorteile haben. Noch expliziter wird die Herausforderung bei der Platzvergabe dort, wo die Verwaltungen in hohem Maße auf das Angebot der privaten Träger angewiesen sind. Deren Autonomieinteressen entsprechend verbleibt die Vergabe, abgesehen vom kommunalen Segment, dezentral bei den Trägern mit ihren jeweiligen Prioritäten (DE2, KA1). Für Eltern ist die Vergabe dann oft intransparent und Kriterien erscheinen willkürlich. Umgekehrt birgt auch eine klare Dominanz des kommunalen Trägers wie in SE1 keine ‚Zugangsgarantie', wenn bei Platzmangel die Wohnortnähe als Vergabekriterium gezielt aufgeweicht wird und damit weniger mobile Familien strukturell benachteiligt werden. Hier scheint der Angebotsdruck das Ziel von mehr Zugänglichkeit zu unterminieren.

Es zeigt sich aber auch das Potenzial von in der Governance verankerten Regulierungsmöglichkeiten beim Aufnahmeverfahren: Mit der Betonung ihrer Aufsichtspflichten trägt die Verwaltung in SE1 dazu bei, dass private Träger Vergabekriterien einhalten und somit trägerunabhängig gleichwertige Verfahren gewährleistet sind. Zu hinterfragen wäre jedoch generell das vermeintlich neutrale Kriterium des Vormerkdatums in einzelnen Angebotssegmenten: Wo es als Vergabekriterium besonders stark gewichtet wird, führt dies in der Praxis dazu, dass sich Familien immer früher für einen Platz vormerken müssen. Familien mit weniger Systemwissen und Planungskapazitäten haben diesbezüglich tendenziell das Nachsehen.

Insgesamt wird sichtbar, dass durch die gestiegenen Erwartungen der Handlungsdruck auf die Kommunen – als Bildungsakteure in der Frühen Bildung – gestiegen ist. Die vorgestellten Beispiele zeigen, wie die Kommunen mit der Implementierung von (teil-)zentralen Aufnahmeverfahren versuchen, Steuerungspotenziale für gleiche Zugänge auszuschöpfen. Dabei ist die Frage der (Nicht-)Nutzung kommunaler Handlungsspielräume nicht nur von dem Handlungsdruck der Verwaltungen, sondern auch von den Selbstbestimmungsbestrebungen der Träger geprägt. Die internationale Perspektive zeigt, dass eine aktive und gezielte Koordination zwischen Kommune und den Trägern je nach Kontext nötig ist, damit auch benachteiligte Bedarfslagen Berücksichtigung finden.

Um governance-bedingte Zugangsrisiken zu mindern, sind weiterhin explizite Anstrengungen seitens der kommunalen Steuerungsebenen notwendig, damit Aufnahmestrukturen geschaffen werden, die nicht nur alle Kinder gleichermaßen adressieren, sondern zusätzlich bedarfsspezifisch die Zugänglichkeit für Benachteiligte gewährleisten. Andernfalls bleiben gewisse Potenziale von Kommunen als Bildungsorte *für alle* ungenutzt.

Literaturverzeichnis

Ackeren, van I., & Klein, E. D. (2015). International Vergleichende Erziehungswissenschaft und Educational Governance. Synergiepotenziale und Herausforderungen im Kontext empirischer Forschungszugänge. *Journal für International und Interkulturell Vergleichende Erziehungswissenschaft, 21*(1), 49–69.

Ansell, C. K., & Torfing, J. (Hrsg.). (2016). *Handbook on Theories of Governance*. Cheltenham: Edward Elgar Publishing.

Autorengruppe Bildungsberichterstattung. (2020). *Bildung in Deutschland 2020*. Wbv.

Benz, A. (Hrsg.). (2004). *Governance – Regieren in komplexen Regelsystemen. Eine Einführung*. Wiesbaden: VS Verlag für Sozialwissenschaften.

Betz, T., Bischoff-Pabst, S., Eunicke, N., & Menzel, B. (2019). *Kinder zwischen Chancen und Barrieren*. Gütersloh: Bertelsmann Stiftung.

Blossfeld, H.-P., Kulic, N., & Skopek, J. (Hrsg.). (2017). *Childcare, Early Education and Social Inequality. An International Perspective*. Cheltenham: Edward Elgar Publishing.

Blumenthal, von J. (2005). Governance – eine kritische Zwischenbilanz. *Zeitschrift für Politikwissenschaft, 15*(4), 1149–1180.

Campbell-Barr, V., & Bogatić, K. (2017). Global to Local Perspectives of Early Childhood Education and Care. *Early Child Development and Care, 187*(10), 1461–1470. https://doi.org/10.1080/03004430.2017.1342436 [15.07.22].

Europäische Kommission, EACEA, & Eurydice. (2019). *Key Data on Early Childhood Education and Care in Europe: 2019 Edition*. https://op.europa.eu/en/publication-detail/-/publication/fd227cc1-ddac-11e9-9c4e-01aa75ed71a1 [25.07.2022].

Dohmen, D., Karrmann, E., & Bayreuther, T. (2021). *Entwicklung frühkindlicher Bildungsbedarfe in Berlin: Vom Platzmangel zu Bildungschancen*. Berlin: Research Institute of Lifelong Learning.

Drange, N., & Telle, K. (2020). Segregation in a Universal Child Care System: Descriptive Findings from Norway. *European Sociological Review, 36*(6), 886–901. https://doi.org/.1093/esr/jcaa026 [15.07.22].

Erhard, K., Scholz, A., & Harring, D. (2018). *Die Equal Access Study: Konzeptioneller Rahmen und Forschungsdesign*. ICEC Working Paper Series. https://www.dji.de/file/user_upload/bibs2018/27202_WEB_DJI_Equal_Access_Studie_D.pdf [25.07.2022].

Esping-Andersen, G. (1990). *The Three Worlds of Welfare Capitalism*. Cambridge: Polity Press.

Evers, A., Lewis, J., & Riedel, B. (2005). Developing Child-Care Provision in England and Germany: Problems of Governance. *Journal of European Social Policy, 15*(3), 195–209.

Fraisse, L., & Escobedo, A. (2014). Changing Family Needs and Local Childcare Policies. In C. Ranci, T. Brandsen, & S. Sabatinelli (Hrsg.), *Work and Welfare in Europe. Social Vulnerability in European Cities: The Role of Local Welfare in Times of Crisis* (S. 103–133). Basingstoke: Palgrave Macmillan.

Garvis, S., & Lunneblad, J. (2018). *Inequalities in Access to Early Childhood Education and Care in Sweden: The Equal Access Study*. Deutsches Jugendinstitut. https://www.dji.de/fileadmin/user_upload/icec/Expertisen/WEB_DJI_Report_Sweden.pdf [25.07.2022].

Hogrebe, N., Pomykaj, A., & Schulder, S. (2021). Segregation in Early Childhood Education and Care in Germany: Insights on regional Distribution Patterns Using National Educational Studies. *Diskurs Kindheits- und Jugendforschung, 16*(1), 36–56. https://doi.org/10.3224/diskurs.v16i1.04 [15.07.22].

Holtkamp, L. (2007). Local Governance. In A. Benz, S. Lütz, U. Schimank, & G. Simonis. (Hrsg.), *Handbuch Governance: Theoretische Grundlagen und empirische Anwendungsfelder* (S. 366–377). Wiesbaden: VS Verlag für Sozialwissenschaften.

Jahn, D. (2013). *Einführung in die vergleichende Politikwissenschaft.* Wiesbaden: VS Verlag für Sozialwissenschaften.

Japel, C., & Friendly, M. (2018). *Inequalities in Access to Early Childhood Education and Care in Canada: The Equal Access Study.* https://www.dji.de/fileadmin/user_upload/icec/Expertisen/WEB_DJI_Report_Canada.pdf [25.07.2022].

Jessen, J., Schmitz, S., & Waights, S. (2020). Understanding Day Care Enrolment Gaps. *Journal of Public Economics, 190*, 104–252.

Kuckartz, U. (2018). *Qualitative Inhaltsanalyse: Methoden, Praxis, Computerunterstützung.* Weinheim, Basel: Beltz Juventa.

Kutsar, D., & Kuronen, M. (Hrsg.). (2015). *Local Welfare Policy Making in European Cities.* Cham: Springer.

Lancker, van W. (2017). Reducing Inequality in Childcare Service Use Across European Countries: What (if any) Is the Role of Social Spending? *Social Policy & Administration, 52*(1), 271–292. https://doi.org/10.1111/spol.12311 [15.07.22].

Mader, M., & Mierendorff, J. (2017). Abschied von sozialer Diversität? Hochpreisige Einrichtungen im Elementarbereich. In U. Stenger, D. Edelmann, D. Nolte, & M. Schulz (Hrsg.), *Diversität in der Pädagogik der frühen Kindheit: Im Spannungsfeld zwischen Konstruktion und Normativität* (S. 85–100). Weinheim, Basel: Beltz Juventa.

Mahon, R. (2020). Governable Spaces of Early Childhood Education and Care: The Canadian Case. In K. Repo, M. Alasuutari, K. Karila, & J. Lammi-Taskula (Hrsg.), *The Policies of Childcare and Early Childhood Education: Does Equal Access Matter?* (S. 6–21). Northampton: Edward Elgar Publishing.

Menzel, B., & Scholz, A. (2022). *Frühkindliche Bildung und soziale Ungleichheit. Die lokale Steuerung des Zugangs im internationalen Vergleich.* Weinheim, Basel: Beltz Juventa.

Meuser, M., & Nagel, U. (2009). Das Experteninterview – konzeptionelle Grundlagen und methodische Anlage. In S. Pickel, D. Jahn, H.-J. Lauth, & G. Pickel (Hrsg.), *Methoden der vergleichenden Politik- und Sozialwissenschaft: Neue Entwicklungen und Anwendungen* (S. 465–479). Wiesbaden: VS Verlag für Sozialwissenschaften.

Ministry of Education (2019). *Early Years and Child Care. Annual Report 2019.* https://files.ontario.ca/edu-early-years-and-child-care-annual-report-2019-en-2021-03-19.pdf [15.07.22].

Möltgen-Sicking, K., & Winter, T. (2019). Governance: Begriff, Varianten, Steuerungsformen, Akteure und Rollen. In K. Möltgen-Sicking, T. Winter (Hrsg.), *Governance: Eine Einführung in Grundlagen und Politikfelder* (S. 1–21). Wiesbaden: Springer.

Muno, W. (2009). Fallstudien und die vergleichende Methode. In S. Pickel, D. Jahn, H.-J. Lauth, & G. Pickel (Hrsg.). *Methoden der vergleichenden Politik- und Sozialwissenschaft: Neue Entwicklungen und Anwendungen* (S. 113–132). Wiesbaden: VS Verlag für Sozialwissenschaften.

Naumann, I. (2014). Access for All? Sozialinvestitionen in der frühkindlichen Bildung und Betreuung im europäischen Vergleich. Zeitschrift für Erziehungswissenschaft, 17(3), 113–128.

Niedlich, S. (2020). *Neue Ordnung der Bildung.* Wiesbaden: Springer.

OECD (2020). *Early Childhood Education: Equity, Quality and Transitions: Report for the G20 Education Working Group.* OECD. https://www.oecd.org/education/school/early-childhood-education-equity-quality-transitions-G20.pdf [31.08.22].

Repo, K., Alasuutari, M., Karila, K. & Lammi-Taskula, J. (Hrsg.) (2020). *The Policies of Childcare and Early Childhood Education: Does Equal Access Matter?* Northampton: Edward Elgar Publishing.

Riedel, B. (2009). *Local Governance: Ressource für den Ausbau der Kindertagesbetreuung für Kinder unter drei Jahren.* München: Deutsches Jugendinstitut. https://www.dji.de/veroeffentlichungen/literatursuche/detailansicht/literatur/11704-local-governance-ressource-fuer-den-ausbau-der-kindertagesbetreuung-fuer-kinder-unter-drei-jahren.html [31.08.22].

Rostgaard, T. (2018). Childcare as a Global Policy Agenda. In G. Eydal, & T. Rostgaard (Hrsg.), *Handbook of Family Policy* (S. 96–110). Cheltenham: Edward Elgar Publishing.

Scholz, A., Erhard, K., Hahn, S., & Harring, D. (2018). *Inequalities in Access to Early Childhood Education and Care in Germany: The Equal Access Study.* München: Deutsches Jugendinstitut. https://www.dji.de/fileadmin/user_upload/icec//WEB_DJI_ExpertiseDeutschland.pdf [31.08.22].

Skolverket (2020). *Barn och personal i förskola 2019.* https://siris.skolverket.se/siris/site_doc.getFile?p_id=549814 [31.08.22].
Ünver, Ö., Bircan, T., & Nicaise, I. (2021). A Multilevel Approach to ECEC Policies and Intensity of Formal Childcare Participation of Young Children in Europe. *Children and Youth Services Review, 122*, 1–11. https://doi.org/10.1016/j.childyouth.2020.105798 [12.07.22].
Vandenbroeck, M., & Lazzari, A. (2014). Accessibility of Early Childhood Education and Care: a State of Affairs. *European Early Childhood Education Research Journal, 22*(3), 327–335.
Vidot, V. (2017). Lokale Vielfalt bei einheitlichen Vorgaben: Zum Zusammenhang zwischen impliziten Theorien lokaler AkteurInnen und der Implementation des Kita-Ausbaus im städtischen Fallvergleich. In M. Barbehön, & S. Münch (Hrsg.), *Stadtforschung aktuell. Variationen des Städtischen – Variationen lokaler Politik* (S. 327–349). Wiesbaden: Springer.
West, A., Blome, A., & Lewis, J. (2020). What Characteristics of Funding, Provision and Regulation are Associated with Effective Social Investment in ECEC in England, France and Germany? *Journal of Social Policy, 49*(4), 681–704.
Wollmann, H. (2016). Comparative Study of Public and Social Services Provision: Definitional, Conceptual and Methodological Frame. In H. Wollmann, I. Kopric, & G. Marcou (Hrsg.), *Public and Social Services in Europe* (S. 1–12). London: Palgrave Macmillan.
Yerkes, M., & Javornik, J. (2019). Creating Capabilities: Childcare Policies in Comparative Perspective. *Journal of European Social Policy, 29*(4), 529–544.

„(K)eine Kita für alle?!“

Kommunale Einflussmöglichkeiten auf die Reproduktion sozialer Ungleichheit im frühkindlichen Bildungssystem

Nora Jehles

1. Einleitung

Das System der frühkindlichen Bildung, Betreuung und Erziehung[1] steht zunehmend im Fokus des öffentlichen, politischen und wissenschaftlichen Interesses. Neben der Vereinbarkeit von Familie und Beruf wird den frühkindlichen Bildungseinrichtungen (im Folgenden Kitas für Kindertageseinrichtungen[2]) die Aufgabe der Kompensation sozialer Ungleichheit zugeschrieben. Studien zeigen, dass vor allem sozial benachteiligte Kinder von frühkindlicher Bildung profitieren, je früher diese einsetzt (vgl. European Commission, European Education and Culture Executive Agency (EACEA), Eurydice & Eurostat, 2014; Sylva, Melhuish, Sammons, Siraj-Blatchforf & Taggart, 2004). Neben dieser kindlichen Entwicklungsperspektive können Kitas aus einer demokratietheoretischen Perspektive einen ersten Schritt in die Gesellschaft darstellen, in der Kinder in Kontexte der Vielfalt eingebunden sind (Hogrebe, Pomykaj & Schulder, 2021).

Im Fokus der Debatte stehen – vor allem seit der Einführung des Rechtsanspruchs auf einen Betreuungsplatz – der quantitative Ausbau des Betreuungsangebots und die Sorge, dass die pädagogische Qualität[3] der Kitas darunter leiden könnte. Soziale Ungleichheit im frühkindlichen Bildungssystem wird im Hinblick

---

1 Um die Lesbarkeit zu erhöhen, wird der Begriff der frühkindlichen Bildung, Betreuung und Erziehung im Folgenden abgekürzt durch den Begriff der frühkindlichen Bildung, ohne die Aspekte der Betreuung und Erziehung zu negieren (vgl. Voigtsberger, 2018).

2 Die Kindertagespflege wird in dem Beitrag nicht berücksichtigt, weil „sich eine deutliche Profilierung und Konturierung der unterschiedlichen Betreuungsformen (Anmerkung Kita, Kindertagespflege und Großtagespflege) durch die Zuschreibung von Spezifika zu den jeweiligen Settings (zeigt), welche die Betreuungsformen voneinander unterscheiden“ (Schoyerer, Frank, Jooß-Weinbach & Loick Molina, 2018, S. 12).

3 Der pädagogische Qualitätsbegriff umfasst nach Tietze et al. (2013) die Strukturqualität (z. B. die Ausstattung der Räume oder Personalausstattung), die Orientierungsqualität (z. B. pädagogische Ziele oder die Haltung des Personals) sowie die Prozessqualität (z. B. Strukturierung der pädagogischen Arbeit und Interaktionen zwischen Fachkräften, Kindern und Eltern).

auf die Inanspruchnahme, den Betreuungsbeginn oder die pädagogische Qualität diskutiert. Hierbei zeigen sich soziale Unterschiede hinsichtlich des Migrationshintergrunds sowie der Ausstattung mit ökonomischem oder kulturellem Kapital. Kinder mit Migrationshintergrund, aus Familien mit geringem Einkommen oder niedrigen Bildungsabschlüssen besuchen die Kita seltener und beginnen später mit dem Besuch (Groos & Jehles, 2015; Bange, 2016; Jessen, Spieß, Waights & Judy, 2020; Autorengruppe Bildungsberichterstattung, 2020). Außerdem rückt der Raum als weitere Dimension sozialer Ungleichheit zunehmend in den Fokus, also die Konzentration von Kindern aus benachteiligten Verhältnissen in bestimmten Einrichtungen unter dem Begriff der Kita-Segregation (Hogrebe, 2016; Hogrebe et al. 2021; Jehles, 2022; Groos, Trappmann & Jehles, 2018).

Bisher werden die Ursachen sozialer Ungleichheit im frühkindlichen Bildungssystem vor allem als das Ergebnis individueller Handlungen von Eltern einerseits (Becker, 2010, S. 43; Geier & Riedel, 2009) und Einrichtungen bzw. Einrichtungsleitungen andererseits verstanden (Hogrebe et al., 2021; Nebe, 2021). Dieser Beitrag fokussiert die kommunale Ebene im frühkindlichen Bildungssystem und insbesondere die Jugendämter, weil sie als öffentlicher Träger eine zentrale Rolle im Mehrebenensystem spielen und trotzdem im wissenschaftlichen und politischen Diskurs häufig vernachlässigt werden.

Dies verwundert, weil sich bei der Betrachtung der kommunalen Ebene deutliche Unterschiede im Hinblick auf die Dimensionen sozialer Ungleichheit im frühkindlichen Bildungssystem zeigen (Statistisches Bundesamt, 2022; Jehles, 2022; Groos et al. 2018). Vor diesem Hintergrund lautet die Fragestellung des Beitrags, wie die Jugendämter – und hier die Jugendhilfeplaner:innen – kommunale Einflussmöglichkeiten auf die Reproduktion sozialer Ungleichheit im frühkindlichen Bildungssystem wahrnehmen und welche Rolle dabei insbesondere die Rahmenbedingungen spielen.

Der Beitrag stellt zunächst dar, welche Befunde es bereits zu sozialer Ungleichheit im frühkindlichen Bildungssystem auf kommunaler Ebene gibt. Hierbei stehen insbesondere die Rahmenbedingungen im Fokus, die von Menzel und Scholz (2022) im Rahmen einer international vergleichenden Fallstudie ermittelt wurden. Der Beitrag basiert auf einem Dissertationsprojekt, in dem sechs Jugendämter in NRW untersucht wurden und fokussiert sich exemplarisch auf drei Jugendämter, deren Rahmenbedingungen kontrastieren.

2. Forschungsstand zu sozialer Ungleichheit im frühkindlichen Bildungssystem auf kommunaler Ebene

Die amtliche Kinder- und Jugendhilfestatistik (KJH-Statistik) zeigt deutliche Unterschiede der Inanspruchnahmequote, also dem Anteil der Kinder, die eine Kita besuchen an allen Kindern der Altersgruppe zwischen den Kommunen in

Nordrhein-Westfalen (NRW). In Duisburg werden im Jahr 2021 10,5 % der Kinder unter drei Jahren in einer Kita betreut und im Kreis Coesfeld 35,1 % (Statistisches Bundesamt, 2022).

Die Inanspruchnahmequoten variieren auch innerstädtisch, also zwischen den Stadtteilen einer Stadt. Am Beispiel der Stadt Hamburg zeigt Bange, dass in benachteiligten Stadtteilen deutlich weniger Kinder eine Kita besuchen als in privilegierten (Bange, 2016, S. 302).

Auch das Ausmaß der Kita-Segregation zwischen den Trägern variiert auf kommunaler Ebene. In NRW gibt es im Vergleich der Bundesländer die meisten Jugendämter, in denen der Migrationsanteil in den öffentlichen Kitas am größten ist. Außerdem werden in großstädtischen Jugendamtsbezirken Kinder mit Migrationshintergrund am häufigsten in öffentlichen Kitas betreut, wohingegen dies in ländlichen Kommunen vor allem auf die konfessionellen Kitas zutrifft (Jehles, 2022, S. 22).

Die kommunalen Fallstudien von Groos et al. (2018) in Hamm und Mülheim an der Ruhr und Hogrebe (2016) in Münster deuten auf kommunale Unterschiede trägerspezifischer Segregationsmuster hin: In Münster und Mülheim an der Ruhr finden sich die höchsten Anteile benachteiligter Gruppen in säkularen und öffentlichen Kitas. Niedrige Anteile finden sich in katholischen und privatgewerblichen Kitas und Elterninitiativen. In Hamm zeigt sich ein gegenteiliges Bild: Dort sind Kinder mit Migrationshintergrund relativ gleich über die Kitas der Träger verteilt, und der Anteil der Kinder im SGB II-Bezug liegt in den städtischen Kitas deutlich unter den Armutsquoten bei den anderen Trägern (Groos et al., 2018).

Diese Studie zeigt außerdem einen steuerungsrelevanten Aspekt: Die Annahme, dass die Sozialstruktur in den Kitas die des Stadtteils widerspiegelt (Becker, 2010), lässt sich nur bedingt empirisch belegen. Einerseits gibt es in Stadtteilen, in denen wenige Kinder SGB II-Leistungen beziehen, Kitas mit deutlich höheren Armutsquoten, andererseits gibt es in Stadtteilen, in denen mehr als die Hälfte der Kinder SGB II-Leistungen bezieht, Kitas, in denen dies für weniger als 20 % der Kinder gilt (Groos et al., 2018). Für die verteilungsorientierte Steuerungspraxis lässt sich daher schlussfolgern, dass Ressourcen auf der Ebene der Kitas gesteuert werden sollten, weil sozialräumliche Daten zu Fehlallokationen führen können.

Ursachen der Reproduktion sozialer Ungleichheit im frühkindlichen Bildungssystem auf kommunaler Ebene

Bisherige Studien zur Steuerung lokaler Zugangsbedingungen fokussieren sich entweder auf die Angebotsgestaltung und Beteiligungsstruktur unter governanceanalytischer Perspektive oder zu Einstellungen von Akteuren (siehe ausführlich Menzel & Scholz, 2022 und in diesem Band).

Anhand einer international vergleichenden qualitativen Studie zu lokaler Zugangsgestaltung können Menzel und Scholz (2022) für Deutschland eine hohe Verantwortlichkeit der lokalen Verwaltungsebene in der Zugangsgestaltung sowie eine Prägung des Steuerungshandelns durch Rahmenbedingungen wie den Rechtsanspruch auf einen Betreuungsplatz zeigen. Aufgrund knapper kommunaler Finanzressourcen priorisieren die beiden von ihnen untersuchten deutschen Kommunen die Verfügbarkeit von Betreuungsplätzen. Sie setzen beim Ausbau des Betreuungsangebots verstärkt auf freie Träger und stellen das öffentliche Angebot zurück. Lokale Bedarfsunterschiede rücken wegen veralteten Bedarfsberechnungen und zurückhaltender Steuerung der Trägerlandschaft in den Hintergrund. Trotz Ausbauanstrengungen besteht weiterhin eine Diskrepanz zwischen den verfügbaren Plätzen und den Betreuungsbedarfen für unter Dreijährige und teilweise auch über Dreijährige. Eine dieser Kommunen ist dementsprechend mit vielen Klagen von Eltern konfrontiert (Menzel & Scholz, 2022).

Diese Aspekte werden in diesem Beitrag anhand von drei Fallstudien in NRW vertiefend untersucht. Der Fokus liegt dabei auf den Rahmenbedingungen kommunalen Handelns, die zur Reproduktion sozialer Ungleichheit im frühkindlichen Bildungssystem beitragen.

3. Rahmenbedingungen kommunalen Handelns im Hinblick auf soziale Ungleichheit im frühkindlichen Bildungssystem

Um die von Menzel und Scholz (2022) identifizierten Aspekte vertiefend zu untersuchen, werden im Folgenden die Rahmenbedingungen beschrieben, die die Steuerungsmöglichkeiten der Jugendämter, insbesondere in NRW, im kommunalen Ungleichheitsgeschehen beeinflussen.

Im Fokus der Betrachtung stehen die örtlichen Träger der öffentlichen Jugendhilfe, also die kommunalen Jugendämter in den Städten und Kreisen. Sie sollen die lokale Infrastruktur planen und Rechtsansprüche erfüllen. Deshalb sind sie es auch, gegen die Eltern klagen und Schadenersatzansprüche geltend machen können (Wiesner & Kößler, 2014). Je nach Bundesland sind die Jugendämter in die Finanzierung involviert (Stöbe-Blossey, 2021, S. 2) und können eigene Kitas betreiben, auf die sie z. B. bei der Vergabe von Betreuungsplätzen direkt Einfluss nehmen können. Die Jugendämter haben somit eine nicht unproblematische Doppelrolle, weil sie einerseits Anbieter und Betreiber von Kitas und andererseits für die Koordination des Gesamtsystems verantwortlich sind (Riedel, 2011, S. 110).

Rechtliche Rahmenbedingungen auf Bundesebene

Das Kinder- und Jugendhilfegesetz (SGB VIII) ist das Rahmengesetz für die Kindertagesbetreuung. Besonders zentral ist der Rechtsanspruch auf einen Betreuungsplatz, das Wunsch- und Wahlrecht der Eltern, das Subsidiaritätsprinzip sowie die Trägerautonomie.

Seit 2013 haben Kinder ab einem Alter von einem Jahr einen Rechtsanspruch auf einen Betreuungsplatz in einer Kita oder einer Kindertagespflege (§ 24 SGB VIII). Ab dem dritten Lebensjahr besteht ein Rechtsanspruch auf eine Betreuung in der Kita.

Außerdem haben die Familien das Wunsch- und Wahlrecht (§ 5 SGB VIII), welches sich sowohl auf die Betreuungsform als auch auf die Wahl einer bestimmten Einrichtung bezieht. Die persönlichen Interessen, wie die weltanschauliche oder religiöse Orientierung der Familie sollen qua Gesetz in der Kinder- und Jugendhilfe berücksichtigt werden, in dem eine Angebots- bzw. Trägervielfalt sichergestellt wird (Pfadenhauer, 2011, S. 78).

Das Subsidiaritätsprinzip ist zentral für das Verhältnis von öffentlichen und freien Trägern. Die öffentliche Jugendhilfe soll von eigenen Maßnahmen absehen, wenn anerkannte Träger der freien Jugendhilfe geeignete Angebote betreiben können. In der Praxis bedeutet dies, dass das Jugendamt zunächst die freien Träger der Jugendhilfe zu fragen hat, wenn eine neue Kita errichtet werden soll und erst selber tätig werden darf, wenn die Verbände kein Interesse zeigen (Bäcker, Naegele, Bispinck, Hofemann & Neubauer, 2008, S. 544). Daraus resultiert eine „außerordentlich starke Stellung" (Bogumil & Holtkamp 2006, S. 171) der Wohlfahrtsverbände in der Kinder- und Jugendhilfe, die sich in der starken Einbindung der Verbände in kommunalpolitische Gremien durch ihr Stimmrecht im Jugendhilfeausschuss und durch enge Kontakte zu den kommunalpolitischen Fraktionen zeigt. Außerdem halten die Wohlfahrtsverbände Angebote vor, die nicht kostendeckend sind und zu erheblichen kommunalen Belastungen führen würden, wenn sie von den Verbänden abgestoßen werden. Deshalb verfügen die Wohlfahrtsverbände „über erhebliche Implementationsressourcen, von denen die Verwaltung in einem gewissen Maße abhängig ist" (ebd.). Dies gilt insbesondere für die konfessionellen Wohlfahrtsverbände (Merchel, 2008, S. 20).

Neben dem Subsidiaritätsprinzip ist Trägerautonomie zu nennen, wonach nicht staatliche Verbände und Organisationen ein autonomes Betätigungsrecht haben und über die Ausgestaltung ihrer Leistung frei bestimmen können und damit auch, wen sie in ihre Einrichtungen aufnehmen (Petitionsausschuss des deutschen Bundestages, 2014).

Die Rolle der Wohlfahrtsverbände als freie Träger der Kitas und der Wohlfahrtsmix aus karitativen, konfessionellen und zivilgesellschaftlichen Vereinigungen und Initiativen (Riedel, 2011, S. 109) zeigt sich auch empirisch. Im Jahr 2021 befanden sich 67 % der rund 58.000 Kitas in Deutschland in der Hand freier

Träger und 33 % in öffentlicher Trägerschaft. Jeweils 16 % der Kitas werden von evangelischen und katholischen Trägern betrieben, womit die konfessionellen Wohlfahrtsverbände das größte Gewicht in der Gruppe der freien Träger haben. Etwa 15 % gehören anderen juristischen Personen oder Vereinigungen. Die anderen freien Träger betreiben jeweils einstellige Anteile der Kitas (Statistisches Bundesamt, 2021). Der Nationale Bildungsbericht zeigt deutliche Unterschiede der Trägerlandschaften in den Bundesländern. NRW fällt durch einen hohen Anteil von Kitas in konfessioneller Trägerschaft (42 %) auf, lediglich im Saarland (46 %) und in Bayern (56 %) ist der Anteil höher. Gleichzeitig ist der Anteil der öffentlichen Kitas in NRW mit 23 % relativ gering (Autorengruppe Bildungsberichterstattung, 2020, S. 83).

Rechtliche Rahmenbedingungen auf Landesebene

Die Länder konkretisieren das SGB VIII und insbesondere Aufgaben und Bezuschussung in den Ausführungsgesetzen (Stöbe-Blossey, 2021, S. 2). In NRW erfolgt dies durch das Kinderbildungsgesetz (KiBiz). Das wesentliche Finanzierungsprinzip in NRW ist die sogenannte Kindpauschale, die anteilig von den überörtlichen und örtlichen Jugendhilfeträgern und den Trägern von Kitas finanziert wird. Die Eigenanteile variieren nach Art des Trägers. Bei Kitas in kirchlicher Trägerschaft belaufen sie sich auf 10,3 %, bei anderen freien Trägern auf 7,8 % und bei Elterninitiativen auf 3,4 %. Bei Kitas in kommunaler Trägerschaft ist der Eigenanteil mit 12,5 % am größten (§ 36 KiBiz).

Außerdem werden im KiBiz die Landesprogramme für Familienzentren, plusKITAs und Einrichtungen mit zusätzlichem Sprachförderbedarf festgelegt. Im Hinblick auf soziale Ungleichheit sind insbesondere die Letztgenannten relevant, weil sie Kitas mit einem hohen Anteil von Kindern mit besonderem Unterstützungsbedarf des Bildungsprozesses mit 30.000 Euro (plusKITA) und mit sprachlichem Förderbedarf mit 5.000 Euro pro Jahr zusätzlich ausstatten. Die Verteilung dieser Mittel an die Kitas soll datenbasiert durch die Jugendämter erfolgen (§ 44 und § 45 KiBiz).

Ökonomische Rahmenbedingungen

Im Hinblick auf die ökonomischen Rahmenbedingungen der Jugendämter ist die kommunale Haushaltssituation zu nennen. Die Kassenkredite, die als „Krisenindikator“ (Boettcher, Freier, Geisler, Schubert & Stollhoff, 2019, S. 6) angesehen werden und mit geringen Investitionen, hohen Sozialausgaben, harten Konsolidierungsauflagen sowie sinkenden lokalpolitischen Spielräumen einhergehen, zeigen große kommunale Unterschiede. NRW befindet sich im Vergleich der

Bundesländer auf dem dritten Platz, nur in Hessen und Rheinlandpfalz sind die Kassenkredite pro Einwohner höher (Boettcher et al., 2019, S. 55). Die Jugendämter haben also sehr unterschiedliche finanzielle Rahmenbedingungen und Handlungsmöglichkeiten. Menzel und Scholz (2022) können für die deutschen Fallbeispiele zeigen, dass knappe kommunale Finanzressourcen tendenziell dazu führen, dass die Kommunen die Verfügbarkeit von Betreuungsplätzen priorisieren und lokale Bedarfsunterschiede in den Hintergrund rücken.

Durch die Einführung des Rechtsanspruchs auf einen Betreuungsplatz haben insbesondere westdeutsche Kommunen, in denen es historisch bedingt weniger Betreuungsplätze gibt, in erheblichem Maße an Handlungsspielräumen eingebüßt, weil die Gewährleistung von Betreuungsplätzen sie in großem Maße finanziell belastet (Bogumil & Holtkamp, 2006, S. 161).

Bedarfsberechnungen

Der Befund von Menzel und Scholz (2022), dass lokale Bedarfsunterschiede wegen veralteten Bedarfsberechnungen in den Hintergrund rücken, wird durch eine quantitative Befragung von Jugendhilfeplaner:innen untermauert (Andernach, Oettler, Pudelko & Steff, 2021, S. 8). Dabei wurde unter anderem nach der Verfügbarkeit von aktuellen Daten zur Bevölkerungs- und Sozialstruktur auf gesamtstädtischer und kleinräumiger Ebene (Stadtteile, Stadtbezirke oder Quartiere) gefragt. Die Ergebnisse der Befragung sind erstaunlich, denn selbst die am häufigsten vorliegenden Daten zur Bevölkerungsstruktur, liegen nur 65,4 % der Jugendämter auf kleinräumiger Ebene vor. Informationen über Alleinerziehende und Menschen mit Migrationshintergrund – die eine besonders relevante Zielgruppe von Kindertagesbetreuung sind – liegen in weniger als einem Drittel der befragten Jugendämter kleinräumig vor (Andernach et al., 2021, S. 22). Die Autor:innen der Studie schlussfolgern, dass aufgrund dieser unzureichenden Datengrundlage die Diskurse zu Kinder- und Jugendhilfe mehrheitlich „im Nebel“ erfolgen würden (Andernach et al., 2021, S. 26).

4. Methodologie und Datengrundlage

Das Forschungsdesign lehnt sich an das vergleichende Fallstudiendesign von Menzel und Scholz (2022) an, um vertiefende Erkenntnisse über den Einfluss der von den Autorinnen explorierten Rahmenbedingungen auf die Reproduktion sozialer Ungleichheit im frühkindlichen Bildungssystem zu gewinnen. Fallstudien sind geeignet, um komplexe Phänomene zu untersuchen und Ähnlichkeiten und Unterschiede von politischen Phänomenen zu analysieren (Muno, 2009).

Im Rahmen der zugrundeliegenden Studie wurden sechs Jugendämter in NRW ausgewählt, weil die landesrechtlichen Rahmenbedingungen gleich sind und durch die unterschiedlichen Siedlungsstrukturen und Haushaltssituationen, Aufschlüsse über deren Einflüsse möglich sind. Der Beitrag fokussiert sich exemplarisch auf drei Jugendämter, deren Rahmenbedingungen am stärksten kontrastieren.

Die leitfadengestützte Expert:inneninterviews wurden im Herbst 2021 mit den Jugendhilfeplaner:innen durchgeführt. Der Leitfaden umfasste Tätigkeitsbereiche, kommunale Rahmenbedingungen, Instrumente und Akteure des frühkindlichen Bildungssystems sowie Wahrnehmung sozialer Ungleichheit und war in allen Interviews gleich strukturiert.

Die Interviews wurden aufgezeichnet, transkribiert und mit der inhaltlich-strukturierenden Inhaltsanalyse deduktiv-induktiv nach Kuckartz (2018) ausgewertet. Als deduktive Hauptkategorien wurden die von Menzel und Scholz (2022) explorierten Aspekte genutzt und das gesamte Material anhand dieser codiert. Daraufhin wurden induktiv Unterkategorien bestimmt und das Material ein zweites Mal codiert.

5. Empirische Befunde zum Einfluss der Jugendämter auf die Reproduktion sozialer Ungleichheit

Bei der folgenden Ergebnisdarstellung wird zur Wahrung der Anonymität auf die Nennung exakter Angaben z. B. zur Bevölkerungsanzahl, Haushaltssituation oder Trägerstruktur verzichtet.

Jugendamt einer kreisangehörigen Kommune (JA1)

Bei dem ersten Jugendamt handelt es sich um eine kreisangehörige Kommune mit ca. 80.000 Einwohner:innen mit eher städtischem Charakter (Bertelsmann Stiftung, 2020). Die kommunale Haushaltslage ist seit Jahren angespannt, aktuell befindet sich die Kommune in der Haushaltssicherung. Ein Viertel der Kitas befindet sich in Trägerschaft der Kommune, drei Viertel der Kitas gehören den freien Trägern, wovon die konfessionellen einen sehr großen Anteil ausmachen.

Im Hinblick auf soziale Ungleichheit im frühkindlichen Bildungssystem beschreibt die IP, wie die verschiedenen Ungleichheitsdimensionen Inanspruchnahme, Betreuungsbeginn und Kita-Segregation zusammenhängen und dass die Platzvergabepraktiken der freien und vor allem der konfessionellen Träger dabei eine zentrale Rolle spielen.

Insbesondere für Familien, die nicht einer christlichen Konfession angehören, sei es schwierig, einen Kita-Platz zu bekommen, weshalb sie häufiger von Nichtversorgung betroffen seien. Bei den nicht kirchengebundenen Menschen handele es sich häufig um Familien mit Migrationshintergrund.

> *Da/ von daher geht also die Nichtversorgung eben auch eher in die Richtung, die nicht kirchengebunden sind. Und das sind häufig auch Menschen oder Familien mit Migrationshintergrund (JA1)*

Da die konfessionellen Träger „*immer noch auch gerne erst mal ihre getauften Kinder versorgen*" (JA1) würden, konzentrieren sich Kinder mit Migrationshintergrund in den öffentlichen Kitas und den Kitas der freien, nicht konfessionellen Träger.

Die IP beschreibt, dass sich das Aufnahmeverhalten zwischen den Rechtsformen der Einrichtungen eines Trägers unterscheidet. Einrichtungen, die von den Kirchengemeinden betrieben werden, seien konservativer als Einrichtungen von gemeinnützigen Vereinen mit derselben Weltanschauung.

Das Problem des Zugangs werde durch das knappe Platzangebot in der Kommune verschärft, weil es umso schwieriger ist, einen Betreuungsplatz zu bekommen, je älter ein Kind ist, da die Betreuungsplätze bereits von Kindern belegt sind, die früher in die Kita gekommen sind.

Im Hinblick auf den Zugang zu Kitas und die Steuerungsmöglichkeiten des Jugendamtes nennt die IP die Trägerstruktur als ungleichheitsreproduzierenden Faktor. Die Trägerstruktur der Kitas ist historisch gewachsen und beim Ausbau des Betreuungsangebots wurde auf die freien Träger gesetzt, weil die Landeszuschüsse für freie Träger höher sind als für kommunale Kitas und es deshalb für die Kommune günstiger ist, die Kitas von freien Trägern betreiben zu lassen. Somit reduzieren die Regelungen im Landesrecht im Zusammenspiel mit der kommunalen Haushaltslage die Steuerungsmöglichkeiten im frühkindlichen Bildungssystem.

Außerdem nennt die IP die Siedlungsstruktur als Hemmnis für den Ausbau, weil die Stadt sehr dicht besiedelt ist und die wenigen bebaubaren Flächen nicht unbedingt dort sind, wo Kitas benötigt werden. Zudem gehören geeignete Freiflächen oft einer der Kirchen, was die Abhängigkeit des Jugendamtes von den Kirchen zusätzlich verstärkt. Daher sind auch die Einflussmöglichkeiten auf die Aufnahme von Kindern aus Sicht der IP gering, weil das Jugendamt auf eine gute Kooperation mit den kirchlichen Trägern angewiesen ist, da diese den Großteil der Betreuungsplätze bereitstellen. Man könne daher nur an die Moral appellieren, weil die Kommune nur Einfluss auf die Plätze hat, die übrig bleiben, nachdem alle konfessionellen Kinder versorgt sind.

Im Hinblick auf die Klagen um Betreuungsplätze beschreibt die IP, dass es sehr viele unversorgte Kinder in der Stadt gibt. Die Befürchtung, dass unversorgte Familien ihren Rechtsanspruch einklagen, ist jedoch nicht eingetreten. Es gibt *„clevere Eltern"* (JA1), die den Klageweg androhen und damit Gehör und letztlich einen Platz finden, aber eine tatsächliche Klage hat es in der Kommune nie gegeben. In der Regel würden sich Familien, deren Rechtsansprüche nicht erfüllt werden, nicht trauen zu klagen.

Obwohl es nicht genügend Betreuungsplätze gibt, wird in den Stadtteil- und Integrationsbüros bei Familien mit geringem Bildungsabschluss und Familien mit Migrationshintergrund für den Kita-Besuch geworben, um Bildungschancen zu ermöglichen. Außerdem schickt das Jugendamt seit einigen Jahren Informationsmaterialien zum Rechtsanspruch und Betreuungsmöglichkeiten sowie eine Anmeldekarte an alle Familien.

Die Datengrundlage zur Bedarfsplanung wird von der IP nicht problematisiert. Die Verteilung der Landesmittel erfolgt auf der Grundlage von einrichtungsscharfen Daten und Informationen, wie viele Kinder eine andere als die deutsche Sprache zuhause sprechen.

Jugendamt einer kreisangehörigen Kommune (JA2)

Die zweite Kommune ist ebenfalls kreisangehörig, sie unterscheidet sich von der ersten Kommune durch eine sehr gute Haushaltslage und den eher ländlichen Charakter (Bertelsmann Stiftung, 2020). Die Trägerstruktur ist in der Kommune gemischt: Knapp ein Viertel der Einrichtungen wird vom Jugendamt selbst betrieben, ein Drittel vom katholischen Träger und je ein Viertel von einem evangelischen Träger sowie einem freien nicht konfessionellen Träger. In der Vergangenheit wurde vor allem auf kirchliche Träger gesetzt, weil es für kirchliche Träger höhere Landeszuschüsse gab als für kommunal getragene Einrichtungen. Um die starke kirchliche Prägung der Landschaft auszugleichen, wird nun bewusst eine weitere weltanschaulich neutrale Einrichtung gebaut: *„Also es war eine bewusste Entscheidung vor zwei Jahren, als wir gesagt haben: ‚Wir brauchen eine neue Kita, das machen wir selber'* " (JA2).

Hinsichtlich sozialer Ungleichheit im frühkindlichen Bildungssystem sieht die IP vor allem die ungleiche Verteilung von benachteiligten Kindern in den Kitas als Problem, denn *„Segregation ist hochgradig demokratiegefährdend"* (JA2). Das Jugendamt verfügt über eine differenzierte, einrichtungsscharfe Datengrundlage, weshalb das Ausmaß der Kita-Segregation bekannt ist. In *„klassischen katholischen Einrichtungen"* (JA2) sprechen nur zwei bis drei Prozent der Kinder zuhause eine andere als die deutsche Sprache und damit deutlich weniger als in den Einrichtungen anderer Träger. Insbesondere Kitas der Pfarrgemeinden würden sehr traditionelle Aufnahmemuster zeigen. Es gibt aber Ausnahmen z. B.

hat eine Kita eines kirchlichen Trägers den höchsten Migrantenanteil, weil diese Einrichtung früher einem freien nicht konfessionellen Träger gehörte und sie sich in einem Stadtteil mit sehr hoher SGB II-Quote befindet. Außerdem gibt es eine katholische Kita, die schon lange für alle Kinder offen ist, was auf die Haltung der Einrichtungsleitung zurückzuführen sei.

Durch den starken Ausbau der Betreuungsangebote sei inzwischen aber auch bei den Kitas der Pfarrgemeinden, zu beobachten, dass sie *„bei der Platzvergabe umdenken müssen, weil die Nachfrage bröckelt"* (JA2). Da es inzwischen mehr Betreuungsplätze gibt, als benötigt werden, sei ein Nachfrage-Markt entstanden, auf dem die Eltern zwischen den verschiedenen Kitas auswählen und nicht wie bisher die Einrichtungen die Eltern auswählen.

Die Finanzierung und die kommunale Haushaltslage stellen laut der IP kein Problem dar. Der Ausbau wird vielmehr durch mangelnde Kapazitäten bei den Bauunternehmen und beim Betrieb der Einrichtungen durch einen Mangel an pädagogischen Fachkräften erschwert.

Beim Umgang mit sozialer Ungleichheit ist laut der IP die kontinuierliche Sensibilisierung der Akteure von zentraler Bedeutung. Es müsse Betroffenheit erzeugt und ein Bewusstsein dafür geschaffen werden, welche Folgen sozial ungleiche Zugangschancen im frühkindlichen Bildungssystem haben. Da das Thema im Arbeitsalltag schnell in den Hintergrund gerate, zum Beispiel durch Personalwechsel oder andere Herausforderungen wie die Corona-Pandemie, muss *„Das Thema [...] immer wieder frisch geimpft werden, jedes Jahr!"* (JA2). Um dies zu gewährleisten, hat sich in der Kommune die Einrichtung einer Stabstelle bewährt.

Die IP thematisiert die Datengrundlage im Hinblick auf die Sozialstrukturen in den Kitas. Neben den kleinräumigen SGB II-Daten verfügt das Jugendamt über einrichtungsscharfe Informationen über die zuhause gesprochene Sprache und Einkommensinformationen der Familien. Auf dieser Grundlage kann die IP für das Thema sensibilisieren und im Dialog mit den Trägern die Landesmittel für plusKITAs, zur Sprachförderung oder Familienzentren bedarfsgerecht nach der Prämisse *„Ungleiches ungleich zu behandeln"* (JA2) an die Einrichtungen verteilen.

Das Jugendamt macht gezielt Werbung für den Kita-Besuch, indem zusätzliches Personal soziale Einrichtungen in den Sozialräumen aufsucht und Familien bei der Anmeldung für einen Kita-Platz unterstützt. Da der Platzbedarf online angemeldet werden muss und es manchen Familien an einem Internetzugang, Endgeräten oder Kenntnissen der deutschen Sprache mangelt, könnten dadurch Zugänge ermöglicht werden.

Zum Thema Klagen und Rechtsanspruch berichtet die IP, dass es in der Kommune drei Mal vorgekommen ist, dass es keinen freien Betreuungsplatz mehr gab und beschreibt das Dilemma wie folgt:

Sie haben einen Platz noch frei. Und Sie haben aber zwei Leute, die den Platz haben wollen. Dann haben sie den Reichen sage ich sehr bewusst. Und gut gebildeten Menschen, der sofort den Weg über das Verwaltungsgericht kennt und Ihnen ungefragt über einen Anwalt ein Fax zuschickt und das einklagt. Und Sie haben tatsächlich, ähm, eine, äh, alleinerziehende Mutter, //die den// Platz auch braucht und Sie können den nur einmal vergeben, weil ist Limit. Dann stehen Sie zwischen Baum und Borke und dann müssen Sie als Jugendamt auch überlegen: Wie wende ich Schaden von meiner Organisation //ab?// Da will keiner// in der Zeitung stehen. Sie wollen sich nicht vor dem Ausschuss rechtfertigen: Warum musste hier ein Platz eingeklagt werden? (JA2)

Letztlich konnte allen Beteiligten ein Kita-Platz bereitgestellt werden, weil andere Eltern ihre Betreuungsbedarfe vor dem Kita-Beginn zurückgezogen haben (z. B. wegen erneuter Schwangerschaft, Umzug in eine andere Stadt oder zusätzlichen privaten Betreuungsmöglichkeiten durch Zuzug von Großeltern) und dadurch Plätze frei wurden.

Jugendamt einer kreisfreien Großstadt (JA3)

Die dritte Kommune ist eine kreisfreie Großstadt mit etwa 150.000 Einwohner:innen. Die Kommune ist seit Kurzem nicht mehr in der Haushaltssicherung. In der Kommune befinden sich etwa 50 % der Kitas in städtischer Trägerschaft, die anderen 50 % verteilen sich auf die freien Träger, wobei die katholischen Träger die meisten Einrichtungen betreiben.

Im Hinblick auf soziale Ungleichheit im frühkindlichen Bildungssystem konstatiert die IP vor allem das Ausmaß der Kita-Segregation. Dies werde zum einen dadurch bedingt, dass die Sozialstruktur in den Kitas ein Abbild der Umgebung sei und dass sich *„die freien Träger (suchen sich) ihre Schäfchen schon aus[suchen]“* (JA3) würden. Die katholischen Träger würden konfessionslose, muslimische oder evangelische Kinder nur in der absoluten Minderheit aufnehmen.

Deshalb verfolgt die Kommune beim Ausbau das Ziel, Kitas möglichst selbst zu betreiben, um Einflussmöglichkeiten auf die Platzvergabe zu haben:

Der Rechtsanspruch richtet sich ja gegen den öffentlichen Träger. Und, äh, da sagen wir als Kommune, dann möchten wir auch, ähm, einen gewissen Anteil von Kitas halten, wo wir letzten Endes auch bestimmen können als Kommune, äh, wie und wo versorgen wir die Kinder dann? Ohne da permanent in einen Aushandlungsprozess mit einem Träger gehen zu müssen: „So, du musst das, äh, Kind jetzt nehmen.“ Und dann passt vielleicht Konfession nicht oder sonst //was (JA3)

Als weiteren Ansatzpunkt im Umgang mit Kita-Segregation nennt die IP eine zentrale Platzvergabe. Zwar gibt es in der Kommune bereits ein zentrales Anmeldeverfahren, aber gesteuert wird darüber nicht. Die Verteilung von Landesmitteln für Kitas mit erhöhtem Ressourcenbedarf erfolgt über Sozialstrukturmerkmale des Stadtteils.

Der Ausbau der Betreuungsangebote bzw. die Hindernisse sind für die IP ein sehr zentrales Thema, da es sehr viele unversorgte Kinder in der Stadt gibt. Der tatsächliche Betreuungsbedarf wurde lange nicht erkannt, weil die Zensus-Daten von 2011 lange sinkende Bevölkerungszahlen erwarten ließen – dies sei auch ein Problem für andere Jugendhilfeplaner:innen gewesen. Außerdem stieg die Nachfrage nach Betreuungsplätzen durch mehrere Neubaugebiete stark an. Doch auch nachdem bekannt war, dass die vorhandenen Betreuungsangebote nicht ausreichen und obwohl es seit fünf Jahren einen Ratsbeschluss zum Neubau gibt, ist bislang keine neue Kita gebaut worden, weil es an geeigneten Flächen und an Personal im Bauamt mangelt, um die Bauanträge zu bearbeiten.

> *//Aber// es war eben nie so, dass man jetzt gesagt hat: „Okay, wir können die Kita nicht bauen, weil wir keine Kohle haben", sondern, „wir können eher nicht bauen, weil wir keine Fläche haben." und weil „wir in allen Bereichen mittlerweile der Kommunen auch so eine Personalknappheit haben, dass auch Stadtplanung und Bauamt irgendwann mal sagt: ‚Ey, geht nicht mehr.' " (JA3)*

Bisher gab es in der Kommune keine Klagen um Betreuungsplätze, weil Rechtsansprüche erfüllt werden – allerdings durch Überbelegung, was zu Lasten der Qualität und des Personals geht. Trotzdem macht die Kommune keine Werbung für den Kita-Besuch. Auf die Frage, ob in der Kommune für den Kita-Besuch geworben wird, lautet die Antwort:

> *(seufzt) Nicht wirklich. [..] Ähm, [..] aus Kalkül natürlich auch, weil wenn wir schon [x] [Anonymisierung] Plätze zu wenig haben, [.] was soll ich denn da noch werben? (JA3)*

6. Diskussion zum kommunalen Einfluss auf die Reproduktion sozialer Ungleichheit

Die Experteninterviews in drei Jugendämtern in NRW liefern differenzierte Erkenntnisse über die Reproduktion sozialer Ungleichheit im frühkindlichen Bildungssystem aus der Sicht von Jugendhilfeplaner:innen, insbesondere über die Rolle der Rahmenbedingungen.

Soziale Ungleichheit im frühkindlichen Bildungssystem

Im Hinblick auf Reproduktion sozialer Ungleichheit zeigen die Interviews, welche Familien beim Zugang zu frühkindlicher Bildung aus Sicht der Planer:innen benachteiligt sind. Dabei spiele einerseits die Aufnahmepraxis der freien und insbesondere der konfessionellen Träger eine zentrale Rolle. Konfessionelle Kitas würden Familien bevorzugen, die der entsprechenden, christlichen Konfession angehören und Familien, die keiner christlichen Konfession angehören, würden von den Angeboten christlicher Träger ausgegrenzt. Dies führe zu ethnischer Kita-Segregation, also einer ungleichen Verteilung von Kindern mit Migrationshintergrund zwischen den verschiedenen Trägern. Außerdem könne der eingeschränkte Zugang zu Kindertageseinrichtungen aus Sicht der Planenden dazu führen, dass insbesondere Kinder aus Familien mit kleinem Aktionsradius später mit dem Besuch einer Kita beginnen, wenn sie keinen Platz in einer nahegelegenen Kita bekommen. Daran wird deutlich, wie sich die verschiedenen Dimensionen sozialer Ungleichheit (Betreuungsbeginn und Kita-Segregation) wechselseitig beeinflussen. Bei der Vergabe von Kita-Plätzen durch das Jugendamt wird ein weiterer Aspekt der Reproduktion sozialer Ungleichheit im frühkindlichen Bildungssystem deutlich, weil Eltern, die ihre Rechte und Durchsetzungsmöglichkeiten kennen, bevorzugt werden, um Klagen zu vermeiden.

Aus der Perspektive der Jugendhilfeplaner:innen wird soziale Ungleichheit umso mehr reproduziert, je knapper das Angebot an Betreuungsplätzen ist, denn dadurch entsteht ein Anbieter-Markt, in dem die Kitas die Familien auswählen und nicht die Familien die Kitas. Oder anders formuliert: Je weiter das Platzangebot ausgebaut ist, desto offener sind die Einrichtungen der freien Träger. Insofern kann ein offensiver Ausbau nicht nur dazu beitragen, dass Familien ihr Wunsch- und Wahlrecht tatsächlich ausüben können, sondern auch soziale Ungleichheit im frühkindlichen Bildungssystem reduzieren.

Einfluss bundesrechtlicher Rahmenbedingungen

Die rechtlichen Rahmenbedingungen und insbesondere der Rechtsanspruch auf einen Betreuungsplatz beeinflussen die kommunalen Handlungsmöglichkeiten im Hinblick auf die Reproduktion sozialer Ungleichheit im frühkindlichen Bildungssystem. Dies liegt daran, dass die Kommunen zur Erfüllung des Rechtsanspruchs auf die freien Träger angewiesen sind, die wegen der Trägerautonomie und des Subsidiaritätsprinzips auswählen können, wen sie in ihren Einrichtungen aufnehmen und nicht die Rechtsansprüche der Familien erfüllen müssen.

Landesrecht

Die im KiBiz festgelegte, unterschiedliche Höhe der Trägeranteile beeinflusst die Kommunen je nach Haushaltssituation in unterschiedlichem Maße. Kommunen mit eingeschränkten finanziellen Möglichkeiten setzen beim Ausbau bzw. haben in der Vergangenheit auf freie Träger gesetzt, weil für diese die Landeszuschüsse höher sind und dadurch reduzierte sich der Anteil eigener Kitas. Dies führte zu einem Verlust von Einflussmöglichkeiten auf die Aufnahme und Steuerung von Kindern und erhöhte die Abhängigkeit von den freien Trägern, um die Rechtsansprüche erfüllen zu können und Klagen zu vermeiden. Es ist fraglich, inwiefern die Trägervielfalt in einem Jugendamt tatsächlich den weltanschaulichen Orientierungen der Bevölkerung entspricht oder ob es nicht vielmehr die kommunale Finanzlage im Zusammenspiel mit den landesgesetzlichen Regelungen ist, die die Trägerstruktur bedingen. Zudem übernehmen die Jugendämter zum Teil mehr als die im KiBiz festgelegten Trägeranteile, weil ein Rückzug der freien Träger finanzielle Mehrbelastungen für die Kommunen bedeuten würde, weil die Landeszuschüsse für den öffentlichen Träger niedriger sind und zusätzlich die Verwaltungskosten von den Kommunen übernommen werden müssen.

Weitere Rahmenbedingungen

Über die rechtlichen und finanziellen Rahmenbedingungen hinaus werden die kommunalen Handlungsmöglichkeiten durch die Siedlungsstruktur beeinflusst. Der Mangel an geeigneten Flächen und auch der Personalmangel in anderen Ämtern ist ein größeres Hemmnis als der Mangel an finanziellen Ressourcen. Außerdem sehen die IP einen Mangel an pädagogischen Fachkräften als (künftiges) Ausbauhemmnis.

Datengrundlage

In den Interviews werden verschiedene Fragestellungen deutlich, für die Daten notwendig sind. Einerseits sind möglichst kleinräumige Informationen über die Betreuungsbedarfe von Familien nötig, um ein bedarfsgerechtes Angebot planen zu können. Andererseits sind möglichst einrichtungsscharfe Informationen über die Sozialstrukturen in den Kitas nötig, um zusätzliche Ressourcen bedarfsgerecht nach dem Prinzip „*Ungleiches ungleich behandeln*" (JA2) an Kitas verteilen zu können.

Die Datengrundlage unterscheidet sich deutlich zwischen den Jugendämtern. Dieser unterschiedliche Wissensstand über Datenquellen und Nutzungsmöglichkeiten führt zu unterschiedlicher Transparenz über Betreuungsbedarfe von Familien und ungleiche Bedingungen in den Kitas und damit auch Steuerungsmöglichkeiten. Die Befunde von Menzel und Scholz (2022) sowie Andernach et al. (2021) können somit bestätigt werden. Besonders deutlich wird dies an JA3, wo der Mangel an Daten besonders groß ist und daher unter anderem auch der Platzmangel am stärksten ausgeprägt ist sowie die zusätzlichen Landesmittel auf der Grundlage vom Sozialraumdaten und nicht einrichtungsscharfen Daten an die Kitas verteilt werden.

Werbung

In zwei Jugendämtern wird aktiv durch Information und aufsuchende Arbeit für den Kita-Besuch geworben, wohingegen das dritte Jugendamt nicht für den Kita-Besuch wirbt *„weil wir schon zu wenig Plätze haben“ (K3).* Wenn auch der Platzmangel in diesem Jugendamt am stärksten ausgeprägt ist, ist zu konstatieren, dass in der anderen Kommune trotz Platzmangels aktiv geworben wird, um Bildungschancen zu fördern. Hier zeigt sich, dass neben den Rahmenbedingungen auch die Haltung der Akteure den Zugang zu frühkindlicher Bildung beeinflussen kann.

7. Zusammenfassung und Ausblick

Es kann zusammengefasst werden, dass sich aus Sicht der Jugendhilfeplaner:innen die Zugänge zu frühkindlicher Bildung zwischen den Jugendämtern unterscheiden und soziale Ungleichheit im frühkindlichen, kommunalen Bildungssystem reproduziert werden kann. Wie zu vermuten war, spielen die rechtlichen Rahmenbedingungen auf Bundesebene (Rechtsanspruch, Trägerautonomie und Subsidiaritätsprinzip), die kommunale Haushaltssituation und das Platzangebot vor Ort dabei eine Rolle. Die Haushaltssituation im Zusammenwirken mit den unterschiedlichen Trägeranteilen im KiBiz kann zu einer Trägerstruktur führen, die die kommunalen Steuerungsmöglichkeiten hemmt und im Zusammenspiel mit den anderen Faktoren, Zugänge zu früher Bildung erschwert. Außerdem konnte die Verfügbarkeit von freien Flächen und Personalmangel in anderen Fachbereichen der Kommunalverwaltung als Ausbauhemmnisse identifiziert werden. Eine differenzierte Datengrundlage für einen weiteren bedarfsgerechten Platzausbau und eine bedarfsgerechte Mittelverteilung sowie die Förderung einer ungleichheitssensiblen Haltung der Akteure sind kommunale Ansatzpunkte, um allen Kindern frühkindliche Bildung in Kitas zu ermöglichen.

Perspektivisch könnte ein stärkerer theoretischer Bezug zu Theorien institutioneller und struktureller Diskriminierung helfen, das Verhältnis von Rahmenbedingungen und kommunalen Instrumenten besser zu verstehen. Auch eine empirische Vertiefung ist denkbar, weil die Studie nur die Wahrnehmung der Jugendhilfeplaner:innen zeigt und die Perspektiven der Kita-Leistungen, der freien Träger und der Eltern eine vielversprechende Erweiterung sein kann. Da sich die Befunde auf NRW beziehen und einen Einfluss der Landesgesetzgebung auf die kommunalen Handlungsmöglichkeiten zeigen, wäre zudem ein Blick in andere Bundesländer ein Erkenntnisgewinn. Quantitative Analysen könnten außerdem Erkenntnisse über den Zusammenhang kommunaler Strukturmerkmale und sozialer Ungleichheit im frühkindlichen Bildungssystem liefern.

Literaturverzeichnis

Andernach, N., Oettler, P. -E., Pudelko, J., & Steff, H. (2021). *Jugendhilfeplanung 2020. Schlaglichter einer quantitativen Befragung von Jugendämtern.* https://isa-muenster.de/fileadmin/documents/ISA_Zwischenbericht_Jugendhilfeplanung.pdf [05.08.2022].

Autorengruppe Bildungsberichterstattung (2020). *Bildung in Deutschland 2020. Ein indikatorengestützter Bericht mit einer Analyse zu Bildung in einer digitalisierten Welt.* Bielefeld: wbv Publikation.

Bäcker, G., Naegele, G., Bispinck, R., Hofemann, K., & Neubauer, J. (2008). *Sozialpolitik und soziale Lage in Deutschland. Band 1: Grundlagen, Arbeit, Einkommen und Finanzierung* (4. grundlegend überarbeitete und erweiterte Auflage). Wiesbaden: VS Verlag für Sozialwissenschaften.

Bange, D. (2016). Kindertagesbetreuung und Kinder in Armutslagen. *Nachrichtendienst des Deutschen Vereins für öffentliche und private Fürsorge, 96*(7), 300–308.

Becker, B. (2010). Ethnische Unterschiede bei der Kindergartenselektion: Die Wahl von unterschiedlich stark segregierten Kindergärten in deutschen und türkischen Familien. In B. Becker & D. Reimer (Hrsg.), *Vom Kindergarten bis zur Hochschule. Die Generierung von ethnischen und sozialen Disparitäten in der Bildungsbiographie* (S. 17–47). Wiesbaden: VS Verlag für Sozialwissenschaften.

Bertelsmann Stiftung (2020). *Kommunale Demografietypen 2020.* https://www.wegweiser-kommune.de/documents/20125/132144/%C3%9Cbersicht_Demografietypen.xlsx/1c76acce-1d7e-d6ea-1329-1fde0d6f0a81?t=1649066308871 [10.08.2022].

Boettcher, F., Freier, R., Geisler, R., Schubert, M., & Stollhoff, R. (2019). *Kommunaler Finanzreport 2019.* https://www.bertelsmann-stiftung.de/fileadmin/files/Projekte/Kommunale_Finanzen/Finanzreport-2019-gesamt.pdf [05.08.2022].

Bogumil, J., & Holtkamp, L. (2006). Kommunalpolitik und Kommunalverwaltung. *Eine policyorientierte Einführung.* Wiesbaden: VS Verlag für Sozialwissenschaften.

European Commission, EACEA, Eurydice, & Eurostat 2014. *Key Data on Early Childhood Education and Care in Europe. 2014 Edition.* Eurydice and Eurostat Report. Luxembourg: Publications Office of the European Union.

Geier, B., & Riedel, B. (2009). Ungleichheiten der Inanspruchnahme öffentlicher Birgit Riedel frühpädagogischer Angebote. Einflussfaktoren und Restriktionen elterlicher Betreuungsentscheidungen. In: H. -G. Roßbach und H. -P. Blossfeld (Hrsg.), *Frühpädagogische Förderung in Institutionen. Zeitschrift für Erziehungswissenschaft. Sonderheft 11/2008* (S. 11–28). Wiesbaden: VS Verlag für Sozialwissenschaften, GWV Fachverlage GmbH Wiesbaden.

Groos, T. & Jehles, N. (2015). *Der Einfluss von Armut auf die Entwicklung von Kindern. Ergebnisse der Schuleingangsuntersuchung. Arbeitspapiere wissenschaftliche Begleitforschung „Kein Kind zurücklassen!" Werkstattbericht.* https://www.bertelsmann-stiftung.de/fileadmin/files/BSt/

Publikationen/GrauePublikationen/03_Werkstattbericht_Einfluss_von_Armut_final_Auflage3_mU.pdf [05.08.2022].

Groos, T., Trappmann, C., & Jehles, N. (2018). *Keine Kita für alle. Zum Ausmaß und zu den Ursachen von Kita-Segregation. Arbeitspapiere wissenschaftliche Begleitforschung „Kein Kind zurücklassen!“ Werkstattbericht.* https://www.bertelsmann-stiftung.de/fileadmin/files/Projekte/77_Kein_Kind_zuruecklassen/KeKiz_WB_12_gruen_final.pdf [09.08.2022].

Hogrebe, N. (2016). Segregation im Elementarbereich – Mobilität und Trägerschaft. *Zeitschrift für Grundschulforschung, 9*(1), 20–33.

Hogrebe, N., Pomykaj, A., & Schulder, S. (2021). Segregation in early childhood education and care in Germany: Insights on regional distribution patterns using national educational studies. *Diskurs Kindheits- und Jugendforschung, 16*(1), 36–56. https://doi.org/10.3224/diskurs.v16i1.04

Jehles, N. (2022). Segregation im frühkindlichen Bildungssystem. In K. Marquardsen (Hrsg.), *Armutsforschung. Handbuch für Wissenschaft und Praxis* (S. 203–218). Baden-Baden: Nomos Verlagsgesellschaft.

Jessen, J., Spieß, C. K., Waights, S., & Judy, A. (2020). *Gründe für unterschiedliche Kita-Nutzung von Kindern unter drei Jahren sind vielfältig.* https://www.diw.de/documents/publikationen/73/diw_01.c.745631.de/20-14-1.pdf [05.08.2022].

Kuckartz, U. (2018). *Qualitative Inhaltsanalyse. Methoden, Praxis, Computerunterstützung* (4. Auflage). Weinheim, Basel: Beltz Juventa.

Menzel, B., Scholz, A. (2022). *Frühkindliche Bildung und soziale Ungleichheit. Die lokale Steuerung des Zugangs im internationalen Vergleich.* Weinheim: Beltz.

Merchel, J. (2008). *Trägerstrukturen in der Sozialen Arbeit. Eine Einführung* (2. überarbeitete Auflage). Weinheim, München: Juventa.

Muno, W. (2009). Fallstudien und die vergleichende Methode. In: S. Pickel, D. Jahn, H.-J. Lauth & G. Pickel (Hrsg.): *Methoden der vergleichenden Politik- und Sozialwissenschaft. Neue Entwicklungen und Anwendungen.* VS Verlag für Sozialwissenschaften, S. 113–132. Wiesbaden.

Nebe, G. (2021). Kitaplatzvergabe – Problemaufriss unter Berücksichtigung der Segregationsforschung. *Diskurs Kindheits- und Jugendforschung 16*(1), 75–94. https://doi.org/10.3224/diskurs.v16i1.06

Petitionsausschuss des Deutschen Bundestages (2014). *Beschluss des Petitionsausschuss des Deutschen Bundestages zu Petition 3-17-17-2165-056144.* Online verfügbar unter: https://www.openpetition.de/petition/blog/kinder-und-jugendhilfe-vergabepraxis-von-betreuungsplaetzen-in-konfessionellen-einrichtungen [Zugriff 11.08.2022].

Pfadenhauer, B. (2011). *Das Wunsch- und Wahlrecht der Kinder- und Jugendhilfe. Entwicklungslinien, rechtliche Grundlegung und institutionelle Bedingungen.* Wiesbaden: VS Verlag für Sozialwissenschaften.

Riedel, B. (2011). Kooperative Bildungsverantwortung in frühkindlicher Bildung. Sozialempirische Perspektiven. In M. Heimbach-Steins & G. Kruip (Hrsg.), *Kooperative Bildungsverantwortung. Sozialethische und pädagogische Perspektiven auf „Educational Governance“.* Forum Bildungsethik, Band 9 (S. 105–122). Bielefeld: W. Bertelsmann Verlag.

Schoyerer, G., Frank, C., Jooß-Weinbach, M., & Loick Molina, S. (2018). *Was passiert in Kindertageseinrichtungen und Kindertagespflege? Phänomene professionellen Handelns in der Kindertagesbetreuung – Ergebnisse aus dem ethnografischen Forschungsprojekt „Profile der Kindertagesbetreuung (ProKi)“.* München: Deutsches Jugendinstitut.

Statistisches Bundesamt (2021). *Statistiken der Kinder und Jugendhilfe. Kinder und tätige Personen in Tageseinrichtungen und in öffentlich geförderter Kindertagespflege am 01.03.2021. Tageseinrichtungen, pädagogisches Personal, Anzahl der Kinder und genehmigte Plätze nach Art der Tageseinrichtungen und Art des Trägers (T1).* https://www.destatis.de/DE/Themen/Gesellschaft-Umwelt/Soziales/Kindertagesbetreuung/Publikationen/Downloads-Kindertagesbetreuung/tageseinrichtungen-kindertagespflege-5225402217005.xlsx?__blob=publicationFile [09.08.2022].

Statistisches Bundesamt (2022). *Besuchsquote in Kindertageseinrichtungen von unter 3-Jährigen 2021.* https://www.destatis.de/DE/Themen/Gesellschaft-Umwelt/Soziales/Kindertagesbetreuung/kindertagesbetreuung-karte.html;jsessionid=B9EADC9F2DA3B7F1A990817BDCC3997A.live722?nn=211240#karte1 [09.08.2022].

Stöbe-Blossey, S. (2021). *Qualitätspolitik für die Kindertagesbetreuung: Governance-Strukturen in den Bundesländern.* https://doi.org/10.17185/duepublico/75188

Sylva, K., Melhuish, E., Sammons, P., Siraj-Blatchford, I. & Taggart, B. (2004). *The Effective Provision of Pre-School Education (EPPE) Project: Final Report. A Longitudinal Study Funded by the DfES 1997–2004.* https://discovery.ucl.ac.uk/id/eprint/10005309/1/sylva2004EPPEfinal.pdf [09.08.2022].

Tietze, W., Becker-Stoll, F., Bensel, J., Eckhardt, A. G., Haug-Schnabel, G., Kalicki, B., & Keller, H. (Hrsg.) (2013). *NUBBEK. Nationale Untersuchung zur Bildung, Betreuung und Erziehung in der frühen Kindheit.* Weimar: Verlag das netz.

Voigtsberger, U. (2018). Betreuung – Erziehung – Bildung. In K. Böllert (Hrsg.), *Kompendium Kinder- und Jugendhilfe* (S. 243–272). Wiesbaden: VS Verlag.

Wiesner, R. & Kößler, M. (2014). *Rechtsprechung der Verwaltungsgerichte zur Durchsetzung des Rechtsanspruchs auf einen Betreuungsplatz für unter 3-Jährige. Expertise im Auftrag des Deutschen Jugendinstituts.* https://d-nb.info/106799601X/34 [09.08.2022].

Kommunaler Potenzialgewinn in der Bildungspolitik

Gelingensbedingungen für die Realisierung

Sandra Fischer, Philipp Hackstein und Sybille Stöbe-Blossey

Sind die Kommunen in den letzten 20 Jahren zu Bildungskommunen geworden? Auf kommunaler Ebene entstand ein breites Spektrum an bildungspolitischen Initiativen, die Vernetzung von Akteuren in lokalen Bildungslandschaften sowie die Forderungen nach Kooperationen zwischen Schule und Jugendhilfe sind aus bildungspolitischen Debatten nicht mehr wegzudenken. Dass Kommunen damit – ohne rechtliche Veränderung ihrer Aufgabenstruktur – Gestaltungsansprüche in einem Feld formulieren, das traditionell der Kernkompetenz der Bundesländer zugerechnet wird, kann als eine Steigerung ihrer Bedeutung im deutschen Bildungsföderalismus und somit als ein kommunaler Potenzialgewinn interpretiert werden. Dieser Beitrag fragt nach der Realisierung dieses Potenzialgewinns: Inwieweit spiegelt er sich in konkreten politischen Programmen und in der Implementierung von innovativen, auf Kooperation basierenden und an örtlichen Problemlagen orientierten Policies? Dieser Frage wird exemplarisch am Beispiel der Förderung des Primarbereichs nachgegangen. Nach der Darlegung des theoretischen Hintergrunds der Untersuchung, nämlich eines auf dem akteurzentrierten Institutionalismus basierenden Analyserahmens für die Identifizierung von Koordinationsmechanismen in politikfeldübergreifenden Akteurskonstellationen (1.), wird auf der Grundlage von Dokumentenanalysen herausgearbeitet, wie die Rolle der Kommune in bildungspolitischen Bundes- und Landesprogrammen adressiert wird (2.). Darauf aufbauend wird eine sekundäranalytische Auswertung von Fallstudieninterviews zum Aufbau von Familienzentren in nordrhein-westfälischen Grundschulen vorgenommen, um Gelingensbedingungen für die Realisierung des Potenzialgewinns zu identifizieren (3.), bevor eine abschließende Bewertung erfolgt (4.).

1. Kommunaler Potenzialgewinn im Bildungsföderalismus? Grundlagen der Analyse

> „Die Städte sollten Bildung als zentrales Feld der Daseinsvorsorge noch stärker erkennen und ihre Gestaltungsmöglichkeiten nutzen. [...] Leitbild des Engagements der Städte ist die kommunale Bildungslandschaft im Sinne eines vernetzten Systems von Erziehung, Bildung und Betreuung." (Deutscher Städtetag, 2007, S. 1–2)

In der Aachener Erklärung von 2007 griff der Deutsche Städtetag bildungspolitische Aktivitäten in einer wachsenden Zahl von Kommunen auf und postulierte eine aktiv gestaltende Rolle der Kommune in der Bildungspolitik. Mit dem Verweis auf die Vernetzung von Erziehung, Bildung und Betreuung werden Bildungslandschaften als Element der Daseinsvorsorge definiert und die Schnittstellen zwischen der Bildungspolitik und der Jugendhilfe – einem klassischen kommunalen Gestaltungsfeld – adressiert. Somit markiert die Aachener Erklärung nicht nur einen Meilenstein für die kommunale Bildungspolitik, sondern auch für eine stärkere, kommunal organisierte Vernetzung der Politikfelder Schule und Jugendhilfe.

Betrachtet man die Governance-Strukturen im deutschen Bildungsföderalismus, so ist von Bedeutung, dass Schulpolitik zu den Kernaufgaben der Länder gehört, während die Jugendhilfe der konkurrierenden Gesetzgebung (Art. 74 Nr. 7 GG) unterliegt, bei der der Bund das Recht zur Gesetzgebung hat, um gleichwertige Lebensverhältnisse im Bundesgebiet oder die Rechts- und Wirtschaftseinheit zu sichern (Art. 72 Abs. II GG). Im Hinblick auf die Schule obliegt den Ländern die Kompetenz für die sogenannten inneren Schulangelegenheiten (Lehrpläne, Lehrpersonal, Strukturen des Schulsystems) und damit für die Schulaufsicht. Diese wird in Nordrhein-Westfalen im Primarbereich von Staatlichen Schulämtern wahrgenommen, welche auf lokaler Ebene in den kreisfreien Städten und Kreisen verortet sind (§ 88 III SchulG NRW). Kommunen sind als Schulträger der meisten öffentlichen Schulen für die äußeren Schulangelegenheiten verantwortlich. In Nordrhein-Westfalen sind kreisfreie Städte und kreisangehörige Gemeinden Träger der Grundschulen (§ 78 I SchulG NRW) und damit für Gebäude, Ausstattung und Verwaltungspersonal sowie für die Erstellung von Schulentwicklungsplänen zuständig. In dieser Rolle sind sie auch mit der Umsetzung von Bund-Länder-Programmen befasst. Veränderungen im Grundgesetz, die sich auf das Verhältnis zwischen Bund und Ländern im Hinblick auf die Finanzierung von Bildungsinfrastrukturen beziehen, betreffen die Kommunen somit mittelbar – nämlich in ihrer Rolle als Schulträger. Mit der geforderten Vernetzung mit Schule gewinnen die Strukturen der Jugendhilfe an bildungspolitischer Relevanz: Hier gibt mit dem SGB VIII ein bundesweites Gesetz den Rahmen vor, das dem örtlichen Träger der öffentlichen Jugendhilfe (angesiedelt in der Regel bei kreisfreien Städten und Kreisen) ein hohes Maß an Gestaltungsverantwortung einräumt. Eine Besonderheit in Nordrhein-Westfalen besteht darin, dass viele größere kreisangehörige Gemeinden von der Möglichkeit Gebrauch gemacht haben, ein eigenes Jugendamt einzurichten (§ 1 & § 1 a AG KJHG NRW).

Die kommunale Bildungspolitik entwickelte sich weitgehend ohne rechtlich kodifizierte Kompetenzverschiebungen. Über die gesetzlich definierten Zuständigkeiten hinaus etablierten im Laufe der Jahre immer mehr Kommunen bildungspolitische Strukturen in Form von Bildungsbüros in der Verwaltung und Gremien für die Kooperation zwischen verwaltungsinternen und -externen Akteuren, bauten datengestützte Verfahren für ein Bildungsmanagement auf und initiierten kooperationsbasierte Projekte, insbesondere zur Förderung von benachteiligten Zielgruppen (Fischer, Hackstein & Stöbe-Blossey, 2022, S. 2–3). Vor etwa zehn Jahren wurde daher ein kommunaler Potenzialgewinn in der Bildungspolitik konstatiert (Ratermann & Stöbe-Blossey, 2012) – in Anlehnung an eine Formulierung, mit der in den 1980er Jahren „eine Repolitisierung und Bedeutungssteigerung der kommunalen Ebene" (Hesse, 1983, S. 12; zusammenfassend Ratermann & Stöbe-Blossey, 2012, S. 259–262) im föderativen Staat umschrieben worden war: Da sich zentrale Problemstellungen, bspw. soziale Disparitäten, zunächst auf lokaler Ebene manifestierten, die aufgrund ihrer „heterogene[n] Problemausprägungen" nicht mehr „einheitlich ‚standardisiert' über den Zentralstaat" zu regeln seien, gewännen „die Vollzugsebenen dadurch Freiräume der Anpassung staatlicher Regelungen an ihre konkrete Problemsituation" (Hesse, 1983, S. 14). So entstanden innovative kommunale Policies („Erneuerung der Politik von unten", Hesse, 1986), was damals vor allem bei der Entstehung einer lokalen Arbeitsmarktpolitik zu beobachten war. Implementationsstudien (bspw. Blanke, Evers & Wollmann, 1986) zeigten, dass der kommunale Handlungsspielraum bei der Umsetzung staatlicher Vorgaben und Programme oft groß ist und bei wachsender Komplexität und zunehmender Heterogenität von Problemlagen weiter wächst. Einschränkend wurde allerdings vermerkt, dass der kommunale Potenzialgewinn – bedingt etwa durch die Knappheit kommunaler Finanzen und Restriktionen in der kommunalen Steuerungsfähigkeit – nicht unbedingt realisiert wird, also nur latent vorhanden sei (Hesse, 1983, S. 26–27). Auch in der Bildungspolitik stellt sich somit die Frage nach der tatsächlichen Realisierung des kommunalen Potenzialgewinns im deutschen Bildungsföderalismus, also danach, inwieweit der latente Potenzialgewinn tatsächlich zur Implementierung von neuen Policies führt und unter welchen Bedingungen dies gelingen kann.

Den theoretischen Hintergrund der folgenden Analysen bildet der akteurzentrierte Institutionalismus (Scharpf, 2000), der darauf abzielt, „systematisches Wissen zu gewinnen, das der Praxis helfen könnte, realisierbare Problemlösungen zu entwickeln oder Institutionen zu entwerfen, die im allgemeinen die Formulierung und Implementation gemeinwohlorientierter Politik begünstigen" (Scharpf, 2000, S. 85). Nach diesem Konzept wird davon ausgegangen, dass der institutionelle Kontext kommunalen Handelns im deutschen Bildungsföderalismus die Handlungsressourcen und Handlungsorientierungen der Akteure, die Akteurskonstellation und die Interaktionsformen zwischen den Akteuren beeinflusst, aber nicht vollständig determiniert.

Die Kommune ist allerdings kein unitarischer Akteur; vielmehr haben wir es bei der Entwicklung und Implementierung kommunaler Bildungspolitik – wie bei allen politischen Prozessen – mit einer Akteurskonstellation (Scharpf, 2000, S. 87–90) zu tun, die je nach Kommune unterschiedlich ausgeprägt ist. Idealtypisch umfasst sie im Hinblick auf den Aufbau von Familienzentren im Primarbereich innerhalb der Kommunalverwaltung die für gesetzlich definierte Aufgaben zuständigen Ämter – also Schulträger und Jugendamt – und im Kontext der kommunalen Bildungspolitik eingerichtete Koordinierungsstellen („Bildungsbüros") sowie verwaltungsexterne Akteure – freie Träger der Jugendhilfe, die staatliche Schulaufsicht (Schulämter) und die Grundschulen selbst (s. Abb. 1). Die Akteurskonstellation ist also in doppelter Hinsicht von Schnittstellen gekennzeichnet – einerseits zwischen den Politikfeldern Schule und Jugendhilfe und andererseits innerhalb der jeweiligen Politikfelder zwischen kommunalen Dienststellen und anderen Akteuren.

Abb. 1: Idealtypische Akteurskonstellation auf der lokalen Ebene

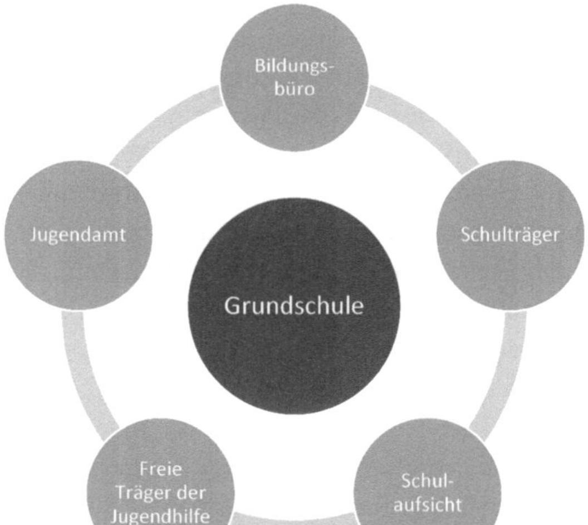

Im Folgenden wird davon ausgegangen, dass der Interaktion und Koordinierung zwischen den Akteuren eine entscheidende Bedeutung für die Realisierung des kommunalen Potenzialgewinns zukommt. Dabei wird eine speziell für die Analyse von Koordinationsmechanismen in politikfeldübergreifenden Akteurskonstellationen vorgenommene Weiterentwicklung und Ausdifferenzierung der von Scharpf (2000) identifizierten und von Bönker (2008) für eine politikfeldübergreifende Koordinierung angepassten Kategorien[1] zugrunde gelegt, die im Folgenden kurz dargestellt wird.

Stöbe-Blossey, Köhling, Hackstein und Ruth (2019, S. 27–37) arbeiteten im Rahmen von empirischen Analysen zu Potenzialen einer auf Kooperation basierenden vorbeugenden Sozialpolitik Mechanismen des *Austauschs und des Lernens*, der *Intervention* sowie der *negativen* und der *positiven Koordination* heraus. *Austausch und Lernen* bedeutet, dass über wechselseitige Information Wissen und Vertrauen aufgebaut werden (Stöbe-Blossey et al., 2019, S. 28–29), bspw. in Gremien oder lokalen Austauschforen wie Bildungskonferenzen. Dies führt für sich allein noch nicht zu konkreten Policies, kann aber eine Grundlage für deren Entwicklung liefern und damit Voraussetzungen für die Realisierung des Potenzialgewinns schaffen oder verbessern. Die *Intervention* in andere Politikfelder kann auf unterschiedliche Weise geschehen – indem Akteure eines anderen Feldes zum Handeln aufgefordert (*Appell*), durch rechtliche Vorgaben verpflichtet (*Eingriff*) oder für die Lösung eines Problems für zuständig erklärt werden (*Verschiebung*) (Stöbe-Blossey et al., 2019, S. 30–31). Interventionen sind potenziell konfliktträchtig, da sie als unerwünschte Einmischungen empfunden werden können. *Negative Koordination* kann zum einen darin bestehen, dass Akteure Vorgaben aus anderen Feldern als Begrenzung ihrer Handlungsressourcen wahrnehmen und akzeptieren (*Anpassung*), zum anderen können sie ihre eigenen Handlungsressourcen ohne Abstimmung mit anderen nutzen (*Abgrenzung*) (Stöbe-Blossey et al., 2019, S. 32–33). Ebenso wie *Interventionen* erfordert die *negative Koordination* nicht zwingend Kommunikation, sondern kann sogar der Vermeidung von Kommunikation dienen, indem ohne Abstimmung mit Akteuren des anderen Feldes innerhalb der bekannten politikfeldspezifischen Grenzen gehandelt wird. Beide Mechanismen erweisen sich somit als potenziell problematisch für die Entwicklung und Implementierung innovativer und auf politikfeldübergreifender Kooperation basierender Policies. *Positive Koordination* beinhaltet ein politikfeldübergreifendes Zusammenwirken von Akteuren mit dem Ziel, Lösungsbeiträge zu verbinden und den Gesamtnutzen zu maximieren. Bei der *positiven Koordination* kann es um eine *Verknüpfung* im Sinne von gleichzeitigen und aufeinander abgestimmten Maßnahmen oder um eine *Überleitung* gehen, die im Falle von Zuständigkeitswechseln eine aufeinander aufbauende, lückenlose Leistungserbringung sichert (Stöbe-Blossey et al., 2019, S. 34–35). Daher wird im Folgenden von der Hypothese ausgegangen, dass insbesondere

1 Scharpf (2000) unterscheidet zwischen einseitigem Handeln und wechselseitiger Anpassung (S. 167–195), unterschiedlichen Verhandlungsmodi (S. 197–249), Mehrheitsentscheidungen (S. 251–280) und hierarchischer Steuerung (S. 281–318). Die beiden Letzteren scheiden in einer Akteurskonstellation, die von unterschiedlichen Politikfeldern mit je spezifischen Steuerungsstrukturen gekennzeichnet ist, weitgehend aus; die beiden Ersteren unterteilt Bönker (2008, S. 318–321) in wechselseitige Anpassung, positive Koordination, Lernen von anderen Politikfeldern und Intervention politikfeldexterner Akteure.

der Mechanismus der *positiven Koordination* eine Gelingensbedingung für die Realisierung des Potenzialgewinns bildet. Vor diesem Hintergrund wird in den Auswertungen in den Abschnitten 2 und 3 untersucht, welche Koordinationsmechanismen zur Anwendung kommen.

2. Entwicklungstrends kommunaler Bildungspolitik: Verwaltung oder Gestaltung des Primarbereichs?

Auf der Basis von Dokumentenanalysen soll im Folgenden nach der Bedeutung von im Kontext der Förderung des Primarbereichs relevanten Programmen des Bundes und des Landes Nordrhein-Westfalen für die Entwicklung der kommunalen Bildungspolitik und für die Realisierung des kommunalen Potenzialgewinns gefragt werden. Bei dem Aufbau von Netzwerken und Strukturen eines kommunalen Bildungsmanagements ging (und geht) die Entwicklung kommunaler Bildungspolitik einher mit einem bildungspolitischen Engagement des Bundes, das sich seit 2001 mit einer Serie von Förderprogrammen konkretisiert. Zunächst wurden mit dem Programm „Lernende Regionen" (2001–2008) regionale Netzwerke in kreisfreien Städten und Kreisen für den Aufbau eines kommunalen Managements von Bildungsübergängen gefördert. Im Fokus standen dabei zunächst vor allem der Übergang Schule–Ausbildung–Beruf und die Vernetzung mit der regionalen Wirtschaft und der Arbeitsmarktpolitik; der Primarbereich wurde, wenn überhaupt, eher mittelbar im Kontext des Übergangs Kita–Grundschule adressiert (BMBF, 2008). Nach dem anschließenden Programm „Lernen vor Ort" (2009–2014) wurde eine Transferinitiative ins Leben gerufen, die seitdem vor allem die Entwicklung eines datengestützten kommunalen Bildungsmanagements (DKBM) unterstützt; hinzu kommen themenbezogene Programme bspw. zur Förderung von Integration durch Bildung und ab 2022 zur Digitalisierung (Überblick unter https://www.transferinitiative.de/ [31.03.2022]). Mit der Netzwerk-Förderung wurde vor allem der Aufbau von Strukturen des *Austauschs und Lernens* unterstützt; mit der Thematisierung des Übergangsmanagements wurde die Entwicklung und Umsetzung von Konzepten zur *Überleitung* gefördert. Darüber hinaus lassen sich Mechanismen der *Intervention* identifizieren: Anhand der Akzentuierung des DKBM zeigt sich, dass der Bund über seine Förderung kommunale Strukturen zu prägen versucht; bei den Folgeprogrammen geht es darüber hinaus um eine Stärkung bestimmter Inhalte.

In Nordrhein-Westfalen bildete – wie auch in anderen Ländern – die Entwicklung neuer Steuerungsformen im Schulsystem einen Ausgangspunkt für die Förderung regionaler Vernetzung. Ab 2002 gab es Vorhaben zur Erprobung von Schulautonomie, die mit der Initiierung kooperativen Lernens von Schulen in regionalen Netzwerken verbunden waren und somit, wie die Bundesförderung, auf die Entwicklung von *Austausch und Lernen* abzielten. Die rechtlich verankerte

Aufsplitterung von inneren und äußeren Schulangelegenheiten wurde in diesem Kontext zwar in Frage gestellt, aber nicht verändert (Ratermann & Stöbe-Blossey, 2012, S. 266). Mit dem Programm „Regionale Bildungsnetzwerke" wurden ab 2008 Kooperationsvereinbarungen des Landes mit fast allen kreisfreien Städten und Kreisen geschlossen und eine Landesförderung für Regionale Bildungsbüros (RB) in den Kommunalverwaltungen etabliert, um „alle kommunalen, schulaufsichtlichen und gesellschaftlichen Kräfte vor Ort zur Unterstützung von Schulen zu bündeln" (MSB, 2022). Die RB nehmen dabei in den Kommunen höchst unterschiedliche Rollen ein (Stöbe-Blossey et al., 2019, S. 142–147).

Mit dem Landesprogramm werden nochmals *Austausch und Lernen* als Basis für *positive Koordination* hervorgehoben. Was unter dem Leitbild einer staatlich-kommunalen Verantwortungsgemeinschaft als Landesförderung für eine Realisierung des kommunalen Potenzialgewinns definiert wird, kann allerdings auch als Absicherung der Position der staatlichen Schulaufsicht gegenüber den steigenden kommunalen Gestaltungsambitionen und somit als die Sicherung der Möglichkeit von *Interventionen* des Landes in die kommunale Bildungspolitik interpretiert werden.

Eine wichtige Rolle für den Primarbereich spielt die Förderung von Ganztagsschulen. Mit dem Investitionsprogramm „Zukunft Bildung und Betreuung" (IZBB, 2003–2009) stellte der Bund Finanzhilfen für die Länder zum Auf- und Ausbau von Ganztagsschulen bereit. Die Umsetzung oblag den kommunalen Schulträgern. Um die Qualitätsentwicklung zu unterstützen, legte der Bund Begleitprogramme in Form von Projektförderungen und einer langfristig angelegten Begleitforschung auf (Autorengruppe Fachkräftebarometer, 2021, S. 86–87). Thematisiert wurde vorrangig die Qualitätsentwicklung innerhalb der einzelnen Schulen, zum Teil auch die *Verknüpfung* zwischen Leistungen der Schule und der Jugendhilfe und die Einbindung des Ganztags in kommunale Bildungslandschaften.

Die Vernetzung zwischen Jugendhilfe und Schule wird somit nicht nur in der Aachener Erklärung als zentrales Thema kommunaler Politik mit dem Ziel der *Verknüpfung* adressiert, sondern bildet auch eine Basis für *Interventionen* des Bundes in das Politikfeld Schule. Besonders deutlich wurde dies in jüngster Zeit bei der Verankerung eines ab 2026 stufenweise in Kraft tretenden Rechtsanspruchs auf Ganztagsbetreuung für Grundschulkinder im SGB VIII (Ganztagsförderungsgesetz – GaFöG – vom 11.10.2021). Die Umsetzung des Rechtsanspruchs, der sich gegen den örtlichen Träger der Jugendhilfe richtet, soll durch Finanzmittel des Bundes unterstützt werden. Es ist davon auszugehen, dass die Umsetzung – auch wenn der Rechtsanspruch nicht auf die Ganztagsschule, sondern auf ganztägige Betreuung bezogen ist – erhebliche Auswirkungen auf den Primarbereich haben und die Kommune nicht nur als Jugendhilfeträger, sondern auch in der Rolle des Schulträgers gefragt sein wird. Angesichts des Rechtsanspruchs nimmt die *Intervention* des Bundes in diesem Fall also mit dem Weg über die Jugendhilfe die Form eines rechtlich kodifizierten *Eingriffs* in die Politik für den Primarbereich an.

In Nordrhein-Westfalen sind Ganztagsangebote im Primarbereich von der ab 2003 eingeführten Offenen Ganztagsschule (OGS) geprägt. Die OGS ist laut Erlass „Gegenstand der Schulentwicklungsplanung und Jugendhilfeplanung [...], auch im Rahmen von regionalen Bildungsnetzwerken" (MSW, 2010, 4.1) und stellt ein zentrales Feld der Kooperation zwischen Jugendhilfe und Schule dar. Hier werden den Kommunen somit Vorgaben zur *Verknüpfung* gemacht. Der Schulträger entscheidet mit Zustimmung der Schulkonferenz, ob eine Schule als OGS geführt wird (MSW, 2010, 4.3). Die Organisation erfolgt meistens durch außerschulische Kooperationspartner, in der Regel freie Träger der Jugendhilfe, und basiert auf einer Kooperationsvereinbarung zwischen Schulträger, Schulleitung und dem außerschulischen Träger, wobei der Schulträger das Jugendamt zu beteiligen hat (MSW, 2010, 6.8). Die Landesförderung umfasst einen Festbetrag pro Kind und zusätzlich einen Eigenanteil des Schulträgers in Höhe von mindestens 50 % dieses Festbetrags. Die tatsächliche Höhe des Zuschusses unterscheidet sich interkommunal erheblich – ebenso wie die Personalstruktur und Personalstandards im Ganztag.

Auch weitere Programme thematisieren die Kooperation zwischen Schule und Jugendhilfe im Primarbereich. Speziell auf die Förderung von benachteiligten Zielgruppen ausgerichtet ist die von Bund und Ländern je zur Hälfte finanzierte Initiative „Schule macht stark" (BMBF & KMK, 2019), welche die Förderung von 200 Schulen (davon ca. zwei Drittel Grundschulen) in belasteten Sozialräumen von 2021 bis 2025 beinhaltet. Neben der Schul- und Unterrichtsentwicklung soll ein „besonderes Augenmerk [...] der Stärkung der Kooperation von Schule und Kinder- und Jugendhilfe" gelten (BMBF & KMK, 2019, S. 3) und die „Vernetzung von Schulen mit ihrem sozialräumlichen Umfeld und Vernetzung der Schulen miteinander" (BMBF & KMK, 2019, S. 2) gestärkt werden. Auf den ersten Blick scheinen hier also Mechanismen des *Austauschs und Lernens* mit dem Ziel der *Verknüpfung* adressiert zu werden. Allerdings erfolgt die Auswahl und Begleitung der Schulen durch die Schulaufsichten der Länder; trotz der Thematisierung der Kooperation zwischen Schule und Jugendhilfe ist weder eine Beteiligung der Kommune im Allgemeinen noch des Jugendamtes im Besonderen vorgesehen. Erkennbar ist somit ein Mechanismus der *Abgrenzung* sowohl gegenüber den Kommunen als auch gegenüber dem Politikfeld Jugendhilfe. In Nordrhein-Westfalen wird die Umsetzung der Initiative mit dem „Masterplan Grundschule" (MSB, 2020) verbunden, der darauf abzielt, alle Grundschulen „professionell und zukunftsfähig weiterzuentwickeln", und den Fokus auf Fachunterricht und Lehrkräfteversorgung legt. Die Zusammenarbeit zwischen Schule und Jugendhilfe wird im Kontext der Schulsozialarbeit und der OGS thematisiert – im Sinne von *Austausch und Lernen* und von *Verknüpfung*. Es gehe um die „Stärkung von Ganztagsbildung durch die Zusammenarbeit von Schule und Jugendhilfe auf Augenhöhe" (MSB, 2020, S. 34) und darum, „auch an den Grundschulen die Schulsozialarbeit zu sichern und zu stärken" (MSB, 2020, S. 37). Dabei erfolgt ein kurzer Verweis auf die kommunale Bildungspolitik: „Viele Regionale Bildungsnetzwerke unterstützen zudem die Kooperationsstrukturen rund um den Ganztag." (MSB, 2020, S. 34) Die Rolle des kommunalen Jugendamtes wird nicht angesprochen; die Kommune wird nur in ihrer Rolle als Schulträger adressiert, der Mittel der Investitionsförderung abruft (MSB, 2020, S. 46). Auch hier lässt sich der Mechanismus der *Abgrenzung* erkennen. Dass Leistungen aus dem Politikfeld Jugendhilfe angesprochen werden, ohne die gestaltende Funktion des örtlichen Trägers der Jugendhilfe zu berücksichtigen, lässt sich darüber hinaus auch als *Appell* an das Politikfeld Jugendhilfe zur Unterstützung von Schule interpretieren.

Der Überblick zeigt, dass Bund und Land die Möglichkeiten für die Realisierung eines kommunalen Potenzialgewinns in der Bildungspolitik über die Bereitstellung von Finanzmitteln und über Anstöße für die Entwicklung von Strukturen von *Austausch und Lernen* als Basis für *positive Koordination* fördern. Damit sind aber auch staatliche *Interventionen* in das sich neu entwickelnde Feld der kommunalen Bildungspolitik verbunden – strukturell und inhaltlich. Die Thematisierung der Jugendhilfe ist vielfach durch *Appelle* für die Unterstützung von Schule und durch eine *Abgrenzung* gegenüber der Steuerungsfunktion der örtlichen Jugendämter gekennzeichnet. Diese haben nach dem SGB VIII einen höheren Gestaltungsspielraum als viele andere kommunale Ämter und könnten somit eine wichtige Rolle bei der Realisierung eines kommunalen Potenzialgewinns einnehmen; in bildungspolitischen Bundes- und Landesprogrammen werden sie jedoch – trotzdem oder deswegen – entweder nicht angesprochen oder spielen, wie bei der OGS, eine nachrangige Rolle; im Vordergrund steht die Zusammenarbeit zwischen Schulen und (meistens freien) Trägern. Weder in „Schule macht stark" noch im Masterplan Grundschule wird die Kommune als bildungspolitisch gestaltender Akteur adressiert. Die Bilanz staatlicher Programme im Hinblick auf ihren Beitrag zur Realisierung eines kommunalen Potenzialgewinns fällt also ambivalent aus: Die Kommune wird, wenn überhaupt, im Wesentlichen in ihrer gesetzlich festgelegten Rolle als Schulträger angesprochen; die neuen Gestaltungsansprüche spiegeln sich nur bedingt wider, bspw. mit (wenig konkreten) Verweisen auf eine Sozialraumorientierung oder die mögliche Funktion regionaler Bildungsnetzwerke.

Vor allem anhand der OGS wird deutlich, dass die Kommune auf den Primarbereich bezogene bildungspolitisch relevante Entscheidungen vor allem in ihrer Eigenschaft als Schulträger trifft. Dessen zentrale Funktion wird auch in anderen Handlungsfeldern deutlich. So zeigte eine Untersuchung zur Digitalisierung von berufsbildenden Schulen (Fischer et al., 2022), dass Schulträger nicht nur die digitale Ausstattung planen und selbst finanzielle Mittel bereitstellen, sondern auch eine Mittlerfunktion bei der Nutzung von Bundes- und Landesförderung einnehmen und sich über Mediennutzungskonzepte und Lehrkräftefortbildungen zunehmend inneren Schulangelegenheiten zuwenden. In einigen der untersuchten Kommunen konnte ein kommunaler Potenzialgewinn durch eine Verbindung der Weiterentwicklung der Schulträgerfunktion mit den Strukturen regionaler Bildungsnetzwerke realisiert werden – durch eine „Neuausrichtung der Funktion der Schulträger im Sinne einer aktiven Einbeziehung von Gestaltungs- und Vernetzungsfunktionen" und eine „regionale Vernetzung und die Beteiligung von Schulen als Elemente der Vorbereitung kommunaler Entscheidungen, die sich an Zukunftszielen orientieren" (Fischer et al., 2022, S. 11). Inwieweit und auf welche Weise sich eine Realisierung des kommunalen Potenzialgewinns im Hinblick auf den Primarbereich vorfinden lässt, soll im nächsten Abschnitt anhand des Aufbaus von Familienzentren im Primarbereich – im Folgenden kurz als „FaPri" bezeichnet – diskutiert werden.

3. Familienzentren im Primarbereich – ein realisierter Potenzialgewinn?

Den Start für den Aufbau von FaPri bildete ab 2014 ein Modellprojekt, für das die Stadt Gelsenkirchen die Wübben Stiftung als Partner gewann (Born, Klaudy, Micheel, Risse & Stöbe-Blossey, 2019). Zurückgegriffen wurde dabei auf das Konzept der Familienzentren im Elementarbereich, die, gefördert durch das Land, eine erweiterte Familienorientierung, einen gezielten Sozialraumbezug und eine Stärkung der multiprofessionellen Kooperation bieten sollen. Mit der Adaptierung des Konzepts für den Primarbereich sollten zunächst an drei, später an sechs Schulen die Prävention entlang der Bildungskette nach der Kindergartenzeit fortgesetzt, Bildungschancen von Schulkindern verbessert und herkunftsbedingte Benachteiligungen abgebaut werden. Die Stadt richtete eine Koordinierungsstelle ein, und jede Schule erhielt Sachmittel und eine halbe Stelle für niederschwellige, familienorientierte Angebote – offene Elterncafés, Angebote der Elternbildung mit pädagogischen Angeboten bis hin zu Koch- oder Nähkursen, Eltern-Kind-Aktivitäten und Projekte für Kinder.

Im Bundesfamilienbericht 2021 (BMFSFJ, 2021) wird auf das Modell verwiesen und die Nutzung derartiger Konzepte für Schulen befürwortet, um „Betreuung und Begleitung von Familien nicht nach der Kita abrupt zu beenden, sondern im Sinne einer Präventionskette übergangslose Unterstützung in die Schulzeit hinein zu gestalten" (BMFSFJ, 2021, S. 361). Andere Kommunen haben das Konzept inzwischen transferiert und adaptiert. Seit 2020 ermöglicht das nordrhein-westfälische Familienministerium die Finanzierung von FaPri im Rahmen des Programms „kinderstark – NRW schafft Chancen"[2], mit dem die örtlichen Jugendämter unterschiedliche Maßnahmen im Rahmen kommunaler

2 https://www.kinderstark.nrw/aktuelles [23.03.2022].

Präventionsketten auflegen können. Mit der Förderrichtlinie des Schulministeriums über „Familiengrundschulzentren im Ruhrgebiet“[3] erhalten des Weiteren seit Beginn des Schuljahres 2021/22 zehn kreisfreie und zwei kreisangehörige Städte im Ruhrgebiet eine Förderung sowohl für kommunale Koordinierungsstellen als auch für insgesamt 40 OGS in benachteiligten Sozialräumen. Die Stadt Gelsenkirchen finanziert ihre sechs Pilot-FaPri seit dem Auslaufen der Stiftungsförderung Ende 2019 aus kommunalen Mitteln und nutzt die Förderrichtlinie für die Einrichtung weiterer FaPri.

Das FaPri-Konzept kann also als Beispiel für kommunal entwickelte, innovative Policies und somit für eine Realisierung des Potenzialgewinns gelten. Daher wird nun der Frage nachgegangen, welche Koordinationsmechanismen in den lokalen Akteurskonstellationen bei der Implementierung zur Anwendung kommen. Dazu werden die Ergebnisse einer Sekundäranalyse von neun Interviews in sieben kreisfreien und zwei kreisangehörigen Städten mit insgesamt 18 Befragten aus den Kommunalverwaltungen vorgestellt, die zwischen Juni 2021 und Januar 2022 in unterschiedlichen Projektkontexten[4] geführt wurden. Zur Sicherung der Anonymität werden bei Zitaten weder genaue Funktionsbezeichnungen noch die kommunale Zuordnung, sondern nur die neben der Anzahl der Vertreter:innen der jeweiligen Akteursgruppe genannten Kürzel angeben: Jugendamt (JA; 6), Schulträger (ST; 10), Regionales Bildungsbüro (RB; 2). In allen Interviews wurden kommunale Strukturen und Prozesse der Kooperation zwischen Jugendhilfe und Schule thematisiert; das FaPri-Konzept wurde zum Teil als zentrales Thema, zum Teil als eine von mehreren Maßnahmen der Kooperation angesprochen. Mit der Sekundäranalyse konnte eine über ein einzelnes Projekt hinaus gehende Anzahl an Kommunen einbezogen und somit sowohl eine breitere Grundlage für die Auswertung geschaffen als auch das Risiko der Erkennbarkeit von einzelnen Kommunen reduziert werden. Die Fragestellungen, die den verschiedenen Projekten zugrunde gelegen hatten, wurden dabei erweitert (Richter & Mojescik, 2021, S. 1–6) und das Interviewmaterial im Hinblick auf Herausforderungen und Strategien kommunaler Steuerung ausgewertet (Hackstein, Micheel & Stöbe-Blossey, 2022). Diese Auswertungen werden im Folgenden genutzt und ergänzt, um Koordinationsmechanismen herauszuarbeiten, die für die Frage nach Bedingungen für die Realisierung eines kommunalen Potenzialgewinns relevant sind.

Bereits die Evaluation in Gelsenkirchen zeigte, dass die Implementierung des Konzepts „FaPri“ eine *positive Koordination* zwischen den Akteuren innerhalb der einzelnen Schule erfordert. Es knüpft an die OGS an; die Schulsozialarbeit

---

3 https://www.schulministerium.nrw/themen/schulentwicklung/familiengrundschulzentren-im-ruhrgebiet [23.03.2022].

4 „Familienzentren im Primarbereich: Nachhaltigkeit, Transfer und Weiterentwicklung“ (Wübben Stiftung / Auridis Stiftung, https://www.uni-due.de/iaq/projektinfo/fapri.php [23.03.2022]); Vorbereitung von Lehrforschungsprojekten, u. a. im Kontext der Evaluation des Projektes „DialOGStandorte“ (Stiftung Mercator).

macht in der Praxis zum Teil bereits niederschwellige Angebote, die dem FaPri-Konzept entsprechen; Eltern unterscheiden nicht zwischen unterschiedlichen Systemen, sondern brauchen ein „Angebot aus einer Hand"; Schulleitungen nehmen bei der Umsetzung jeglicher Konzepte an der Schule eine Schlüsselfunktion ein (Born et al., 2019, S. 13–14). Es ging somit um eine *Verknüpfung* von Leistungen der Schule und von unterschiedlichen Jugendhilfeleistungen; mit der Einbindung in die kommunale Präventionskette spielte außerdem die *Überleitung* bei dem Übergang Kita-Grundschule eine Rolle. Auch bei der sekundäranalytischen Auswertung der Interviews in den neun Kommunen kristallisierte sich ein Konsens über die Notwendigkeit heraus, die Arbeit in den Schulen „miteinander" und nicht „nebeneinander" zu gestalten: „Und wie bekommt man das hin [...], dass nicht so viele verschiedene an den Kindern ziehen oder an den Familien. Und wie bekommt man diese multiprofessionellen Teams, die alle an Schule unterwegs sind für verschiedene Träger, ja zum Wohle der Kinder und Familien wieder rund." (JA)

Die kommunale Steuerung dieser *Verknüpfung* gestaltet sich höchst unterschiedlich. Eine gemeinsame Trägerschaft von OGS, Schulsozialarbeit und FaPri ist angesichts gewachsener Strukturen nicht immer realisierbar, auch wenn sie allgemein als sinnvoll erachtet wird, nicht zuletzt, weil auf diese Weise Teamstrukturen und Vertretungsregelungen beim Personal leichter zu organisieren sind. In den meisten Kommunen wurden *Mechanismen des Austauschs und des Lernens* als Basis für die *Verknüpfung* etabliert: „Das Familiengrundschulzentrum soll in den Sozialraum wirken [...]. Deswegen haben wir ja auch einen Arbeitskreis gegründet, wo eben nicht nur die Schulleitungen mit drinsitzen, sondern auch die OGS-Leitungen [...] und die Koordinatoren von den Grundschulzentren, damit alle Teile an Schule lernen, das System zu leben, wie es eigentlich gelebt werden soll." (JA) In einigen Kommunen wurden oder werden Zielvereinbarungen und Qualitätsrahmen entwickelt: Dabei gibt es „Standardelemente, die dazu beitragen, zum Beispiel den Kontakt zu Eltern aufzubauen" (ST), die „Grundbausteine für das Familienzentrum" (ST) sind, wobei gleichzeitig die notwendige Differenzierung je nach Bedarf des Standortes betont wird: „Und diese Kriterien müssen halt eben erfüllt werden, aber es gibt eine Vielzahl. Und wenn jetzt in einem Stadtteil an einer Schule der Bedarf ganz anders ist als an der anderen Schule, kann das auch getan werden, aber es müssen einfach gewisse Sachen eingehalten werden." (JA)

Die institutionellen Rahmenbedingungen dieser Steuerung werden in den Kommunalverwaltungen gestaltet, deren Aufbaustruktur heterogen ist und immer wieder Veränderungen unterliegt. Jugendamt und Schulträger sind zum Teil in einem Dezernat, manchmal sogar in einem Amt angesiedelt, was sich anhand eines Vergleichs der neun Beispiele als günstig für die Etablierung *positiver Koordination*, aber weder als notwendige noch als hinreichende Bedingung dafür herausstellt. So wurde in einem Fall trotz der Zuordnung der beiden Ämter zu unterschiedlichen Dezernaten eine gemeinsame Bildungs- und Jugendhilfeberichterstattung als Basis für eine abgestimmte Maßnahmenplanung entwickelt. In einem anderen Fall sind Mechanismen der *Abgrenzung* innerhalb eines Dezernats zu beobachten: Hier fehlt die Kommunikation zwischen Jugendamt und Schulträger, da das Jugendamt seine Eigenständigkeit betont und die Kinder primär außerhalb der Schule erreichen möchte. Damit bestätigen die Beispiele die Ausgangsannahme, dass institutionelle Rahmenbedingungen das Handeln in der Akteurskonstellation zwar beeinflussen, aber nicht determinieren.

Dies zeigt sich auch an der Rolle der RB, die in den sieben kreisfreien Städten – meistens als Dienststelle des Schulträgers – vorhanden sind. Zum Teil nehmen sie eine strategische Funktion wahr, indem sie Gremien des *Austauschs und Lernens* organisieren und moderieren oder eine *positive Koordination* zwischen kommunalen Dienststellen (Jugendamt oder Schulträger) und Schulaufsicht organisieren und damit eine Brückenfunktion einnehmen. In anderen Fällen führt das RB weitgehend operative Aufgaben im Kontext äußerer Schulangelegenheiten aus – bspw. die Organisation der OGS-Trägerschaft und die fachliche Begleitung der OGS oder das Stellen von Förderanträgen. Die Bedeutung dieser Unterstützung für die kommunale Bildungspolitik darf nicht unterschätzt werden: Die geringe Beteiligung kreisangehöriger Kommunen am Förderprogramm des Schulministeriums ist zum Teil dadurch zu erklären, dass dort die Antragstellung ohne solche Unterstützung bewältigt werden muss. Die beiden kreisangehörigen Kommunen der Interviewserie, die eigene Jugendämter haben, finanzieren die FaPri aus kommunalen Mitteln oder aus „kinderstark“ (wofür die Jugendämter antragsberechtigt sind); von Kooperationen mit dem RB auf Kreisebene wird nicht berichtet: Der Vergleich mit der Analyse zur digitalen Transformation in berufsbildenden Schulen deutet auf eine Tendenz der RB auf Kreisebene hin, sich auf vom Kreis gestaltbare Handlungsfelder zu konzentrieren und von der Bildungspolitik der einzelnen Kommunen *abzugrenzen*.

Inhaltlich lassen sich in einigen Städten Impulse der RB für die Weiterentwicklung der Schulträgeraufgabe beobachten. So berichtet eine Vertreterin des RB von einem „qualitativen Schulentwicklungsplan“, mit dem die „neue Rolle Schulträger verstärkt in den Fokus gerückt“ (RB) sei. Die Innovationspotenziale einer *Verknüpfung* der „neuen“ Strukturen kommunaler Bildungspolitik mit einer Weiterentwicklung der „alten“ Schulträgerfunktion, die im Hinblick auf die berufsbildenden Schulen identifiziert wurden, zeigen sich somit auch hier.

Diese Weiterentwicklung wird in einigen Kommunen thematisiert und dabei zum Teil auch in den Kontext der *Verknüpfung* mit der Jugendhilfe gestellt. So spricht die Vertreterin eines Schulträgers von einem „sehr modernen Schulträger“ (ST) und verweist dabei auf die in der Aachener Erklärung postulierte gemeinsame Verantwortung. Bei der Gestaltung der OGS gehen die Akteure in vielen Kommunen über die Bearbeitung der äußeren Schulangelegenheiten – also die Planung von Standorten und Platzzahlen und die Organisation der

Trägerschaft – hinaus; fast überall gibt es Stellen für die fachliche Begleitung der OGS, die bspw. Qualitätszirkel und Fortbildungen organisieren. In einer Kommune wurden Qualitätskriterien erarbeitet, bei deren Erfüllung die Schule erhöhte OGS-Mittel erhält; einige Schulträger fördern die Einrichtung von rhythmisierten, von einer Lehrkraft und einer Erzieherin gemeinsam betreuten Ganztagsklassen. In diesen Fällen wird die OGS nicht als additives Nachmittagsangebot, sondern als integrales Element der Schule betrachtet. Auch der Aufbau von FaPri wird von einigen Schulträgern im Kontext einer qualitativen Schulentwicklung gesehen: „Ich glaube, dass Familiengrundschulzentren ein wichtiger Baustein für die pädagogische Entwicklung der Schulen sind." (ST)

Dies bedeutet allerdings nicht, dass die Zuständigkeit für FaPri immer mit derjenigen für die OGS verbunden wäre – weder innerhalb der Verwaltung noch an den einzelnen Schulen. Ähnliches gilt für die Schulsozialarbeit. In einem Fall wird sogar von einer grundsätzlichen Trennung der Trägerschaften zwischen OGS und Schulsozialarbeit berichtet; allerdings liege die Zuständigkeit in derselben Abteilung und man sei „jetzt vermehrt dabei", sich „auszutauschen in inhaltlichen, strategischen Fragen" (JA). Zum Teil fehlt also eine *Verknüpfung* zwischen den schulbezogenen Jugendhilfeleistungen oder ist erst im Aufbau. Dies betrifft sowohl Kommunen, in denen diese Kompetenzen im Jugendamt verortet sind, als auch Schulträger, die eigene Dienststellen für derartige Leistungen aufgebaut haben. In einigen Kommunen basiert der Aufbau von FaPri hingegen auf einer *positiven Koordination* zwischen Schulträger und Jugendamt, die meistens schon vorher in anderen Handlungsfeldern entwickelt wurde. Kommunale Präventionspolitik und eine qualitative Schulentwicklungsplanung werden in diesen Fällen als komplementär betrachtet, um „zum Wohle unserer Kinder in [Kommune] das Bestmögliche zu machen" (ST).

Jedoch sind die Jugendämter nicht überall in die Begleitung der Grundschulen involviert. Teilweise wird die im Erlass über die OGS vorgesehene Kooperation der Schulen mit freien Trägern der Jugendhilfe ausschließlich durch die Schulträger organisiert; auch die FaPri-Anträge im Rahmen der Ruhrgebietsförderung wurden manchmal ohne Mitwirkung der Jugendämter auf den Weg gebracht – hier wird der in Landesprogrammen angelegte Mechanismus der *Abgrenzung* gegenüber der Gestaltungsfunktion des Jugendamtes reproduziert. So berichtet die Vertreterin eines Schulträgers, man habe gemeinsam mit der Schulaufsicht, die auf demselben Flur sitze, die Schulen für den Antrag ausgewählt und sich dann „ganz schnell" die Zustimmung der OGS-Träger und der Schulkonferenzen geholt. Umgekehrt gibt es in Jugendämtern *Abgrenzungen* gegenüber der Implementierung von FaPri, was die Ausschöpfung der damit verbundenen Möglichkeiten einschränkt, wie ein Schulträger feststellt: „Es hakt da in der Kommunikation, wenn es um die Schnittstelle Jugendhilfe und Schule geht. Und viele Dinge, die eigentlich möglich wären, [… zum Beispiel] HzE[5]-Angebote mit in die Schule zu holen […], die sind so schwierig." (ST) Das Jugendamt, dem bei „kinderstark"-Mitteln Antragstellung und Verteilung obliegen, stellt hier für FaPri nur eine geringe, von den Schulen als unzureichend erachtete Förderung zur Verfügung.

Andere Jugendämter versuchen diese Gatekeeper-Funktion für *Interventionen* in das Feld Schule zu nutzen und betonen die Einbindung der FaPri in das Ziel der Jugendhilfe, „die Aufwachsbedingungen aller Familien zu verbessern, Armut zu bekämpfen und einfach strukturelle Bedingungen zu schaffen, dass sich Familien in [Kommune] wohlfühlen, dass sie das bekommen, was sie brauchen" (JA). Ein anderes Jugendamt will „das Haus Grundschule nochmal anders erobern" (JA) und begründet die an Grundschulen ansetzende Präventionsstrategie damit, „eine passgenaue Angebotsversorgung für die Kinder und die Eltern" (JA) erreichen zu wollen. Deutlich wird jedoch, dass einseitige *Interventionen* nicht möglich sind: Wenn die Initiative für die Einrichtung von FaPri von Jugendämtern ausgeht, bemühen diese sich intensiv um eine *positive Koordination* mit Akteuren aus dem Feld Schule, weil darin eine notwendige Voraussetzung liegt, um einen Zugang zu den Schulen zu finden und diese bei einer an Qualitätskriterien orientierten Implementation des Konzepts begleiten zu können.

Für diesen Zugang wird die Bedeutung der Schulaufsicht hervorgehoben, weil es im Kontakt mit Schulen hilfreich sei, „wenn die eigene Chefin drunter steht oder die sogar Dinge als vorrangiges Dienstgeschäft anordnet" (JA). Zum Teil hat sich eine *positive Koordination* zwischen kommunalen Dienststellen und Schulaufsicht entwickelt, die in einem Fall im Hinblick auf die FaPri sogar in einer Kooperationsvereinbarung festgeschrieben wird; in einem anderen Fall unterstützt die Schulaufsicht die FaPri-Schulen durch die Zuweisung von zusätzlichen Lehrkräftestunden. Selbstverständlich ist diese Verantwortungsgemeinschaft allerdings nicht. In einer Kommune bedauert eine Vertretung des Schulträgers, dass die Schulaufsicht die Schulen für die Antragstellung im Rahmen der Ruhrgebietsförderung „leider ohne uns ausgewählt" (ST) hat, in einem anderen Fall bedurfte es im Vorfeld der Ansprache von Schulen erheblicher Vermittlungsbemühungen von Seiten des RB. Hier zeigen sich sowohl die Bedeutung von als auch der unterschiedliche Umgang mit institutionellen Rahmenbedingungen: Es hängt von Prozessen vor Ort ab, ob und wie es zu einer *positiven Koordination* zwischen Akteuren aus der Kommunalverwaltung und Schulaufsicht kommt oder ob letztere im Sinne der *Abgrenzung* agiert.

5 Hilfen zur Erziehung.

4. Fazit

Ausgangspunkt des Beitrags war die Feststellung, die Kommunen hätten sich bildungspolitischen Handlungsfeldern zugewandt, ohne dass dies mit rechtlich normierten Veränderungen im föderalen Kompetenzgefüge einhergegangen wäre. Angesichts dieses (latenten) kommunalen Potenzialgewinns wurde nach der Realisierung des Potenzialgewinns in Form von konkreten Policies gefragt. Ausgehend von Analysen einschlägiger Bundes- und Landesprogramme wurden anhand von Prozessen auf lokaler Ebene Gelingensbedingungen für die Realisierung des kommunalen Potenzialgewinns in der Bildungspolitik identifiziert.

Am Beispiel der Entwicklung und Umsetzung des FaPri-Konzepts lässt sich ein realisierter Potenzialgewinn der Kommunen im deutschen Bildungsföderalismus konstatieren. Schon der durch Bund und Länder angestoßene Auf- und Ausbau von Ganztagsangeboten verstärkte die Tendenz zu einem kommunalen Engagement für die Qualitätsentwicklung in Grundschulen und somit zu einer Weiterentwicklung der Schulträgerfunktion, verbunden mit der Erweiterung der Kooperation zwischen Schule und Jugendhilfe. Die Implementierung von FaPri-Konzepten knüpft hieran an und stellt ein Beispiel für innovative, auf Kooperation basierende und an örtlichen Problemlagen orientierte Policies und somit für eine Realisierung des kommunalen Potenzialgewinns dar. Eingeschränkt wird diese Realisierung durch die Ambivalenz staatlicher Politik: Zwar wird die Strukturentwicklung kommunaler Bildungspolitik gefördert und die Kooperation zwischen Schule und Jugendhilfe gefordert, jedoch findet in bildungspolitischen Programmen und Regelungen weder die Weiterentwicklung der Schulträgerfunktion noch die gestaltende Rolle der kommunalen Jugendämter eine den Entwicklungen angemessene Beachtung. Zentrale Gelingensbedingungen für die Realisierung des Potenzialgewinns liegen demnach bei den Prozessen in den lokalen Akteurskonstellationen – im Aufbau einer *positiven Koordination* auf der Grundlage von *Austausch und Lernen*. Einseitige *Interventionen* reichen nicht aus, um Kooperationen auf den Weg zu bringen; die in einigen Fällen in Form von *Abgrenzungen* beobachteten Mechanismen *negativer Koordination* behindern die Ausschöpfung innovativer Handlungsmöglichkeiten.

Den Annahmen des akteurzentrierten Institutionalismus entsprechend zeigt die Analyse, dass die institutionellen Rahmenbedingungen sowohl innerhalb der Kommunalverwaltung als auch zwischen kommunalen Akteuren und Schulaufsicht unterschiedlich ausgefüllt werden. Als besonders zielführend erweist sich die Verbindung von „neuen" mit der Weiterentwicklung „alter" Strukturen – also eine *positive Koordination* zwischen dem Regionalen Bildungsbüro, einem Schulträger, der eine „erweiterte Schulträgerschaft" wahrnimmt, und einem Jugendamt, das einer auf Vernetzung mit Schule basierenden Präventionspolitik einen hohen Stellenwert zumisst.

Literaturverzeichnis

Autorengruppe Fachkräftebarometer (2021). *Fachkräftebarometer Frühe Bildung 2021*. München: Deutsches Jugendinstitut.

Blanke, B., Evers, A., & Wollmann, H. (1986). Die Zweite Stadt. *Leviathan: Zeitschrift für Sozialwissenschaft* – Sonderheft 7/1986. Opladen: Westdeutscher Verlag.

BMBF (Bundesministerium für Bildung und Forschung) (2008). *Lernende Regionen*. Bonn: BMBF.

BMBF (Bundesministerium für Bildung und Forschung) & KMK (Kultusministerkonferenz) (2019). *Schule macht stark*. https://www.kmk.org/fileadmin/Dateien/pdf/Bildung/AllgBildung/Schule_macht_stark_Bund-Laender-Vereinbarung.pdf [23.03.2022].

BMFSFJ (Bundesministerium für Familie, Senioren, Frauen und Jugend) (2021). *Neunter Familienbericht*. https://www.bmfsfj.de/resource/blob/179392/195baf88f8c3ac7134347d2e19f1cdc0/neunter-familienbericht-bundestagsdrucksache-data.pdf [23.03.2022].

Bönker, F. (2008). Interdependenzen zwischen Politikfeldern – die vernachlässigte sektorale Dimension der Politikverflechtung. In F. Janning & K. Toens (Hrsg.), *Die Zukunft der Policy-Forschung*. (S. 315–330). Wiesbaden: VS Verlag für Sozialwissenschaften.

Born, A., Klaudy, E. K., Micheel, B., Risse, T., & Stöbe-Blossey, S. (2019). *Familienzentren an Grundschulen*. IAQ-Forschung 19-04. https://duepublico2.uni-due.de/servlets/MCRFileNodeServlet/duepublico_derivate_00047868/IAQ-Forschung_2019_04.pdf [23.03.2022].

Deutscher Städtetag (2007). *Aachener Erklärung des Deutschen Städtetages anlässlich des Kongresses „Bildung in der Stadt" am 22./23. November 2007*. https://www.staedtetag.de/themen/aachener-erklaerung-2007 [28.03.2022].

Fischer, S., Hackstein, P., & Stöbe-Blossey, S. (2022). *Neuausrichtung der Rolle des Schulträgers?* IAQ-Report 22-01. https://duepublico2.uni-due.de/servlets/MCRFileNodeServlet/duepublico_derivate_00075038/IAQ-Report_2022_01.pdf [23.03.2022].

Hackstein, P., Micheel, B., & Stöbe-Blossey, S. (2022). Familienzentren im Primarbereich: Herausforderungen und Perspektiven für die kommunale Steuerung. In Wübben Stiftung (Hrsg.), *impaktmagazin. Familiengrundschulzentren* (S. 10–25). Düsseldorf: Wübben Stiftung.

Hesse, J. J. (1983). Stadt und Staat – Veränderung der Stellung und Funktion der Gemeinden im Bundesstaat? In J. J. Hesse, H. Ganseforth, D. Fürst, & E. H. Ritter (Hrsg.), *Staat und Gemeinde zwischen Konflikt und Kooperation* (S. 11–44). Baden-Baden: Nomos.

Hesse, J. J. (1986). *Erneuerung der Politik „Von Unten"?* Opladen: Westdeutscher Verlag.

MSB (Ministerium für Schule und Bildung des Landes Nordrhein-Westfalen) (2020). *Masterplan Grundschule: Qualität stärken – Lehrkräfte unterstützen*. https://www.schulministerium.nrw/system/files/media/document/file/Masterplan%20Grundschule.pdf [23.03.2022].

MSB (Ministerium für Schule und Bildung des Landes Nordrhein-Westfalen) (2022). *Regionale Bildungsnetzwerke*. https://www.schulministerium.nrw/en/node/20707 [23.03.2022].

MSW (Ministerium für Schule und Weiterbildung Nordrhein-Westfalen) (2010). *BASS 12–63 Nr. 2: Gebundene und offene Ganztagsschulen sowie außerunterrichtliche Ganztags- und Betreuungsangebote in Primarbereich und Sekundarstufe I*. Runderlass (RdErl.) des Ministeriums für Schule und Weiterbildung vom 23.12.2010. https://bass.schul-welt.de/11042.htm [29.03.2022].

Ratermann, M., & Stöbe-Blossey, S. (2012). Die Entwicklung von „Educational Governance" und die Rolle der Kommune. In M. Ratermann & S. Stöbe-Blossey (Hrsg.), *Governance von Schul- und Elementarbildung* (S. 253–283). Wiesbaden: VS Verlag.

Richter, C., & Mojescik, K. (2021). Einleitung. In C. Richter & K. Mojescik (Hrsg.), *Qualitative Sekundäranalysen* (S. 1–14). Wiesbaden: VS Verlag.

Scharpf, F. W. (2000). *Interaktionsformen: Akteurzentrierter Institutionalismus in der Politikforschung* (1. Auflage). Wiesbaden: VS Verlag für Sozialwissenschaften.

Sozialdemokratische Partei Deutschlands (SPD), BÜNDNIS 90/DIE GRÜNEN, Freie Demokraten (FDP) (2021). Mehr Fortschritt wagen. Koalitionsvertrag 2021–2025. https://www.spd.de/fileadmin/Dokumente/Koalitionsvertrag/Koalitionsvertrag_2021-2025.pdf [23.03.2022].

Stöbe-Blossey, S., Köhling, K., Hackstein, P., & Ruth, M. (2019). *Integration durch Bildung als Kooperationsaufgabe*. Wiesbaden: VS Verlag.

Gesamtsystem oder Parallelstruktur?

Eine empirische Analyse der Innovationsbedingungen von Vernetzung in der Kommune und kritische Rückschlüsse auf Bildungsmanagement

Carmen Hack und Stephan Maykus

In aktuellen bildungs- und sozialpolitischen Reformprogrammen und Initiativen (z. B. Kommunale Präventionsketten, Bildungs- und Erziehungslandschaften), die in den Fachdebatten zusammengefasst unter dem Begriff der kommunalen Gesamtstrategien diskutiert werden, zeigt sich ein Kooperations- und Netzwerkparadigma: Die Bildungs- und Sozialpolitik richtet einen starken Fokus auf kommunal koordinierte interdisziplinäre Kooperationen der Bereiche Kinder- und Jugendhilfe, Schulwesen, Gesundheitswesen, soziale Sicherung und Arbeitsmarktförderung in der Absicht, ein kompaktes, kommunales Gesamtsystem von Bildung, Betreuung und Erziehung zu entwickeln. Diesen Programmen und Projekten ist gemein, dass sie Kooperation und Vernetzung als Bedingung für ihren Erfolg betrachten und ihnen ein hohes Potenzial zur Lösung struktureller Probleme zuschreiben: Als wesentliches Prozess- und Strukturelement sollen sie ein übergreifendes und aufeinander abgestimmtes Wohlfahrtssystem sichern, um die Bildungs- und Lebenschancen von (benachteiligten) Kindern und Jugendlichen zu verbessern. Darüber hinaus wird ihnen der Nutzen zugeschrieben, bestehende funktionale Schwächen des Bildungs- und Sozialsystems („Versäulung") abmildern zu können und gleichzeitig der Krise der bestehenden staatlichen Steuerungsunfähigkeit im Bereich des sozialen Dienstleistungssektors durch Kooperations- und Vernetzungsarrangements zu begegnen. Das Organ, welches diese Programme und Projekte umsetzt und durchführt, stellt die Kommune in einem durchaus unspezifischen Sinne dar – denn sie gilt sowohl hinsichtlich von Planung, Praxis, Politik als auch von Zivilgesellschaft als Hoffnungsträgerin ersten Ranges zur erfolgreichen Bewältigung von gesamtgesellschaftlichen Herausforderungen (Maykus, 2021).

Vor diesem Hintergrund liegt der Schwerpunkt des Beitrags auf der Analyse von Innovationsbedingungen der Kommunalverwaltungen, also auf der Strukturebene, und zielt damit im Ergebnis auf die Untersuchung der Möglichkeiten und Grenzen von Kommunalverwaltungen, sich an die lebensweltlichen Handlungszusammenhänge in der Kommune anzunähern. Daraus abgeleitete Rückschlüsse auf die Gestaltung von Bildungskommunen bieten einen kritischen Ausblick auf die weitere praktische Entwicklung dieses Gestaltungsfeldes sowie auf Herausforderungen von Theoriebildung und Forschung. Vorher skizzieren wir die zentrale theoretische Grundlegung unserer Analyse:

1. Der Neo-Institutionalismus bietet einen Beschreibungs- und Erklärungsrahmen für Innovationsbedingungen der Vernetzung und mit seinen Kategorien auch den leitenden Blick, der mithilfe einer empirischen Studie verfolgt wurde.
2. Anhand von Experteninterviews und der Generierung von Netzwerkkarten zum Zweck der Evaluation von Implementierungserfahrungen im Rahmen eines Landesprogramms zur Förderung von Vernetzung im Bereich des Schutzes und der Förderung von Kindern wurde analysiert, ob und wie die Idee von Vernetzung und Kooperation von bis dato eigenständigen und voneinander unabhängigen Akteuren und Institutionen des sozialen Dienstleistungssektors in einer Kommune umgesetzt werden kann (Hack, 2019, 2021).
3. Die Ergebnisse dieser Studie werden zu zentralen Themenfeldern gebündelt und geben einen ersten Aufschluss für die Gestaltungsperspektiven einer Bildungskommune, die Vernetzung nicht nur als programmatisches Ziel der Kommunalpolitik und -verwaltung verfolgt, sondern auch Strukturen der Bildungsförderung junger Menschen schafft, die eine Koppelung von Vernetzungsaktivitäten und (kommunal-)pädagogischen Perspektiven der Bildungsangebote vor Ort ermöglicht.
4. Schließlich werden Perspektiven für die weitere theoretische und empirische Analyse von Bildungskommune als erziehungswissenschaftlicher Kategorie entworfen.

Auf diese Weise können wir den Zielen dieses Bandes entsprechen, Erkenntnisse zur Bedeutung der Kommunalverwaltungen im Bildungsbereich sowie zu den dabei beschreibbaren Formen und Praktiken kommunaler Bildungssteuerung zu generieren.

1. Der Neo-Institutionalismus als Beschreibungs- und Erklärungsrahmen für Innovationsbedingungen von Vernetzung

Dem Anspruch an die Kommunen, bildungs- und sozialpolitische Programme sowie Reformen umzusetzen, liegt unter anderem die Anforderung zugrunde, durch diese Impulse von außen (durch die sie umgebende Umwelt) ihre kommunalen Systeme des sozialen Dienstleistungssektors neu auszurichten, z. B. auch im Sinne einer kommunalen Erziehungs- und Bildungslandschaft. Gewinnbringend ist hier ein Rekurs auf den makroinstitutionalisierten Ansatz des Neo-Institutionalismus (Meyer, 1977; Di Maggio & Powell, 1983), da dieser den Einfluss der Umwelt auf Organisationen und Strategien sowie Reaktionen ihrer

Strukturen thematisiert und – im Sinne einer sozialkonstruktivistischen Haltung mit Zweifeln an der zweckrationalen Sichtweise auf Organisationen – auch einen gewissen Vorbehalt gegenüber intendierten Erfolgen von Reformmaßnahmen an den Tag legt (Schaefers, 2008, S. 227; Senge, 2007, S. 55).

Grundsätzlich geht der Neo-Institutionalismus (NI) davon aus, dass Institutionen einen regelhaften Handlungskontext vorweisen, der für dauerhafte Prozesse und verbindliches Handeln ihrer Akteure sorgt. Institutionen verfügen über eigene soziale Regeln und Muster, die für Prozesse innerhalb der Organisation sorgen, Handeln regeln und ihnen somit ein „verhaltensregulierender Effekt" (Hasse & Krücken, 2005, S. 14) zugeschrieben wird. Sie lassen sich „allgemein als übergreifende Erwartungsstrukturen definieren, die darüber bestimmen, was angemessenes Handeln und Entscheiden ist" (Hasse & Krücken, 2005, S. 15). Institutionen beeinflussen somit auch das Handeln ihrer Akteure die wiederum die Institutionen erzeugen, bewahren und sie durch routinehaftes Handeln, Gewohnheiten, nicht-hinterfragte und unkritische Handlungsmuster sowie objektive Fakten zu Modellen oder Typen verfestigen (Hasse & Krücken, 2005, S. 14; Koch & Schemman, 2009, S. 7). Somit geht die sogenannte Institutionalisierung mit konkreten Erwartungen an die Akteure in den jeweiligen spezifischen Handlungskontexten einher; das Kriterium der Effizienz spielt hier keine bzw. eine sehr geringe Rolle (Merkens, 2011, S. 39; Walgenbach & Meyer, 2008, S. 55). Der Mechanismus der Institutionalisierung gewährleistet in diesem Kontext, dass die Regeln und Handlungsmuster nicht hinterfragt werden. Meyer und Rowan (1977) stellen die These auf, dass „formale Organisationsstrukturen Mythen zum Ausdruck bringen, die in ihrer gesellschaftlichen Umwelt institutionalisiert sind" (Hasse & Krücken, 2005, S. 23). Organisationen nehmen diese Mythen auf, um sich gegenüber der Umwelt zu legitimieren und dadurch ihre Überlebensfähigkeit zu sichern (vgl. Meyer & Rowan, 1977). Der NI räumt „dem ökonomisches Denken dominierenden Effizienzkriterium nur ein[en] begrenzte[n] Einfluss auf die Ausgestaltung organisationaler Strukturen" (Preisendörfer, 2016, S. 167) ein. Organisationen orientieren sich an der Herstellung und Aufrechterhaltung der Legitimität, um zu existieren und erfolgreich zu sein. Hierdurch sichern sie sich Anerkennung und den Zufluss von Ressourcen von außen. Um diese angestrebte Zulässigkeit und Geltung zu erreichen und nachhaltig abzusichern, positionieren und präsentieren sie sich so, wie es die Umwelt fordert und erwartet – unabhängig davon, ob die dafür notwendigen Handlungen und Praktiken tatsächlich effizient für die Organisation sind. Meyer und Rowan (1977) sprechen in diesem Kontext von „Realitätsmythen", auf die Organisationen ihre formale Struktur (von außen sichtbare Organisationsstruktur und organisationales Handeln) ausrichten (ebd., S. 341). Hieraus resultiert eine Abkopplung bzw. Entkopplung von der von außen erwarteten und sichtbaren Formalstruktur und der inneren Aktivitätsstruktur, in der weiterhin die Arbeit nach gewohnten (Handlungs-)Konzepten und Traditionen betrieben wird. Die Orientierung an den unhinterfragten und ungeprüften Mythen kann für Organisationen allerdings kritisch sein, wenn diese Mythen widersprüchlich und konfliktbehaftet sind. Folge wäre eine geringere Legitimität und somit eine Verringerung oder sogar ein Wegfall des Ressourcenzuflusses. Um dem entgegenzuwirken, wird die formale Struktur von der tatsächlichen Arbeitsweise (Aktivitätsstruktur) der Organisation entkoppelt. Walgenbach und Meyer (2008) sprechen in diesem Kontext vom Aufbau einer „Legitimitätsfassade“ (Walgenbach & Meyer, 2008, S. 31). Diese erlaubt es der Organisation, Widersprüche zu bewältigen, ohne den Kern der Organisation (Aktivitätsstruktur) zu gefährden.

Zusammenfassend ist der Bezug auf den NI in diesem Kontext hinsichtlich folgender Aspekte relevant: Organisationen passen sich dem gesellschaftlich erwarteten Kontext zwecks Erhalts und Legitimation an. Hierbei ist allerdings zu konstatieren, dass eine solche Strukturangleichung allerdings eine fassadenhafte Anpassung ist, da die Organisationen nur eine vordergründige, vermeintlich innovative Formalstruktur aufbauen, während die tatsächliche Aktivitätsstruktur (im Inneren der Organisation) unverändert bleibt. Der NI erlaubt hierbei den kritischen Blick auf die entsprechenden kommunalen Umsetzungs- und Anpassungsprozesse und auf die suggerierten Strategien einer rationalen Steuerung von interdisziplinären und interorganisationalen Kooperations- und Netzwerkarrangements. Organisationen passen sich gesellschaftlichen Impulsen an, da ihnen Achtung und Anerkennung wichtig sind. Dem NI folgend passen sich Organisationen auf diese Weise an, weil ein normativer Druck oder Zwang besteht. Allerdings nehmen sie diese Anpassung oder Änderung nur vordergründig vor, tatsächlich ist eine Veränderung (im Sinne einer faktischen Innovation) in der Aktivitätsstruktur laut NI eher unwahrscheinlich und suggerieren vielmehr Innovation und Veränderungsbereitschaft. Übertragen auf den Forschungskontext der Implementierung und Verankerung einer kommunalen Gesamtstrategie stellt sich dementsprechend die *Frage, ob die Kommunen einen tatsächlichen Wandel* hin zu einer interdisziplinären und interorganisationalen Kooperations- und Netzwerkstruktur im Sinne eine kommunalen Gesamtstrategie *umsetzen oder ob sie Veränderungen eher in der Formalstruktur und im Rahmen parallel geschaffener Projektstrukturen initiieren – und somit letztendlich einen „Realitätsmythos administrativ gesteuerter Bildungsnetzwerke“ erzeugen.*

2. Beispiel Kommunale Präventionsketten: Eine empirische Analyse von Kooperation und Vernetzung in kommunalen Gesamtstrategien

Die empirische Analyse von Implementierungserfahrungen eines Landesprogramms zur Förderung von Vernetzung und Kooperation im Bereich des Schutzes und der Förderung von Kindern (Implementierung der kommunalen

Gesamtstrategie „Kommunale Präventionsketten" in Nordrhein-Westfalen) (Hack, 2021) wurde exemplarisch in einer Kommune durchgeführt, die sich in der Implementierung und Verstetigung einer kommunalen Gesamtstrategie im Rahmen des genannten Landesprojektes engagiert. Die Kommune als Ort kommunaler Daseinsfürsorge, das kann man allgemein vorausschicken, bestellt ein äußerst heterogenes Feld: Der soziale Dienstleistungssektor ist durch seine Politikfelder Kinder- und Jugendhilfe, Gesundheit, Schule und soziale Sicherung sektoralisiert und zeigt sich daher in einem hohen Maße versäult. Diese verschiedenen Politikfelder weisen hinsichtlich ihrer Systematik, Aufgaben, Ressourcen und Regeln bzw. Handlungslogiken Spezifika auf, wie sie in Abbildung 1 gezeigt werden.

Abb. 1: Kommunales Mehrebenensystem (Hack, 2021, S. 27)

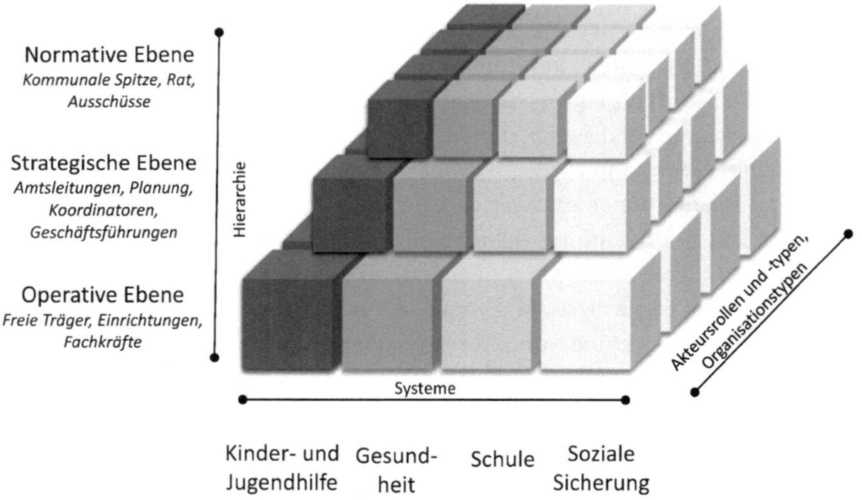

Ganz im Kontext der aktuellen sozialpolitischen Paradigmen des aktivierendes Sozial- und Wohlfahrtsstaates (Giddens, 1998; Lamping, Schridde, Plaß & Blanke, 2002; Dingeldey, 2006) und der vorbeugenden Sozialpolitik (Boeck, Benz, Huster & Schütte, 2015; Schroeder, 2017) ist es das Ziel des Landesprojektes und somit auch der kommunalen Präventionsketten, mittels interdisziplinärer Vernetzung und Kooperation ein gelingendes Aufwachsen von Kindern und Jugendlichen zu gewährleisten. Die Präventionskette bildet den gesamten Lebenslauf und seine einzelnen Phasen wie z. B. Schulphase, Berufsphase und deren Übergänge ab. Gleichzeitig zeigt sie mögliche Risiken bzw. Schwierigkeiten im Lebenslauf auf. Diesen gilt es, mittels einer bedarfsgerechten und abgestimmten Kooperation und Vernetzung sozialer Dienstleistungen, Hilfeangebote, Programme, Fördermaßnahmen und Aktivitäten entgegenzuwirken. Indem sie sich an dem in der Präventionskette abgebildeten Biografie von Kindern und Jugendlichen orientieren, sollen demnach die kommunalen Ressorts und ihre Akteur:innen zusammenarbeiten, um möglichst frühzeitig Kinder, Jugendliche und ihre Eltern zu begleiten und zu unterstützen. Kommunale system- und disziplinspezifische Strukturen und Arbeitsabläufe sollen aufgebrochen werden, um passgenauere und bedarfsgerechte Hilfen und Unterstützungsleistungen schaffen und anbieten zu können. Deutlich betont wird vor allem die mit der Präventionskette einhergehende Steuerungsverantwortung bei der Gestaltung einer entsprechenden kommunalen Infrastruktur (Gilles, 2013). Um in der qualitativen Analyse die subjektiven Konstruktionen kommunaler Akteure und die formalen Strukturen bestehender Beziehungen erfassen zu können, wurden leitfadengestützte Expert:inneninterviews durchgeführt und mit der Generierung von Netzwerkkarten kombiniert. Expert:inneninterviews erlauben generell für die Erfassung von Prozessen, Abläufen und Logiken, Beziehungen und Konstruktionen von Beziehungen, des Selbstverständnisses und der Orientierungen und subjektiven Konzepte, Deutungsmuster und Wirklichkeitskonstruktionen der Akteure (Bogner, Littig & Menz, 2014; Meuser & Nagel, 1991). Soziale Netzwerkanalysen zielen in Kombination damit auf die Untersuchung von Beziehungsstrukturen ab (Wellman, 1988). Die Netzwerkkarte verspricht – hier ergänzend zum Interview – eindeutige Darstellungen von Netzwerken und Netzwerkkontexten und erzeugt ergänzend zum gesprochenen Wort eine Momentaufnahme der aktuellen Netzwerkstruktur des Interviewten (Ryan & Mulholland, 2014).

Aufgrund der zuvor skizzierten Komplexität des kommunalen Dienstleistungssektors und unter Einbezug einer governance-theoretischen Mehrebenenperspektive liegt zum einen der Fokus auf Zusammenhängen grenzüberschreitender Koordination zwischen den unterschiedlichen Ebenen (Altrichter & Maag Merki, 2016, S. 11). Zum anderen illustriert die Studie mit Berücksichtigung des NI eine Skepsis gegenüber Impulsen aus der Umwelt – hier das Landesprogramm „Kommunale Präventionsketten“. Der NI erlaubt hierbei den kritischen Blick auf die entsprechenden kommunalen Umsetzungs- und Anpassungsprozesse und auf die suggerierten Strategien einer rationalen Steuerung von interdisziplinären und interorganisationalen Kooperations- und Netzwerkarrangements. Dem NI folgend passen sich Organisationen an, weil es von ihnen verlangt wird (normativer Druck oder Zwang) oder sie Prozesse der Nachahmung eingehen. Allerdings nehmen sie diese Anpassung oder Änderung nur vordergründig vor, tatsächlich ist eine Veränderung (im Sinne einer faktischen Innovation) in der Aktivitätsstruktur nicht erkennbar. Eher suggerieren sie Innovation und Veränderungsbereitschaft. Übertragen auf diesen Forschungskontext der Implementierung und Verankerung einer kommunalen Gesamtstrategie stellt sich dementsprechend die Frage, ob die Kommunen einen tatsächlichen Wandel hin zu einer interdisziplinären und interorganisationalen Kooperations- und Netzwerkstruktur im Sinne eine kommunalen Gesamtstrategie umsetzen oder ob sie Veränderungen eher in der Formalstruktur und im Rahmen parallel geschaffener Projektstrukturen initiieren – und somit letztendlich einen ‚Realitätsmythos' erzeugen.

Dementsprechend wurden in der Studie die unterschiedlichen Ebenen (normative, strategische und operative Ebene) und die jeweiligen Akteurs- und Organisationstypen bei der Auswahl der Interviewpartner:innen in der analysierten Kommune berücksichtigt. Letztendlich konnten 16 kommunale Akteure mit unterschiedlichen hierarchischen Positionen von kommunaler Spitze, über Dezernenten, Planungsstellen, Koordinator:innen, Schulleitungen, ASD-Leitung, Präventionsfachkräfte, Sozialraumakteure und aus den beteiligten verschiedenen Ressorts der Kinder- und Jugendhilfe, Gesundheit, Soziales sowie Schule interviewt werden. Nähere Informationen zur inhaltsanalytischen Auswertung der auf diese Weise generierten qualitativen Daten, der Kategorien- und letztlich daraus resultierenden Modellbildung sind bei Hack (2021) nachzulesen und haben u. a. zu den folgenden drei zentralen Ergebnissen geführt, die aus dieser Studie für den Kontext einer Bildungskommune von besonderer Bedeutung sind:

Ergebnis 1: Ebenenspezifische Ausprägung von Vernetzungs- und Kooperationskontexten – Sozial konstruierte und individuell kontextualisierte Perspektiven auf Kooperation und Vernetzung

Im Rahmen kommunaler Gesamtstrategien zeichnen sich Kooperations- und Vernetzungskontexte als ein komplexes und ausdifferenziertes Gefüge ebenenspezifischer Ausprägungen und Kontextualisierungen aus. Auf der normativen Ebene (kommunale Spitze) liegt eine autoritative Konnotation des Selbstverständnisses und Aufgabenspektrums vor und zeigt sich im Sinne eines weiten, inklusiven und innovierenden Selbstverständnisses in und für das kommunale Konzept der Vernetzung. Die strategische Ebene (Planungsstellen, Koordination) betont primär die eigene Steuerungsverantwortung für das Landesprogramm: Die Akteur:innen dieser Ebene sind Repräsentant:innen ihrer Herkunftssysteme und sehen sich in der Rolle des Mittlers zwischen diesen. Hierbei wird eher eine verhandlungsbasierte Ebene betont, auf der zwischen den Systemen und Zuständigkeiten Absichten geklärt sowie Vereinbarungen zur fallübergreifenden Zusammenarbeit getroffen werden. Darüber hinaus konnotieren sie ihren projektbezogenen Netzwerkkontext auf dieser Ebene als Informations- und Planungsnetzwerk, in dem sie sich im Austausch mit anderen Steuerungsakteure das kommunale Projekt lenken. Kooperation weist somit auf der strategischen Ebene einen fallübergreifenden Charakter auf und wird primär als potenzieller system- und ressortübergreifender Aktionsraum assoziiert. Auf der operativen Ebene muss zwischen projektbezogener und projektunabhängiger Vernetzung unterschieden werden: Sowohl in den Netzwerkkontexten des Projektes als auch in den projektunabhängigen Arbeitskreisen und sozialräumlichen Netzwerken beschreiben sich die Mitglieder dieser Ebene als Multiplikator:innen in ihre weiteren Netzwerke und Institutionen sowie als Themengeber:innen für die Netzwerkkoordination und die strategische Ebene des Landesprojektes. Allerdings bezeichnen die Akteure die projektunabhängigen (bereits bestehenden) Netzwerke und Arbeitskreise als tatsächlichen Aktions- und Handlungsraum (z. B. Durchführung gemeinsamer Fort- und Weiterbildungen, Konzeptionierung und Durchführung gemeinsamer Aktionen im Stadtteil, einzelfallspezifische Kooperationen), während die projektbezogenen Netzwerkkontexte ihnen primär als reiner Informationsraum dienen. Kooperation ist somit auf der operativen Ebene ein konkretes Werkzeug zur Aufgaben- und Problembewältigung, unterliegt allerdings zwei unterschiedlichen funktionalen Zuordnungen: Projektbezogene Kontexte werden primär als an den gegebenen Bedingungen orientierte Ermöglichungsräume verstanden, während projektunabhängige Kontexte zur alltagsbezogenen Problemlösung genutzt werden. Es kann daher nicht generell von einem Kooperations- und Vernetzungskontext im gesamtkommunalen Kontext gesprochen werden. Die Zugehörigkeit zu den einzelnen Ebenen im Projektkontext bedingt unterschiedliche Selbstwahrnehmungen, Akzentuierungen im und Beschreibungen des jeweiligen Kooperationskontextes, darüber hinaus lassen sich ebenenbezogene, projektspezifische und projektunabhängige Kooperations- und Vernetzungskontexte identifizieren. Eine derartig ebenenbezogene Differenzierung, das sei an dieser Stelle angemerkt, scheint für den Handlungszusammenhang Bildungskommune überaus wichtig.

Ergebnis 2: Hierarchien als Kontrast zur Idealvorstellung eines verständigungsorientierten Kooperations- und Netzwerkhandelns

Im Rahmen bildungs- und sozialpolitischer Ansätze und Reformen der letzten Jahre konnte eine primär normative Verwendungsweise der Begriffe „Kooperation“ und „Vernetzung“ festgestellt werden. Sie werden als bildungs- und sozialpolitische Instrumente zur Verbesserung und Optimierung des kommunalen sozialen Versorgungssystems verstanden. In diesem Kontext fällt die äußerst positive Konnotation der beiden Begriffe auf, die aber in breiten wissenschaftlichen Diskursen mitunter auch kritisch hinterfragt, sogar als einseitig harmonisch und naiv bezeichnet werden (u. a. Kessl, 2011; Schweitzer, 1998; Keupp, 1987) und gerade im Diskurs um Bildungslandschaften eine ausgeprägt symbolische und politisch verwobene Konnotation haben (Maykus, 2017). Der hier zugrundliegende Forschungszugang lässt vor diesem Hintergrund die Thematisierung real bestehender Herrschafts-, Macht- und Abhängigkeitsräume im kommunalen Setting zu. Die Idee einer gleichberechtigten Stellung aller beteiligten Akteure innerhalb kommunaler Kooperationssettings ist bislang reines Wunschdenken. Letztendlich geht es in der Ausgestaltung kooperativer Settings gerade um das

Austarieren und die Abstimmung der Zusammenarbeit auch aufgrund bestehender Abhängigkeiten. Unter Berücksichtigung der einzelnen ebenenspezifischen Positionen im kommunalen Gefüge kann das Verhalten eines Akteurs einer bestimmten Ebene erklärt werden – sie/er verhält sich in der Regel so, wie sie/er sich selbst (z. B. aufgrund von Rolle und Position) im Kontext verortet und strukturell eingeordnet wird (z. B. durch das Stellenprofil) und wie sie/er von den anderen Akteuren dementsprechend adressiert wird. Analyseergebnisse deuten auf die mehrheitliche Übereinstimmung der Selbstwahrnehmung und Zuschreibung der Akteure im Kooperations- und Vernetzungskontext innerhalb des Projektes in Äquivalenz zu bestehenden tradierten, projektunabhängigen kommunalen Kontexten hin. Hiermit einher gehen bestimmte Erwartungen an bestehende Rollen und Positionen im kommunalen Kontext – diese werden auch auf neu arrangierte Zusammenarbeitskontexte (z. B. Projektstrukturen) übertragen. Hierdurch ist auch zu erklären, warum trotz der Vision der gleichberechtigten Zusammenarbeit Kooperations- und Vernetzungskontexte im Rahmen der Analysen nicht als hierarchiefreier Raum identifiziert werden konnten. Einen solchen konnte die Studie als bloße Ideal- und Wunschvorstellung enttarnen, die auch mit dem Netzwerkideal der Bildungskommune intensiv verbunden ist und dort ebenso bestätigt werden kann.

Ergebnis 3. Strukturkonservative Vorgehensweise und Steuerungspraxis der Kommunen trotz weitreichender Ziele der Innovation mittels Vernetzungen

Auch im Hinblick auf die Steuerung des Landesprojektes in der Kommune kann die Anwendung der mehrebenenspezifischen Ausdifferenzierung als erkenntnisreich für eine entsprechende Klassifizierung hinsichtlich der normativen, strategischen und operativen Ebene angesehen werden. Die normative Ebene bezieht primär ihr Agieren auf die Meta-Ebene Gesamtkommune. Deutlich wird eine Aufgabenfokussierung auf die Gesamtverantwortung und auf die grundlegende Ausrichtung der Systeme und die Festlegung der Strukturen und Kommunikationswege. Die Akteure der strategischen Ebene richten primär einen system- und strukturbezogenen Fokus auf ihr Steuerungshandeln. Ihr Aufgabenspektrum liegt in der Entscheidung über die teilnehmenden Akteure und die Projektkoordination, der Festlegung strategischer Ziele, Zielkennzahlen und Standards sowie in ihrer Überprüfung und ggf. Nachsteuerung. Hinsichtlich der Steuerung auf der operativen Ebene lässt sich konstatieren, dass hier handlungs- und umsetzungsfokussierte Prämissen vorliegen. Unter (An-)Leitung der Projektkoordination werden Aufgaben aus den strategischen Zielen abgeleitet und ihre Umsetzung vor Ort begleitet und kontrolliert. Ihr wird in diesem Kontext durch die Akteure der operativen Ebene eine Doppelfunktion zugeschrieben: Sie übernimmt die

Federführung des Projektes und übermittelt Informationen an die strategische Ebene. Zusammengefasst lässt sich hervorheben, dass im Rahmen der Steuerung des Landesprojektes bestehende und kommunal gängige Steuerungsmodi und -strukturen (wie z. B. Entscheidungsmöglichkeiten des Dezernenten) sowie Arbeitskontextualisierungen (Abhängigkeitsverhältnis öffentlicher und freier Träger der Kinder- und Jugendhilfe, bestehende Arbeitskontexterfahrungen) auf das Landesprojekt übertragen wurden. Demzufolge ist zu konstatieren, dass – nicht wie im Rahmen des Landesprogrammes propagiert – neue Steuerungsstrukturen und -modi für eine neue Art der Zusammenarbeit (interdisziplinäre und interorganisationale Kooperation und Vernetzung) entwickelt und etabliert wurden. Somit ergibt sich die Frage, ob im Rahmen eines vermeintlich propagierten Paradigmenwechsels innerhalb der Zusammenarbeit in sozialen Dienstleistungssektoren nicht auch andere oder neue Steuerungsstrukturen und -modi notwendig sind. Kurzum: Braucht das neue kooperative und netzwerkartige System des sozialen Dienstleistungssektors nicht auch eine neue Art der Steuerung? Und wenn ja, welche – damit sie nicht die ebenenbezogene und tradierte Steuerung erhärten sowie fassadere Anpassungen in Form von Innovationsdiskursen fördern?

Mithilfe der Theorie des NI kann die Suche nach Antworten durchaus präzisiert werden und davor schützen, die erkennbaren Grenzen der Innovation mit Mitteln erweitern zu wollen, die sie nurmehr verstärken. Das Themenfeld Bildungskommune dürfte von einem solchen Blick deutlich profitieren. So sind die begrenzten Möglichkeiten der Wirkung von Netzwerken eben nicht mit einem Mehr an Vernetzung, sondern mit gezielter, machbarer und an den Handlungs- und Organisationsweisen der beteiligten Akteure orientierter Gestaltung der Kooperation anzugehen – und wirken vermutlich gerade darin – also im Wissen um ihre relativierte Funktion im Bildungsmanagement – innovativ. Der NI beschreibt zudem die Betonung der Kategorie Bildung, Landes- und Förderprogramme, fachpolitische Diskurse und das Anliegen einer inklusiven Teilhabe als Umwelteinflüsse auf Verwaltungen in der Kommune. Diese Einflüsse durchdringen zwar die Verwaltungsorganisation, aber nicht mit dem Ergebnis ihrer Erneuerung, um entsprechende Aufgaben besser bewältigen zu können, sondern in Form einer symbolisierten Kommunikation und vordergründigen Integration dieser Ziele in die bestehenden Arbeitsweisen. Damit werden genau diese legitimiert, gestärkt und in ihrer Wandlungsfähigkeit eingeschränkt, weil sie gar nicht beabsichtigt wird. Stattdessen bleibt die Förderung einer kommunalen Bildungsinfrastruktur eine der Administration äußerliche Tatsache, die sie allenfalls so weit in ihre Handlungskontexte und -erwartungen aufnimmt, wie es der öffentliche und fachpolitische Druck des dominierenden Zielbildes Bildungskommune erfordert. Die ebenenspezifischen Aktivitäten und Regeln wirken unverändert und weitgehend unverbunden fort, Hierarchien und ihre Auswirkungen auf Gestaltungs- und Entscheidungsprozesse bleiben unberührt, letztlich bestimmt die Legitimität das Handeln: Bildung soll als Kernthema der Kommunalverwaltung zumindest sichtbar, kommuniziert und gesellschaftlich anschlussfähig verhandelt werden. Besonders ernüchternd ist aus dieser theoretischen Warte das Auseinanderklaffen der Formal- und Aktivitätsstruktur – oder auch der Vorder- und Hinterbühne administrativen Agierens. Es zeigt sich durchaus, dass Veränderungen eher in der Formalstruktur und im Rahmen parallel zur Aktivitätsstruktur geschaffener Projekte initiiert werden – und also doch vor allem den Realitätsmythos administrativ gesteuerter Bildungsnetzwerke erzeugen. Diese Tatsache erhärtet sich noch dadurch, dass die vorfindbaren Parallelstrukturen erkennbar als Abbild des kommunalen Gesamtsystems erscheinen und daher noch nicht einmal als Insel mit lediglich wenig eingebundenen, aber innovativen Prozessen zu sehen sind, sondern als Kopie bestehender Strukturen unter einer projektförmigen Oberfläche.

3. Projektstruktur als manifestierte Parallelstruktur im kommunalen Gesamtsystem

Gehen wir daher noch einmal zurück zur exemplarischen Forschungsstudie: Ausgehend von den bisher diskutierten Ergebnissen lässt sich zusammenfassend ein tradiertes (projektunabhängiges) Klassifikationsmodell kommunaler Kooperation und Vernetzung (s. Abb. 2) und ein projektspezifisches Klassifikationsmodell kommunaler Kooperation und Vernetzung (s. Abb. 3) aus den Forschungsergebnissen ableiten.

Das projektunabhängige kommunale Modell (s. Abb. 2) zeigt die schematische Darstellung tradierter Arbeits- und Kooperationsformen inklusive ihrer ebenen- und systemspezifischen Zuschreibungen, Ausprägungen und Merkmale innerhalb der Kommune. Bestehende kommunale Kooperations- und Zusammenarbeitskontexte mit ihren jeweiligen Merkmalsausprägungen (Ergänzungen zu den jeweiligen Umkreisungen) sind entweder innerhalb der Systeme oder auf der jeweiligen kommunalen Ebene vorzufinden und abbildbar (Umkreisungen der jeweiligen sogenannten operativen Inseln). Deutlich wird, dass die Orientierung am Mehrebenensystem im Hinblick auf Kooperations- und Vernetzungsstrukturen im projektunabhängigen Kontext durchaus möglich ist: Es erlaubt die Abbildung der bestehenden kommunalen Ordnung mit ihrer ebenenübergreifenden systemimmanenten (z. B. innerhalb des Systems der Kinder- und Jugendhilfe) und systemübergreifenden, ebenenimmanenten (z. B. interdisziplinäre Kooperation und Vernetzung in sozialräumlichen Arbeitskreisen auf der operativen Ebene) Formen der Vernetzung.

Abb. 2: Projektunabhängiges Klassifikationsmodell kommunaler Kooperation und Vernetzung (Hack, 2021, S. 270)

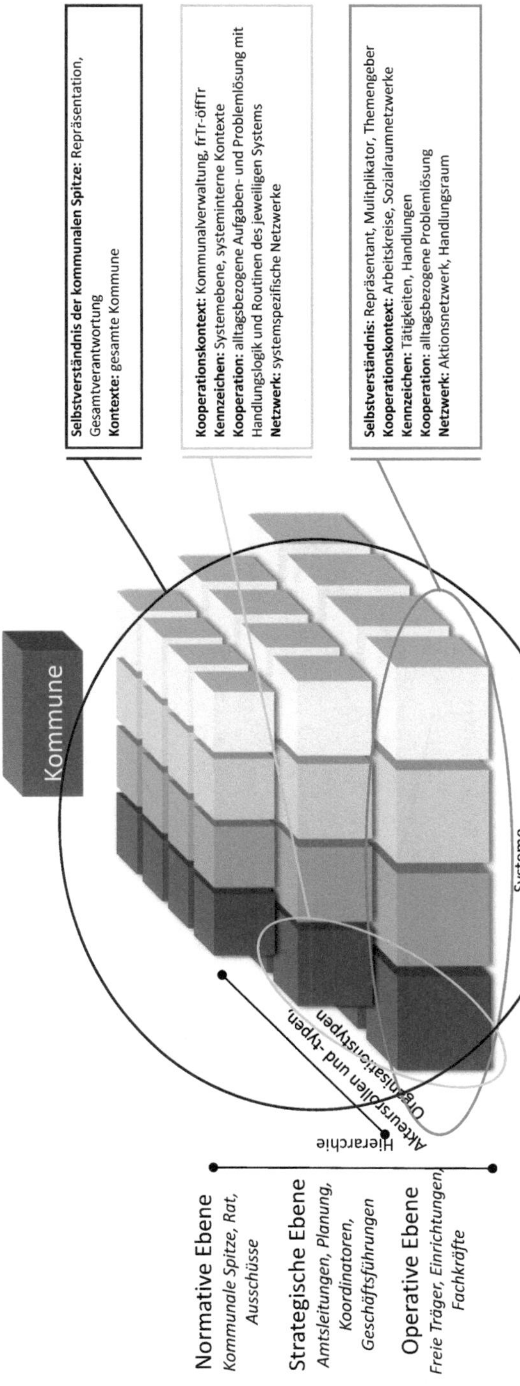

Abb. 3: Projektspezifisches Klassifikationsmodell kommunaler Kooperation und Vernetzung (Hack, 2021, S. 271)

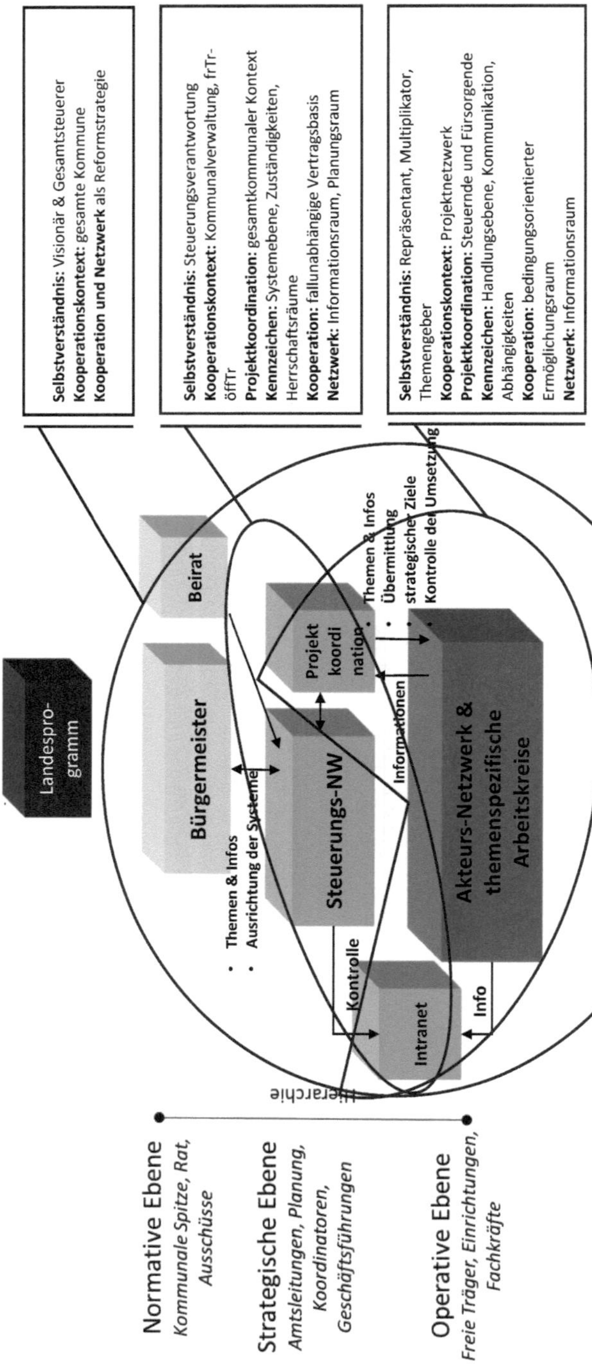

In der Abbildung 3 verdeutlicht das projektspezifische Modell, dass die anvisierte und konzeptionell angelegte Projektstruktur in Orientierung an der klassischen hierarchischen Ordnung (Mehrebenensystem) kommunaler Strukturen zwar abbildbar ist, allerdings im Rahmen dieser Analyse von Kooperations- und Netzwerkstrukturen die bisherige mehrebenenspezifische (Zu-)Ordnung auflöst bzw. die Ebenen nicht trennscharf abbilden kann. Zu erkennen ist eine Struktur, die zwar auf Grundlage der bestehenden kommunalen (hierarchischen) Struktur aufbaut, jedoch durch die Implementierung neuer Projektstrukturelemente (Beirat, Projektkoordination, interdisziplinäre systemübergreifende Netzwerke) eine projekteigene Ordnung und Kooperationsstrukturen (Umkreisungen) mit entsprechenden immanenten Merkmalen und Ausprägungen (Ergänzungen zu den Kreisen) herstellt. Die Analyse projektbezogener Kooperations- und Vernetzungsstrukturen lässt sich folglich nicht allein anhand funktionaler, mehrebenenspezifischer Ausprägungen und Merkmale abbilden, sondern kann nur durch eine neue, flexible und erweiterte Ordnung aufgezeigt werden. Ferner lässt sich ableiten, dass der Projektkontext und der kommunale Kontext nicht unabhängig voneinander betrachtet werden können (z. B. durch Übertragung der gängigen Steuerungsmodi auf den Projektkontext, Integration bisheriger Zusammenarbeitsstrukturen und Merkmale in den Projektkontext) – die Projektstruktur ist ergo immer in Relation zur kommunalen Struktur zu setzen, beides ist nicht voneinander zu trennen. Das heißt, projektartige Bemühungen um den Aufbau und die Verstetigung einer Bildungskommune mit ihren administrativ gestützten Formen der Steuerung sowie Vernetzung sind letztlich entweder Handlungsinseln ohne Bezug zur kommunalen Praxis, oder aber Abbild der übergreifenden, generellen Struktur der Kommunalverwaltung, die dann nur eine themenbezogene Ausrichtung erhält und programmatische Ziele an den bestehenden Handlungsrahmen der Verwaltung anpasst.

Ausgehend von dieser exemplarischen Studie kann an dieser Stelle wiederum allgemein festgehalten werden, dass im Rahmen der kommunalen Umsetzung des Landesprogrammes eine Projektstruktur entwickelt worden ist, die neben der bisherigen kommunalen Struktur angesiedelt zu sein scheint und die bestehende kaum berührt. Das entspricht einer Neben- oder Parallelstruktur, die sich lediglich von der Hauptstruktur durch ihre Programmatik und themenspezifische Aktivitäten unterscheidet, die darin durchaus auch eine vernetzende, die Akteure zusammenführende Qualität erreichen können, jedoch ohne die Ziele einer Innovation des Bildungsmanagements zu fördern – um es hier auf den Kontext der Bildungskommune zu übertragen. Dieses Ergebnis bestätigt das von Meyer & Rowan (1977) im Neo-Institutionalismus diskutierte Modell der Trennung der Aktivitätsstruktur von der Formalstruktur zu Legitimitätszwecken. Diese sogenannte Entkopplung lässt sich auch im Kontext der hier diskutierten Studie identifizieren und mit dem folgenden Modell (s. Abb. 4) einer gesamtkommunalen Struktur inklusive der Projektstrukturen abbilden.

Abb. 4: Klassifikationsmodell der kommunalen Gesamtstruktur (Hack, 2021, S. 273)

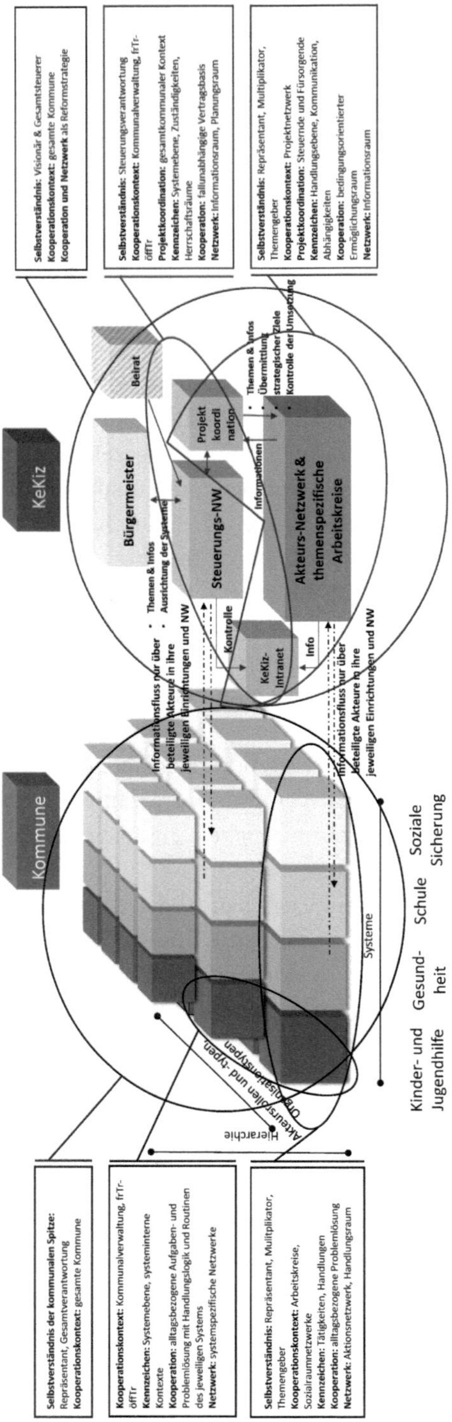

Auf Grundlage dieser exemplarischen Forschungsergebnisse können für den Kontext der Bildungskommune unmittelbar Rückschlüsse gezogen werden, vor allem für ihre Gestaltungsperspektiven, die Vernetzung nicht nur als programmatisches Ziel der Kommunalpolitik und -verwaltung verfolgt, sondern auch Strukturen der Bildungsförderung junger Menschen schafft, die eine Koppelung von Vernetzungsaktivitäten und (kommunal-)pädagogischen Perspektiven der Bildungsangebote vor Ort ermöglichen soll. Denn nach wie vor gilt ja im Fachdiskurs wie in kommunalen Entwicklungsvorhaben, dass die Kommunen im Zentrum bildungs- und sozialpolitischen Reformansätze stehen. Ihnen obliegt es, trotz einer leistungsrechtlichen Versäulung und organisationalen Fragmentierung des sozialen Dienstleistungssektors, eine präventiv ausgerichtete kommunale Gesamtstrategie zu implementieren und zu steuern. Kommunen erhalten hierdurch eine erweiterte Steuerungs- und Strukturverantwortung: Sie sollen einerseits den Umbau kommunaler sozialverwaltungsspezifischer Arbeitsweisen und -kontexte sowie andererseits (und den hier relevanten Kontext Bildungskommune verfolgend) eine auf Bildungsförderung ausgerichtete, interdisziplinäre Infrastrukturplanung und -gestaltung vornehmen. Ziel ist es dann, die Zusammenarbeit des äußerst heterogenen sozialen Dienstleistungssektors zu reformieren, indem sie diesen auf interdisziplinäre und interorganisationale Vernetzung ausrichten. Deutlich wird dabei die ambivalente Bedeutung der Kommune, denn die zunehmende „Kommunalisierung" der Sozial- und Bildungspolitik führt zu gestiegenen Ansprüchen und Erwartungen an die kommunale Steuerung und Umsetzung von z. B. den weitreichenden Vorhaben der Bildungskommune. Sie gilt nach wie vor als „potenzieller Hoffnungsträger im Hinblick auf die von vielen sozialpolitischen Akteuren für notwendig erachtete präventive und sozialinvestive Neujustierung der Sozialpolitik" (Brettschneider & Klammer, 2017, S. 144). Was bedeutet dies für die Gestaltung von Bildungskommunen und ihre spezifischen Anforderungen der Steuerung und Planung?

4. Fazit: Gesamtsystem und Parallelstruktur – Bewertungsmaßstab der Bildungskommune

Eine bestmögliche Realisierung von Bildungsmanagement verweist zunächst auf den Bereich der Kommunikation, der Prozesse und Strukturen der Verständigung gleichermaßen umfasst: Denn die aus Management- und Planungsprozessen resultierenden Bildungslandschaften sollen verbindend wirken, eine bessere Abstimmung von Akteuren und Institutionen ermöglichen, mithin gemeinsame Aktivitäten über die je gegebenen funktionalen Grenzen stellen. Das Pendant dazu ist die Verbundenheit der Menschen in und mit der Kommune sowie die soziale Bildung als Geschehen einer sich permanent neu ergebenden, vergewissernden und sich verändernden Verbindung in den Lebenswelten. Diese Verbindung sollte theoretisch näher geklärt und die daraus resultierenden Kategorien auch empirisch geprüft werden. Würde zum Beispiel der theoretische Rahmen des NI ergänzt durch ein Verständnis von Gesellschaft, die dann nicht nur Umwelt, sondern Teil kommunaler Bildungsentwicklung ist, entstünde eine erweiterte Sicht auf die Gestaltungsperspektiven der Bildungskommune: Eine z. B. resonanztheoretische Perspektive auf Gesellschaft (Rosa, 2016, 2021), auf Bildungsbedingungen in ihr und die Organisation einer Bildungsinfrastruktur vermittelt die Bedeutung einer getrennten Analyse von Gesellschaftlichkeit und Infrastruktur im Bildungsmanagement, in der die Kommune als raumgebundene Sozialformation Maßstab für die Bewertung der Handlungsformen einer Fachverwaltung ist. Auf diese Weise entstünde auch ein (gesellschafts-)theoretisch begründetes Modell von Steuerungsbedingungen und -zielen, das dann Grundlage empirischer Forschung werden kann. Diese beispielhafte theoretische Perspektive ist nicht mit der Absicht für die Praxis verbunden, Steuerung oder Planung abzuschaffen und auch nicht, die Gestaltung einer organisierten Struktur von Bildungsangeboten zu vernachlässigen, sondern beidem eine veränderte Handlungsgrundlage und einen veränderten Bewertungsmaßstab zuzuschreiben: Bildungsplanung und ihre Innovationsbemühungen sind dann Ausdruck einer adaptiven Stabilisierung von Entwicklungsprozessen kommunaler Gesellschaftlichkeit, die die Bildungs- und Entwicklungsbedingungen der jungen Menschen als Teil einer Gemeinwohlorientierung und ihrer auch demokratischen Mitgestaltung in sozialen Nahräumen ansehen. Kommunale Fachverwaltungen und Bildungsinstitutionen sowie -akteure besitzen dann weiterhin die Fähigkeit zur Steigerung, Steuerung, auch die Möglichkeit, sich an Kriterien der Effizienz und Optimierung pädagogischer Angebote zu orientieren – allerdings nur, wenn es gute, in planungsbezogenen Orten der Kommunikation und unter Berücksichtigung der lebensweltlichen Bildungsthemen der Menschen generierte Gründe dafür gibt. Ziel wäre eine hörende und antwortende Administration, die aktive Äußerungsweisen kommunaler Gesellschaftlichkeit in Stadtteilen und Gemeinden fördert, aufnimmt und strukturbildend gestaltet. Die Bedeutung der Kommunalverwaltung für die Gestaltung von Bildungsangeboten lässt sich demnach an ihrer Rolle zur Eröffnung von Kommunikation in kommunalen Öffentlichkeiten bestimmen und in dem Maß, wie sie dabei Bildung als gesellschaftlichen Modus der Integration zwischen System und Lebenswelt versteht, Resonanzachsen eröffnet sowie ihre unverändert systemisch geprägten Instrumente, Formen und Arbeitsstrukturen des Bildungsmanagements hierauf abstimmt. Kommunalverwaltungen würden dann, wie der NI es entlarvt – nicht in Parallelstrukturen verharren sowie dem unhinterfragten Realitätsmythos administrativ gesteuerter Bildungsnetzwerke unterliegen und stattdessen die Gestaltung eines Gesamtsystems von Bildungsmanagement und pädagogischer Bildungsförderung verfolgen, die sich an den lebensweltlich getragenen Bildungserfahrungen junger Menschen in ihren Stadtteilen und Gemeinden orientiert.

Literaturverzeichnis

Altrichter, H. & Maag Merki, K. (2016). Steuerung der Entwicklung des Schulwesens. In H. Altrichter & K. Maag Merki (Hrsg.), *Handbuch Neue Steuerung im Schulsystem* (2. überarbeitete und aktualisierte Auflage) (S. 1–27). Wiesbaden: VS Verlag.

Boeckh, J., Benz, B., Huster, E.-U. & Schütte, J. D. (2015). Aktuelle sozialpolitische Leitbilder. *Informationen zur Politischen Bildung (3)*, 30–35.

Bogner, A., Littig, B. & Menz, W. (2014). *Interviews mit Experten: Eine praxisorientierte Einführung.* Wiesbaden: VS Verlag.

Brettschneider, A. & Klammer, U. (2017). Editorial Kommunalisierung der Sozialpolitik – Chancen für präventive Konzepte? *Zeitschrift für Sozialreform, 63*(2).

Dingeldey, I. (2006). Aktivierender Wohlfahrtsstaat und sozialpolitische Steuerung. *Aus Politik und Zeitgeschichte APuZ (8-9)*, 3–9.

Giddens, A. (1998). The third way: The renewal of social democracy (Repr., paperback ed.). Cambridge: Polity Press.

Gilles, C. (2013). *Rahmen- und Gelingensbedingungen kommunaler Netzwerke und Präventionsketten gegen Kinderarmut.*: Expertise um Auftrag der Landesvereinigung für Gesundheit & Akademie für Sozialmedizin Niedersachsen e. V.

Hack, C. (2021). *Kooperation und Vernetzung in bildungs- und sozialpolitischen Reformprogrammen. Kommunale Praxis, pädagogische Forschung und Sozialpolitik.* Weinheim, Basel: Beltz Juventa.

Hack, C. (2019). Erfahrungen mit der Verknüpfung der inhaltlich strukturierenden qualitativen Inhaltsanalyse und der qualitativen strukturalen Analyse am Beispiel der Explikation von Netzwerkkonstellationen. *FQS – Forum Qualitative Sozialforschung, 20*(3), Art. 25.

Hasse, R. & Krücken, G. (2005). *Neo-Institutionalismus.* Mit einem Vorwort von John Meyer (2., vollst. überarb. Aufl.). Einsichten. Bielefeld: transcript.

Kessl, F. (2011). Von der Omnipräsenz der Kooperationsforderung in der Sozialen Arbeit. *Zeitschrift für Sozialpädagogik (4)*, 405–415.

Keupp, H. (1987). Soziale Netzwerke. Eine Metapher des gesellschaftlichen Umbruchs? In H. Keupp & B. Röhrle (Hrsg.), *Soziale Netzwerke* (S. 11–53). Frankfurt/M.: Campus.

Koch, S. & Schemman, M. (2009). Neo-Institutionalismus in der Erziehungswissenschaft – Eine einleitende Verhältnisbestimmung. In S. Koch & M. Schemman (Hrsg.), *Neo-Institutionalismus in der Erziehungswissenschaft. Grundlegende Texte und empirische Studien* (S. 7–18). Wiesbaden: VS Verlag

Kolleck, N. (2022). Chancenungleichheit und Bildungsplanung. In W. Böttcher, L. Brockmann, C. Hack & C. Luig (Hrsg.), *Chancenungleichheit: geplant, organisiert, rechtlich kodifiziert* (S. 95–103). Münster: Waxmann.

Lamping, W., Schridde, H., Plaß, S. & Blanke, B. (2002). *Der Aktivierende Staat: Positionen, Begriffe, Strategien.* Universität Hannover, Abteilung Sozialpolitik und Public Policy.

Lindner, M., Niedlich, S., Klausing, J. & Brüsemeister, T. (2015). Regelungsbereiche des kommunalen Bildungsmanagements im Programm „Lernen vor Ort". In T. Coelen, A. J. Heinrich & A. Million (Hrsg.), *Stadtbaustein Bildung* (S. 283–293). Wiesbaden: VS Verlag.

Maykus, S. (2015). Bildungslandschaften zwischen Subjektbezug, Organisationslogik und kommunalem Raum. In T. Coelen, A. J. Heinrich & A. Million (Hrsg.), *Stadtbaustein Bildung* (S. 223–232). Wiesbaden: VS Verlag.

Maykus, S. (2016). Zusammenführung von Planungsdaten als Managementaufgabe – Strategien einer Datenbasierung kommunalen Bildungsmanagements. In M. Bienek & M. Holmgaard (Hrsg.), *Bildungsmonitoring und kommunales Datenmanagement: Die Verschränkung von Datenbeständen als Grundlage für kommunales Bildungsmanagement* (S. 9–19). Münster: ISA-Eigenverlag.

Maykus, S. (2017). Bildungslandschaften aus systemtheoretischer Sicht. In T. Olk & S. Schmachtel (Hrsg.), *Educational Governance in kommunalen Bildungslandschaften* (S. 127–146). Weinheim, Basel: Beltz Juventa.

Maykus, S. (2018). In der Großstadt Jugend ermöglichen – Stadtteile als junge Bildungs- und Beteiligungsräume. *Nachrichtendienst des Deutschen Vereins 2018*(3), 112–118.

Maykus, S. (2021). *Sozialpädagogik als Kooperation. Schule, Bildung, Netzwerke, Partizipation – ein Weg zur pädagogischen Kommunalentwicklung.* Weinheim, Basel: Beltz Juventa.

Maykus, S. (2022). Kennziffer erfüllt – Bildungschancen eröffnet? Thesen zu den Folgen einer Verdinglichung kommunaler Lebenswelten durch Bildungsplanung. In W. Böttcher, L. Brockmann, C. Hack & C. Luig (Hrsg.), *Chancenungleichheit: geplant, organisiert, rechtlich kodifiziert.* Münster: Waxmann.

Maykus, S. (2023). *Form ohne Gehalt? Zum Verhältnis von Infrastrukturgestaltung und Gesellschaftlichkeit im kommunalen Bildungsmanagement.* In Online Enzyklopädie Erziehungswissenschaft des Beltz Juventa Verlages. Fachgebiet Bildungsorganisation, Bildungsplanung, Bildungsrecht.

Maykus, S., Beck, A., Eikötter, M. & Martin Sanabria, A. (2017). *Inklusive Bildung in der Kommune. Empirische Befunde zu Planungs- und Beteiligungsmodellen zwischen Schule und Kinder- und Jugendhilfe.* Weinheim, Basel: Beltz Juventa.

Merkens, H. (2011). *Neoinstitutionalismus in der Erziehungswissenschaft.* Opladen: Budrich.

Meuser, M. & Nagel, U. (1991). ExpertInneninterviews – vielfach erprobt – wenig bedacht.: Ein Beitrag zur qualitativen Methodendiskussion. In D. Garz & K. Kraimer (Hrsg.), *Qualitativ-empirische Sozialforschung: Konzepte, Methoden, Analysen* (S. 441–471). Opladen: VS Verlag für Sozialwissenschaften.

Meyer, J. T. & Rowan, B. (1977). Institutionalized Organizations: Formal Structure as Myth and Ceremony. *American Journal of Sociology, 83*(2), 340–363.

Preisendörfer, P. (2016). *Organisationssoziologie: Grundlagen, Theorien und Problemstellungen* (4., überarbeitete Auflage). Wiesbaden: VS Verlag.

Rosa, H. (2016). *Resonanz.* Frankfurt/M.: Suhrkamp.

Rosa, H. (2021). Best Account. Skizze einer systematischen Theorie der modernen Gesellschaft. In A. Reckwitz & H. Rosa (Hrsg.), *Spätmoderne in der Krise. Was leistet die Gesellschaftstheorie?* (S. 151–251). Frankfurt/M.: Suhrkamp.

Ryan, L., Mulholland, J. & Agoston, A. (2014). Talking Ties: Reflecting on Network Visualisation and Qualitative Interviewing. *SOCIOL RES ONLINE, 19*(2).

Schaefers, C. (2002). Der soziologische Neo-Institutionalismus. Eine organisationstheoretische Analyse- und Forschungsperspektive auf schulische Organisationen. *Zeitschrift für Pädagogik, 48*(6), 835–855.

Schroeder, W. (2012). *Vorsorge und Inklusion: Wie finden Sozialpolitik und Gesellschaft zusammen?* Berlin: Vorwärts Buch.

Schweitzer, J. (1998). *Gelingende Kooperation: Systemische Weiterbildung in Gesundheits- und Sozialberufen.* Juventa-Materialien. Weinheim, München: Juventa.

Senge, K. (2007). Was ist neu am Neo-Institutionalismus? *Österreichische Zeitschrift für Soziologie, 32*(1), 42–65.

Walgenbach, P. & Meyer, R. E. (2008). *Neoinstitutionalistische Organisationstheorie.* Stuttgart: Kohlhammer.

Wellman, B. (1988). Structural analysis: from method and metaphor to theory and substance. In B. Wellman & S. D. Berkowitz (Hrsg.), *Social Structures: A Network Approach* (S. 19–61). Cambridge: Cambridge University Press.

Alles immer vor Ort?

Beobachtungen kommunaler Bildungs- und Integrationskoordination im Kontext der Fluchtzuwanderung

Sandrine Bakoben und Thorsten Schlee

1. Einleitung

Keine bildungs- oder integrationspolitische Programmschrift kommt ohne die Losung von der „Bildung bzw. Integration vor Ort“ aus. Unserem Beitrag liegt die eigenartige Beobachtung zu Grunde, dass in der Bildungspolitik und in der Integrationspolitik jeweils integrierte lokale Lösungen gefordert und gerahmt, durch eine ähnliche Semantik neuerlich getrennte kommunale Verwaltungseinheiten eingerichtet und ausgebaut werden. Hintergrund unserer Beobachtungen ist die lokale Organisation von Fluchtmigration, die auch als Verwaltungskrise wahrgenommen wurde und organisatorischen Wandel anregte.

Das Anliegen einer lokalen Koordination und Integration von sozialstaatlichen Leistungen und Angeboten folgt der Problembeobachtung der Fragmentierung des Sozialstaates. Denn der Sozialstaat existiert nicht im Singular, sondern zersplittert in eine Vielzahl finanzieller, organisatorischer, steuerungstechnischer und professioneller Problembearbeitungen. Was unter Aspekten der Professionalisierung und Leistungssteigerung sinnvoll erscheinen mag, wird schnell unübersichtlich bis hin zu dysfunktional, wenn verschiedene Organisationen zeitgleich und unkoordiniert Leistungen für ein und dieselbe Person anbieten. Idealtypisch lassen sich die Koordinierungsanliegen sowie ihre politisch programmatischen Impulse im Übergangssystem zwischen Schule und Beruf beobachten. Hier wird in der Hoffnung Effektivitätssteigerungen zu generieren schon langjährig mit immer neuen Initiativen vernetzt (Schlee, 2019; Schlee & Enggruber, 2020).

Die Lage verkompliziert sich, wenn man diese Koordinierungsstrukturen in Bezug auf ihren Umgang mit Zuwanderung im Allgemeinen und insbesondere mit Fluchtzuwanderung beobachtet, denn dann kommen auch die spezifischen integrationspolitischen Instrumentarien (wie Integrationskurse, Migrationsberatungen und Jugendmigrationsdienste) und aufenthaltsrechtlichen Regelungen hinzu. Obwohl die Gesetzespakete, die im Rahmen und Nachgang zur Fluchtzuwanderung 2014 bis 2016 geschnürt wurden (zur Übersicht SVR, 2019, S. 67), allesamt vereinfachend wirken sollten, haben wir es mit einer immer weiteren Ausdifferenzierung und Pluralisierung von Statuspositionen zu tun, die auch unterschiedliche Formen der Inklusion/Exklusion zur Folge haben und die dazu führen, dass Länder und Kommunen für unterschiedliche Statusgruppen Ergänzungen oder Substitutionen zu den Regelinstrumenten der Integrationspolitik auflegen.

Gegenstand des Beitrags ist wie und unter welchen Bedingungen Kommunen Bildungs- und Integrationsverwaltungen differenzieren. Dazu verortet der Beitrag mit kommunikationstheoretischer Fundierung die Semantiken lokaler Politikgestaltung und Vernetzung in den Bereichen Bildung und Integration im Kontext der Politiken des transformierten Wohlfahrtsstaates und problematisiert die Ausdifferenzierung dieser beiden Bereiche. Im zweiten Schritt zeigt er die verwaltungstechnische Operationalisierung von Bildungs- und Integrationsanliegen auf, wie sie sich in zwei Kommunen im Bundesgebiet darstellen, um darauf aufbauend Rahmenbedingungen lokaler Politikgestaltung und Vernetzung zu problematisieren und auszutarieren.

2. Dezentralisierung im Kontext des aktivierenden Sozialstaates

Politisches Ordnungsdenken spannt sich zwischen den Polen lokaler Selbstorganisation und zentraler Steuerung auf. Zwar haben – wie Anter (2007, S. 36) festhält – gegenwärtig Konzepte von lokaler Selbstregulation Konjunktur, doch solche „Moden", wie sie Jann (2002, S. 282) nennt, sind meist nur von (relativ) kurzer Dauer und es mehren sich die Anzeichen, dass die dezentralen Machtbeschreibungen ihren Zenit bereits wieder überschritten haben. Die sozialwissenschaftliche Theorie- und Empirieproduktion reflektiert dezentrale Modelle politischer Macht als Governance-Strukturen (Abs, Brüsemeister, Schemmann & Wissinger, 2015) oder als Regime (Pott, Rass & Wolff, 2018). Governance- und Regimeperspektiven teilen ein Narrativ, das einen Bedeutungsverlust zentral steuernder Instanzen im Zeitverlauf nahelegt. Hervorgehoben werden dagegen die Selbststeuerungspotenziale lokaler Akteure und Interaktionsformen (Scharpf, 2006) zwischen Staat, Markt, privaten und Dritt-Sektor-Akteuren. Diese deskriptiv-analytische Ebene ist oftmals schwer von den normativen Erwartungshaltungen dezentraler Ordnungsmodelle zu unterscheiden. Sie versprechen sowohl politisch legitimatorische Vorteile durch eine breite Teilhabe verschiedener Akteure als auch (schwer nachweisbare) Effizienzsteigerungen, weil die lokalen Akteure eben eine unmittelbarere Problemsicht und bessere Informationen in die Steuerungsprozesse einbringen.

Den Wandel vom Management zum Governance beschreibt auch Jann (2002, S. 291) vor dem Hintergrund der Transformationen des Sozialstaates hin zu einer aktivierenden Sozialpolitik. Diese Transformationen dürfen nicht als bloße Neu-Regulation einzelner sozialstaatlicher Gesetzgebungen missverstanden werden. Vielmehr transformiert sich das gesamte Ordnungswissen in diesem Bereich: Die Rolle und das Selbstverständnis öffentlicher Verwaltung, ihre Gegenstände, Verfahren und die Zielstellungen öffentlichen Handelns. Denn im Unterschied zu seinen Vorläufern adressieren Aktivierungspolitiken nicht weiter Rechtssubjekte oder eine passive Klientel sozialer Dienstleistungen, sondern Subjekte, die ihre Existenz eigenverantwortlich im Einklang mit Verwertbarkeitserwartungen steuern (Lessenich, 2012, S. 45; Rose, 2007, S. 93). Der aktivierende Sozialstaat will vor allem von Bildungsteilhabe und Erwerbsleben exkludierte Personengruppen befähigen, ihr Leben eigenverantwortlich zu führen. Er rekurriert dafür in den Reflexionsschemata *nationaler* Kosten-Nutzenkalkulationen, auf Figuren des demografischen Wandels und des Fachkräftemangels. Individuell adressiert er Personen, die ihren „Aufstieg durch Bildung" erarbeiten können. Mit diesem Fokus aber wird deutlich, dass die vielschichtigen personalen Problemlagen nicht in den hochgradig spezialisierten und fragmentierten sozialen Dienstleistungen aufgehen. Um effektiv zu sein, müssen Aktivierungspolitiken an der Reintegration spezialisierter sozialer Dienstleistungen ansetzen. Der Blick auf ein – mit welchem Zuschnitt auch immer – eingegrenztes Raumsegment, das ist der Blick auf die lokale Ebene, verspricht diese Komplexität wieder handhabbar zu machen. Aus dieser semantischen Anordnung des Wissens über politische Zusammenhänge speist sich die Plausibilität lokaler Bildungssteuerung und lokaler Integrationspolitik.

3. Bildung und Integration als Handlungsfelder im politischen Mehrebenensystem

Der Zusammenhang von Bildungs- und Integrationsanliegen ist sachlich naheliegend. Die Reflexion von Integrationsanliegen erfolgte lange vor allem in Bezug auf die Kinder der ehemaligen Gastarbeiter:innen und die Beobachtung von Schulproblemen von Ausländerkindern (Hopf, 1981; Kühn Memorandum, 1979, S. 7). Die Beobachtung ungleicher schulischer Chancen, die sich an Migrationserfahrung oder Migrationshintergrund knüpfen, ist über 40 Jahre alt, wobei die bislang eingeschlagenen Lösungswege noch nicht die erhoffte Wirkung erzielten, wie der Bildungsbericht 2016 anmerkt: „Trotz steigender Bildungsbeteiligung und insgesamt verbesserter Kompetenzen im Schulbereich haben sich die an den erworbenen Abschlüssen gemessenen Bildungserfolge der deutschen und ausländischen Jugendlichen nicht in gleicher Weise angenähert" (Autorengruppe Bildungsberichterstattung, 2016, S. 205).

Die Datenlage zu kommunalen Verwaltungsstrukturen in den Bereichen Bildung und Integration ist neben Einzelfallbetrachtungen noch stark ausbaufähig.

Schammann, Bendel, Müller, Ziegler und Wittchen (2020), haben die wohl umfangreichste Datensammlung zu kommunalen Integrationsverwaltungen vorgelegt, betonen aber, dass auch diese Studie nicht repräsentativ ist. Im Bereich der kommunalen Bildungsverwaltungen sind die vorgelegten Untersuchungen zumeist eng an die entsprechenden Bundes- oder Landesprogramme angelehnt. Die Übersicht von Brüggemann und Tegge (2018) zeigt in welchem Umfang Techniken kommunalen Bildungsmanagements bundesweit umgesetzt werden. Aus unserer Sicht ist es vor allem bedeutend, die Bundes- und Landesstrukturen in den jeweiligen kommunalen Politikfeldern mit zu berücksichtigen, denn sie präfigurieren die konkrete Gestalt kommunaler Steuerungsambitionen und bieten einen Rahmen für kommunale Tätigkeiten in den Bereichen Bildung und Integration.

3.1 Kommunen als integrationspolitische Akteure

Während der Bund sich noch bis zu Beginn der 2000er Jahre weigerte, die beständig hohen Zuwanderungszahlen anzuerkennen und spezifische Bildungs- und Arbeitsmarktprogramme für die wachsende Zahl von Migrierten, die sich dauerhaft in der Bundesrepublik aufhalten, regelhaft vorzuhalten, waren es vor allem Länder und Kommunen, die die ersten Integrationsprogramme entwickelten. Die Etablierung bundesweiter Strukturen der Integrationspolitik wird in der Regel an dem Bericht der „Unabhängigen Kommission Zuwanderung“ und der Verabschiedung des Zuwanderungsgesetzes 2005 festgemacht (Gestmann & Hilz, 2018, S. 241; Krummacher, 2011). Die nun auch bundespolitisch forcierte Integrationspolitik schreibt sich explizit in die Programmatik des aktivierenden Sozialstaates ein, die Integrationsangebote fördert und Integrationsleistungen einfordert (§ 43 Abs. 1 AufenthG). Kommunale Integrations- und Bildungspolitiken können sich auf die vom Bund flächendeckend geschaffenen Strukturen (Integrationskurse, Migrationsberatungen für Erwachsene, MBE, Jugendmigrationsdienste, JMD) beziehen und müssen mit ihnen kalkulieren, haben aber kaum Einfluss auf Ausgestaltung und Vergabe dieser Angebote. Vernetzung und Netzwerkarbeit lokaler Akteure gehören auch zu dem Standardaufgabenprofil der bundesweiten Beratungseinrichtungen (MBE und JMD).

Auch in ihrer Genese lehnen sich die lokalen Integrationsstrukturen eng an den Bildungsbereich an. Das lässt sich vor allem an der Entwicklung der Kommunalen Integrationszentren (KI) in Nordrhein-Westfalen ablesen. Sie gingen aus „Regionalen Arbeitsstellen zur Förderung von Kindern und Jugendlichen aus Zuwandererfamilien“ (RAA) hervor, die vor allem auf schulische Bildung ausgerichtet waren (Bainski, 2011). Mit dem Integrations- und Teilhabegesetz (2012) institutionalisierte das Land flächendeckende Integrationsverwaltungen. Auch für die KI bleibt „Integration durch Bildung“ ein zentrales Standbein, dass sich auch in den dort beschäftigten Professionen widerspiegelt (Ulusoy, Halm, Sauer & Kersting, 2016, S. 43). Das zweite inhaltliche Standbein der KI diffundiert (Stöbe-Blossey, 2021, S. 13) und erweitert den Aufgabenbereich um die Säule „Integration als Querschnitt". Gemeint ist damit, dass eine spezialisierte Verwaltungseinheit die Kompetenzen bereithält, andere Verwaltungseinheiten auf die spezifischen Anliegen von Zuwanderern aufmerksam zu machen, zu sensibilisieren, zu schulen und bei deren regelhafter Aufgabenerfüllung das Thema immer wieder in Erinnerung zu rufen.

Strukturell schwankt die Institutionalisierung von Integrationsanliegen derart zwischen der Etablierung eigenständiger Integrationsverwaltungen oder der Betonung, dass die Regelfunktionen die Aufgaben ohnehin erledigen. Die erste Position neigt dazu, die sozialen Probleme ausländischer Bevölkerungsteile zu problematisieren und unter beständige Beobachtung und Kontrolle zu stellen. Sie läuft Gefahr Fremdheit und Benachteiligung zu konstruieren, um daraus Mittelakquise *und* Regulation zu rechtfertigen. Die zweite Position neigt dazu, die spezifischen mit Migration einhergehenden sozialen Probleme und individuellen Lagen (Downscaling von Bildungsabschlüssen und relevanten Berufserfahrungen, Sprachbarrieren, Fremdheitszuschreibungen bis hin zu strukturellem Rassismus) zu ignorieren. Entsprechend prekär ist die Ausdifferenzierung eines eigenständigen Politikfeldes und Kommunikationszusammenhangs der Integrationspolitik (Blätte, 2015, S. 104; Scholten, 2020, S. 47).

In diesem Spannungsverhältnis haben sich in verschiedenen Bundesländern kommunale Integrationsverwaltungseinheiten etabliert, wobei deren Aufgaben, Regelhaftigkeiten und Strukturen stark variieren. In den meisten Flächenstaaten existieren keine Landesstrukturen zur flächendeckenden Förderung von Integrationsverwaltungseinheiten. Erst mit der Fluchtzuwanderung und der Verteilung Geflüchteter erhielten die Integrationsverwaltungen auch in der Breite einen Schub (Schammann et al., 2020, S. 99). Inwiefern dieser Schub nachhaltig gewesen sein wird, steht nun mit der zu erwartenden Aufnahme von Geflüchteten aus der Ukraine auf der Probe.

3.2 Kommunen als bildungspolitische Akteure

Als kommunale Bildungsverwaltungen betrachten wir hier nur solche Verwaltungseinheiten, die sich explizit mit der Steuerung und Koordination von Bildung in den Kommunen beschäftigen. Seit mehr als 20 Jahren wird Bildung in einer Reihe von Bundes-, Landes- und auch Stiftungsprogrammen als kommunale Aufgabe situiert. Angesichts der Länderzuständigkeit für Bildungsangelegenheiten ist das keine Selbstverständlichkeit. Die Zuständigkeit der Kommune beschränkte sich lange auf die äußeren Schulangelegenheiten. Denn während die Länder die ausschließliche Kompetenz für die staatliche Schulhoheit (innere

Schulangelegenheiten) halten, sind die Kommunen Schulträger und damit für die Errichtung, Unterhaltung und Verwaltung der einzelnen Schulen zuständig (pflichtige Selbstverwaltungsaufgabe, äußere Schulangelegenheiten). Konzeptionell folgt der Aufbau kommunaler Bildungsverwaltungen einer Erweiterung des Bildungsbegriffs. Bildung geht nicht in der Schule auf, sondern wird als lebenslanger Prozess gefasst, der schulische wie außerschulische, formale wie non-formale Bildungsprozesse umfasst. Der Kommune erwächst dann die Aufgabe, die verschiedenen Bildungsakteure im Lebenslauf zu koordinieren und Schnittstellen zu identifizieren. Wie auch in der Integrationspolitik rückt sie in die Rolle eines Moderators. Die Programmschriften einschlägiger bildungspolitischer Initiativen betonen einhellig (Schlee & Enggruber, 2020, S. 32) die wachsende Geschwindigkeit des technologischen Wandels und damit auch die Anpassungserfordernisse von Qualifikationen. Das geschieht mit Referenzen zur Leistungsfähigkeit des Wirtschaftsstandortes, mit der Figur von Bildung als Sozialinvestition und mit dem Verweis auf individuelle Karriere- und Verdienstmöglichkeiten. Individuell werden Personen mit der Figur des Aufstiegs durch Bildung adressiert. Persönliche Lebenschancen und die wirtschaftliche Leistungsfähigkeit des Landes werden in dieser Argumentation als zwei Seiten einer Medaille gefasst (eine kritische Auseinandersetzung mit dem Topos etwa bei Heid, 2009).

Die lokalen Strukturen im Bildungsbereich sind stark von Bundes- und Landesprogrammen geprägt. Operationalisiert wurde die kommunale Bildungsverantwortung seit den frühen 2000er Jahren in einer Serie von Programmen (zur Übersicht: Schlee & Enggrubber, 2020, S. 25–44; ausführlich: Niedlich, 2020, S. 228–277). Ihre vorläufige Kulmination war das BMBF Programm „Lernen vor Ort". In dieser Programmlinie verorteten sich in der Folge die Strukturförderung der „Transferinitiative kommunales Bildungsmanagement". Sie firmierte auch als Dach der im Kontext der Fluchtzuwanderung bedeutenden niedrigschwelligen Bundesförderung der „Kommunalen Koordinierung der Bildungsangebote für Neuzugewanderte" wie auch des Programms „Bildung integriert", dass vor allem die kommunale Bildungsberichterstattung in der Breite etablieren wollte. Neben den BMBF Programmen werden auch einzelne Länder aktiv und setzen Programme zur lokalen Bildungssteuerung um. Auch hier sind es Nordrhein-Westfalen, Baden-Württemberg aber auch Niedersachsen und Bayern, die kommunale Bildungskoordination und Vernetzung fördern (Brüggemann & Tegge, 2018, S. 12).

4. Beobachtungsstandpunkt und Datenbasis

Der Beitrag bedient sich einer Beobachtungsperspektive, die Åkerstrøm Andersen (2006) als „diskursive Analysestrategien" bezeichnet. Sie gehen nicht von den Problembeschreibungen des politischen Systems als „sozialen Tatsachen" aus, sondern sie verorten die Beobachtung und Erzeugung von Problemen durch

Organisationen. Ähnlich beschrieb Nullmeier (1993, S. 1992) den Einsatz einer wissensbasierten Policy-Analyse, die darauf verzichtet, zwischen Symbolen und materieller Politik zu unterscheiden, sondern die vielmehr die materiellen Wirkungen politischer Diskurse und ihrer narrativen Rahmungen aufzeigen will. Ihr Ausgangspunkt sind nicht die administrativen Problembeobachtungen, sondern wahlweise „Wissen", „Diskurse" oder „Semantiken". Analysestrategien zweiter Ordnung leisten damit keinen unmittelbaren Beitrag zur Lösung von Integrations- oder Bildungsproblemen, sondern sie interessieren sich für das Wissen, das diese Probleme erzeugt und die Praxen, mit denen sie bearbeitet werden. Unter diesen beobachtungstheoretischen Prämissen können und müssen wir darauf verzichten „Bildung" und „Integration" zu definieren. Das geschieht in großer Zahl in der Wissenschaft und administrativer Praxis mit Präferenz für gut messbare und zahlenmäßig fassbare Bildungs- und Integrationsindikatoren. Dass nunmehr Bildungsberichte explizit den Bildungsstand ausländischer Bevölkerungsanteile ausweisen und dass umgekehrt Integrationsberichte Integration in Bildung als zentralen Integrationsindikator nutzen, weist auch auf Ebene der Produktion von Wissen auf die eigenartige Verwobenheit der hier untersuchten Phänomenbereiche. Beobachtungsstrategien zweiter Ordnung wissen weitaus weniger als gängige Methoden der Bildungs- und Integrationsmessung. Wie und unter welchen Bedingungen Kommunen Bildungs- und Integrationsverwaltungen differenzieren, ist Gegenstand der Analyse, nicht ihr Ausgangspunkt.

Das für diesen Beitrag herangezogene Datenmaterial speist sich aus den Forschungen der Nachwuchsgruppe Migration und Sozialpolitik. Die Forschungsgruppe untersucht zwischen 2017 und 2022 wie lokale sozialpolitische Akteure auf Fluchtzuwanderung reagieren und wie Geflüchtete die lokalen Opportunitätsstrukturen nutzen. Dazu wurden leitfadengestützte Expert:inneninterviews in Integrations-, Bildungs- und Arbeitsverwaltungen wie auch mit Ausländerbehörden und lokalen Wohlfahrtsträgern geführt. Lebenswege und Nutzungsmuster lokaler sozialpolitischer Angebote wurden durch biografische Interviews erhoben, die wir an dieser Stelle aber nicht darstellen; dennoch strukturiert das Wissen um die Lücken und Brüche in den „Integrationsverläufen" (Bakoben, Rumpel & Schlee, 2019) der befragten Geflüchteten auch diesen Beitrag. Das für diesen Beitrag gesichtete und ausgewertete Material generiert sich aus sechs Kommunen in fünf Bundesländern. Wir haben zur griffigen Darstellung kommunaler Anordnungen daraus zwei Kommunen in Nord- und Westdeutschland ausgewählt. Sie zeigen die Bewegung der Ausdifferenzierung von Bildungs- und Integrationsstrukturen bei fortbestehender Überschneidung von Aufgaben auf.

Die uns aus den Kommunen vorliegenden Expert:inneninterviews haben wir für diesen Beitrag auf

- die Genese und den Zusammenhang von Bildungs- und Integrationsstrukturen
- die Adaption kommunaler Koordinationsprogramme nach der Fluchtzuwanderung 2014–2015 und
- die Rolle und Grenzen lokaler Koordination hin befragt.

Derartige lokale Beschreibungen sind nicht repräsentativ. Das Interesse an der Singularität (Reckwitz, 2020) lokaler Anordnungen widerspricht in der Konsequenz dem Versuch die verschiedenen Fälle über einen oder mehrere Vergleichsgesichtspunkte in Linie zu bringen. Sie liefern dennoch Aufschluss über die Realisierung ambitionierter Vernetzungsprogramme und die Grenzen lokaler Vernetzung im Kontext von Verwaltungs- wie auch Sozialstrukturen, in einem bislang eher durch politische Programmatik als durch Empirie beschriebenen Feld.

5. Strukturen, Aufgaben und Themen kommunaler Bildungs- und Integrationsverwaltungen

Ausgehend von den Fragen wie und unter welchen Bedingungen Kommunen Bildungs- und Integrationsverwaltungen differenzieren und welche integrations- und bildungspolitischen Strukturen haben sich in den von uns beobachteten Kommunen herausgebildet, zeigt das folgende Kapitel am Beispiel von zwei Kommunen die Bedeutung und Rolle lokaler Koordinationsinitiativen in Bildungs- und Integrationsverwaltungen in absteigender Form, unter besonderer Berücksichtigung der Adaption bundes- und landespolitischer Programmstrukturen.

5.1 Postindustrielle Großstadt in Westdeutschland (Fall 1)

In der „postindustriellen Großstadt" haben sich Bildungs- und Integrationsverwaltung mithilfe von Bundes- und Landesprogrammen in den letzten 10 Jahren stark ausdifferenziert. Die Kommune unterhielt bereits vor dem 2012 in Kraft getretenen Integrations- und Teilhabegesetz in NRW eine eigenständige Integrationsverwaltung, die als Stabsstelle für Integration beim Oberbürgermeister angesiedelt war. Nun verortet sich die Integrationsverwaltung in den von den Landesförderungen vorgegebenen Linien an der Initiierung von Netzwerken, an der Integrationsberichterstattung sowie an „Integration als Querschnitt". Zum Erhebungszeitraum arbeiteten dort 36 Personen regelfinanziert aber auch über selektive Projektfinanzierungen. Operativ übernahm das KI in Absprache mit dem staatlichen Schulamt die Schulberatung für neuzugewanderte Kinder, die sog. „Seiteneinsteigerberatung", welche vor allem bei hohen Fluchtzahlen bei gleichzeitig anhaltend hoher Zuwanderung aus dem europäischen Ausland Ressourcen band und bindet (vgl. dazu auch Bogumil & Hafner, 2021, S. 33; Ulusoy, Halm, Sauer & Kersting, 2016, S. 30).

Das Bildungsbüro wurde mit dem Landesprogramm „Regionale Bildungsnetzwerke" 2008 eingerichtet. Es beteiligte sich am Bundesprogramm „Lernen vor Ort" und an dem Programm „Kein Kind zurücklassen". Zentrale Aufgabenstellungen des Büros, in dem auch zwei von drei der Bildungskoordinator:innen für Neuzugewanderte angesiedelt waren, wandelten sich von Fragen schulischer Inklusion und dem Fokus auf Schulabbrüche zu Fragen der Organisation und Begleitung von Neuzugewanderten aus „Südosteuropa". Operativ wird versucht einen anhaltenden Mangel an Schulplätzen durch Ergänzungsangebote aufzufangen. Die Bevölkerungskalkulationen der frühen 2000er Jahre haben nicht mit den verschiedenen Einwanderungen der zweiten Hälfte der 2010er Jahre gerechnet. Das Bildungsbüro organisiert nunmehr Ersatzangebote „um die Kinder bei der Stange zu halten" (Bildungsbüro Kommune 1). Vor allem stellen die Interviewpartner:innen die prekären Lebens-, Wohn- und Arbeitsverhältnisse von neuzugewanderten Bürger:innen aus Südosteuropa heraus, die eine regelhafte Beschulung massiv erschweren. Entsprechend liegen die schwerpunktmäßigen Aufgaben in der Dokumentation und Bearbeitung prekärer Lebens- und Bildungslagen von neuzugewanderten EU-Bürgern, nicht von Geflüchteten.

5.2 Regionales Zentrum in Mitteldeutschland (Fall 2)

Als Standort für eine Landesaufnahmebehörde war die untersuchte kreisfreie Stadt in Mitteldeutschland bis Ende 2015 von der dezentralen Aufnahme Geflüchteter ausgenommen. Ab Januar 2016 wurden erstmals Asylsuchende zur dauerhaften Unterbringung der Kommune zugewiesen. Diese Veränderung brachte immense organisatorische Herausforderungen sowohl im Politikfeld der Integration als auch in Bezug auf Bildungszugang für Geflüchtete mit sich. Unter diesen Bedingungen beherrschten die Themen Unterbringung, Gesundheitsversorgung, Bildungszugang und Zusammenleben der Geflüchteten mit der Mehrheitsgesellschaft das Handeln der betroffenen kommunalen Akteure. Kommunale Integrationsstrukturen bestehen in dem Mittelzentrum bereits seit 30 Jahren. Das neu gegründete Büro für Migrationsfragen – eine integrierte Verwaltungseinheit – ist mit insgesamt 30 Personen ausgestattet. Themenschwerpunkt der Integrationsverwaltung ist die Einrichtung und Förderung kommunaler Netzwerke, sodass das Büro für Migrations- und Integrationsfragen „in den unterschiedlichsten Netzwerken dabei ist und Projekte in den Themenbereichen: Bildung Integration und Soziales macht." (Büro für Migrationsfragen Kommune 2).

Ein regionales Bildungsbüro wurde 2017 als Stabstelle im Bereich Schule angesiedelt. Hier diente die Fluchtmigration 2014–2016 nicht als Impulsgeber, sondern als willkommene Stütze zur Aufstockung der bestehenden Bildungsverwaltung die zuvor bereits über „Lernen vor Ort“ und über ein Landesprogramm finanziert wurde. Vor allem das Programm „Kommunale Koordinierung der Bildungsangebote für Neuzugewanderte“, aber auch das Programm „Bildung Integriert“ sorgen für personalen Zuwachs, sodass zum Erhebungszeitraum insgesamt sieben Personen in dem Bildungsbüro arbeiten. Aufgabenschwerpunkte ist die Entwicklung eines strategischen datenbasierten kommunalen Bildungsmanagements. Ein weiterer Schwerpunkt zielt auf die Ausgestaltung von Bildungsübergängen im Lebenslauf.

Wenn auch die Hintergründe variieren, ist die Entwicklungstendenz doch in beiden Kommunen vergleichbar. Es entstehen lokale Koordinationsstellen in den Bereichen Bildung und Integration, die mit tendenziell wachsenden personalen Ressourcen ausgestattet sind. Während die Integrationsverwaltung auch den Bereich Bildung bearbeitet, beschäftigen sich die Bildungsverwaltungen vorwiegend mit ausländischen Zielgruppen. Dieser überlappenden Aufgaben (Stöbe-Blossey, Brussig, Drescher & Ruth, 2021, S. 16) werden gerade dort sichtbar, wo eigene Integrationsverwaltungseinheiten langjährig tätig sind und Aufgaben im Bildungsbereich mitübernehmen, während umgekehrt Bildungsverwaltungen spezifische ausländische Bevölkerungsgruppen adressieren, um (auch schulische) Bildung zu gewährleisten oder zu unterstützen.

Neben diesem Overlap ist vor allem bemerkenswert, dass trotz der Betonung lokaler Eigendynamik ein standardisiertes Set von Semantiken und Techniken die lokalen Tätigkeiten strukturiert. Überall geht es um „Management“, „Monitoring“ (Integrations- oder Bildungsberichterstattung) und Vernetzung der relevanten Akteure als Kernbausteine lokaler Koordination.

Integration und Bildung sind freiwillige Aufgaben der Kommune. Impulsgeber diese Bereiche weiterzuentwickeln und auch kommunal tätig zu werden, sind jeweils die entsprechenden Bundes- und Landesprogramme. Von einer Steigerung lokaler Autonomie kann entsprechend kaum die Rede sein. Eher gewinnt die staatliche Ebene indirekt an Einfluss auf die Gestaltung kommunaler Verwaltung. Die Kommunen ihrerseits nutzen gerne die Gelegenheit, ihr Personal aufzustocken.

6. Rahmenbedingungen kommunaler Koordinierung

Mit der Ausdifferenzierung von kommunalen Verwaltungseinheiten für Bildung und Integration ergibt sich eine überaus prekäre Aufgabendifferenzierung. Die adaptierten Bundes- und Landesprogramme im Kontext bestehender Verwaltungsstrukturen verteilen wichtige (personale) Ressourcen an die Kommunen, die diese vor dem Hintergrund der Fluchtzuwanderung nach 2014 auch sinnvoll einzusetzen wussten. Zugleich aber thematisieren die lokalen Akteure auch Grenzen ihrer koordinierenden Tätigkeit.

6.1 Koordinationsaufgaben und Regelangebote

Die Mitarbeiter:innen in den Bildungs- und Integrationsverwaltungen halten die Reflexionskapazitäten bereit, auf die mangelhafte Bedarfsdeckung von Regelangeboten hinzuweisen. Sie haben aber keinen Einfluss auf fehlenden Zugang in Sprachlernangebote oder – wie in der postindustriellen Großstadt – auf einen Mangel an Schulplätzen und einen durch prekäre Beschäftigungsverhältnisse geprägten lokalen Arbeitsmarkt. Bemängelt wird vor allem, dass EU-Bürger:innen schnell aus jeder sozialen Sicherung herausfallen und keine Ressourcen vorhanden sind, diese sozialen Bedarfe angemessen zu bearbeiten. Vernetzung ist nicht das Problem, sondern schlichtweg eine Unterversorgung an sozialstaatlichen Regelangeboten:

> „... also da wurden alle ins Boot geholt [...]. Eigentlich ist das nicht mehr das Problem, sondern, wenn am Ende halt/ es gibt ja halt die Plätze nicht. Da verstehen auch die Leute manchmal nicht, warum das Nachbarskind einen Platz hat und meiner nicht oder warum die Schwester aber der Bruder nicht und so/ das verstehen die Leute nicht und es ist wirklich momentan das einzige Angebot sind die Willkommens-Kurse, wo wir auch wirklich froh sind, dass/ sonst würden die Kinder wirklich nichts machen können" (Bildungsbüro Kommune 1)

Derart reflektieren die Mitarbeiter:innen in einem Bildungsbüro die Bedeutung ihrer Tätigkeit, aber auch die Grenzen. Handlungskoordination und Netzwerkbildung sind wichtig, ersetzen aber keine Regelangebote.

6.2 Projektförderung und nachhaltige Strukturen

Die projektförmig entstandenen Verwaltungseinheiten stehen unter Zugzwang, sich selbst und ihre Mitarbeiter:innen zu refinanzieren und zu erhalten oder ein neues, opportunes Arbeitsfeld zu generieren. Die Regelförderung eines Bildungsbüros oder einer Integrationsverwaltungsstelle erlaubt es soziale Problemlagen zu identifizieren, in Berichten darzustellen und damit die Basis für weitere Projektfinanzierungen zu legen. In allen untersuchten Kommunen waren Teile der Verwaltungseinheiten im kommunalen Dienst verbeamtet, während andere Teile der Verwaltung in mittelfristigen Projekten befristet tätig waren. Entsprechend sind Teile der Integrations- und Bildungsverwaltungen abhängig vom Agenda

Setting von Bund und Ländern. Kommunen müssen zugleich Kapazitäten bereithalten, um in kompetitiven Antragsverfahren zu reüssieren. Folgendes Zitat zeigt den Mechanismus, der es wahrscheinlich macht, dass die Teilnahme an einem Förderprogramm und die damit aufgebauten Reflexions- und Berichtskapazitäten dazu führen, auch weitere Förderprogramme zu akquirieren:

> „Das heißt, wir haben damals festgestellt, dass wirklich sehr viele Familien mit Kindern aus Südosteuropa nach [Stadtteil] zugewandert sind. Wir haben einen, [...] Fachbericht über die Lage von Familien mit Kindern in [Stadtteil] auch veröffentlicht. Und wir haben damals festgestellt, dass die Herausforderungen einfach ganz andere sind. Also es fängt schon damit an, dass die Familien in der Regel gar nicht krankenversichert waren und viele von denen immer noch sind, das heißt also wirklich elementare Schutzbedürfnisse von diesen Familien nicht gedeckt waren und das ging dann weiter das also wirklich sehr viele Kinder als Seiteneinsteiger in Schulklassen landeten, die mit 12 oder 14 Jahren das erste Mal einen Stift in der Hand hielten und die Herausforderungen waren einfach gewaltig [...]Das heißt, wir haben damals knapp eine halbe Million Euro vom Land bekommen, um Elternbildungsangebote und außerschulische Angebote für Kinder und Eltern genau für diese Zielgruppe platzieren zu können und das war halt praktisch der Einstieg dessen was halt an Arbeit sich in den darauffolgenden Jahren dann halt auch festgelegt hat für unser Büro." (Bildungsbüro Kommune 1).

Die Art und Weise der Institutionalisierung von Bildungs- und Integrationsverwaltungen und der projektförmigen Steuerung dieser Einheiten erzeugt zugleich eine Logik der Problematisierung von Einwanderung. Bommes und Scherr (2012, S. 243) nennen das einen „Darstellungszwang als Mobilisierungsform politischer Entscheidungen als permanente Inszenierung der Außeralltäglichkeit der Arbeit" wie auch einen „Zwang zur kontinuierlichen Erfindung und Konzipierung von Maßnahmen durch Verwaltungen und freie Träger". In dieser Logik gilt es Prekarität und Hilfebedürftigkeit als besonders gravierende *lokale* Problemstellungen auszuweisen, um Mittel zu akquirieren. Die nicht-lokale, systematische Seite dieser Prekarität (hier: keine Krankenversicherung, kein Zugang zu Schulen, prekäre Arbeitsverhältnisse) bleibt unbearbeitet. Zugleich aber erzeugt dieser Darstellungszwang Eigendynamiken, die zu lokalen Spaltungen, Stigmatisierungen und Ausländerfeindlichkeit mithin zu einer einseitigen städtischen Produktion von „Armutsmigration" (Künkel, 2018) beitragen.

6.3 Operative Zusammenarbeiten?

Entsprechend der gängigen Netzwerksemantik wurde in allen untersuchten Kommunen von breiten Netzwerkaktivitäten berichtet und es gibt sehr lange Interviewpassagen, die verschiedene Arbeitskreise, in denen eine Organisation oder auch eine Person involviert ist, aufzählen. Über operative Formen der Zusammenarbeit haben wir wenig erfahren. Das ist sicherlich auch unseren Befragungsmethoden geschuldet. Gerade hier müssen zukünftige Untersuchungen die kleinteiligen operativen Treffen an den Schnittstellen von Bildungs- und Integrationsanliegen präziser beobachten. Gut beobachten dagegen konnten wir, wie unterschiedliche Regelkreise auch unterschiedliche Zuständigkeiten und Handlungslogiken nach sich ziehen, die nicht recht ineinandergreifen wollen.

So wurde als Königsweg lokaler Vernetzung zuletzt immer wieder ein sozialarbeiterisches Case-Management stark gemacht (zuletzt etwa Bogumil & Kuhlmann, 2022, S. 98). Vom Einzelfall aus soll dabei in die passgenauen sozialen Dienste und Leistungen vermittelt werden. Gleichzeitig arbeiten die Case-Manager an der Gestaltung der Bildungs- bzw. Integrationslandschaft. Der Ansatz der Koordination durch Fallmanagement wurde im hessischen Landesprogramm „WIR" umgesetzt (Hessisches Ministerium für Soziales und Integration, 2020). Er wurde vor allem im NRW Landesprogramm „Einwanderung Gestalten" forciert und umgesetzt. Das zunächst in zwölf Kommunen implementierte Modellprogramm antwortete explizit auf die Herausforderungen rechtskreisübergreifender Zusammenarbeit bei Geflüchteten (Reis, 2021). Es firmiert nun als Blaupause für eine massive Aufstockung des Landesintegrationsbudgets und eine Aufstockung der Integrationsverwaltung in Nordrhein-Westfalen. Ein neues Kommunales Integrationsmanagement (KIM) setzt auf Fallmanager:innen die entweder von der Kommune selbst oder von lokalen Wohlfahrtsträgern beschäftigt werden (Ministerium für Kinder, Familie, Flüchtlinge und Integration des Landes Nordrhein-Westfalen, 2021).

Die entscheidende Frage dabei wird sein, ob sich die Regelförderungen von einem kommunalen Fallmanagement beeinflussen lässt und ob die Vorgehensweisen zwischen Jugendamt und Schule sowie zwischen Arbeitsverwaltungen, Ausländerbehörde/Ordnungsamt und Fallmanagement aufeinander abgestimmt werden können. Die entsprechenden Erfahrungen aus den Jugendmigrationsdiensten und den Migrationsberatungen für Erwachsene weisen in eine andere Richtung. So beklagt die Leitung eines Jugendmigrationsdienstes, es sei leider nicht so, dass die Jobcenter ihr Klientel fragen würde:

> „aha da kommt jemand mit Unterstützung von MBE und JMD zu uns. Sollte man doch gezielt darauf aufbauen können, könnte man sagen, da ist noch, da ist mehr möglich. Das erfahren wir gar nicht." (JMD Kommune 2).

Mit anderen Worten: Die Pläne und Vorgehensweisen, die im Case-Management der sozialarbeiterischen Bundesprogramme erarbeitet werden, spielen für die Vorgehensweisen der Arbeitsverwaltung schlichtweg keine Rolle. Mit dieser Herausforderung wird auch ein neu institutionalisiertes Case-Management in den Kommunen rechnen müssen und es ist mit Spannung zu erwarten, wie sich – sicherlich kommunal sehr unterschiedlich – auf diese neue operative Form kommunaler Integrationspolitik bezogen werden wird.

7. Fazit: Rahmungen kommunaler Integrations- und Bildungskoordination

Unsere Beobachtungen haben nicht in erster Linie an den netzwerkbildenden Programmen angesetzt, sondern wir haben einen anderen Weg eingeschlagen. Wir haben versucht aufzuzeigen, wie sich kommunale Bildungs- und Integrationsverwaltungen im Kontext von Fluchtzuwanderung mit unterschiedlich starker Bundes- oder Landesförderung ausdifferenzieren und wie kommunale Verwaltungen auf Programme zur lokalen Bildungs- und Integrationssteuerung zugreifen und sie adaptieren. Diese Einordnung kontextualisiert die recht hohen Erwartungen, die zuweilen mit der Rede von der „Bildung/Integration vor Ort“ einhergehen.

Der Blick in die hier dargestellten Kommunen zeigt unterschiedliche Grade der Aufgabendifferenzierung zwischen kommunalen Verwaltungseinheiten mit Steuerungs- und Koordinierungsambitionen im Bildungs- und Integrationsbereich. Bundes- und Landesprogramme liefern Anlass und Finanzen, derartige spezialisierte Verwaltungseinheiten auszubilden und dauerhaft zu unterhalten. Wo entsprechende Förderung (oder Problemdruck) fehlen, ist nicht mit kommunaler Eigentätigkeit zu rechnen. Überhaupt ist es bemerkenswert, dass die Kommunalisierungsprogramme von staatlichen Stellen forciert werden. Es handelt sich eben um keine echte Kommunalisierung im Sinne der Übertragung staatlicher Aufgaben auf die kommunale Ebene, sondern um staatlich subventionierte kommunale Verwaltungsreformprogramme. Sie regen zu kommunaler Eigentätigkeit an, aber folgen immer auch einer politischen Agenda, die nicht „vor Ort“ gemacht wird.

Obwohl sich Bildungs- und Integrationsverwaltungen mit einem recht standardisierten Set von Semantiken und Techniken selbst beschreiben, die von der Vernetzung bis zum Monitoring reichen, erweisen sich diese Strukturen doch als responsiv gegenüber den lokalen Anliegen und Themen. Es entwickeln sich in den dargestellten Kommunen sehr spezifische Tätigkeitsschwerpunkte. Die Tätigkeiten der Integrationsverwaltungen reichen von den Standardaufgaben wie Integrationsmonitoring und Entwicklung eines Integrationskonzeptes über Schuleingangsberatungen, die Organisation der Unterbringung Geflüchteter und nicht zuletzt die Organisation der entsprechenden Zahlungen von Ländern an Kommunen. Gerade in der Gegenfinanzierung durch die Länder ergeben sich gravierende Unterschiede für kommunale Finanzen und damit auch für Haushaltsspielräume in der Gestaltung eigenständiger, lokaler Politiken.

Eine angemessene Einschätzung der Möglichkeiten kommunaler Handlungskoordination in den Bereichen Bildung und Integration muss sich der Komplexität stellen, neben den Integrations- und Bildungsberichten auch länderspezifische Finanzarrangements, Schulsysteme oder spezifische Berufsschulangebote als politisch gestaltete Kontextfaktoren kommunaler Bildungs- und Integrationssteuerung mitberücksichtigen. Die Reflexion lokaler Politik stellt auch an die Wissenschaft die Anforderung die engen Rahmungen von Arbeitsmarkt, Bildungs- oder Integrationsforschung zu verlassen und interdisziplinär vernetzt zu agieren und zu forschen.

Eine angemessene Einschätzung der Rolle der Kommunen als Moderatorin erfordert es auch über die Grenzen ihrer Tätigkeiten im föderalen System nachzudenken. Kommunen können es bei gegenwärtiger Finanzverteilung im Mehrebenensystem nicht leisten, Ausschlüsse aus den basalen Sozialversicherungssystemen „vor Ort" auszugleichen, strukturellen Wohnraummangel, einen Mangel an Schulplätzen oder den nicht vorhandenen Zugang in Sprachlernangebote für zahlenmäßig starke Zuwanderungsgruppen wie auch Verwerfungen am Arbeitsmarkt aufzufangen. Die Projektförmigkeit bei der Bearbeitung derartiger sozialer Problemlagen führt zu einer Dynamik der Akquise immer neuer Projekte mithilfe immer neuer Notstandsmeldungen. Wenn Kommunen ihre Rolle als Schnittstellenmanagerin oder Moderatorin im Integrations- und Bildungsbereich zwischen den funktional ausdifferenzierten öffentlichen Aufgabenwahrnehmungen sinnvoll ausfüllen wollen, muss das in einem Rahmen geschehen, in dem Bund und Länder regelfinanziert dort tätig sind, wo Kommunen das sachlich und kapazitätsmäßig nicht leisten können: „Sofern dies gegeben ist, – schreibt Bommes (2018, S. 119) – kann in der föderalen Arbeitsteilung und der daraus resultierenden und hier erläuterten Funktion der Kommunen als Moderatoren auch eine Chance für eine zukünftige Migrations- und Integrationspolitik liegen."

Literaturverzeichnis

Abs, H. J., Brüsemeister, T., Schemmann, M. & Wissinger, J. (2015). *Governance im Bildungssystem.* Wiesbaden: Springer Fachmedien.

Andersen, N. Å. (2006*). Diskursive analytische Strategien in der Verwaltungswissenschaft.* Politik und Verwaltung: Politische Vierteljahresschrift. Sonderheft 37. Wiesbaden.

Anter, A. (2007). *Die Macht der Ordnung: Aspekte einer Grundkategorie des Politischen* (2., überarb. Aufl.). Tübingen: Mohr Siebeck.

Autorengruppe Bildungsberichterstattung. (2016). *Bildung in Deutschland 2016: Ein indikatorengestützter Bericht mit einer Analyse zu Bildung und Migration.* Bielefeld.

Bainski, C. (2011). Kinder und Jugendliche mit Migrationshintergrund fördern. *Schule NRW* (05), 214–218.

Bakoben, S., Rumpel, A. & Schlee, T. (2019). *Koproduktion lokaler Sozialpolitik für und durch Geflüchtete.: Wege in die sozialen Dienste* (IAQ-Report 2019-08). Duisburg.

Blätte, A. (2015). Grenzen und Konfigurationen politischer Handlungsfelder: Skizze einer typlogischen Theorie. *dms – der moderne staat, 8*(1), 92–112.

Bogumil, J. & Hafner, J. (2021). *Kommunale Integrationspolitik in Nordrhein-Westfalen. Bestandsaufnahme und Zukunftsoptionen: Wissenschaftliches Gutachten im Auftrag des Ministeriums für Kinder, Familie, Flüchtlinge und Integration des Landes Nordrhein-Westfalen (MKFFI).* Bochum.

Bogumil, J. & Kuhlmann, S. (2022). Verwaltungsverflechtung als „missing link" der Föderalismusforschung: Administrative Bewältigung der Flüchtlingskrise im deutschen Mehrebenensystem. *dms – der moderne staat – Zeitschrift für Public Policy, Recht und Management, 15*(1-2022), 84–108.

Bommes, M. (2018). Die Rolle der Kommunen in der bundesdeutschen Migrations- und Integrationspolitik. In F. Gesemann & R. Roth (Hrsg.), *Handbuch Lokale Integrationspolitik* (S. 99–123). Wiesbaden: Springer Fachmedien.

Bommes, M. & Scherr, A. (2012). *Soziologie der Sozialen Arbeit: Eine Einführung in Formen und Funktionen organisierter Hilfe* (2. Aufl.). *Grundlagentexte Soziologie.* Weinheim, Basel: Beltz Juventa.

Brüggemann, C. & Tegge, D. (2018). *Strukturen kommunalen Bildungsmanagements in Deutschland.* Bonn.

Projektträger im Deutschen Zentrum für Luft- und Raumfahrt. (DLR) (o. J.). *Bekanntmachung von Förderrichtlinien für das Programm „Lernen vor Ort".* Bonn. http://www.lvo.transferinitiative.de/_media/BMBF_Foerderrichtlinien_lvo_final.pdf [28.04.2022].

Gestmann, M. & Hilz, M. (2017). Das Politikfeld Migrations- und Integrationspolitik. In D. Grunow (Hrsg.), *Implementation in Politikfeldern* (S. 217–285). Wiesbaden: Springer.

Grande, E. (2014). *Neue Governance der Wissenschaft: Reorganisation – externe Anforderungen – Medialisierung. Science Studies.* Bielefeld: transcript Verlag.

Heid, H. (2009). Aufstieg durch Bildung? Zu den Paradoxien einer traditionsreichen bildungspolitischen Parole. *Pädagogische Korrespondenz, 40,* 5–24.

Hessisches Ministerium für Soziales und Integration. (2020). *Förderrichtlinie zum Landesprogramm „WIR – Vielfalt und Teilhabe".* Wiesbaden.

Hopf, D. (1981). Schulprobleme der Ausländerkinder. *Zeitschrift für Pädagogik, 27*(6), 839–861.

Hummel, C.-A. & Thöne, M. (2016). *Finanzierung der Flüchtlingspolitik: Für eine ausgewogene Finanzierung der Flüchtlingsleistungen bei Bund, Länder und Kommunen.* Köln.

Krummacher, M. (2011). Kommunale Integrationspolitik. In H.-J. Dahme & N. Wohlfahrt (Hrsg.), *Handbuch Kommunale Sozialpolitik* (S. 189–200). Wiesbaden: Springer.

Kühn, H. (1979). *Stand und Weiterentwicklung der Integration ausländischer Arbeitnehmer und ihrer Familien in der Bundesrepublik Deutschland. Memorandum des Beauftragten der Bundesregierung.* Bonn.

Kühnlein, G. & Klein, B. (2011). Kommunale Bildungslandschaften. In H.-J. Dahme & N. Wohlfahrt (Hrsg.), *Handbuch Kommunale Sozialpolitik* (S. 175–187). Wiesbaden: Springer.

Künkel, J. (2018). Die städtische Produktion von „Armutsmigration". *PROKLA. Zeitschrift für kritische Sozialwissenschaft, 48*(191).

Lessenich, S. (2012). „Aktivierender" Sozialstaat: eine politisch-soziologische Zwischenbilanz. In R. Bispinck, G. Bosch, K. Hofemann & G. Naegele (Hrsg.), *Sozialpolitik und Sozialstaat* (S. 41–53). Wiesbaden: VS Verlag.

Ministerium für Kinder, Familie, Flüchtlinge und Integration des Landes Nordrhein-Westfalen. (2021). *Handlungskonzept Kommunales Integrationsmanagement Nordrhein-Westfalen (KIM).* Düsseldorf. https://www.mkffi.nrw/sites/default/files/documents/2021_08_17_kim_handlungskonzept_bel.pdf [28.04.2022].

Niedlich, S. (2020). *Neue Ordnung der Bildung: Zur Steuerungslogik der Regionalisierung im deutschen Bildungssystem.* Wiesbaden: Springer Fachmedien.

Nullmeier, F. (1993). Wissen und Policy-Forschung. Wissenspolitologie und rhetorisch-dialektisches Handlungsmodell. In A. Heritier (Hrsg.), *Politische Vierteljahresschrift. Policy Analyse – Kritik und Neuorientierung* (S. 175–196). Wiesbaden: VS Verlag für Sozialwissenschaften.

Rose, N. (2000). Tod des Sozialen? Eine Neubestimmung der Grenzen des Regierens. In U. Bröckling, S. Krasmann & T. Lemke (Hrsg.), *Gouvernementalität der Gegenwart: Studien zur Ökonomisierung des Sozialen* (S. 72–109). Berlin: Suhrkamp.

Pott, A., Rass, C. & Wolff, F. (Hrsg.). (2018). *Migrationsgesellschaften. Was ist ein Migrationsregime? What Is a Migration Regime?* Wiesbaden: Springer.

Reis, C. (2020). *Kommunales Integrationsmanagement: Leitfaden für die Praxis.* Baden-Baden: Nomos Verlagsgesellschaft.

Schammann, H., Bendel, P., Müller, S., Ziegler, F. & Wittchen, T. (2020). *Zwei Welten? Integrationspolitik in Stadt und Land.* Stuttgart: Robert Bosch Stiftung GmbH.

Scharpf, F. W. (2000). *Interaktionsformen: Akteurzentrierter Institutionalismus in der Politikforschung.* Opladen: Leske + Budrich.

Schlee, T. (2019). Lokale Vernetzung in der Sozialpolitik: Eine kritische Auseinandersetzung mit netzwerkbildenden Programmen im Übergang Schule-Beruf. *Sozialer Fortschritt, 68*(10), 769–790.

Schlee, T. & Enggruber, R. (2020). *Politische Programme zur regionalen/lokalen Vernetzung – eine Bestandsaufnahme und Systematisierung im Übergang Schule-Beruf.* Düsseldorf: Hochschule Düsseldorf.

Scholten, P. (2020). Mainstreaming versus alienation: conceptualising the role of complexity in migration and diversity policymaking. *Journal of Ethnic and Migration Studies, 46*(1), 108–126.

Stöbe-Blossey, S., Brussig, M., Drescher, S. & Ruth, M. (2021). Schnittstellen im entwickelten Sozialstaat – Grundlagen der Analyse. In S. Stöbe-Blossey, M. Brussig, S. Drescher & M. Ruth (Hrsg.), *Schnittstellen in der Sozialpolitik* (S. 5–32). Wiesbaden: Springer Fachmedien.

Sachverständigenrat deutscher Stiftungen für Integration und Migration. (2019). *Bewegte Zeiten: Rückblick auf die Integrations- und Migrationspolitik der letzten Jahre: Jahresgutachten 2019.* Berlin.

Ulusoy, Y., Halm, D., Sauer, M. & Kersting, N. (2016). *Wissenschaftliche Begleitung der Kommunalen Integrationszentren und der Landesweiten Koordinierungsstelle NRW: Ergebnisbericht.* Stiftung Türkeistudien und Integrationsforschung. Essen.

Zusammenarbeit für Bildung

Kommunale Koordinierung und Vernetzungspraktiken mit Zivilgesellschaft

Tabea Schlimbach, Alexander Kanamüller, Ronald Langner und Christine Steiner

1. Ausgangslage

Unter dem Konzept der kommunalen Bildungslandschaften werden verschiedene Normative verhandelt. Erstens werden Kooperation und Partizipation der an Bildung vor Ort beteiligten Institutionen und Initiativen als Voraussetzungen für funktionierende Bildungslandschaften formuliert (Mack, 2020). Damit verbunden impliziert das Konzept zweitens eine Gestaltungs- und Koordinierungsnotwendigkeit (Duveneck, 2016; Schmachtel & Olk, 2017). Bei diesen Gestaltungsprozessen wird drittens eine stärkere Einbindung von Akteuren jenseits von Verwaltung und formaler Bildung, insbesondere der Zivilgesellschaft gefordert (u. a. Hartnuß & Heuberger, 2010). Diese könne als Mitgestalterin von Bildungslandschaften Innovationspotenzial entfalten und zu einer Verantwortungsgemeinschaft für die Bildung junger Menschen beitragen (Kahl, 2009).

Diese Normative gehen mit entsprechenden Rollenerwartungen an eine „gestaltende und steuernde kommunale Politik und Verwaltung" einher (Mack, 2020, S. 1312). Gleichzeitig wird bemängelt, dass zur konkreten Gestaltung von Bildungslandschaften noch wenig bekannt ist (ebd.). Insbesondere gibt es bislang wenig Einblick in die Rezeptions- und Umsetzungsweisen dieser Erwartungen durch kommunale Akteure. Ebenso ist die fachwissenschaftliche Bedeutungszuschreibung hinsichtlich des Potenzials zivilgesellschaftlicher Akteure und deren Einbindung in das kommunale Bildungsgeschehen (Hartnuß & Heuberger, 2010, S. 481) noch kaum empirisch unterfüttert.

In diesem Beitrag werden kommunale Netzwerk- und Koordinierungspraktiken untersucht, wobei der Fokus auf dem Austausch mit der organisierten Zivilgesellschaft und deren Einbindung in bildungsbezogene Gestaltungsprozesse liegt. Zentrales Element ist dabei die vergleichende Betrachtung der jeweiligen Perspektiven von Akteuren der Kommunalverwaltung und der Zivilgesellschaft.

2. Theoretisch-konzeptionelle Rahmung und Erkenntnisinteresse

Bildungslandschaften stehen im Zeichen eines veränderten Verständnisses von Bildungssteuerung hin zu dezentraler, gemeinschaftlicher Verantwortung auf der Basis eines erweiterten Bildungsbegriffs. Sie sollen „durch das gemeinsame Planen und Zusammenwirken unterschiedlicher bildungsrelevanter Akteure im Rahmen lokaler Bildungsnetzwerke eine Verbesserung des lokalen Bildungsangebots" erreichen (Schmachtel & Olk, 2017, S. 10). Kommunale Verantwortungsträger sollen dabei ein abgestimmtes Zusammenwirken im Sinne eines ganzheitlichen, an der individuellen Bildungsbiografie ausgerichteten Gesamtkonzepts gewährleisten (Weiß, 2011, S. 30–35).

Dieses Zusammenwirken der verschiedenen Akteure ist stark von den Kooperations- und Koordinierungspostulaten bundesweiter Bildungsprogramme geprägt. Hierbei gab es im letzten Jahrzehnt Verschiebungen der programmatischen Fokusse hin zu regionaler Bildungskoordination unter Federführung der Kommunen[1]. So erging an Kommunen über die Förderbekanntmachung von „Bildung integriert" ein Vernetzungs-, Koordinierungs- und Steuerungsauftrag, der auf einer normativen Wirkungserwartung an Netzwerke und deren Formalisierung und Optimierung beruhte[2]. Zivilgesellschaftliche Akteure – mit Ausnahme von Stiftungen – waren dort zunächst nicht explizit mitgedacht und fanden erst später ausdrücklich als verbindlich einzubindende Akteure Erwähnung[3]. In dem zu Beginn 2022 veröffentlichten Förderprogramm „Bildungskommunen" wurde der Fokus auf die Vernetzung und Kooperation mit Akteuren nonformaler Bildung gelegt[4].

Über den Bildungslandschaften attestierten Koordinierungsbedarf und den mit ihnen verbundenen Bedeutungsgewinn des (Sozial-)Raums rückt eine „raumzentrierte Bildungsgovernance" in den Mittelpunkt des Interesses (Freytag, Jahnke & Kramer, 2015, S. 90). Governance ist ein vielgestaltiger Begriff, als dessen Kern die organisationsübergreifende Handlungskoordination komplexer Akteurskonstellationen sowie Modi kollektiven Handelns zur Regelung gesellschaftlicher Sachverhalte beschrieben werden (Benz & Dose, 2010, S. 25–26; Haus, 2010, S. 210; Mayntz, 2010, S. 37–38). Als Analyseperspektive verwendet, wird mit Governance der Fokus auf Interaktionsprozesse und Interdependenzen zwischen einer Vielzahl von Akteuren und auf die Koordinierung ihres Zusammenwirkens

1 Wie unter anderem in der einflussreichen „Münchner Erklärung" des Deutschen Städtetages (2012) zum Ausdruck kommt: https://www.staedtetag.de/themen/muenchner-erklaerung-2012 [22.09.2022].

2 https://www.bmbf.de/foerderungen/bekanntmachung-1010.html [30.09.2022].

3 https://www.transferinitiative.de/439.php [22.09.2022].

4 https://www.bmbf.de/bmbf/shareddocs/bekanntmachungen/de/2022/01/2022-01-18-Bekanntmachung-Bildungskommunen.html [30.09.2022].

gerichtet (Benz, Lütz & Schimank, 2007; Mayntz, 2010; Walde, 2019). Im Bereich der Bildungsforschung wird dabei die veränderte soziale Ordnung von Bildung und deren Koordination in den Blick genommen (Do Amaral, 2017; Maag Merki & Altrichter, 2016, S. 399; Niedlich, 2020). Zudem ist das Konzept für eine räumliche Perspektive anschlussfähig und somit hilfreich für die Betrachtung bildungsbezogener kommunaler Koordinierungs- und Vernetzungsstrategien und der Einbindung (sowie der Einbindungsansprüche) zivilgesellschaftlicher Akteure.

Die analytische Verwendung des Governance-Konzepts in diesem Beitrag klammert normative Aspekte nicht aus. Das würde der Kritik einer Akteursblindheit des Governance-Begriffs in die Hände spielen (Kierchhoff, 2018, S. 67–68), denn die in Bildungslandschaften Tätigen müssen sich mit entsprechenden Rollenerwartungen auseinandersetzen. Insofern spielen kommunalpolitische Gestaltungserwartungen nicht im Sinne einer normativ-forschenden Haltung, sondern als Forschungsgegenstand eine Rolle.

Zur Bewältigung der im Rahmen lokaler Governance entstehenden Herausforderungen wird die Bedeutung von Netzwerken hervorgehoben (Haus, 2010; Schubert, 2017). Sie gelten als Bearbeitungsform zunehmend komplexerer gesellschaftlicher Zusammenhänge und als geeignete Organisationsform für Aushandlungsprozesse verschiedenartiger Akteure (Fischbach, Kolleck & Haan, 2015, S. 18). Netzwerkanalyse wird zugleich als methodisches Instrumentarium sowie als Theorieperspektive verstanden, die auf die Relationalität der verschiedenen individuellen bzw. korporativen Akteure und die Bedeutsamkeit von Netzwerken für ihre Handlungsmöglichkeiten (Jansen, 2003, S. 11) abstellt. Entsprechend betrachtet der vorliegende Beitrag Netzwerke als „Formen der Handlungskoordination oder Governanceformen“ (ebd., S. 12).

Bei der wissenschaftlichen Betrachtung von kommunalen Bildungslandschaften bleiben Fragen der kommunalen Aneignung programmatischer Koordinierungs- und Vernetzungsrollen bislang weitgehend offen (Niedlich, 2020, S. 416–417). Ebenso wird die Einbindung von Akteuren als Teilaspekt dieser Prozesse selten vertieft betrachtet. So haben Lindner, Niedlich, Klausing, Lüthi und Brüsemeister die Einbindung relevanter Akteure als zentrale Verhandlungsarena identifiziert (Lindner et al., 2015, S. 81–83). Niedlich wiederum liefert einen Einblick in das breite Spektrum von Beteiligungspraxen des kommunalen Bildungsmanagements und macht deutlich, dass das Moment der Einbindung von Externen mit einem verwaltungsinternen Fokus konkurriert (Niedlich, 2020, S. 349–353).

Während zivilgesellschaftliche Akteure als Partner für Bildungsinstitutionen seit geraumer Zeit Beachtung und Aufwertung finden (u.a. Emmerich & Maag Merki, 2009), gibt es bisher wenig Einblick in den Charakter von Kooperationsprozessen insbesondere zwischen Kommune und Zivilgesellschaft. Der Befund, dass zivilgesellschaftliche Organisationen wichtige, aber unterschätzte

Bildungspartner sind (Grgic, Rauschenbach & Steiner, 2014), scheint trotz der verstärkten Aufmerksamkeit für Bildungslandschaften und den Bemühungen um ein erweitertes Bildungsverständnis weiter aktuell zu sein. Das gilt auch für die Segmentierung von privilegierter und marginalisierter Zivilgesellschaft im Hinblick auf die Einbindung in staatliche Politik (Roth, 2004, S. 50). Forschungsbedarf wird insbesondere zu konkreten Einbindungsweisen zivilgesellschaftlicher Partner in kommunale bildungsbezogene Gestaltungsprozesse (Mack, 2020; Stolz, 2012) und zu einem mehrperspektivischen Blick unter Einbezug verschiedener kommunaler und verwaltungsexterner Akteure gesehen (Niedlich, 2020, S. 416–417).

Diese Desiderate zu bildungsbezogenen Netzwerk-, Koordinations- und Kooperationspraktiken zwischen Kommune und Zivilgesellschaft greift der Beitrag auf, indem er untersucht,

- wie Mitarbeitende von Kommunen und im Bildungsbereich engagierter zivilgesellschaftlicher Organisationen sich gegenseitig als bildungsbezogene Partner wahrnehmen und in ihre Netzwerke einbinden, und was diese Netzwerkbeziehungen charakterisiert,
- welche Perspektiven sie auf zivilgesellschaftliche Mitgestaltung von Bildungslandschaften haben und
- wie Kommunen den an sie gerichteten Vernetzungs- und Koordinationsauftrag rezipieren.

Der Beitrag soll eine Innensicht auf bildungsbezogene Vernetzungsprozesse zwischen Akteuren[5] der Kommunalverwaltung und der organisierten Zivilgesellschaft liefern. Hierfür ist ein exploratives Vorgehen ertragreich, bei dem die Sichtweisen von Akteuren der verschiedenen beteiligten Akteursgruppen eingeholt und zueinander ins Verhältnis gesetzt werden (Breuer, 2010).

3. Datengrundlage und methodisches Vorgehen

Einen für diese Fragestellungen erforderlichen offenen, verstehenden Forschungszugang, der die soziale Welt als durch Interaktionen und Bedeutungszuschreibungen der Handelnden konstituiert begreift und sie aus deren Perspektive heraus beschreiben will, bietet die qualitative Forschung (siehe u.a. Bennewitz, 2013). Der vorliegende Beitrag basiert auf Daten zweier qualitativer Teilstudien mit

5 Wenn in diesem Beitrag von Akteuren die Rede ist, geschieht dies entweder in Bezug auf die Interviewten als individuelle Akteure oder auf Akteursgruppen der Kommunalverwaltung und Zivilgesellschaft als aggregierte Akteure, die ähnliche Merkmale haben, aber nicht kollektiv handeln (Scharpf, 2000, S. 99–100).

Verwaltungsmitarbeitenden einerseits und Vertretungen der organisierten Zivilgesellschaft andererseits.

Die Daten wurden in einem vom Bundesministerium für Bildung und Forschung (BMBF) geförderten Projekt in je zwei Kommunen, die sich am Bundesprogramm „Bildung integriert" beteiligt haben, in je einem ost- und einem westdeutschen Bundesland erhoben. In den vier Kommunen wurden netzwerkfokussierte Interviews im Sommer/Herbst 2020 mit 17 Mitarbeitenden der kommunalen Verwaltung und im Frühjahr/Sommer 2021 mit 38 Vertretungen der organisierten Zivilgesellschaft durchgeführt. Als Interviewpartner:innen von kommunaler Seite wurden für Bildungsfragen verantwortliche Verwaltungsmitarbeitende (u. a. der in allen Untersuchungskommunen vorhandenen Bildungsbüros) ausgewählt. Beim Sampling für die zivilgesellschaftliche[6] Teilstudie wurden Organisationen ausgewählt, die ergänzende Bildungsangebote außerhalb der formalen Bildung bereitstellen. Dabei wurde eine möglichst große Bandbreite adressierter Zielgruppen, Angebotsbereiche, Organisationsformen und -größen sowie der Netzwerkstellung der jeweiligen Organisationen angestrebt. Die Gespräche wurden als problemzentrierte Interviews geführt und damit eine dialogische, systematische Erarbeitung der Sichtweisen der Interviewten auf das untersuchte Thema ermöglicht (Witzel & Reiter, 2012). Zur Rekonstruktion der Kooperationsbeziehungen kamen netzwerkanalytische Instrumente (Hollstein, 2019) zum Einsatz, so die Netzwerkfokussierung der Interviews sowie begleitend zu den Interviews mit zivilgesellschaftlichen Partnern egozentrierte Netzwerkkarten (Kahn & Antonucci, 1980). Auf den Karten positionierten die Interviewten Kooperationspartner und Netzwerke als Post-its auf konzentrischen Kreisen im Verhältnis zum im Zentrum als Kreis symbolisierten „Ego" (eigene Organisation). Die Netzwerkkarten dienten der Visualisierung ihrer Kooperationsbeziehungen und Netzwerkeinbindung, aber auch der Stimulierung und Systematisierung netzwerkbezogener Interviewnarrationen (Altissimo, 2016). Die Interviews wurden unter den Bedingungen der Corona-Pandemie überwiegend online durchgeführt.

Die Auswertung des qualitativen Datenmaterials erfolgte mehrstufig entlang der oben genannten Fragen. Zur Beantwortung der ersten Frage nach Vernetzungs- und Einbindungspraktiken wurden netzwerkanalytische Untersuchungen vorgenommen. Im Mittelpunkt dieser Untersuchungen standen die Arbeitsbeziehungen und Kooperationsnetzwerke der interviewten Vertretungen von

---

6 Unter „Zivilgesellschaft" werden freiwillige, selbstverwaltete und am Gemeinwohl ausgerichtete Zusammenschlüsse verschiedener Organisationsgrade verstanden (Strachwitz, Priller & Triebe, 2020). Aus forschungspragmatischen Gründen wurden für die Untersuchung in Anlehnung an die Ziviz-Studie von Priemer, Bischoff und Hohendanner (2019) zivilgesellschaftliche Organisationen über die Rechtsform ausgewählt. So sind im Sample vor allem Vertretungen von Vereinen, Verbänden, Stiftungen und gemeinnützigen GmbHs vertreten.

Kommune und Zivilgesellschaft. Dabei wurden vor allem strukturelle Merkmale wie die Zentralität und Nähe der untersuchten Akteursgruppen sowie beziehungsbezogene Merkmale wie die Intensität, aber auch Macht und Interdependenz berücksichtigt (Jansen, 2003; Rürup, Emmerich & Dunkake, 2015). Die von den zivilgesellschaftlichen Interviewten ausgefüllten Netzwerkkarten wurden bezüglich der Stellung der kommunalen Akteure (und insbesondere der Bildungsbüros) in den zivilgesellschaftlichen Netzwerken in Relation zu anderen Partnern ausgewertet. Um einen mehrperspektivischen Einblick auf Kooperations- und Netzwerkprozesse zu gewinnen, wurden die jeweiligen akteursgruppenspezifischen Perspektiven der Kommunal- und Zivilgesellschaftsvertretungen auf die ersten beiden Forschungsfragen untersucht und zueinander in Beziehung gesetzt. Der dritten Frage nach den Rezeptionsweisen der Kommunen des an sie gerichteten Vernetzungsauftrags und der Umsetzung in kommunale Governance-Strategien wurde auf der Basis der Interviews mit den Kommunalvertretungen nachgegangen.

Einzelfallstudien für jede der vier Kommunen dienten als analytischer Zwischenschritt, um der kontextuellen Eingebundenheit (Yin, 2014, S. 16) Rechnung zu tragen, sowie in Form der unten einzelfallanalytisch vorgestellten Kommune zur Illustration und empirischen Unterfütterung der vorgestellten Ergebnisse. Die Einzelfallanalysen basierten auf einem Analysemodell mit folgenden, aus dem Governance-Ansatz abgeleiteten Auswertungsdimensionen: Koordinierungsvorstellungen und -praktiken (insbesondere bezüglich der Einbindung von Zivilgesellschaft), Akteurs- und Netzwerkkonstellationen, Kooperationsbeziehungen (u. a. Inhalte, Modi, Interdependenzen).

4. Ergebnisse

Der empirische Blick auf die Zusammenarbeit zwischen kommunalen und zivilgesellschaftlichen Akteuren erfolgt in mehreren Schritten. Zunächst wird netzwerkanalytisch untersucht, welche Position kommunale und zivilgesellschaftliche Akteure in den Netzwerken der jeweils anderen Akteursgruppe einnehmen, und es werden Herausforderungen der gemeinsamen Netzwerkarbeit zu Bildungsfragen herausgearbeitet. Im zweiten Schritt wird analysiert, welche Perspektiven Akteure beider Gruppen auf die Einbindung von Zivilgesellschaft in Gestaltungsprozesse sowie auf gegenseitige Abhängigkeiten einnehmen. In einem dritten Schritt wird betrachtet, wie die interviewten Verwaltungsmitarbeitenden programmatische Vernetzungs- und Koordinierungserwartungen reflektieren und umsetzen. Zuletzt werden diese fallübergreifenden Erkenntnisse empirisch an einem Einzelfall belegt und in ihrer konkreten lokalen Verankerung illustriert.

4.1 Netzwerkbeziehungen zwischen Kommune und Zivilgesellschaft

Die Netzwerkanalysen offenbaren für alle untersuchten Kommunen hochkomplexe, von außen – und nach Aussage der Beteiligten auch von innen – kaum in Gänze durchdringbare Geflechte. Dabei bestimmen sowohl bilaterale, informelle und anlassbezogene, häufig multiplexe Beziehungen als auch Binnennetzwerke zu großen Teilen das alltägliche Kooperationshandeln beider Gruppen.

Die interviewten Mitarbeitenden der Kommunalverwaltungen sind über Verbünde verschiedener Institutionalisierungsgrade, die durch Regelmäßigkeit und kurze Turnusabstände gekennzeichnet sind, stark binnenvernetzt. Entsprechend sind insbesondere bezüglich planerisch-strategischer Fragen zunächst weitere Akteure der Kommunalverwaltung und -politik primäre Partner. An zweiter Stelle stehen Institutionen der formalen Bildung wie Kindertagesstätten und insbesondere Schulen als wichtige und systematisch eingebundene Netzwerkpartner. Zivilgesellschaftliche Partner vor Ort stehen in den untersuchten kommunalen Kooperationsgefügen an dritter Stelle. Regelmäßige Anlässe schaffen bildungsfeld- oder stadtteilspezifische Gremien, inhaltliche Arbeitskreise und – für einen ausgewählten Kreis zivilgesellschaftlicher Akteure – fachliche Beiräte. Außerhalb von Gremien findet inhaltliche Zusammenarbeit situativ und deutlich diskontinuierlicher, oft projektgebunden im Rahmen der Maßnahmenunterstützung oder gemeinsamen -gestaltung statt. Bei der Wahl von Kooperationspartnern aus der organisierten Zivilgesellschaft fällt eine hohe Kontinuität, aber auch Selektivität auf. Dafür finden sich in den Interviews unterschiedliche Begründungen. So präferieren Kommunen bewährte, ihrerseits vor Ort etablierte und gut vernetzte Partner mit bekanntem Kompetenzprofil. Vertrauensvolle, persönliche Beziehungen und gegenseitige Sympathie sind ebenso entscheidend für die Auswahl. Neben deren Netzwerkzentralität ist für die Einbindung zivilgesellschaftlicher Akteure auch ausschlaggebend, inwiefern sie sich mit ihrem Angebotsprofil in kommunale Logiken und Schwerpunktsetzungen einordnen lassen. Häufig fehlt es auch an Detailkenntnis der sich ständig ändernden zivilgesellschaftlichen Akteurskonstellationen vor Ort.

Eine wichtige netzwerkanalytische Ergänzung zur Bedeutung von Zivilgesellschaft in kommunalen Netzwerken ist die umgekehrte zivilgesellschaftliche Perspektive auf kommunale Partner. Auf den bei den zivilgesellschaftlichen Interviews eingesetzten Netzwerkkarten zeigen sich vielfältigere Verbindungen zu verschiedenen Akteursgruppen als bei den Kommunen. So reichen insbesondere die zahlreichen Binnenbeziehungen zu anderen zivilgesellschaftlichen Akteuren differenzierter in die zivilgesellschaftliche Landschaft hinein. Auch für die interviewten Vertretungen der Zivilgesellschaft sind Bildungseinrichtungen wie Kitas und Schulen essenzielle Kooperationspartner. Die Kommune schließlich ist auf allen Karten über ausgewählte Vertretungen der verschiedenen Verwaltungsebenen (vorrangig von inhaltlich nahen Fachbereichen der Gemeinden/Landkreise, aber auch von Schulämtern oder Ministerien der Bundesländer) präsent. Dabei lassen sich einzelne Kommunalvertretungen über die Präsenz und Stellung in den Karten als zentrale Schnittstellen für Zivilgesellschaft identifizieren: in den beiden ostdeutschen Kommunen sind dies die jeweiligen Jugendämter und Einzelakteure der Stadt-/Landkreisverwaltungen; in einer der westdeutschen Kommunen das Bildungsbüro. Viele der auf den Karten platzierten kommunalen Partner agieren jedoch eher am Rand zivilgesellschaftlicher Netzwerke. Insgesamt gibt es eine große Varianz und Dynamik der über die konzentrischen Kreise dargestellte Nähe der kommunalen Akteure zur befragten Organisation.

Neben den bilateralen Beziehungen wurden mithilfe der Karten auch systematische multilaterale Zusammenschlüsse der interviewten Zivilgesellschaft erfragt. In den beiden westdeutschen Kommunen waren je in ca. ein Viertel der genannten Netzwerke auch kommunale Akteure involviert, in den ostdeutschen Kommunen je in ca. ein Drittel. Dies zeigt, dass das zivilgesellschaftliche Vernetzungsgeschehen überwiegend außerhalb kommunaler Anschlüsse stattfindet.

Aus der Perspektive der Umsetzung programmatischer Steuerungsvorgaben ist die Stellung des Bildungsbüros in den Netzwerken der zivilgesellschaftlichen Akteure interessant. Den Bildungsbüros wird eine eher schwache Netzwerkposition bescheinigt. In den Netzwerkkarten dreier Kommunen sind sie kaum oder gar nicht präsent. Nur in einer der westdeutschen Kommunen lässt sich das Bildungsbüro über die Nennung in sechs von acht Interviews sowie über die zentrale Platzierung auf den Karten als externer Anlaufpunkt für die Interviewten aus der Zivilgesellschaft vor Ort identifizieren.

Für das häufig parallele Netzwerkhandeln der kommunalen und zivilgesellschaftlichen Akteursgruppen finden sich über die netzwerkbezogenen Narrationen Zusammenhänge mit unterschiedlichen Vernetzungszielen. Netzwerktätigkeiten bei zivilgesellschaftlichen Akteuren sind eher Mittel zum Zweck der Maßnahmenentwicklung und -umsetzung. Entsprechend ist zivilgesellschaftliches Handeln von einem gewissen Netzwerkpragmatismus geleitet. Kommunen hingegen leiten Kooperations- und Vernetzungsziele eher mittelbar ab. Inhaltliche Ziele werden häufig abstrakter und universeller formuliert und stehen hinter der organisatorischen Dimension zurück (dazu auch Wischmann, 2014, S. 105–108). Vor dem Hintergrund der Cross-Sektionalität und der Akteurs- und Verantwortungspluralität im Bildungswesen hat Netzwerkarbeit für die Interviewten der Kommune auch einen eigenständigen, von unmittelbaren Bildungszielen und Bildungspraktiken losgelösten Wert, der sich darin erfüllt, sich Kenntnis zu den verschiedenen am Bildungsgeschehen Beteiligten zu verschaffen, sie zu verbinden, Arbeitskontakte aufzubauen, vertrauensvolle Beziehungen zu pflegen und Netzwerkharmonie herzustellen.

Januskopfigkeit von Parallelnetzwerken

Das alltägliche Kooperationshandeln beider Gruppen findet also zu großen Teilen zunächst unverbunden statt und ist, neben dem Handeln anderer Akteursgruppen, ein Grund für die hohe Netzwerkpluralität vor Ort. Die betrachteten Netzwerke weisen in ihrer personellen Besetzung zudem keine Trennschärfe auf. Häufig wird von Parallelnetzwerken berichtet, in denen sich dieselben Akteure in unterschiedlichen Konstellationen immer wieder begegnen. Parallelstrukturen sind in der Diskussion normativ besetzt, sie suggerieren Überflüssigkeit, zumindest aber Unverbundenheit und Ressourcenverlust (Jakob, 2010, S. 233–234). Viele Aussagen der Befragten sind in diesen kritischen Diskursstrang einzuordnen. Von ressourcenverbrauchenden Redundanzen wird insbesondere dort berichtet, wo Parallelnetzwerke ähnliche Intentionen verfolgen und der Akteurskreis überschaubar ist. Dann gäbe es keinen nennenswerten Mehrwert, und Strukturen würden in unnötige Konkurrenz zueinander treten. Allerdings weisen die Interviewten auch darauf hin, dass solche Parallelstrukturen gleichzeitig unvermeidbar sind. So kommt es durch themenspezifische Zusammenarbeit zu zahlreichen Rearrangements der beteiligten Akteure. Außerdem ergeben sich über Begegnungen in verschiedenen Zusammenhängen Synergieeffekte und Zeitersparnisse. In Kommunen mit überschaubarer Größe seien Parallelnetzwerke auch eine logische Konsequenz eines letztlich eingegrenzten Kerns breit vernetzter Personen und Organisationen vor Ort.

Zentral im Netzwerk: Hybride, Intermediäre und engagierte Einzelpersonen

Bei der Analyse der Netzwerke in den Untersuchungskommunen wurde ein besonderes Augenmerk auf solche Akteure gelegt, die über zahlreiche Verbindungen eine zentrale Stellung im Netzwerk einnehmen (Jansen, 2003). Dabei fiel auf, dass diese Positionen oft von Organisationen und Personen bekleidet werden, die strukturell in gewisser Weise sowohl in der Kommune als auch in der Zivilgesellschaft verortet sind. Wie spezifisch die für die jeweiligen Kommunen rekonstruierten Akteurskonstellationen auch verfasst sind – solche „Hybriden", die also Merkmale staatlicher und gemeinnütziger Organisationen aufweisen (Evers, Rauch & Stitz, 2002), fanden sich in allen vier Untersuchungskommunen. Dies entspricht zunächst einem allgemeinen Trend zur Hybridisierung im sozialen Dienstleistungssektor (vgl. u. a. Roß, 2020). In den untersuchten Kommunen gibt es diverse hybride Konstrukte mit unterschiedlichen Institutionalisierungsgraden. Neben Organisationen sind zahlreiche Einzelpersonen über multiple Zugehörigkeiten und Funktionen als Hybride zu identifizieren. Die Analysen verweisen darauf, dass Hybride für Kooperationsprozesse zwischen Kommunen und zivilgesellschaftlichen Organisationen von besonderer Bedeutung sind.

Für die Netzwerkprominenz dieser hybriden Organisationen und Personen finden sich in den Interviews beider Akteursgruppen ähnliche Begründungen, die auf ihre Rolle als Intermediäre (Diaz-Bone, 2017) verweisen: Sie vereinen die inhaltliche Kompetenz und das Strukturwissen beider Gruppen und haben Zugang zu den jeweiligen akteursgruppenspezifischen Netzwerken. Auf der Basis einer starken Außenausrichtung integrieren sie Vertretungen der jeweils anderen Gruppe und vermitteln zwischen den unterschiedlichen Handlungslogiken von Kommune und Zivilgesellschaft. Insofern lassen sie sich aus Sicht der Handelnden vor Ort als Netzwerkbrücken, als „Bridging Capital" im Sinne von Robert Putnam identifizieren (Putnam, 2000). Vertretungen beider Gruppen bewerten hybride Konstrukte überwiegend positiv und versprechen sich mehr Handlungsspielräume und Einflussnahme sowie Synergieeffekte. Insbesondere aus zivilgesellschaftlicher Perspektive bringen Hybride aber auch Schwierigkeiten mit sich, und zwar dann, wenn Kommunen über sie vermittelt Gestaltungsansprüche durchsetzen und Freiräume der organisierten Zivilgesellschaft einschränken. Auch in der Netzwerkarbeit haben Kommunen einen Gestaltungsgewinn, wenn sie in hybriden Konstrukten Einfluss auf eigentlich zivilgesellschaftliche Intermediäre, die wiederum wichtige Anlaufpunkte für kleinere Initiativen sind, ausüben. Somit ist teilweise nicht mehr identifizierbar, inwiefern Mitgestaltung dann noch genuin zivilgesellschaftlicher Natur ist. In den mit beiden Gruppen geführten Interviews finden sich Hinweise darauf, dass die kommunale Seite überproportional vom Einfluss hybrider Positionen in den Netzwerken profitiert.

4.2 Zivilgesellschaft als Mitgestalterin: Verständnis und Realität von Beteiligungsprozessen

Die Forderung, gemeinnützige Einrichtungen nicht nur als Dienstleister zu begreifen, sondern in kommunale bildungsbezogene Entwicklungsprozesse stärker einzubinden, wird schon seit geraumer Zeit erhoben (Jakob, 2010, S. 255–256). In den Untersuchungskommunen ist der Austausch mit Zivilgesellschaft häufig strukturell-formaler Natur, umsetzungsbezogen oder auf die gegenseitige Herstellung von Sichtbarkeit und die Stärkung der eigenen Netzwerkposition gerichtet. Bildungsstrategische Prozesse, die auf abstrakte kommunale Bildungsziele bezogen sind und keinen unmittelbaren Umsetzungsfokus haben, werden stark verwaltungsintern verhandelt. Hier ist Zivilgesellschaft oft eher schwach und nachgelagert eingebunden. Partizipation findet weniger über programmatische Steuerungsgremien, als über Arbeitsgemeinschaften, Veranstaltungen oder Anhörungsformate (z. B. Befragungen und Bürgerwerkstätten) statt, in denen Entscheidungsvorbehalte bei der Kommune verbleiben. Bei der Gremienbesetzung reflektieren einzelne interviewte Zivilgesellschaftsvertretungen die Deutungshoheit der Kommune und die Privilegierung bestimmter Partner.

Die Interviews dokumentieren außerdem unterschiedliche Verständnisse der beiden befragten Akteursgruppen von Mitgestaltung. Zivilgesellschaftliche Akteure zielen dabei stärker auf regelmäßige Gremientätigkeit, auf kontinuierliche Begleitung des inhaltlichen Diskurses und auf Einflussnahme auf Beschlussebene ab. Kommunale Akteure wiederum haben einen vergleichsweise niedrigschwelligeren Beteiligungsgrad im Sinn und sehen Gestaltungsmöglichkeiten der Zivilgesellschaft teilweise bereits über das Einbringen von Expertise sowie über die zentrale Netzwerkstellung von zivilgesellschaftlichen Schlüsselpersonen realisiert. So bescheinigen die interviewten kommunalen Akteure der Zivilgesellschaft in der Mehrheit vielfältige Einbindungsmöglichkeiten. Umgekehrt zeigt sich, dass viele zivilgesellschaftliche Akteure ihr Mitwirkungspotenzial noch nicht erschöpft sehen und einen Einbindungsanspruch erheben. Zufrieden sind vor allem Hybride (s. u.) und diejenigen, die in Gremien einen festen Platz haben. Einbindungsvorbehalte werden vor allem von kommunaler Seite kommuniziert. Zivilgesellschaftliche Einmischung ist nicht nur bezüglich personaler Ressourcen voraussetzungsreich und bringt Kommunen an Kapazitätsgrenzen. Sie ist auch eine Herausforderung für interne Verwaltungsabläufe, in denen externe Partner oft als Störfaktoren wirken. An anderer Stelle werden insbesondere kleinere Organisationen der Zivilgesellschaft als Semiprofessionelle gewertet, die sich mangels Strukturwissen schwer einbinden lassen. Ein Haupteinwand betrifft finanzielle und personale Grenzen der Realisierbarkeit. Zivilgesellschaftliche Interviewte wiederum verweisen darauf, dass Partizipationsformate im kommunalen Handeln keinen hohen Stellenwert haben oder ihnen teilweise nicht bekannt sind. Von beiden Seiten wird das Problem enttäuschter Wirksamkeitserwartungen angesprochen, wenn Zivilgesellschaft zwar Raum für das Einbringen von Ideen gegeben wird, diese aber nur selektiv umgesetzt werden (können). Daraus leiten die Kommunen die Aufgabe ab, Erwartungen zu moderieren, indem beispielsweise Entscheidungsprozesse transparent und nachvollziehbar gemacht und Mitwirkungsgrenzen vorab klar formuliert werden.

Interdependenzbewältigung und Handlungsmacht

Prägend für die Arbeitsbeziehungen zwischen Akteuren der kommunalen und der zivilgesellschaftlichen Sphäre ist auch die Wahrnehmung gegenseitiger Abhängigkeit. So wird vonseiten der befragten kommunalen Akteure anerkannt, dass Verwaltung und Politik in der kommunalen Bildungsgestaltung auf die Angebote und den Input der Zivilgesellschaft sowohl quantitativ als auch qualitativ essenziell verwiesen sind. Das korrespondiert mit der Selbstwahrnehmung der interviewten zivilgesellschaftlichen Vertretungen, die ihre Potenziale insbesondere bezüglich eines breiteren Bildungsverständnisses und besserer Bildungschancen betonen. An welcher Stelle Zivilgesellschaft hierbei ihren Auftrag eines nicht substituierenden Engagements erfüllt oder eigentlich staatliche Kernaufgaben kompensiert, ist Gegenstand eines kontinuierlichen lokalen Aushandlungsprozesses zwischen den Akteursgruppen, analog zum gerade in Zeiten gesellschaftlicher Krisen verstärkt geführten gesellschaftlichen Diskurs (van Dyk & Haubner, 2021, S. 95–97). Aus der (Aus-)Nutzung zivilgesellschaftlicher Ressourcen leiten die befragten kommunalen Akteure verschiedenes ab: Zum einen die Anerkennung zivilgesellschaftlicher Handlungsspielräume in der Angebotsgestaltung und -vielfalt, zum anderen die kommunale Verantwortung der strukturellen und finanziellen Entlastung und der Sicherung von Stabilität.

Kommunen nehmen bereits über die Selektivität der Förderung inhaltlichen Einfluss und privilegieren bestimmte Partner und Maßnahmen gegenüber anderen. Interviewte aus der Zivilgesellschaft sehen es außerdem kritisch, wenn die Kommune über ihre Koordinierungs- und Finanzierungsfunktion Mitspracherechte bei der Umsetzung geltend macht. Für Interviewte der Kommunen wiederum ist der mit der Delegation von Umsetzungsaufgaben verbundene Kontrollverlust über den Output teilweise schwer auszuhalten. Nicht zuletzt zeigen die Interviews, dass die durch die Mittelvergabe verursachten Machtgefälle eine angestrebte partnerschaftliche Zusammenarbeit „auf Augenhöhe" (Lindner et al., 2015, S. 83) erschweren und ihr bei Abhängigkeiten teilweise unauflösbar entgegenstehen.

4.3 Rezeptionen programmatischer Kooperations- und Koordinierungspostulate

Die interviewten Verwaltungsmitarbeitenden leiten aus dem oben beschriebenen diffusen programmatischen Auftrag ein umfassendes Aufgabenprofil ab, in dem Koordinierungs- und Netzwerkarbeit als unverzichtbare Querschnittsaufgabe verstanden wird. Die kommunale Selbstzuweisung dieser Arbeit geschieht in der Überzeugung, dass es zur Qualitätssicherung und zur Entlastung der Umsetzungspartner eigenständiger, hauptamtlicher Ressourcen einer der unmittelbaren Bildungsarbeit übergeordneten Instanz bedarf.

In drei der vier Kommunen setzen die Mitarbeitenden der Bildungsbüros ihren Vernetzungsauftrag vorrangig verwaltungsintern um. Begegnungen mit Externen werden eher auf strukturell-formaler Ebene forciert. Parallel dazu geschieht Zusammenarbeit mit zivilgesellschaftlichen Organisationen weitgehend unabhängig von „Bildung integriert" informell und über persönliche Beziehungen, und wird überwiegend von engagierten Einzelpersonen in der Verwaltung vorangetrieben.

Bei der Umsetzung programmintendierter Vernetzungen werden ähnliche Schwierigkeiten berichtet, die seit den Anfängen des kommunalen Bildungsmanagements immer wieder moniert werden: Ressourcenverluste über Parallelstrukturen und -zuständigkeiten, fehlende Nachhaltigkeit der neu geschaffenen

Strukturen (Jakob, 2010, S. 236) sowie Reibungsverluste aufgrund verschiedener Handlungslogiken kommunaler Politik und Verwaltung (Brüsemeister, 2016).

Für die Kommunen erweisen sich die Forderungen nach einer einerseits möglichst erschöpfenden Akteurseinbindung und andererseits einer Optimierung und Verschlankung von Vernetzungsstrukturen als schwer vereinbar. Vor dem Hintergrund der Umsetzungserfahrungen findet eine kritische Reflexion von Vernetzungsprogrammatiken statt, die aber nicht in eine grundsätzliche Infragestellung des Kooperationspostulats mündet. Vielmehr findet sich eine aus anderen Studien bekannte Tendenz, „eher auf Akzeptanz- und Legitimitätssicherung [...] als auf Komplexitätsreduktion" (Schalkhaußer & Thomas, 2011, S. 223) zu setzen, sich gleichzeitig aber auch von der Forderung einer Vernetzung aller zu emanzipieren (Weiß, 2011). Angesichts der Netzwerkvielfalt und in Anerkennung der Eigenständigkeit der beteiligten Akteure ist bei vielen befragten Kommunalakteuren eine Koordinierungsernüchterung spürbar.

4.4 Kommune zwischen Koordinations-, Kontroll- und Hüterfunktion: Fallanalyse

Das kommunale Kooperations- und Vernetzungshandeln kann nicht losgelöst von spezifischen Bedingungen vor Ort verstanden werden. Mit der folgenden Fallanalyse werden die oben skizzierten akteursgruppenspezifischen, fallübergreifenden Erkenntnisse in einem spezifischen räumlichen Kontext illustriert. Ausgewählt wurde ein eher strukturschwacher Landkreis mit kleinteiliger Gebietsstruktur, der aufgrund seiner Dynamiken in Bezug auf die Einbindung von Zivilgesellschaft interessant ist.

Die Interviewten der Kommune sehen sich in kritischer Eigenreflexion noch am Anfang einer systematischen Bildungsplanung. Ausgangspunkt dafür bilden zunächst verwaltungsinterne Abstimmungen. Bildungsplanung wird als Teil einer integrierten Sozialplanung verstanden, die eine ressortübergreifende Kooperation erfordert. Ein starker Binnenbezug ist auch beim Bildungsbüro zu erkennen, das seine Rolle über die Akzeptanz in der Verwaltung und die Aktivitäten im Bildungsmonitoring definiert: „Es geht ja eher darum, auch eine neue Entscheidungskultur in der Kommune zu etablieren [...] das ist ja schon ein Erfolg für ein kommunales Bildungsmanagement. Die Verwaltungsleitung weiß, ich hab da so zwei Leute, die betrachten jetzt mal irgendeine Thematik aus empirisch-statistischer Sicht" (KoTN01).

Nach außen versteht sich die Landkreisverwaltung als vernetzender Teil eines Gestaltungskollektivs. Dabei betont sie die Handlungsautonomie der beteiligten Akteure, sieht sich aber auch berechtigt, Vernetzung aktiv einzufordern. Externe werden sowohl indirekt über Bedarfsanalysen als auch direkt, u. a. über einen (programmatisch angeregten) Regionaldiskurs, in das Agendasetting einbezogen.

Für die Vernetzungsfunktion wird die Schlüsselrolle engagierter Einzelpersonen in der Verwaltung hervorgehoben, die „uns immer wieder daran erinner[n], dass es rechts und links auch noch Leute gibt, die am gleichen Thema arbeiten“ (KoTN03). Ebenso nehmen Einzelpersonen eine wichtige hybride Gestaltungsrolle ein: „es gibt so diese deutungsmächtigen Akteure in der Kommune [...] Die sind aber immer von allem etwas: die sind ein bisschen Zivilgesellschaft, sind ein bisschen [...] jenes [...] [sie] haben nie nur eine Funktion [...] [sonst] wären sie keine deutungsmächtigen Akteure“ (KoTN01).

Das Verhältnis zur regionalen Zivilgesellschaft ist vielschichtig und ambivalent. Ihr Mehrwert für Bildungsprozesse ist aus Kommunalsicht unbestritten: „Da kommen wirklich neue Perspektiven [...] wir könnten das in der Kreativität und Agilität nicht leisten, die diese zivilgesellschaftlichen Akteure eher haben. Als Verwaltung [...] sind wir häufig träge Systeme“ (KoTN03). Gerade während der Corona-Pandemie habe die Zivilgesellschaft hohes Engagement, Innovation und schnelle Handlungsfähigkeit bewiesen. Sie wird als unverzichtbare Ressource verstanden, von der die Verwaltung abhängig ist, und für deren vulnerable ehrenamtliche Strukturen sie im Umkehrschluss auch eine „Hüterfunktion“ (KoTN03) habe: „Wenn ich mich schon dieser kostenlosen Strukturen bediene, finde ich es total wichtig, dass die beschützt werden [...] ihr könnt nicht auf der einen Seite das System [...] für Euch nutzbar machen, und auf der anderen Seite leistet niemand einen Beitrag zur Stärkung der Ehrenamtsstrukturen“ (KoTN03). Zudem müsse die Kommune absichern, „[...] dass da einfach auch eine Person ist, die die Verantwortung übernimmt und das irgendwo koordiniert“ (KoTN02). Die Landkreisverwaltung sieht sich aber auch in der Verantwortung, Umsetzungsqualität und Wirksamkeit zu kontrollieren: „Wir versuchen auch, Wirksamkeitsdialoge mit unseren Akteuren zu führen, wo wir ganz gezielt [...] schauen: Was haben wir schon geschafft? Was haben wir vereinbart? Was wollen wir noch schaffen? Das wollen wir dann mindestens ein Jahr später kontrollieren“ (KoTN03). Zivilgesellschaft wird als proaktiv und mitgestaltungsbereit wahrgenommen. Ihre Einbindung ist aber auch aufwändig, und die Kommune muss sich Selbstwirksamkeitserwartungen stellen: „Wenn ich beteilige [...], ist das immer ein zweischneidiges Schwert. Denn ich muss auch sicherstellen, dass das denjenigen auch etwas zurückgibt, das ist also arbeitsintensiv [...] da gibt es Grenzen, wo nicht alles geht“ (KoTN03).

Für eine bessere Bildungsbeteiligung Jugendlicher im ländlichen Raum wurde das Instrument der Jugendkoordinatoren eingerichtet, die von gemeinnützigen Organisationen gestellt und durch den Landkreis gefördert werden. Dieses hybride Konstrukt stellt aus Landkreissicht faktisch eine kontrollierte Delegation der Umsetzung dar. Es wurde in einem partizipativen Prozess mit dem Ziel entwickelt, eine verstetigte, institutionalisierte Stelle zu schaffen, die „weg von den persönlichen Interessen und hin zu den Interessen der jungen Menschen moderiert“ (KoTN03).

Die Interviewten der regionalen Zivilgesellschaft betonen die Angewiesenheit auf Umsetzungspartner, was auch die in den Netzwerkkarten dokumentierte Auswahl der Partner deutlich macht. Die dort vertretenen kommunalen Akteure repräsentieren Ämter mit Bildungsbezug, wohingegen die Mitarbeitenden des Bildungsmanagements und -monitorings auf keiner der Karten genannt werden. Die beschriebenen Kooperationsbeziehungen zur Kommune gestalten sich sehr unterschiedlich. Während einige ein hohes Engagement des Landkreises für Bildungsthemen wahrnehmen und von intensiver inhaltlicher Zusammenarbeit berichten, betonen andere den funktionalen Charakter der Partnerschaft: „Da gibt's ja wirklich eine ganz enge, schon existenzielle Abhängigkeit voneinander [...] Für die Bildungsinhalte, da spielt [die Kommune] eigentlich nicht so die große Rolle“ (ZgTN04). Einigen zivilgesellschaftlichen Akteuren geht das nicht weit genug. Sie erwarten, dass die Kommune ihre Gestaltungsmacht (korrespondierend mit der von kommunaler Seite beschriebenen Hüterfunktion) stärker im Sinne der Stabilisierung und Absicherung von Zivilgesellschaft einsetzt. Über die finanzielle Abhängigkeit fühlen sich zivilgesellschaftliche Akteure wiederum teilweise in ihrer Gestaltungskraft eingeengt. Das wird auch bei den landkreiskoordinierten Angeboten der Schulsozialarbeit und der Jugendkoordination deutlich: „Jugendkoordination heißt eigentlich: ich tue was für die Jugendlichen [...] und nicht: ich bin das Sprachrohr des Landkreises“ (ZgTN05).

Insgesamt wird das Bild einer veränderungsbereiten Kommune gezeichnet, die sich zunehmend für Zivilgesellschaft öffnet und Bereitschaft zeigt, hierarchische Verwaltungsstrukturen aufzubrechen, und gleichzeitig eigene Kontroll- und Einflussmöglichkeiten zu wahren versucht. Die lokale Zivilgesellschaft steht kommunaler Einflussnahme eher kritisch gegenüber und ist bemüht, sich eigene Spielräume zu bewahren, hat gleichzeitig jedoch auch die Erwartung, dass die Kommune die zivilgesellschaftliche Landschaft stärkt und schützt.

5. Fazit

Im Beitrag wurden die Perspektiven kommunaler und zivilgesellschaftlicher Akteure auf den bildungsbezogenen Austausch und auf Governance-Handeln netzwerkanalytisch untersucht. Es wurde deutlich, dass die Vertretungen beider Akteursgruppen um ihre Interdependenz wissen, sie anerkennen und über Aushandlungsprozesse bearbeiten. Ihre Kooperationsbeziehungen lassen sich empirisch als Spannungsverhältnisse zwischen einem Koordinations-, Kontroll- und Schutzauftrag aus kommunaler Warte und zwischen Autonomie- und Absicherungsbestrebungen aus zivilgesellschaftlicher Warte beschreiben. Kommunale und zivilgesellschaftliche Akteure unterstützen sich dabei gegenseitig bei der Stärkung ihrer jeweiligen Netzwerkpositionierungen. Gleichzeitig handeln sie über finanzielle Mittelvergabe zivilgesellschaftliche Gestaltungsspielräume und kommunale Einflussnahme aus. Hybride Akteure scheinen die Bearbeitung gegenseitiger Abhängigkeiten einerseits konstruktiv zu unterstützen, sind aber andererseits aus einer Beteiligungsperspektive auch problematisch, weil dadurch vor allem die kommunalen Netzwerkeinflüsse gestärkt werden. Außerdem führen sie zur Verwässerung genuin zivilgesellschaftlicher Perspektiven.

Die oben skizzierte Bedeutungszuweisung von Netzwerken in Fachpraxis und Wissenschaft findet ihre empirische Entsprechung in einer hohen Netzwerkbereitschaft und -aktivität der Interviewten. Diese sind zunächst selbstreferenziell ausgerichtet; sie bewegen sich stärker in akteursgruppenspezifischen als in -übergreifenden Kooperationsgefügen. Auch programmatische Vernetzungsaufforderungen werden weiterhin eher verwaltungsintern und mit Bildungsinstitutionen (vor allem auch allgemeinbildenden Schulen) umgesetzt (s. a. Brüsemeister, 2016). In den untersuchten Kommunen identifizieren und legitimieren sich die Bildungsbüros zwar über ihre Netzwerkknotenfunktion, fungieren in der Regel jedoch als interne Schnittstellen. Die Einbindung zivilgesellschaftlicher Akteure in kommunale bildungsbezogene Gestaltungsprozesse jenseits unmittelbarer Umsetzungspraxis ist von einer Konzentration auf professionelle und etablierte Akteure bestimmt und bestätigt weiterhin eine Privilegierung großer Organisationen (Haus, 2010, S. 213) sowie eine fragmentarische, unverbindliche Beteiligung bei kommunalem Entscheidungsvorbehalt (Geißel, 2007). Die Zusammenarbeit mit immer demselben Kreis zivilgesellschaftlicher Akteure geht mit einer Tendenz zur Netzwerkschließung einher, die durch Sättigung und durch begrenzte kommunale Vernetzungskapazitäten bedingt ist und durch Konkurrenz unter den verwaltungsnahen Organisationen noch verstärkt wird. Damit gehen nicht nur Innovationspotenziale verloren; es werden auch ungleiche zivilgesellschaftliche (Mit-)Gestaltungschancen verstetigt bzw. geschaffen. So liegen kleinere, oft von Ehrenamtlichen getragene Organisationen, die traditionelle Partner von Bildungseinrichtungen und gut binnenvernetzt sind, oft außerhalb des Radars der kommunalen Bildungsverwaltung. Die Anerkennung kommunaler Koordinierungsgrenzen angesichts der Vielfalt und Autonomie der beteiligten Akteure scheint gleichzeitig Voraussetzung eines stärker partnerschaftlichen Verständnisses und einer Aufwertung zivilgesellschaftlicher Partner zu sein. Dennoch bleibt der Blick auf Zivilgesellschaft jenseits der Wertschätzung als Anbieterin alternativer Lernmöglichkeiten ambivalent. Der skizzierte Befund, dass kommunale und zivilgesellschaftliche Vertretungen unterschiedliche Netzwerkziele verfolgen, macht noch einmal deutlich, dass beide Gruppen ein gegenseitiges Verständnis für die jeweiligen Handlungsmotivationen und Erwartungen entwickeln müssen (Duveneck, 2016, S. 122).

Mit Blick auf weiteren Forschungsbedarf wäre es angesichts der Identifikation von Bildungseinrichtungen wie Schulen und Kitas als etablierte Netzwerkpartner für beide Gruppen fruchtbar, die Kooperationstriade Kommune-Bildungsinstitution-Zivilgesellschaft netzwerkanalytisch eingehender zu betrachten.

Weitergehende Untersuchungen könnten außerdem dahingehend erfolgen, inwiefern die beschriebenen Kooperationsbeziehungen anschlussfähig für bürgerschaftliche Beteiligung bzw. Lernende sind.

Auch laden die Ergebnisse zu einer eingehenderen kapitaltheoretischen Betrachtung der Beziehungen zwischen Zivilgesellschaft und Kommune ein, so etwa zu einer differenzierten Betrachtung der Rolle der Hybriden und dazu, wie günstige Rahmenbedingungen geschaffen werden können, um die Ressourcen der bisher weitgehend von kommunalen Netzwerken und Gestaltungsprozessen exkludierten Zivilgesellschaft besser für Bildungslandschaften nutzbar zu machen.

Literaturverzeichnis

Altissimo, A. (2016). Combining Egocentric Network Maps and Narratives: An Applied Analysis of Qualitative Network Map Interviews. *Sociological Research Online, 21*(2), 14.

Bennewitz, H. (2013). Entwicklungslinien und Situation des qualitativen Forschungsansatzes in der Erziehungswissenschaft. In B. Friebertshäuser, A. Langer & A. Prengel (Hrsg.), *Handbuch Qualitative Forschungsmethoden in der Erziehungswissenschaft* (4. Aufl., S. 43–59). Weinheim, Basel: Beltz Juventa.

Benz, A. & Dose, N. (2010). Governance-Modebegriff oder nützliches sozialwissenschaftliches Konzept? In A. Benz & N. Dose (Hrsg.), *Governance – Regieren in komplexen Regelsystemen: Eine Einführung* (2. Aufl., S. 13–36). Wiesbaden: VS Verlag.

Benz, A., Lütz, S. & Schimank, U. (2007). Einleitung. In A. Benz, S. Lütz, U. Schimank & G. Simonis (Hrsg.), *Handbuch Governance: Theoretische Grundlagen und empirische Anwendungsfelder* (1. Aufl., S. 9–25). Wiesbaden: VS Verlag.

Breuer, F. (2010). Wissenschaftstheoretische Grundlagen qualitativer Methodik in der Psychologie. In G. Mey & K. Mruck (Hrsg.), *Handbuch Qualitative Forschung in der Psychologie* (S. 35–49). Wiesbaden: VS Verlag.

Brüsemeister, T. (2016). Educational Governance in kommunalen Bildungslandschaften: Zur Literalität von Kommunen im Programm „Lernen vor Ort". In Arbeitsgruppe „Lernen vor Ort", *Educational Governance: Kommunales Bildungsmanagement als sozialer Prozess: Studien zu „Lernen vor Ort"* (S. 211–236). Wiesbaden: VS Verlag.

Diaz-Bone, R. (2017). Dispositive der Ökonomie. In R. Diaz-Bone & R. Hartz (Hrsg.), *Dispositiv und Ökonomie: Diskurs- und dispositivanalytische Perspektiven auf Märkte und Organisationen* (S. 83–111). Wiesbaden: VS Verlag.

Do Amaral, M. P. (2017). Educational Governance: International vergleichende Perspektiven auf Neue Steuerung im Bildungsbereich. In A. Bolder, H. Bremer & R. Epping (Hrsg.), *Bildung für Arbeit unter neuer Steuerung* (S. 201–221). Wiesbaden: VS Verlag.

Duveneck, A. (2016). *Bildungslandschaften verstehen: Zum Einfluss von Wettbewerbsbedingungen auf die Praxis. Edition Soziale Arbeit.* Weinheim, Basel: Beltz Juventa.

Emmerich, M. & Maag Merki, K. (2009). Netzwerke als Koordinationsform regionaler Bildungslandschaften: Empirische Befunde und governancetheoretische Implikationen. In N. Berkemeyer, H. Kuper, V. Manitius & K. Müthing (Hrsg.), *Schulische Vernetzung: Eine Übersicht zu aktuellen Netzwerkprojekten* (S. 13–30). Berlin: Waxmann.

Evers, A., Rauch, U. & Stitz, U. (2002). *Von öffentlichen Einrichtungen zu sozialen Unternehmen: Hybride Organisationsformen im Bereich sozialer Dienstleistungen. Modernisierung des öffentlichen Sektors.* Berlin: Ed. Sigma.

Fischbach, R., Kolleck, N. & Haan, G. de. (2015). Auf dem Weg zu nachhaltigen Bildungslandschaften: lokale Netzwerke erforschen und gestalten. In R. Fischbach, N. Kolleck & G. de Haan (Hrsg.), *Auf dem Weg zu nachhaltigen Bildungslandschaften: Lokale Netzwerke erforschen und gestalten* (S. 11–26). Wiesbaden: VS Verlag.

Freytag, T., Jahnke, H. & Kramer, C. (2015). Geographische Bildungsforschung. *DDS – Die Deutsche Schule, 107*(1), 79–95.

Geißel, B. (2007). Zur (Un-)Möglichkeit von Local Governance mit Zivilgesellschaft: Konzepte und empirische Befunde. In L. Schwalb, H. Walk & H. Walk (Hrsg.), *Local Governance – mehr Transparenz und Bürgernähe?* (1. Aufl., S. 23–38). Wiesbaden: VS Verlag.

Grgic, M., Rauschenbach, T. & Steiner, C. (2014). *Das Bildungsengagement der Zivilgesellschaft.* Zivilgesellschaft KONKRET, 5. https://www.bertelsmann-stiftung.de/de/publikationen/publikation/did/das-bildungsengagement-der-zivilgesellschaft/ [22.09.2022].

Hartnuß, B. & Heuberger, F. W. (2010). Ganzheitliche Bildung in Zeiten der Globalisierung. In T. Olk, A. Klein & B. Hartnuß (Hrsg.), *Engagementpolitik: Die Entwicklung der Zivilgesellschaft als politische Aufgabe* (1. Aufl., S. 459–490). Wiesbaden: VS Verlag.

Haus, M. (2010). Von government zu governance? Bürgergesellschaft und Engagementpolitik im Kontext neuer Formen des Regierens. In T. Olk, A. Klein & B. Hartnuß (Hrsg.), *Engagementpolitik: Die Entwicklung der Zivilgesellschaft als politische Aufgabe* (1. Aufl., S. 210–232). Wiesbaden: VS Verlag.

Hollstein, B. (2019). Qualitative Netzwerkdaten. In N. Baur & J. Blasius (Hrsg.), *Handbuch Methoden der empirischen Sozialforschung* (2. Aufl., S. 1301–1312). Wiesbaden: VS Verlag.

Jakob, G. (2010). Infrastrukturen und Anlaufstellen zur Engagementförderung in den Kommunen. In T. Olk, A. Klein & B. Hartnuß (Hrsg.), *Engagementpolitik: Die Entwicklung der Zivilgesellschaft als politische Aufgabe* (1. Aufl., S. 233–259). Wiesbaden: VS Verlag.

Jansen, D. (2003). *Einführung in die Netzwerkanalyse: Grundlagen, Methoden, Forschungsbeispiele* (2. Aufl.). Wiesbaden: VS Verlag.

Kahl, H. (2009). Bildungslandschaften und Zivilgesellschaft – ein stiftungspolitischer Exkurs. In P. Bleckmann & A. Durdel (Hrsg.), *Lokale Bildungslandschaften: Perspektiven für Ganztagsschulen und Kommunen* (1. Aufl., S. 251–264). Wiesbaden: VS Verlag.

Kahn, R. L. & Antonucci, T. C. (1980). Convoys over the life course: Attachment, roles, and social support. In P. B. Baltes & O. G. Brim (Hrsg.), *Life-span development and behavior* (S. 253–286). New York: Academic Press.

Kierchhoff, A. (2018). *Steuerung im Übergangsbereich Schule-Berufsausbildung. Eine auf der Perspektive der Educational Governance gründende Situationsanalyse* (1. Aufl.). Wiesbaden: VS Verlag.

Lindner, M., Niedlich, S., Klausing, J., Lüthi, K. & Brüsemeister, T. (2015). Zum Aufbau von Arenen des Bildungsmanagements in Lernen vor Ort. *Journal for educational research online, 7*(1), 68–93.

Maag Merki, K. & Altrichter, H. (2016). Educational Governance. *DDS – Die Deutsche Schule, 107*(4), 396–410.

Mack, W. (2020). Bildungslandschaften. In P. Bollweg, J. Buchna, T. Coelen & H.-U. Otto (Hrsg.), *Handbuch Ganztagsbildung* (2. Aufl., S. 1311–1323). Wiesbaden: VS Verlag.

Mayntz, R. (2010). Governance im modernen Staat. In A. Benz & N. Dose (Hrsg.), *Governance – Regieren in komplexen Regelsystemen: Eine Einführung* (2. Aufl., S. 37–48). Wiesbaden: VS Verlag.

Niedlich, S. (2020). *Neue Ordnung der Bildung.* GBV Gemeinsamer Bibliotheksverbund.

Priemer, D., Bischoff, A., Hohendanner, C., Krebstakies, R., Rump, B. & Schmitt, W. (2019). Organisierte Zivilgesellschaft. In H. Krimmer (Hrsg.), *Bürgergesellschaft und Demokratie. Datenreport Zivilgesellschaft* (S. 7–54). Wiesbaden: VS Verlag.

Putnam, R. D. (2000). *Bowling alone: The collapse and revival of American community* [Nachdr.]. New York: Simon & Schuster.

Roß, P.-S. (2020). Governance-Strukturen, Welfare-Mix und organisationale Hybridisierung in der Kinder- und Jugendhilfe. In A. Polutta (Hrsg.), *Kooperative Organisations- und Professionsentwicklung in Hochschule und Sozialwesen? Gleichstellungspolitik und Professionalisierung in geteilter Verantwortung* (S. 53–76). Wiesbaden: VS Verlag.

Roth, R. (2004). Die dunklen Seiten der Zivilgesellschaft. In A. Klein (Hrsg.), *Zivilgesellschaft und Sozialkapital: Herausforderungen Politischer und Sozialer Integration* (S. 41–64). Wiesbaden: VS Verlag.

Rürup, M., Röbken, H., Emmerich, M. & Dunkake, I. (2015). *Netzwerke im Bildungswesen: Eine Einführung in ihre Analyse und Gestaltung. Lehrbuch.* VS Verlag.

Schalkhaußer, S. & Thomas, F. (2011). *Lokale Bildungslandschaften in Kooperation von Jugendhilfe und Schule.* München.

Scharpf, F. W. (2000). *Interaktionsformen: Akteurzentrierter Institutionalismus in der Politikforschung*. Opladen: Leske + Budrich.

Schmachtel, S. & Olk, T. (2017). Educational Governance in kommunalen Bildungslandschaften: Empirische Befunde und kritische Reflexionen – eine Einführung. In T. Olk & S. Schmachtel (Hrsg.), *Educational Governance in kommunalen Bildungslandschaften* (1. Aufl., S. 10–50). Weinheim, Basel: Beltz Juventa.

Schubert, H. (2017). Instrumente der Analyse von Netzwerken. In H. Schubert (Hrsg.), *Basiswissen Sozialwirtschaft und Sozialmanagement. Netzwerkorientierung in Kommune und Sozialwirtschaft: Eine Einführung* (S. 99–114). Wiesbaden: VS Verlag.

Stolz, H.-J. (2012). Bildung neu denken! Kritische Anmerkungen zu aktuellen Ansätzen lokaler Bildungslandschaften und möglichen Alternativen. In P. Bleckmann, V. Schmidt & F. Mindermann (Hrsg.), *Bildungslandschaften: Mehr Chancen für alle* (1. Aufl., S. 21–31). Wiesbaden: VS Verlag.

Strachwitz, R., Priller, E. & Triebe, B. (2020). *Handbuch Zivilgesellschaft*. Bonn: De Gruyter Oldenbourg.

van Dyk, S. & Haubner, T. (2021). *Community-Kapitalismus*. Hamburg: Hamburger Edition.

Walde, A. (2019). *Schulpolitik in Städten mit Schülerrückgang: Eine Governance-Analyse am Beispiel von Leipzig und Timisoara. Educational Governance*. Wiesbaden: VS Verlag.

Weiß, W. W. (2011). *Kommunale Bildungslandschaften: Chancen, Risiken und Perspektiven*. Weinheim, München: Juventa.

Wischmann, A. (2014). Was haben kommunale Bildungslandschaften mit Bildung zu tun? *Pädagogische Korrespondenz, 49*, 95–112.

Witzel, A. & Reiter, H. (2012). *The Problem-Centred Interview: Principles and Practice*. London: Sage.

Yin, R. K. (2014). *Case study research: Design and methods* (5. edition). Thousand Oaks: Sage.

Die Bedeutung von Vertrauen in der kulturellen Arbeit in ländlichen Räumen

Zwischen Autonomie und finanziellen Dependenzen

Thi Huyen Trang Le, Lea Fobel und Nina Kolleck

1. Einleitung

Kultur und Bildung werden zu den Dienstleistungen gezählt, die im allgemeinen Interesse erbracht werden, und sind elementare Teilbereiche der Daseinsvorsorge (Deutscher Kulturrat, 2004). Zur deren Aufrechterhaltung wird ein flächendeckendes, niedrigschwelliges kulturelles Bildungsangebot aus unterschiedlichen ästhetisch-künstlerischen Sparten angestrebt (Deutscher Kulturrat, 2004, S. 1). Jedoch werden viele ländliche Räume mit Herausforderungen wie Überalterung oder Emigrationsbewegungen konfrontiert. Forschungsergebnisse zeigen, dass rurale Regionen hinsichtlich des Bildungsniveaus und der Bildungsteilhabe hinter urbanen Regionen zurückbleiben. Damit werden ländliche Räume weiterhin als „Verlierer im deutschen Bildungssystem" betrachtet (Kolleck & Büdel, 2020). Die Sicherung von Einrichtungen der Daseinsvorsorge auch im Bereich der kulturellen Bildung ist folglich eine der größten Herausforderungen lokaler Bildungsbehörden und der Kommunen. Die Bedeutung kultureller Bildung für gesellschaftliche Teilhabe, Chancengleichheit und die persönliche Entwicklung (Kelb & Taube, 2014) wird insbesondere in den letzten Jahren immer wieder hervorgehoben. Damit alle Menschen gleichermaßen an diesem Potenzial teilhaben können, bedarf es jedoch gleichwertiger und niedrigschwelliger kultureller Infrastruktur, da ansonsten nur bestimmte Gruppen profitieren und Chancengleichheit in den Hintergrund rückt (Fobel & Kolleck, 2021).

In ländlichen Regionen zeichnen sich außerschulische kulturelle Bildungsangebote insbesondere durch breitenkulturelle Aktivitäten aus, deren wichtigste kulturpolitische Kooperationspartner kommunale Verwaltungseinrichtungen sind. Aufgrund der desolaten Haushaltssituation in den jeweiligen peripheren Regionen können jedoch kommunale Verwaltungseinrichtungen zur Unterstützung der kulturellen Bildungspraxis meist lediglich Kleinstbeträge oder kostenfreie Räumlichkeiten anbieten (Götzky, 2012, S. 276). Somit ist die Existenz kultureller Vereine ohne ehrenamtliches Engagement vielerorts nicht mehr vorstellbar (Deutscher Bundestag, 2007, S. 9). Die Stärkung von Kooperationen und sozialen

Netzwerken zwischen staatlichen und zivilgesellschaftlichen Beteiligten bietet dabei eine wichtige Handlungsoption zur Aufrechterhaltung von kulturellen Daseinsvorsorgeeinrichtungen (Troeger-Weiß & Wohland, 2016, S. 25). Studien zeigen, dass solche Kooperationen vorwiegend durch weiche Faktoren wie Vertrauen gefördert werden (Fürst, Lahner & Pollermann, 2006; Kappauf & Kolleck, 2018). Nicht zuletzt sind regionale Governance-Strukturen eher schwach institutionalisiert, weshalb vorwiegend informelle Kooperationen zwischen öffentlichen Verwaltungseinrichtungen und kulturellen Bildungsinstitutionen vorliegen (Fürst, Lahner & Pollermann, 2006; Peters, 2005). Kulturpolitische Maßnahmen und regionale Steuerungsmechanismen werden jedoch von Kommune zur Kommune unterschiedlich ausgehandelt und durchgeführt (Fürst, 2001, 2003; Knoblich & Scheytt, 2009). Folglich unterscheiden sich Kooperationsstrukturen zwischen kulturell-zivilgesellschaftlichen und politisch-administrativen Beteiligten ebenfalls zwischen den Regionen. Aus diesen Überlegungen ergibt sich die Frage, welche Bedingungen zur Entstehung und Entwicklung von Vertrauen zwischen Beteiligten der öffentlichen Verwaltung und der kulturellen Bildung beitragen und welche regionalspezifischen Unterschiede sich finden lassen.

Zur Beantwortung der Forschungsfrage wurden quantitative und qualitative Analysen durchgeführt, deren Ergebnisse hier vorgestellt werden sollen. Während der quantitative Teil auf den statistischen Vergleich der Regionen zielt, nimmt die qualitative Untersuchung Vertrauen in den Regionen in den Blick. Hierbei wurden die Ergebnisse aufeinander bezogen und dadurch ein analytischer Mehrwert generiert. Der Beitrag zeigt zunächst den politischen und theoretischen Hintergrund in Bezug auf die kulturelle Bildung, Daseinsvorsorge und Lebensverhältnisse (2) sowie Governance-Ansätze (3) auf, bespricht dann die verwendete Methodik (4), präsentiert die Ergebnisse (5, 6, 7) und schließt mit einer Diskussion (8).

2. Kulturelle Bildung, Daseinsvorsorge und Lebensverhältnisse

Die Bedeutung von Bildung für die Förderung gesellschaftlicher Teilhabe, bürgerschaftlichem Engagement, Chancengleichheit und Persönlichkeitsentwicklung ist wissenschaftlich unumstritten und vielfach belegt worden (Desjardins & Schuller, 2006). Kultureller Bildung kommt als Teildisziplin allgemeiner Bildung eine vergleichbare Bedeutung zu. Gleichzeitig bringt kulturelle Bildung, insbesondere in non-formalen Kontexten (siehe z. B. Putnam, 2001) Charakteristika mit, die einen eigenen, zusätzlichen Beitrag zu ebendiesen gewünschten Effekten leisten können (Fobel & Kolleck, 2021).

Der Begriff ‚Kulturelle Bildung' zeichnet sich in der Literatur durch Heterogenität und Unübersichtlichkeit aus (Liebau, 2018, S. 1221), weshalb dieser Terminus oft auch als „großer Container" (Liebau, 2018, S. 1221) beziehungsweise

„Sammelbegriff" (Fuchs, 2009, S. 8) bezeichnet wird. In diesem Beitrag begreifen wir kulturelle Bildung als jedes Lernen von, mit oder durch Kunst und kulturelle Objekte oder Aktivitäten (Kolleck & Büdel, 2020). Dabei wenden wir uns explizit von einem hochkulturellen Definitionsansatz ab und nehmen sowohl sozio-kulturelle als auch künstlerisch-ästhetische Aspekte in die Definition kultureller Bildung auf. Dennoch kann kulturelle Bildung in formalen, non-formalen oder informellen Kontexten stattfinden und verschiedene Zielgruppen erreichen. Während im formalen Kontext hauptsächlich junge Menschen teilhaben können, etwa im Kunstunterricht oder beim Diskutieren der Lektüre im Deutschunterricht, bieten non-formale Einrichtungen kultureller Bildung Angebote für viele weitere Altersgruppen. Nicht nur an Schulen können etwa in außercurricularen Aktivitäten und Arbeitsgruppen kulturelle Bildungsangebote wahrgenommen werden. Auch Vereine oder Volkshochschulen bieten die Möglichkeit, sich mit kultureller Bildung auseinanderzusetzen. So können lokale Chöre, Orchester oder Handwerks- und Theatervereine, aber auch Besuche des nächsten Museums oder einer Bibliothek non-formale oder informelle Teilhabe an kultureller Bildung ermöglichen. Hinzu kommt, dass aufgrund rückgängiger kultureller Angebote im Schulcurriculum der Anteil non-formaler kultureller Angebote deutlich zugenommen hat, um den Rückgang im formalen System zu kompensieren (Liebau, 2018). Damit wächst die Bedeutung non-formaler kultureller Angebote auch für junge Menschen zunehmend. Diese Entwicklungen verstärken die Einbeziehung kultureller und non-formaler Bildung in ein ganzheitliches Bildungsverständnis (Deutscher Städtetag, 2007), das über die formale Schulbildung hinausgeht.

In peripheren Regionen findet sich außerschulische kulturelle Infrastruktur vor allem in Form von breitenkulturellen Angeboten wieder. Einrichtungen der Breitenkultur sind häufig niedrigschwellig und offen für jegliche Formen kultureller und künstlerischer Tätigkeiten (Kegler, Koß & Schneider, 2017; Bundestag, 2005). Darüber hinaus zeichnen sich solche Institutionen insbesondere durch freiwilliges Engagement aus, sind eher regionalspezifisch ausgerichtet, finden sich vor allem in Vereinsstrukturen wieder und leisten einen wichtigen Beitrag zur lokalen Kulturentwicklung (Schneider, 2014, S. 9).

Periphere Regionen sind häufig von geringen finanziellen Ressourcen, Überalterung und Abwanderung betroffen, weshalb die Herstellung gleichwertiger Lebensverhältnisse hier eine besondere Herausforderung darstellt (Götzky, 2012; Küpper, Steinführer, Ortwein & Kirchesch, 2013). Seit der Wiedervereinigung Deutschlands ist die Herstellung gleichwertiger Lebensverhältnisse und damit eine gerechte Verteilung von Ressourcen sowie verringerte regionale Disparitäten ein erklärtes Ziel der Bundesregierung (Die Bundesregierung, 2021). Gleichzeitig gibt es viele Faktoren, die eine schnelle Umsetzung des Anliegens verhindern. So sind etwa Fragen der Transportinfrastruktur oder des Umgangs mit Altschulden der Kommunen noch immer ungeklärt (Bundesministerium des Innern, für Bau und Heimat, 2020). Als zuständige Einheit für Bildungsfragen wurden durch die meisten deutschen Bundesländer die Kreise und kreisfreien Städte designiert (Gaus, 2014). Damit ist es die Aufgabe der Kreise, Bedarfe in der non-formalen Bildungsinfrastruktur zu erkennen und zu erfüllen (Rossmeissl, 2013/2012). Aufgrund von Sparmaßnahmen im Rahmen der Austeritätspolitik des Bundes sind zahlreiche Kommunen jedoch nicht nur mit der eigenverantwortlichen Übernahme der freiwilligen Aufgaben überlastet (Schneidewind, 2014). Vielmehr zeigt sich auch in der Ausgestaltung der Pflichtaufgaben die unterschiedliche Ressourcenausstattung der Gemeinden (Stolzenberg, 2018, S. 63), wodurch die angestrebten gleichwertigen Lebensverhältnisse in Deutschland verfehlt werden. Hinzu kommt, dass sich Landkreise häufig keine eigenen Kulturdezernate leisten können, weshalb Zuständigkeiten häufig kombiniert oder unter großen Bereichen subsummiert werden und Kultur zunehmend in den Hintergrund rückt (Scheytt, 2013). Kulturelle Bildung befindet sich folglich an der Schnittstelle von Bildungs-, Jugend- und Kulturpolitik und wird von verschiedenen politischen Ebenen sowie unterschiedlichen Finanzierungsstrukturen bereitgestellt. Viele Angebote im außerschulischen, non-formalen Bildungsbereich fallen etwa unter die gesetzlich verpflichtende Kinder- und Jugendhilfe, deren Bereitstellung durch öffentliche oder private Träger kommunal gesichert werden soll (Stolzenberg, 2018, S. 63).

Regionen, in denen die Existenz vieler Einrichtungen kultureller Bildung ohne ehrenamtliches Engagement ohnehin nicht denkbar wäre (Deutscher Bundestag, 2007, S. 9), stehen vor der Aufgabe, die Ehrenamtsstrukturen – oftmals ohne kommunale Unterstützung – aufrechtzuerhalten. Durch Responsibilisierungsprozesse kann bei den Bürger:innen ein Verantwortungsbewusstsein für ihre Kommune gefördert werden (Steinführer, 2015). Die Frage, inwieweit die Verantwortlichkeit auf die Zivilgesellschaft übertragen wird und welche Rolle der Staat beziehungsweise stellvertretend die Kommune weiterhin übernehmen muss, ist Teil der Regional Governance (Peters, 2005, S. 26).

3. Theoretische Annäherungen

Mit Regional Governance wird das Ziel verfolgt, schwach institutionalisierte, interkommunale Kooperations- und Netzwerkstrukturen aufzubauen (Fürst, 2001, S. 370). Solche Strukturen sind durch flache Hierarchien und eine höhere Beteiligung seitens regionaler, privatwirtschaftlicher und zivilgesellschaftlicher Beteiligter gekennzeichnet. Damit gehört die Sicherung von solidarischen Kooperationen als Teilaufgabe zur Förderung der Regionalentwicklung (Fürst, 2001; Peters, 2005). Bei der Regional Governance wird eher ein handlungs- statt systemtheoretischer Ansatz verfolgt, da Einflusspotenziale und Interessen sowie die Aufrechterhaltung der Handlungsfähigkeit der Beteiligten im Vordergrund stehen (Fürst, 2001, S. 371, 373). Regional Governance kann lediglich gelingen, wenn aktive Beteiligte intrinsisch motiviert sind beziehungsweise gesteuert werden, sodass sie eigenständig Verantwortung zur Bewältigung öffentlicher Aufgaben übernehmen und Interesse für das Gemeinwesen zeigen. Dabei werden Selbststeuerungsmechanismen je nach Region unterschiedlich ausgehandelt und durchgeführt (Fürst, 2001, S. 375). Bei Regional Governance bedarf es eines hohen Maßes an Zuständig- und Verantwortlichkeit, wodurch Institutionalisierungsprozesse entstehen, die oftmals einen territorialen Bezug haben (Fürst, 2003, S. 444). Nicht zuletzt beeinflussen unterschiedliche Faktoren wie etwa regionalspezifische Strukturen, sozio-kulturelle Bedingungen, politisches Handeln oder wirtschaftliches Wachstum und Institutionalisierungen die regionale Entwicklung, wodurch regional unterschiedliche Governance-Muster entstehen (Fürst, 2001, S. 375). Dennoch spielen regionale Kooperationen eine besondere Rolle, da es durchaus auch Themen gibt, die nur teilräumlich oder sektoral bearbeitet werden können. Um die Potenziale einer Region zu entwickeln, braucht es folglich Initiativen, die Entwicklung stimulieren. Regional Governance kann an dieser Stelle bei der Vernetzung der Beteiligten unterstützen, um die Effizienz zu steigern (Fürst, 2003, S. 444).

Weil die kulturelle Bildungspraxis stark auf kommunaler Ebene verankert ist, wo sie maßgeblich gestaltet wird, kommt der Regional Governance auch in diesem Kontext eine wichtige Funktion zu. Cultural Governance als Sammelbegriff für „alle Governance-Mechanismen, -Formen und auch -Ebenen […], die direkt mit dem Kulturbereich zu tun haben beziehungsweise diesen mit anderen Handlungsfeldern in eine Beziehung setzen“ (Knoblich & Scheytt, 2009, S. 68–69), schließt Regional Governance mit ein. Auch bei der Cultural Governance geht es schlussendlich „um Steuerungs- und Regelungsstrukturen, um das Zusammenwirken von Beteiligten (Einzelpersonen, Gruppen, Verbände, Unternehmen, juristische Personen) in einem oder mehreren Praxisfeldern, auf einer oder mehreren territorialen Ebenen“ (Scheytt & Knoblich, 2009, S. 34). Dabei steht das Zusammenwirken der diversen Beteiligten im Feld im Vordergrund, die aufgrund der unterschiedlichen Finanzierungsstrukturen kultureller Bildungseinrichtungen zusammenkommen.

Im Bereich der kulturellen Bildung kommt dem Staat beziehungsweise der öffentlichen Hand insbesondere die Rolle der staatlichen Trägerschaft zu (Winter, 2019). Innerhalb der Kinder- und Jugendhilfe ist die Kommune etwa verpflichtet, entsprechende Angebote (z. B. in Jugendhäusern oder Jugendverbänden) anzubieten, wobei kulturelle Aspekte nicht verpflichtend inkludiert sein müssen. Ausgaben für explizit kulturelle Infrastruktur, wie etwa große Kulturinstitute (z. B. Museen, Theater), oder Maßnahmen zur Verstetigung ebendieser (z. B. Koordinationsstellen/Planungsstellen) zählen jedoch häufig zu den freiwilligen Dienstleistungen der öffentlichen Hand und werden daher nicht selten vernachlässigt. Privatwirtschaftliche Beteiligte im kulturellen Bereich (Kulturwirtschaft) spielen ebenfalls eine wichtige Rolle in der Cultural Governance, da sie allein oder in Public-Private-Partnerships Kultur ermöglichen, fördern, gemeinsame

Interessen verfolgen (z. B. Privattheater, Buchbindereien, Kinos) und nicht zuletzt einen wichtigen Arbeitsmarktfaktor darstellen (Wiesand, 2021). Privatwirtschaftliche und öffentliche kulturelle Infrastruktur geht häufig mit ehrenamtlichem oder bürgerschaftlichem Engagement einher, weshalb auch die Zivilgesellschaft einen zentralen Bestandteil von Cultural Governance Prozessen, insbesondere in ländlichen Räumen, darstellt (Winter, 2019, S. 195). Diese Konzepte implizieren somit, dass die Entwicklung kultureller Angebotsstrukturen, insbesondere in ländlichen oder finanzschwächeren Regionen, von der Zivilgesellschaft abhängt.

In Governance-Prozessen kann häufig kein Rückgriff auf etablierte Strukturen stattfinden, weshalb der Verringerung von Unsicherheit und Komplexität eine besondere Bedeutung zukommt. Vertrauen bietet dabei die Möglichkeit, Legitimität und Verbindlichkeit zu erzeugen und den Selbststeuerungsprozess zu fördern (Köhling, 2012, S. 137). Während öffentliche Verwaltungen sich an formalen Regelwerken orientieren müssen und somit die Handlungslogik des Staates als Governance-Akteur eher durch Legitimität und Rechtmäßigkeit dominiert wird, prägen Vertrauen, Solidarität und Gemeinschaft hingegen die Handlungslogik zivilgesellschaftlicher Organisationen (Möltgen-Sicking & Winter, 2019, S. 12). Somit ist Vertrauen ein wichtiger Indikator für eine langfristige Kooperation zwischen staatlichen und zivilgesellschaftlichen Beteiligten. Zudem lassen sich im Kontext der Regional Governance vorwiegend informelle statt formale Kooperationsstrukturen wiederfinden, was bedeutet, dass keine expliziten Vertragsabschlüsse vollzogen werden. Auf diese Weise besitzen die Beteiligten jederzeit die Möglichkeit, sich aus der Kooperation zurückzuziehen, weshalb regionale Selbststeuerungsmechanismen tendenziell als instabil gelten. Vertrauen ist demnach ein entscheidender Faktor, ob sich kooperative Prozesse zwischen staatlichen und zivilgesellschaftlichen Beteiligten positiv oder negativ entwickeln. Ein hohes Maß an Vertrauen kann die Motivation der Parteien zur Leistung eines kollektiven Beitrags fördern. Zudem bietet eine vertrauliche Beziehung den Vorteil, dass unabhängig von finanzieller Unterstützung eine langfristige Kooperationsbereitschaft zwischen den beteiligten Personen entstehen kann (Fürst, Lahner & Pollermann, 2006, S. 203).

4. Methodik

Zur Beantwortung der Forschungsfrage wurde ein Mixed-Method-Ansatz gewählt. So wurde gemäß der parallelen Triangulationsstrategie jeweils eine qualitative und eine quantitative Studie durchgeführt und deren Ergebnisse schließlich miteinander verglichen und verbunden (Kuckartz, 2014, S. 67). Im Zuge einer komparativen Regionaldatenanalyse wurden regionalspezifische Merkmalsausprägungen der zwei Fallregionen untereinander und mit dem bundesweiten

Durchschnitt vergleichen. Dies dient der Gewinnung eines umfassenden Überblicks zu den jeweiligen untersuchten ländlichen Räumen. Parallel zur quantitativen Forschung wurde im Rahmen des PaKKT-Teilprojekts „Netzwerktheoretische Analyse kultureller Bildungsnetzwerke in sehr peripheren ländlichen Räumen“[1] eine qualitative Studie mit 34 Interviews in vier ländlichen Regionen durchgeführt. Die erhobenen Daten wurden transkribiert und mittels der qualitativen inhaltsstrukturierenden Inhaltsanalyse analysiert. Auf diese Weise konnten nähere Informationen zur Vertrauensbildung in ländlichen Räumen im Kontext der kulturellen Bildung gewonnen werden.

4.1 Regionaldatenanalyse

Die Datengrundlage der quantitativen Analyse basiert auf der Datensammlung des Deutschlandatlas-Projekts des Bundesministeriums des Innern, für Bau und Heimat. Dafür wurden zahlreiche Indikatoren aus den Daten der Statistischen Ämter des Bundes und der Länder, des Bundesinstituts für Bau-, Stadt- und Raumforschung, der Bundesagentur für Arbeit sowie der infas360 GmbH zusammengeführt. Ergänzt wurde diese Datensammlung für unsere Analysen mit weiteren Indikatoren der Statistischen Ämter. Für diesen Beitrag wurden die bundesweiten Mittelwerte der Indikatoren gebildet, um die betrachteten Regionen komparativ einordnen zu können, ohne den Datenschutz zu verletzen.

4.2 Qualitative Interviewerhebung und Qualitative Inhaltsanalyse

So wie ländliche Räume unterschiedliche Merkmale aufweisen sind auch die jeweiligen kulturellen Infrastrukturen (Institut für Kulturpolitik der Kulturpolitischen Gesellschaft, 2015, S. 34) verschieden. Um gemeinsame und unterschiedlichen Ausprägungen zu identifizieren, erfolgte die Datenerhebung in vier ländlichen Räumen im Osten und Westen Deutschlands. Im Rahmen der Studie wurde in den jeweils untersuchten Regionen mit kulturellen Einrichtungen aus unterschiedlichen Sparten (z. B. Theaterverein, Museum) kooperiert (Bender, Kolleck, Lambrecht & Heinrich, 2019, S. 72). Ausgehend von diesen Kooperationspartner:innen konnten zur Erforschung von kollaborativen Beziehungen im Kontext der kulturellen Bildung in ländlichen Räumen weitere zentrale Beteiligte identifiziert und gewonnen werden. Zusätzlich wurden Personen

1 Diese Studie wurde vom Bundesministerium für Bildung und Forschung im Rahmen des Forschungsprojekts Verbundprojekt: Passungsverhältnisse Kultureller Bildungsnetzwerke und Kultur(en) in ländlichen Räumen im Kontext sozialer Teilhabe (PAKKT)“, Teilprojekt: „Netzwerktheoretische Analyse kultureller Bildungsnetzwerke in sehr peripheren ländlichen Räumen“ (FKZ: 01JKL1915B) gefördert.

rekrutiert, die nicht Teil des von den Befragten genannten Kooperationsnetzwerkes sind, um mögliche Hinderungsbedingungen näher zu untersuchen. Aufgrund der bisher geringen empirischen Erkenntnisse bezüglich des zu beforschenden Phänomens wurde sich für das theoretische Sampling entschieden. Folglich wurden die Merkmale der Grundgesamtheit nicht vorab definiert, sondern im Laufe der Datenerhebung und -analyse entwickelt. Dabei zeigte sich, dass Kooperationen eher mit anderen Kulturschaffenden bzw. mit Mitarbeitenden und Ehrenamtlichen der Kommunalverwaltung geschlossen wurden, wodurch die Korpusbildung primär auf die kulturelle sowie politische Ebene verlagert wurde.

Für die Erhebung wurden halbstrukturierte Interviews in Kombination mit egozentrierten Netzwerkkarten eingesetzt, die im Durchschnitt ca. 90 Minuten dauerten. Während mithilfe der halbstrukturierten Leitfäden eine gewisse thematische Offenheit, Flexibilität und Struktur im Gespräch gewährleistet wurde, konnten mithilfe der egozentrierten Netzwerkkarten, angelehnt an Kahn und Antonucci (1980), nähere Informationen zu den jeweiligen Kooperationsbeziehungen gewonnen werden. Somit dienten die Netzwerkkarten als Erzählstimulus wie auch als Visualisierung des persönlichen Netzwerkes (Hollstein & Pfeffer, 2010, S. 6).

Die aufgezeichneten Interviews wurden in Anlehnung an das erweiterte System von Dresing und Pehl (2018) transkribiert und anschließend mittels der qualitativen Inhaltsanalyse nach Kuckartz (2018) ausgewertet. Mit diesem Verfahren wurde das Ziel der Entwicklung eines inhaltsanalytischen Kategoriensystems verfolgt (Schreier, 2014). Hierbei handelt es sich um eine systematische, regelgeleitete Auswertungsmethode. Demnach wurden während der Analyse iterativ mehrere Phasen vollzogen. Nach einer stichpunktartige Fallzusammenfassungen zur Gewinnung einer groben Übersicht des Datenmaterials wurde, angelehnt an das offene Kodierverfahren, induktiv die Hauptkategorie *Vertrauen* entwickelt. Diese wurde thematisch klar eingegrenzt, definiert und zuletzt getestet. In den darauffolgenden Phasen wurde das gesamte Material anhand des Hauptkategoriensystem kodiert und anhand dieser kodierten Stellen induktiv sieben Subkategorien gebildet (siehe die vorläufigen Analysen im Sammelbandbeitrag von Le & Kolleck, 2022). Diese Subkategorien wurden schließlich ebenfalls definiert und thematisch abgrenzt. Im Anschluss erfolgte eine erneute Kodierung des gesamten Datenmaterials anhand des entwickelten Subkategoriensystems. Im Zuge der weiterführenden Analyse wurden die Subkategorien pro Region näher beleuchtet. Vier Kategorien spielen im Rahmen dieses Beitrags eine besondere Rolle: *Präsenz und soziale Nähe*, *Multiplexität*, *Bürgende Vermittler:innen* und *Dependenzen*.

5. Exemplarische Darstellung von zwei Fallregionen

Die Regionen A und B haben jeweils eine sehr geringe Bevölkerungsdichte mit weniger als 50 beziehungsweise 100 Einwohner:innen pro Quadratkilometer, wobei Region B eine doppelt so hohe Dichte aufweist wie Region A. Dieser Trend wird womöglich noch verstärkt, da die Bevölkerungsentwicklung in Region A leicht negativ und in Region B leicht positiv verläuft. Informationen zum Bildungsniveau der Regionen liegen leider nur vom Zensus 2011 vor. Zu diesem Zeitpunkt wies die Region A einen Bevölkerungsanteil von knapp über 10 % auf, dessen höchster Schulabschluss das Abitur war. Beinahe 50 % der Bevölkerung von Region A berichteten einen Haupt- oder Volksschulabschluss, eine noch laufende Schulausbildung oder keinen Schulabschluss. In Region B hingegen wiesen fast 20 % eine Hochschulreife vor und nur weniger als 30 % der Bevölkerung hatten einen Haupt- oder Volksschulabschluss, befanden sich noch in der Schulausbildung oder hatten keinen Abschluss. Ein Blick auf die Wanderungsstatistiken 2020 zeigt, dass in beiden Regionen aktuell insgesamt mehr Menschen zuziehen als fortziehen, wobei junge Menschen zwischen 18 und 25 Jahren deutlich eher die Regionen verlassen. Auffällig ist hier, dass der Wanderungssaldo in der Region B zwar fünfmal so hoch ist wie in Region A, in der Altersgruppe zwischen 18 und 25 Jahren jedoch auch beinahe dreimal so viele Personen wie in Region A die Region B verlassen. Die finanzielle Ausstattung der beiden Regionen variiert stark: Während die Region B deutlich unterdurchschnittliche Schulden (bezogen auf den bundesweiten Medianwert) pro Person sowie eine geringe Steuerkraft aufweist, hat die Region A eine Pro-Kopf-Verschuldung deutlich über dem Bundesdurchschnitt und eine Steuerkraft, die beinahe an den bundesweiten Medianwert heranreicht.

6. Befunde zur regionalspezifischen Vertrauensentwicklung

Im Folgenden werden die beiden Regionen näher anhand der Subkategorien *Präsenz und soziale Nähe*, *Multiplexität*, *Dependenzen* und *bürgende Vermittler:innen* vorgestellt. Zur besseren Nachvollziehbarkeit wird diese Darstellung der Fallregionen mit exemplarischen Zitaten illustriert, die zur einfacheren Lesbarkeit zusätzlich sprachlich geglättet wurden.

6.1 Region A – Implizite Vertrauensentwicklung

Exemplarisch an Region A deutet sich an, dass Vertrauensverhältnisse zwischen kommunal-politisch Verantwortlichen und Beteiligten der kulturellen Bildung vor allem durch *Präsenz und soziale Nähe* hergestellt werden. Durch die geringe

Einwohnerdichte entwickeln sowohl Kulturschaffende als auch kommunal-politisch Beteiligte einen Überblick über ihre Mitmenschen und schaffen durch die dabei entstehenden gegenseitigen Beobachtungen erstes Vertrauen, welches im folgenden Zitat illustriert wird:

> „ich denke, die Leute haben Zeit dafür, haben aber auch überschaubaren Personenkreis, weil die Einwohnerdichte ja hier relativ gering ist. Wir wohnen hier auf dem [Land] und hier kennt jeder fast jeden. So und wenn einer dann sagt, Mensch, hast du da Lust zu helfen oder mitzumachen, die wenigsten werden dann nein sagen." (Bürgermeister A1)

An dieser Stelle deutet sich an, dass die Bewohner:innen durch die soziale Nähe miteinander vertraut und dadurch auch gewillt sind, sich gegenseitig zu unterstützen und ehrenamtlich zu beteiligen. Die Zusammenarbeit lässt sich als normative Erwartung bzw. unhinterfragtes Phänomen innerhalb der Community interpretieren, was anhand der Passage „die wenigsten werden dann nein sagen" veranschaulicht wird. Eine mögliche Erklärung für die sozial erwartete Bejahung sind die gegenseitigen Beobachtungsmechanismen, die durch die soziale Nähe auftreten.

Neben *Präsenz und soziale Nähe* spielt in dieser Region *Multiplexität*, die Überlappung unterschiedlicher Beziehungsrollen, eine große Bedeutung.

> „Die ist auch im Vorstand und die ist/ erstens ist sie unsere Kontaktperson zur, sie ist auch unsere Kontaktperson zur [Stadtverwaltung], weil sie eben auch hauptamtlich bei der [Stadtverwaltung] arbeitet." (Vereinsvorsitzende A1)

Anhand dieses Interviewausschnittes deutet sich an, dass multiplexe Beziehungen vor allem durch bestehende ehrenamtliche Tätigkeiten sowie durch den hauptamtlichen Beruf in politisch-administrativen Einrichtungen vorliegen. Durch überlappende Beziehungsverhältnisse kann das Vertrauen sowie auch das persönliche Verhältnis zwischen Beteiligten der kulturellen Bildung und auch der Kommunalverwaltung gefördert werden. Das Maß an Begegnungen und Austauschprozessen kann auf diese Weise erhöht werden, sodass auch die Wahrnehmung und Präsenz des Gegenübers steigt und Vertrauen wächst. *Multiplexität* wird in Region A vor allem in Verbindung mit dem Ehrenamt gefördert. Das dabei erwachsende Vertrauen bietet den Vorteil der Vereinfachung der Kommunikation zwischen Kulturschaffenden und politisch-administrativ Beteiligten. Dies soll im folgenden Zitat eines Bürgermeisters, der kurz vorher über Aushandlungen zur finanziellen Unterstützung eines Kulturvereins sprach, illustriert werden:

„dadurch, dass ich die Vorsitzende kenne und mit der jahrelang im Kirchenvorstand auch gearbeitet hat […] kommt darauf an, ob es da persönliche Bindungen und Bekanntschaften einfach gibt und das glaube ich hilft in der Kommunikation auch viel einfacher." (Bürgermeister A1)

In der Literatur zeigt sich, dass zwischen kulturellen Bildungseinrichtungen und politisch-administrativen Einrichtungen finanzielle *Dependenzen* vorliegen können (Götzky, 2012), wodurch Vertrauensverhältnisse zur Stabilisierung solcher Beziehungen unabdingbar sind (Kappauf & Kolleck, 2018). Anhand der Region A bestätigt sich dies jedoch nicht explizit. Laut Darstellung der Interviewten werden kulturelle Vereine in erster Linie über Mitgliedsbeiträge finanziert, wodurch die Abhängigkeit zur anderen Geldgebereinrichtungen, wie z.B. der Kommunalverwaltung, marginal erscheint. Dies soll im Folgenden näher veranschaulicht werden:

„weil wir vereinsmäßig da mit ihr [aus der Kulturverwaltung] nichts zu tun haben. Nicht weil wir es nicht wollten, sondern weil eben das von der Sache her auch nicht erforderlich ist, ne." (Vereinsvorsitzende A2)

Anhand unserer Daten deutet sich demnach eine starke Autonomie hinsichtlich der kulturellen Tätigkeiten der jeweiligen Einrichtungen in Region A an. Eine enge Kooperation mit Beteiligten der Kommunalverwaltung wird demnach seitens der Kulturschaffenden nur selten als notwendig erachtet. Dies nehmen auch Vertreter:innen von politisch-administrativen Einrichtungen wahr:

„Ich weiß gar nicht, ob es überhaupt am Finanziellen so mangelt. […] Ich habe das nie wahrgenommen, dass jetzt gesagt werden muss, Mensch, weil wir kein Geld haben, können wir das und das nicht machen." (Bürgermeister A1)

An dieser Stelle wird angedeutet, dass Beteiligte aus der Verwaltungsebene sich weitestgehend von der Durchführung kultureller Projekte und der Etablierung von Strukturen distanzieren und eine Verantwortungsübernahme zur Unterstützung der kulturellen Bildungspraxis nur marginal als notwendig erachten. Eine zusätzliche finanzielle, langfristige Unterstützung wird eher geringfügig aufgrund der wahrgenommenen Selbstständigkeit der kulturellen Bildungspraxis in Betracht gezogen. Dies hat zur Folge, dass die aktive Förderung von Vertrauensverhältnissen zur Aufrechterhaltung der Beziehung zwischen Kommunalverwaltung und kulturellen Bildungseinrichtungen auf beiden Seiten kaum vorliegt. Auch zeigt sich in den Daten, dass *bürgende Vermittler:innen* eine marginale Rolle einnehmen, da Vertrauen primär durch *Präsenz und soziale Nähe* sowie durch ehrenamtliche Tätigkeiten beziehungsweise multiplexe Beziehungen gefördert wird.

6.2 Region B – Vertrauen durch dritte Parteien

Im Vergleich zur Region A finden sich auch in Region B exemplarisch autonome kulturelle Vereine wieder, die zugleich spärlichen Kontakt zur Kommunalverwaltung pflegen, weshalb die Förderung von Vertrauen an dieser Stelle eher einen geringen Stellenwert einnimmt. Dennoch lassen sich in dieser Region exemplarisch auch Einrichtungen mit stärkeren (finanziellen und strukturellen) *Dependenzverhältnissen* zwischen kommunaler Verwaltungs- und kultureller Bildungsebene finden. Um fehlende Ressourcen zur Durchführung von kulturellen Projekten auszugleichen, bedarf es zusätzlicher Unterstützung von potenziellen Geldgeber:innen, die in diesem Sinne die Verwaltungsebene kompensieren können. Laut Darstellung der Interviewten kann sich die Zusammenarbeit mit Vertreter:innen der politisch-administrativen Ebene als herausfordernd erweisen, da das Vertrauen zu spezifischen Personen hergestellt werden muss:

> „es gibt auch kein Kulturamt mehr in der [Stadt], wo man sagen würde, da hätte man ja eine Art natürlichen Partner, mit dem man diese Zusammenarbeit entwickeln kann. Und insofern gibt es da, so würde ich es vielleicht sagen, ein strukturelles Defizit das dazu führt, dass die sozusagen Akzeptanz des Museums in der [Stadt] SEHR mit der Person des Bürgermeisters verbunden ist." (Kulturschaffende B1)

Aufgrund dieses „strukturellen Defizits" kann demnach keine vertrauliche Beziehung hergestellt werden, die jedoch zur Stabilisierung dieser Kooperationspartnerschaften unerlässlich sind. Vertrauen zu Vertreter:innen der kommunal-administrativen Ebene ließe sich somit vor allem zu Personen herstellen, die explizit für den Bereich Kultur verantwortlich und zuständig sind. Zur Kompensierung solcher Defizite bedarf es folglich mehr *bürgender Vermittler:innen*. Hinsichtlich der Entwicklung neuer Kooperationen mit Beteiligten der kommunalen Verwaltungsebene zeigt sich in dieser Region, dass Vertrauen zu Kulturschaffenden vor allem erst durch mehrere Fürsprecher:innen hergestellt werden kann, was exemplarisch im Folgenden illustriert wird:

> „Und dieses Misstrauen ließ sich ihm schlecht ausreden. [...] Und da gab es viele Kollegen, Bürgermeister, die gesagt haben, hör dir das nochmal an, mach da mit, das ist gut. Und es hat aber Jahre gedauert, bis er dann am Ende doch bereit war dieser [Gemeinschaft] beizutreten". (Kulturschaffende B1)

Präsenz und soziale Nähe haben in Region B im Vergleich zu Region A als Einflussfaktor zur Entwicklung von Vertrauensverhältnissen zwischen Beteiligten der Kommunalverwaltung und kulturellen Bildungseinrichtungen eine geringere Bedeutung. Zwar liegen auch hier regelmäßige Beobachtungsmechanismen vor, die jedoch auf die Entwicklung von Vertrauensverhältnissen und somit auch

Kooperationsstrukturen einen eher marginalen Einfluss nehmen. Bezogen auf *Multiplexität* finden sich in den jeweiligen Interviews ebenfalls regelmäßige Überlappungen von Beziehungen, die zur Förderung und Durchführungen von kulturellen Projekten von Vorteil sind. Jedoch haben diese im Vergleich zu Region B eine geringere Bedeutung für die Förderung von Vertrauen.

7. Vergleichende Betrachtungen

Sowohl Region A als auch Region B sind in ihrer Lage peripher und unterdurchschnittlich bevölkert sowie angebunden, unterscheiden sich jedoch stark in ihrer finanziellen Ausstattung. Trotz oder gerade aufgrund der desolaten finanziellen Lage der Region A findet sich in den Daten eine starke Unabhängigkeit in dieser Region von öffentlichen Geldern zur Finanzierung kultureller Angebote. Dies scheint nur möglich, weil die relevanten Beteiligten beziehungsweise engagierten Individuen sich gegenseitig kennen und in multiplexen Beziehungen zueinanderstehen. Auf diese Weise entstehen implizit Vertrauensverhältnisse zwischen Beteiligten der öffentlichen Verwaltung und denen der kulturellen Bildungseinrichtungen. Vertrauen scheint vor allem durch die geringe Bevölkerungsdichte von Region A zu wachsen, da gegenseitige *Präsenz* und somit auch Beobachtungsmechanismen gefördert werden. Schließlich ist Vertrauen mit einem gewissen Risiko verbunden, welches durch steigende Kontrolle minimiert werden kann (Preisendörfer, 1995).

In Region B ist die finanzielle Situation etwas positiver und es existieren ebenfalls autonome Vereine analog zu Region A. Jedoch wird in den Analysen deutlich, dass aufgrund struktureller Defizite das Vertrauen und somit auch die regionale Kooperation deutlich geschwächt sind. So fehlen etwa konkrete Ansprechpartner:innen für die kulturelle Bildungspraxis. Dabei wäre es ebendiese Rollenübernahme, die bei der Vertrauensentwicklung unterstützt und für nachhaltige Kooperation von großer Bedeutung ist. Unsere Analyse verdeutlicht damit außerdem, dass informelle Kooperation im Kontext kultureller Bildung individuell an Personen gebunden ist, was bereits in der Literatur angedeutet wurde (Born, 2016, S. 17–18). Nicht nur ist entscheidend, welche zivilgesellschaftlich Beteiligten aktiv werden, auch Bürgermeister:innen fühlen sich nicht immer für die Etablierung kultureller Angebote und Strukturen zuständig. Einerseits wird eine Verantwortungsübernahme zur Förderung und Weiterentwicklung der kulturellen Bildungspraxis als nicht notwendig erachtet, da wie beispielsweise in Region A eine sehr autonome Kulturlandschaft vorliegt. Andererseits, im Fall von Region B, mangelt es an Strukturen für Verantwortungsübernahme innerhalb der öffentlichen Einrichtungen, was die Vertrauensbildung erschwert. Unsere Analysen zeigen demnach im Einklang mit anderen Studien (Küpper, Steinführer, Ortwein & Kirchesch, 2013; Schneider, 2014), dass bürgerschaftliche und ehrenamtliche Strukturen von professioneller Unterstützung profitieren, die eindeutige Verantwortung und Repräsentation für Aufgaben übernehmen. Somit spielt die Frage nach der Verantwortlichkeit eine zunehmende Bedeutung in der Vertrauensbildung zwischen Kulturschaffenden und Vertreter:innen der öffentlichen Verwaltung.

8. Diskussion und Fazit

Dieser Beitrag diskutiert die Fragen, welche Bedingungen zur Entstehung und Entwicklung von Vertrauen zwischen Beteiligten der öffentlichen Verwaltung und der kulturellen Bildung beitragen und welche regionalspezifischen Unterschiede sich finden lassen. Mithilfe von Governance-Ansätzen wurde zunächst deutlich gemacht, wie komplex sich das Zusammenspiel der kulturellen Bildungsbeteiligten auf kommunaler Ebene darstellt und wie unterschiedlich Vertrauen zwischen den Parteien erwächst. Aufgrund der starken Verankerung auf kommunaler Ebene sind viele Aspekte der Regional Governance für die Cultural Governance von großer Bedeutung. Außerdem wurde gezeigt, dass die Zivilgesellschaft einen großen Einfluss auf die Ausgestaltung der kulturellen Bildungspraxis vor Ort hat. In den Analysen wurde deutlich, dass die untersuchten Regionen, besonders in Bezug auf die Vertrauensentwicklung, unterschiedlich aufgestellt sind, obwohl sie in den statistischen Kennzahlen einige Gemeinsamkeiten aufweisen.

Aufgrund von Datenschutzrichtlinien kann dieser Beitrag keine großzügige und detaillierte Analyse der untersuchten Regionen leisten und es konnten nur abstrakte, komparative Beschreibungen vorgenommen werden. Ebenso musste sich aufgrund der begrenzten Projektlaufzeit auf vier Fallregionen beschränkt werden, in denen die qualitativen Studien durchgeführt wurden. Zukünftige Projekte könnten hier ansetzen und Mixed-Method-Projekte von Beginn an als solche planen, um die notwendigen datenschutzrechtlichen Voraussetzungen für kleinräumige Analysen mitzubringen. Da die Studie zur Vertrauensbildung mit einem qualitativen Forschungsansatz durchgeführt wurde, lassen sich die Ergebnisse nur bedingt verallgemeinern und sind nicht repräsentativ. Daher könnte aufbauend auf dieser Studie quantitative Erhebungen zu soziozentrischen Netzwerken als Bereicherung dienen.

Dennoch diskutiert dieser Beitrag ein wichtiges Thema, das bereits bundesweit beobachtet wird. Analysen zeigen, dass eine Verantwortungsverlagerung für die Bereitstellung von Einrichtungen der Daseinsvorsorge von der öffentlichen Hand zur Zivilgesellschaft unter den Bedingungen der kommunalen Haushalte und des demographischen Wandels zunehmend häufiger aufgetreten ist (Steinführer, 2015, S. 5). Nicht nur wird Verantwortung an diverse Beteiligte übergeben, was zu einer Unübersichtlichkeit der Verantwortlichkeiten führen kann, auch werden die Bürger:innen dafür responsibilisiert, die Daseinsvorsorge an die Region anzupassen. Aus dieser Entwicklung ergibt sich ein Spannungsfeld der Fremd- und Selbstresponsibilisierung und die Frage danach, welche Rolle dem Staat zukommt. Doch was bedeutet das konkret für die kulturelle Bildungspraxis in ländlichen Räumen? Sicherlich steht zur Diskussion, inwiefern die Verantwortungsverschiebung der Daseinsvorsorge auf die Zivilgesellschaft erstrebenswert ist. So empfehlen Forscher:innen (Schneider, 2014, S. 192) etwa die Etablierung einer permanenten Kulturentwicklungsplanung in den Landkreisen, die Rahmenbedingungen festlegt, Bedarfe identifiziert und bei der interregionalen Vernetzung unterstützt. Doch auch dafür müsste das Thema „Kultur" in den Landkreisen zunächst sichtbar werden und Relevanz bekommen (Götzky, 2012). Denn nur so ist die Grundvoraussetzung gegeben, um Kollaborationen zwischen kulturellen Organisationen und öffentlichen Verwaltungseinrichtungen aufbauen zu können, die vorwiegend auf Vertrauensbasis beruhen beziehungsweise erst durch gegenseitiges Vertrauen entstehen.

Literaturverzeichnis

Bender, S.; Kolleck, N.; Lambrecht, M. & Heinrich, M. (2019). Kulturelle Bildungsnetzwerke in ländlichen Räumen. Das Verbundprojekt „Passungsverhältnisse Kultureller Bildungsnetzwerke und Kultur(en) in ländlichen Räumen im Kontext sozialer Teilhabe" (PaKKT). *WE_OS Jahrbuch, 2(1), 65–81.* https://doi.org/10.4119/we_os-3187

Born, K. M. (2016). Aspekte der Governance von Kooperationen in Kommunen. In D. Schmied & Wüstenrot Stiftung (Hrsg.), *Kooperation in ländlichen Räumen* (S. 5–23). Göttingen: Cuvillier.

Bundesministerium des Innern, für Bau und Heimat (2020). *Unser Plan für Deutschland – Gleichwertige Lebensverhältnisse Überall: Schlussfolgerungen von Bundesminister Horst Seehofer als Vorsitzendem Sowie Bundesministerin Julia Klöckner und Bundesministerin Dr. Franziska Giffey Schlussfolgerungen von Bundesminister Horst Seehofer als Vorsitzendem Sowie Bundesministerin Julia Klöckner und Bundesministerin Dr. Franziska Giffey als Co-Vorsitzenden zur Arbeit der Kommission, „Gleichwertige Lebensverhältnisse".* https://www.bmi.bund.de/SharedDocs/downloads/DE/veroeffentlichungen/themen/heimat-integration/gleichwertige-lebensverhaeltnisse/unser-plan-fuer-deutschland-langversion-kom-gl.pdf?__blob=publicationFile&v=5 [28.09.2022].

Die Bundesregierung (2021). *Politik für Gleichwertige Lebensverhältnisse: Bericht der Bundesregierung zur Zwischenbilanz zur Umsetzung der Maßnahmen der Politik für gleichwertige Lebensverhältnisse in der 19. Legislaturperiode.* https://www.bmfsfj.de/resource/blob/178222/7d7b9f258c195b5731d90b726bac7883/politik-fuer-gleichwertige-lebensverhaeltnisse-zwischenbilanz-data.pdf [28.09.2022].

Desjardins, R. & Schuller, T. (2006). *Measuring the Effects of Education on Health and Civic Engagement: Proceedings of the Copenhagen Symposium.* https://www.oecd.org/education/innovation-education/37437718.pdf [28.09.2022].

Deutscher Bundestag (2005). *Antwort der Bundesregierung auf die Große Anfrage der Abgeordneten Gitta Connemann, Dr. Wolfgang Bötsch, Günter Nooke, weiterer Abgeordneter und der Fraktion der CDU/CSU – Drucksache 15/4140 – Situation der Breitenkultur in Deutschland.* Drucksache 15/5910.

Deutscher Bundestag (2007). *Schlussbericht der Enquete-Kommission „Kultur in Deutschland".* Drucksache 16/7000.

Deutscher Kulturrat (2004). *Kultur als Daseinsvorsorge.* https://www.kulturrat.de/positionen/kultur-als-daseinsvorsorge/?print=pdf [28.09.2022].

Deutscher Städtetag (2007). *Aachener Erklärung des Deutschen Städtetages anlässlich des Kongresses „Bildung in der Stadt" am 22./23. November 2007.* https://www.staedtetag.de/files/dst/docs/Dezernat-3/Archiv/aachener-erklaerung-2007.pdf [28.09.2022].

Dresing, T. & Pehl, T. (2018). *Praxisbuch Interview, Transkription & Analyse: Anleitungen und Regelsysteme für qualitativ Forschende.* https://www.audiotranskription.de/wp-content/uploads/2020/11/Praxisbuch_08_01_web.pdf [28.09.2022].

Fobel, L. & Kolleck, N. (2021). Cultural Education: Panacea or Amplifier of Existing Inequalities in Political Engagement? *Social Inclusion, 9*(3), S. 324–336. https://doi.org/10.17645/si.v9i3.4317

Fuchs, M. (2009). Kulturelle Bildung – eine Bestandsaufnahme. In Deutscher Kulturrat (Hrsg.), *Kulturelle Bildung: Aufgaben im Wandel* (S. 7–16). Berlin: Deutscher Kulturrat.

Fürst, D. (2001). Regional governance – ein neues Paradigma der Regionalwissenschaften? *Raumforschung und Raumordnung, 59*(5–6), S. 370–380. https://doi.org/10.1007/BF03183038

Fürst, D. (2003). Steuerung auf regionaler Ebene versus Regional Governance. *Informationen zur Raumentwicklung, 8/9*, S. 441–451.

Fürst, D., Lahner, M. & Pollermann, K. (2006). Entstehung und Funktionsweise von Regional Governance bei dem Gemeinschaftsgut Natur und Landschaft. Analysen von Place-making- und Governance-Prozessen in Biosphärenreservaten in Deutschland und Großbritannien. Beiträge zur räumlichen Planung, *Schriftenreihe der Fachgruppe Landschaft, Institut für Umweltplanung.* Hannover.

Gaus, D. (2014). Kommunale Bildungslandschaften. Eine rekonstruktive Untersuchung über strukturelle Kopplungen zwischen Bildungspolitik und Bildungssystem. In Das Bildungssystem und seine strukturellen Kopplungen (S. 101–146). Wiesbaden: VS Verlag

Götzky, D. (2012). *Kulturpolitik in ländlichen Räumen: Eine Untersuchung von Akteuren, Strategien und Diskursen am Beispiel des Landes Niedersachsen.* https://hildok.bsz-bw.de/files/170/Dissertation_Doreen_Goetzky_Onlinepubl_19.Mai_13.pdf [28.09.2022].

Hollstein, B., & Pfeffer, J. (2010). Netzwerkkarten als Instrument zur Erhebung egozentrierter Netzwerke. In H.-G. Soeffner (Ed.), *Unsichere Zeiten* (S. 1–13). Wiesbaden: VS Verlag. https://doi.org/10.1007/978-3-531-92035-1 [CD-Rom Version].

Institut für Kulturpolitik der Kulturpolitischen Gesellschaft (2015). *Förderpotenziale für die kulturelle Infrastruktur sowie für kulturelle Aktivitäten in ländlichen Räumen. Eine Bestandsaufnahme.* www.kupoge.de/download/Studie_laendliche-kulturarbeit.pdf [28.09.2022].

Kahn, R. L., & Antonucci, T. C. (1980). Convoys over the life course: Attachment, roles, and social support. In P. B. Baltes & O. G. Brim (Hrsg.), *Life-span development and behavior* (S. 383–405). Academic Press.

Kappauf, Z. & Kolleck, N. (2018). Vertrauen im Bildungsverbund: Skizze einer Theorie zu Dimensionen interpersonalen Vertrauens. *Zeitschrift für Erziehungswissenschaft, 21*(5), S. 1045–1062. https://doi.org/10.1007/s11618-018-0812-4

Kegler, B., Koß, D. & Schneider, W. (2017). Introduction. In W. Schneider, B. Kegler & D. Koß (Hrsg.), *Schriften zum Kultur- und Museumsmanagement. Vital Village* (S. 19–26). Bielefeld: transcript Verlag. https://doi.org/10.14361/9783839439883-003

Kelb, V. & Taube, G. (2014). Einleitung. In V. Kelb (Hrsg.), *Kulturelle Bildung: Bd. 38. Gut vernetzt?! Kulturelle Bildung in lokalen Bildungslandschaften; mit Praxiseinblicken und Handreichungen zur Umsetzung „Kommunaler Gesamtkonzepte für Kulturelle Bildung"* (S. 9–16). München: kopaed.

Knoblich, T. J. & Scheytt, O. (2009). Governance und Kulturpolitik – Zur Begründung von Cultural Governance. In P. S. Föhl & I. Neisener (Hrsg.), *Regionale Kooperationen im Kulturbereich* (S. 67–82). Bielefeld: transcript Verlag. https://doi.org/10.1515/9783839410509-003

Köhling, K. (2012). *Vertrauen und Wissen in Governance-Prozessen.* Wiesbaden: VS Verlag. https://doi.org/10.1007/978-3-531-94365-7

Kolleck, N. & Büdel, M. (2020). *Kulturelle Bildung in ländlichen Räumen: Vorstellung der Forschungsvorhaben der BMBF-Förderrichtlinie.* https://www.kubi-online.de/artikel/kulturelle-bildung-laendlichen-raeumen-vorstellung-forschungsvorhaben-bmbf [28.09.2022].

Kuckartz, U. (2014). Designs für die Mixed-Methods-Forschung. In U. Kuckartz (Hrsg.), *Mixed Methods* (S. 57–98). Wiesbaden: VS Verlag. https://doi.org/10.1007/978-3-531-93267-5_3

Kuckartz, U. (2018). *Qualitative Inhaltsanalyse. Methoden, Praxis, Computerunterstützung* (4. Auflage). Weinheim, Basel: Beltz Juventa.

Küpper, P., Steinführer, A., Ortwein, S. & Kirchesch, M. S. (2013). *Regionale Schrumpfung gestalten: Handlungsspielräume zur langfristigen Sicherung gesellschaftlicher Teilhabe schaffen und nutzen.* literatur.thuenen.de/digbib_extern/dn052553.pdf [28.09.2022].

Le, T. H. T. & Kolleck, N. (2022). Zur Entwicklung kultureller Bildungsnetzwerke in ländlichen Räumen: Die Bedeutung von Vertrauen. In N. Kolleck, M. Büdel & J. Nolting (Hrsg.), *Forschung zu kultureller Bildung in ländlichen Räumen: Methoden, Theorien und erste Befunde* (S. 333–348). Weinheim, Basel: Beltz Juventa.

Liebau, E. (2018). Kulturelle und Ästhetische Bildung. In R. Tippelt, B. Schmidt-Hertha (Hrsg.), *Handbuch Bildungsforschung* (S. 1219–1239). Wiesbaden: VS Verlag. https://doi.org/10.1007/978-3-531-19981-8_54

Möltgen-Sicking, K. & Winter, T. (2019). Governance: Begriff, Varianten, Steuerungsformen, Akteure und Rollen. In K. Möltgen-Sicking & T. Winter (Hrsg.), *Governance.* Wiesbaden: VS Verlag.

Peters, S. (2005). *Regional Governance in Stadtregionen am Beispiel kultureller Projekte.* Universität Dortmund. https://doi.org/10.17877/DE290R-13493

Preisendörfer, P. (1995). Vertrauen als soziologische Kategorie. *Zeitschrift für Soziologie, 24*(4), S. 263–272. https://doi.org/10.1515/zfsoz-1995-0402

Putnam, R. D. (2001). *Bowling alone: The collapse and revival of American community* (1. Aufl.). Touchstone Books by Simon & Schuster.

Rossmeissl, Dieter (2013/2012). *Kommunale Politik für Kulturelle Bildung.* Kulturelle Bildung Online. https://www.kubi-online.de/artikel/kommunale-politik-kulturelle-bildung [Zugriff: 28.09.2022].

Scheytt, O. (2013). *Pflichtaufgabe, Grundversorgung, Infrastruktur: Begründungsmodelle der Kulturpolitik.* Kulturelle Bildung Online. https://doi.org/10.25529/92552.174

Scheytt, O. & Knoblich, T. (2009). Zur Begründung von Cultural Governance. *Aus Politik und Zeitgeschichte* (8), S. 34–40. https://www.bpb.de/shop/zeitschriften/apuz/32190/zur-begruendung-von-cultural-governance/ [28.09.2022].

Schneider, W. (2014). Breitenkultur: Ein Phänomen der Gesellschaft, ein Auftrag der Kulturpolitik. In W. Schneider (Hrsg.), *Hildesheimer Universitätsschriften: Bd. 29. Weißbuch Breitenkultur: Kulturpolitische Kartografie eines gesellschaftlichen Phänomens am Beispiel des Landes Niedersachsen* (S. 189–204). Hildesheim: Universitätsverlag.

Schneidewind, T. (2014). Sparen um jeden Preis? Wie zwingend ist die Haushaltskonsolidierung für deutsche Kommunen?. In J. Weiß (eds), *Strategische Haushaltskonsolidierung in Kommunen.* VS Verlag, Wiesbaden. https://doi.org/10.1007/978-3-658-04891-4_2

Schreier, M. (2014). Varianten qualitativer Inhaltsanalyse: Ein Wegweiser im Dickicht der Begrifflichkeiten. *Forum Qualitative Sozialforschung, 15*(1), Artikel 18. https://doi.org/10.17169/FQS-15.1.2043

Steinführer, A. (2015). Bürger in der Verantwortung. Veränderte Akteursrollen in der Bereitstellung ländlicher Daseinsvorsorge. *Raumforschung und Raumordnung, 73*(1), 5–16. https://doi.org/10.1007/s13147-014-0318-3

Stolzenberg, P. (2018). *Kommunale Haushaltskonsolidierung durch Konditionalität.* Baden-Baden: Nomos.

Troeger-Weiß, G. & Wohland, J. (2016). Kooperationen, Netzwerke und Wertschöpfungsketten in der Daseinsvorsorge in ländlichen Räumen – Abschätzung ihrer Bedeutung für die Regionalentwicklung. In D. Schmied & Wüstenrot Foundation (Hrsg.), *Rural 8. Kooperation in ländlichen Räumen* (S. 25–45). Göttingen: Cuvillier Verlag.

Wiesand, A. J. (2021). Kultur- oder Kreativwirtschaft: Was ist das eigentlich? *Bundeszentrale für politische Bildung.* https://www.bpb.de/lernen/kulturelle-bildung/60088/kultur-oder-kreativwirtschaft-was-ist-das-eigentlich/ [28.09.2022].

Winter, T. (2019). Cultural Governance. In K. Möltgen-Sicking & T. Winter (Hrsg.), *Governance* (S. 187–204). Wiesbaden: VS Verlag. https://doi.org/10.1007/978-3-658-24280-0_10

Mythos Praxis

Das schulische Langzeitpraktikum „Praxistag“ in der Wahrnehmung einer Bildungskommune in Rheinland-Pfalz

Sabine Klomfaß, Simon Gordt und Ariana Baray

Die Vertrauenskrise in die Leistungsfähigkeit der deutschen Schulsysteme, die durch den PISA-Schock ausgelöst wurde, stellt in vielerlei Hinsichten eine Zäsur dar. Zu den ersten Befunden der Schulleistungsvergleichsstudie gehörte die Bestimmung einer Risikogruppe, die die PISA-Mindeststandards nicht erreicht (Stanat & Schneider, 2004). Jugendliche dieser Gruppe haben häufig Probleme, den ersten Schulabschluss zu erwerben, erfolgreich eine berufliche Erstausbildung zu absolvieren und bezogen auf ihre Lebensgestaltung gesellschaftlich zu partizipieren. Angesichts veränderter Arbeitsmärkte, in denen immer weniger Arbeitsplätze für geringqualifizierte Menschen zur Verfügung stehen, verweist Klemm (2009, S. 324) auf die Perspektivenarmut und Marginalisierung dieser Jugendlichen, die sich als Erwachsene häufig in sozioökonomischen Risikolagen wiederfinden. Die Existenz einer solchen Risikogruppe wird auch für die lokale Wirtschaft zum Problem, wenn es nicht mehr gelingt, Ausbildungs- und Arbeitsplätze mit ausreichend geeignetem Personal zu besetzen. Zudem verursachen Ausbildungs- und Arbeitslosigkeit erhebliche Kosten für die Kommunen (Fink, 2011, S. 21).

Mit der Einschätzung, dass der Übergang von der Schule in die Berufsausbildung nicht allein von der Schule zu leisten sei, wird dieses Thema auf der kommunalen Ebene bildungs-, wirtschafts- und sozialpolitisch relevant und soll in Netzwerken weiter bearbeitet werden, in denen über Institutionengrenzen hinweg Schulen und Schulträger, Betriebe und Kammern, Arbeits- und Jugendämter u. a. kooperieren, um passgenaue Lösungen für die vor Ort bestehenden Problemlagen zu entwickeln. Durch Investitionsprogramme wie das rheinland-pfälzische Konzept „Kompetent in eigener Sache – Zukunft läuft“ aus der vom BMBF geförderten „Bildungsketten-Initiative“ werden Kooperationsmodelle zur Förderung von Übergängen in die berufliche Ausbildung weiter gestärkt.[1] In diesen Kontext ist

1 Vereinbarung zur Durchführung der Initiative „Abschluss und Anschluss. Bildungsketten bis zum Ausbildungsabschluss“ (2021) zwischen dem Bund und dem Land Rheinland-Pfalz, abzurufen unter https://www.bildungsketten.de/bildungsketten/shareddocs/projekte/de/karte/laender/rheinland-pfalz.html [August 2022].

auch das Langzeitpraktikum „Praxistag" zu verorten, mit dem Schüler:innen von nicht-gymnasialen Sekundarschulen ihre Ausbildungschancen erhöhen sollen.

Der Praxistag, der im Mittelpunkt dieses Beitrags steht, kann in Rheinland-Pfalz als Vorzeigeprojekt einer Regionalisierungspolitik von Bund und Ländern gelten, durch die im staatlichen Schulwesen die Handlungspotenziale auf kommunaler Ebene stärker ausgeschöpft werden sollen (Hebborn, 2009, S. 221; Kühnlein & Klein, 2011, S. 176). Die Zuständigkeit der Kommune wird nicht mehr nur auf die Schulträgerschaft (z. B. Schulgebäude, Schulausstattung) beschränkt, sondern insbesondere um die Entwicklung und Förderung von lokalen Netzwerken erweitert, die als nötig erachtet werden, um auf die bestehenden Herausforderungen adäquat zu reagieren. Formale Bildung erscheint in dieser Perspektive als bedeutender Standortfaktor der Kommune sowohl für die Erfüllung ihrer Funktion der Daseinsvorsorge als auch zur Stärkung sozialer und wirtschaftlicher Entwicklungsperspektiven in der Region (Kühnlein & Klein, 2011, S. 178; Olk & Stimpel, 2011, S. 170). Da innerhalb des Bildungsbereichs der Fokus der Kommunalpolitik insbesondere auch in den beruflichen und sozialen Integrationsbemühungen liegt, übernimmt die Kommune „de facto eine ‚kommunale Letzt-Verantwortung' für gelingende Übergänge in das Arbeits- und Erwerbsleben" (Kühnlein & Klein, 2011, S. 176–177).

Im Beitrag spiegelt sich unser qualitativ rekonstruktives Forschungsdesign, das durch ein Ineinandergreifen verschiedener Forschungsphasen gekennzeichnet ist (Przyborski & Wohlrab-Sahr 2014, S. 106). Dabei gleichen wir unsere theoretischen Überlegungen mit der Erhebung, Analyse und Auswertung der empirischen Daten kontinuierlich ab und führen diese dann iterativ weiter. Neben öffentlich zugänglichen Dokumenten und Sitzungsprotokollen von Fortbildungen und Vernetzungstreffen stützt sich die Analyse auf eigens durchgeführte Experteninterviews (Meuser & Nagel, 2013), die wir in einem ersten Schritt inhaltsanalytisch (Gläser & Laudel, 2010; Kuckartz, 2016) ausgewertet haben. In einem zweiten Schritt haben wir unserem Erkenntnisinteresse gemäß sinnstrukturierte Sequenzen extrahiert und im Sinne der sozialwissenschaftlichen Hermeneutik (Kurt & Herbrik, 2014) vertiefend analysiert und interpretiert. Leitend ist die Frage, wie die Akteur:innen auf kommunaler Ebene den Praxistag vor dem Hintergrund institutionalisierter Vorstellungen rekontextualisieren (Fend, 2008b, S. 26). Im Fokus steht damit das Verstehen sozialer Sinnzusammenhänge, hier also, wie die Akteur:innen die Konzeption des Praxistags wahrnehmen und auf kommunaler Ebene konzeptionelle Unstimmigkeiten bearbeiten.

Im Folgenden beschreiben wir den Praxistag aus einer governance-theoretischen Perspektive. Dabei arbeiten wir heraus, wie eine genuin staatliche Aufgabe der Schule, nämlich die Qualifizierung von Schüler:innen (Fend, 2008a, S. 50), zum Allokationsproblem einer Bildungskommune umdefiniert wird. Hierfür fokussieren wir am Fall eines lokalen Netzwerks in einer rheinland-pfälzischen

Stadt auf die unterschiedlichen Akteur:innen des Praxistags. Wir zeigen auf, dass die Akteur:innen trotz Wahrnehmung verschiedener Unstimmigkeiten vom Erfolg des Konzepts überzeugt sind. Da der Governance-Perspektive eine „institutionalistische Denkweise“ (Mayntz, 2004) inhärent ist, greifen wir auf die Theorie des Neo-Institutionalismus (Hasse & Krüger, 2020a) zurück, um diesen Befund als institutionellen Mythos der Praxis (Walgenbach, 2019; Stolz, Schalkhaußer & Täubig, 2011) zu interpretieren. Darauf aufbauend rekonstruieren wir an ausgewählten Beispielen, wie die Akteur:innen die Legitimität verschiedener Aspekte des Langzeitpraktikums über den Praxis-Mythos herstellen und so den Praxistag als kommunale Maßnahme institutionell stabilisieren. Mit einem Ausblick auf eine gerechtigkeitstheoretische Betrachtung der Maßnahme vor dem Hintergrund kommunaler Bildungspolitik schließen wir den Beitrag ab.

1. Governance-theoretische Beschreibung des Praxistags

Der Praxistag[2] wurde in Rheinland-Pfalz im Schuljahr 2007/2008 eingeführt und wird zur Verbesserung schulischer Übergänge in eine Berufsausbildung mittlerweile landesweit an über 280 Sekundarschulen (Gesamtschulen, Realschulen plus und Förderschulen) angeboten. Er umfasst ein Langzeitpraktikum von mindestens sechs bis zu zwölf Monaten, währenddessen die Schüler:innen mit prognostiziertem Berufsreife-Abschluss (dem ersten Schulabschluss) an einem Schultag pro Woche nicht am Unterricht teilnehmen, sondern stattdessen ihr Praktikum in einem Betrieb, einer sozialen Einrichtung oder der öffentlichen Verwaltung absolvieren. Zum Praxistag gehören zudem über das schulische Regelangebot hinausgehende berufsorientierende Maßnahmen (BOM).

Im Folgenden werden die Regelungsstrukturen des Praxistags aus einer governance-theoretischen Perspektive beschrieben und analysiert (Benz, Lütz, Schimank & Simonis, 2007). Mit dem Ansatz der „Educational Governance“ ist gemäß Ittner, Mejeh und Diedrich (2021) die Abkehr von der Vorstellung einer rein hierarchisch-bürokratischen Steuerung des Bildungssystems verbunden. Stattdessen wird berücksichtigt, „dass die Steuerung im Bildungswesen nicht im Sinne einer strikten Planung und Umsetzung gedacht werden kann, sondern in erheblichem Maße auf Aushandlungsprozesse und den Abgleich unterschiedlicher Perspektiven angewiesen ist“ (Ittner et al., 2021, S. 10–11). Damit kommen insbesondere die Formen und Prozesse der Handlungskoordination in den Blick, die innerhalb komplexer Bildungssysteme zur Herstellung von Passungen

2 Die folgende Darstellung bezieht sich auf die Darstellung des Praxistags durch das Pädagogische Landesinstitut (PL) Rheinland-Pfalz, abzurufen unter https://praxistag.bildung-rp.de [August 2022].

zwischen staatlichen und nicht-staatlichen Akteur:innen, Ebenen und Regelungsbereichen notwendig sei (Maag Merki & Altrichter, 2015).

Für die governance-theoretische Beschreibung des Praxistags trennen wir zunächst analytisch zwei interdependente Regelungsbereiche: (1) die staatliche Steuerung des Langzeitpraktikums im Mehrebenensystem und (2) die Koordination der Maßnahme auf kommunaler Ebene. Da in diesem Beitrag die Bildungskommune im Vordergrund steht, untersuchen wir anschließend exemplarisch am Fall eines städtischen Netzwerks, wie die Problematik des Übergangs in eine Berufsausbildung vor Ort von den unterschiedlichen Akteur:innen wahrgenommen und rekontextualisiert wird.

1) Der Praxistag wird in Rheinland-Pfalz gemeinsam vom Bildungsministerium (BM) sowie der Bundesagentur für Arbeit (BA) in einem Mehrebenensystem getragen. Das BM auf der obersten Ebene des Schulwesens stellt primär Ressourcen für die Koordination und Begleitung durch die Lehrer:innen auf der untersten Ebene zur Verfügung. Auf der mittleren Ebene übernimmt die Verwaltungsaufgaben die Schulaufsichtsbehörde, in Rheinland-Pfalz die „Aufsichts- und Dienstleistungsdirektion" (ADD), während das Pädagogische Landesinstitut (PL) Praxistag-Fortbildungen für das schulische Personal anbietet. Als Qualitätsentwicklungsagentur ist das PL auch für die Zertifizierung von Anbieter:innen für die BOM im Praxistag zuständig. Ebenfalls auf der oberen Ebene finanziert die BA-Regionaldirektion Rheinland-Pfalz/Saarland die BOM (nach § 48, SGBIII), während auf der unteren Ebene Berufsberater:innen der BA obligatorische Halbjahresgespräche mit den teilnehmenden Schüler:innen im Praxistag durchführen.

Diese Partnerschaft zwischen dem BM und der BA im staatlichen Schulwesen entspricht zwar dem neuen Leitbild kooperativer Steuerungsmodelle, dennoch wird auch in diesem Mehrebenensystem weiterhin vor allem *top down* über Inputs gesteuert. Allerdings finden sich auch Elemente einer Outputsteuerung, in der eine erweiterte Schulautonomie mit marktähnlichen und wettbewerblichen Instrumenten kombiniert wird (Bellmann, 2016, S. 382). So entscheidet die Einzelschule eigenständig, ob sie an der Maßnahme teilnimmt und welchen ihrer Schüler:innen der Praxistag ermöglicht wird, wie lange das Langzeitpraktikum dauert, wann es innerhalb der 8., 9. oder 10. Jahrgangsstufe stattfindet und welcher Unterricht dafür ausfällt. Die Schule bestimmt ferner über die Verteilung der personellen Ressourcen (in Form von Deputatsreduktionen für die Lehrer:innen) und kann sich (durch das PL zertifizierte) BOM von lokalen Anbieter:innen einkaufen. Allerdings dürfen diese Angebote formal die regulären Aufgaben in der schulischen Berufsorientierung nicht ersetzen, sondern nur ergänzen.

2) Der Praxistag erfolgt in Kooperation mit lokalen Betrieben und Einrichtungen, die den Schüler:innen Praktikumsplätze anbieten. Bezogen auf die Governance-Perspektive ist die Realisierung des Praxistags entscheidend davon abhängig, ob

und wie es gelingt, vor Ort ein Netzwerk von Akteur:innen aufzubauen, die sich für das Langzeitpraktikum engagieren. Die Kommune kann dabei die Entwicklung des Netzwerks fördern bspw. durch die Vermittlung von Kontakten oder die Bereitstellung von Ressourcen. Im Bildungssektor werden solche Netzwerke als „Bildungskommune“ bzw. „Bildungslandschaft“ bezeichnet, wobei diese von einer gemeinsamen Idee oder Vision zusammengehalten werden, was Bildung vor Ort sein soll (Luthe, 2009, S. 27). Fink (2011, S. 30) verweist zudem darauf, dass „Bildungslandschaften auf der Grundlage von Netzwerken“ nur denkbar seien, „wenn die Steuerung nicht ausschließlich vom Staat ausgeht“. Abhängig von der Konstellation lokaler Akteur:innen können sich so unterschiedliche (bei fehlendem Engagement auch keine) Netzwerke ausbilden.

Exemplarisch haben wir in unserer Studie ein eher loses Netzwerk[3] in einer rheinland-pfälzischen Stadt in den Blick genommen. In dieser Gruppe treffen sich ein- bis zweimal jährlich die Praxistagkoordinator:innen aus den teilnehmenden Schulen mit Anbieter:innen von außerschulischen BOM. Mitglied sind ebenso Vertreter:innen der Handwerkskammer (HWK) sowie der Industrie- und Handelskammer (IHK). Auch die ADD, das Jugendamt und die bei der Stadt angesiedelte Stabsstelle Berufsorientierung sind vertreten. Koordiniert und moderiert wird die Gruppe von einem privaten Beratungsbüro, das von der Stadt dafür und gleichzeitig für die kommunale Evaluation des Praxistags beauftragt wurde.

Bevor genauer das Ziel und die Methode dargestellt wird, um die Perspektiven dieser Akteur:innen auf den Praxistag zu erfassen, ist jedoch noch eine unser Erkenntnisinteresse leitende, substanzielle Unstimmigkeit in der Konzeption des Praxistags hervorzuheben: Die Konzeption des Praxistags zeigt, dass es nicht um die gezielte Förderung leistungsschwacher Schüler:innen geht, um die Risikogruppe im Sinne von PISA beim Erreichen von Mindeststandards zu unterstützen und sie besser auf den Erwerb eines Schulabschlusses vorzubereiten. Denn zugunsten des Langzeitpraktikums fällt etwa ein Fünftel des wöchentlichen Unterrichts aus. Deswegen besteht die Gefahr, dass sich die Schulleistungen der Praxistag-Schüler:innen (im Vergleich zu denjenigen, die nicht teilnehmen) weiter verschlechtern. Es ist daher zu erwarten, dass diese Gefahr bei der Diskussion der Maßnahme eine wichtige Rolle spielt und die erwartete Wirkung (der Nutzen des Praxistags) den Unterrichtsausfall aufwiegt. In der Logik des Konzepts wird demgemäß das Qualifizierungsproblem aus der Schule herausgeschoben und zum kommunalen Allokationsproblem umdefiniert. Erst dann erscheint es legitim, die Lösung in einer Verbesserung von Übergängen in die berufliche Ausbildung zu suchen. Wir untersuchen somit am Fallbeispiel des städtischen Praxistag-Netzwerks, wie die verschiedenen Akteur:innen die Legitimität der

3 Personen- und Ortsnamen sowie eindeutige Funktionsbeschreibungen, durch die auf die Identität von Personen zurückgeschlossen werden könnte, wurden anonymisiert.

Maßnahme – bezogen insbesondere auf solche konzeptionellen Unstimmigkeiten – wahrnehmen sowie durch Rekontextualisierungen auf der kommunalen Ebene bearbeiten.

2. Grundzüge des soziologischen Neo-Institutionalismus

Mit dem Fokus auf der Wahrnehmung der Legitimität des Praxistags dient uns der soziologische Neo-Institutionalismus als theoretische Interpretationsfolie. Denn nicht nur formen Institutionen das soziale Handeln der Akteur:innen, sondern diese erzeugen mit ihrem Handeln ebenso die sozialen Strukturen (Koch & Schemmann, 2009, S. 7). Eine Institution ist folglich als „eine normativ geregelte, mit gesellschaftlichem Geltungsanspruch dauerhaft strukturierte und über Sinnbezüge legitimierte Wirklichkeit sozialen Handelns" (Häußling, 2018, S. 140) zu verstehen. Das heißt, sie fungiert als Orientierungsrahmen für das soziale Handeln der Akteur:innen und bestimmt den Raum des Möglichen. Insofern wird im soziologischen Neo-Institutionalismus die soziale Einbettung der relevanten Akteur:innen betont, weswegen wir ihn zur Rekonstruktion der Wahrnehmung sozialer Strukturen durch die Akteur:innen heranziehen. Zur Bestimmung der Legitimität von Institutionen orientieren sich die Akteur:innen an den in der gesellschaftlichen Umwelt vorherrschenden Werthaltungen und Überzeugungen (Hasse & Krüger, 2020b, S. 11). Wenn die Institution den institutionalisierten Vorstellungen ihrer Umwelt entspricht, wird sie auch als legitim wahrgenommen (Schaefers, 2002, S. 837–838). Der institutionelle Rahmen stellt den Akteur:innen in kulturell kognitiver, normativer und evaluativer Hinsicht sogenannte „Rationalitätsmythen" (Meyer & Rowan, 1977) bereit, womit als sinnvoll geltende Praktiken oder Handlungsmuster verstanden werden, um bestimmte Probleme zu lösen (Schimank, 2007, S. 164–165). Sie gelten als Mythen, da ihre wahrgenommene Wirklichkeit und Wirksamkeit vom geteilten Glauben an sie abhängt und sie daher keiner objektiven Prüfung mehr zu bedürfen scheinen (Walgenbach, 2019, S. 306). Entsprechend müssen „Institutionen [...] nicht zutreffend sein, sie müssen nur plausibel erscheinen" (Merkens, 2011, S. 60). Daraus folgt für den Praxistag, dass die beteiligten Akteur:innen diese Überzeugungen teilen, unabhängig von der eigentlichen Wirksamkeit ihrer Praktiken (Meyer & Rowan, 1977, S. 340). Im Folgenden werden wir anhand unserer Experteninterviews aufzeigen, dass auch in der Bildungskommune ein bestimmter, im gesellschaftlichen Umfeld vorherrschender Mythos existiert, durch den die Legitimität des Praxistags von den Akteur:innen des Netzwerks generiert und allen Unstimmigkeiten entgegen institutionell stabilisiert wird.

3. Institutioneller Mythos als gemeinsame Vision? Die Wahrnehmung des Praxistags aus Sicht der Akteur:innen einer städtischen Koordinierungsgruppe

Der anschließende Schwerpunkt der empirischen Analysen basiert auf eigens durchgeführten Experteninterviews. Mit dem Experteninterview nutzen wir eine Erhebungsmethode, die zur Rekonstruktion komplexer Wissensbestände geeignet ist, indem erfahrungsgesättigtes Expertenwissen erfasst wird, mit dem soziale Strukturen reproduziert, enaktiert oder verändert werden (Meuser & Nagel, 2013), um das im Interview kommunizierte subjektive Erfahrungswissen zu rekonstruieren (Bogner & Menz, 2002, S. 38). Ziel der Auswertung ist es, das Wissen der Interviewpartner:innen zu erschließen, die aufgrund ihrer Position im zu untersuchenden sozialen Kontext als Expert:innen gelten (Gläser & Laudel, 2010, S. 13). Die Auswahl der Interviewpartner:innen erfolgte während des iterativen Forschungsprozesses durch ein theoretisches Sampling (Glaser & Strauss, 2005). Insgesamt wurden 13 leitfaden-gestützte Interviews erhoben, transkribiert und ausgewertet. Bevor wir die Ergebnisse darstellen, gehen wir als nächstes auf Befunde aus den begleitenden Projektevaluationen ein, die als Ausgangspunkt für die Analysen der Experteninterviews dienen.

4. Auf der Suche nach den harten Zahlen

Das Langzeitpraktikum wird landesweit im Auftrag des BM durch eine private Agentur evaluiert. Diese externe Evaluation auf der Basis von Online-Befragungen, Interviews und Workshops bezieht sich auf Selbstauskünfte zur Umsetzung und Zufriedenheit der beteiligten Schüler:innen, der Lehrer:innen und der Praktikumsbetriebe. Generiert werden also weiche Daten, die einen großen Interpretationsspielraum zulassen; bisher jedoch noch ohne Veröffentlichung.

Im Fall der von uns fokussierten Bildungskommune wurden auch harte Kennzahlen erhoben, die uns von dem mit der Evaluation beauftragten Beratungsbüro zur Verfügung gestellt wurden. So haben in der Stadt im Schuljahr 2020/21 190 Schüler:innen am Praxistag teilgenommen. Davon strebten ca. 9 % einen Sekundarschulabschluss an und knapp 80 % verließen die Schule in das Übergangssystem. Damit gelang lediglich 12 % der Praxistag-Schüler:innen das Ziel des direkten Übergangs in die Berufsausbildung. Verglichen mit dem aktuellen Bildungsbericht (Autorengruppe Bildungsberichterstattung, 2020, S. 160) wechselten bundesweit von allen Schulabgänger:innen ohne Hauptschulabschluss ca. 30 % in die berufliche Ausbildung und entsprechend 70 % in das Übergangssystem. Auch wenn die Zahlen nur eingeschränkt vergleichbar sind, wird dennoch deutlich, dass in dieser Bildungskommune trotz der Praxistag-Maßnahme die Ergebnisse noch nicht einmal als durchschnittlich einzustufen sind.

Hinzu kommt, dass der „Klebeeffekt“ seit Einführung des Praxistags fast kontinuierlich abgenommen hat. Mit diesem Begriff wird von den Akteur:innen als Erfolgsindikator für den Praxistag beschrieben, dass die Schüler:innen mit demselben Betrieb, in dem sie ihr Langzeitpraktikum absolviert haben, einen Ausbildungsvertrag abschließen. Mit Bezug auf diese harten Kennzahlen ist der Erfolg des Praxistags daher insgesamt als zweifelhaft einzuschätzen.

Dies wird auch von der Person so gesehen, die in der Bildungskommune für die Evaluation des Praxistags zuständig ist. Sie verdeutlicht im Experteninterview, dass die Übergangsquoten seit mehr als einer Dekade stetig zurückgehen. Um ihre Position zur Bewertung der Maßnahme zu verdeutlichen, wiegt sie Kosten und Ergebnisse gegeneinander auf.

> „Ich sehe es kritisch, weil es gehen einfach viele Ressourcen rein, ne? Das ist ein Tag in der Woche, also ich sage mal 20 % geht eigentlich in den Praxistag rein. Da ist viel Geld im Spiel, da sind viele Ressourcen im Spiel. Und wenn wir uns angucken, dass früher damit geworben wurde damit, die Übergangsquote in Ausbildungen zu verbessern, dann muss man sagen, sind wir da glorreich gescheitert. Also von daher stellt sich mir da schon immer mal wieder auch die Frage, wie sinnvoll ist es eigentlich, diese Unmengen an Ressourcen da reinzubuttern bei einem doch relativ mageren Ergebnis.“ (Eval:2)

In dieser Sequenz geht es um den Output des Praxistags, dessen Erfolg – im Sinne der Bewältigung des Allokationsproblems – an der Übergangsquote zu messen ist. Dieses Problem wird durch den Praxistag weder gelöst noch verkleinert, sodass die Person zugeben muss, „glorreich gescheitert“ zu sein. Im Wort „glorreich“ ist die Anerkennung des Anspruchs enthalten, etwas Großes gewagt zu haben. Zugleich wird in der Kombination mit dem „Scheitern“ eine Distanzierung vom Praxistag markiert. Entsprechend wirkt ihre anschließende Infragestellung des Sinns der Maßnahme rhetorisch, da für sie das „magere[.] Ergebnis“ in keinem akzeptablen Verhältnis zu den Kosten steht („Unmengen an Ressourcen da reinzubuttern“).

Mit dieser konträren Perspektive steht der/die Evaluationsbeauftragte:r innerhalb des Netzwerks – wie wir im Folgenden aufzeigen – allein da, obwohl davon auszugehen ist, dass auch die die anderen Akteur:innen der Bildungskommune diese Evaluation kennen.

5. Erfolgsmodell Praxistag

In den weiteren Interviews, die wir mit den Akteur:innen der Bildungskommune geführt haben, zeigt sich inhaltsanalytisch nämlich eine auffällige Gemeinsamkeit: Die Akteur:innen, egal ob betreuende Lehrer:in im Praxistag, Vertreter:in einer Kammer oder mit BOM beauftragte:r Pädagog:in, betrachten den Praxistag als sinnvolle und gelungene Maßnahme für die Schüler:innen. So bilanziert bspw. ein:e Akteur:in, der Praxistag sei „sehr sinnvoll, um Schülerinnen und Schüler auf die Berufswelt vorzubereiten“ (PädBOM:1) und ein:e Mitarbeiter:in des Jugendamts zieht das „persönliche Fazit“, dass der Praxistag „eine sehr gute Idee ist“ (Jug:1). Ein:e Vertreter:in einer Kammer bilanziert dieses Projekt als „wirklich gelungen“ (Kam:1) und eine Lehrperson betont, dass sie „absolut hinter dem Praxistag“ stehe und diesen als „Erfolgsmodell“ betrachte (LehrRS:1). Ein:e Verwaltungsbeamt:in ist überzeugt, der Praxistag sei ein „ideales und erfolgreiches Konzept, um hier einen Übergang in den Beruf, in die duale Ausbildung, herzustellen“ (ÖffV:2). Die Überzeugung, dass bereits durch Erfahrungen in der Praxis etwas Wesentliches gelernt werde, bringt ein:e Verwaltungsbeamt:in in der folgenden Sequenz explizit verallgemeinernd zum Ausdruck:

> „Mein Fazit ist, dass der Praxistag die wichtigste Gelenkstelle zwischen schulischer Welt und der Berufswelt ist. Und dass es ein ganz hervorragendes Mittel ist, sowohl für die Schule als auch für Betriebe, einen Übergang in die duale Ausbildung zu realisieren. Und meines Erachtens ein Vorbild für alle Schularten, vielleicht auch etwas kürzer, aber vom Grundsatz her, der Einblicknahme – das gilt übrigens für alle Berufsgruppen, möglicherweise auch für die Uni, Stichwort Abbrecherquote – ein ganz tolles Element, wo sich viele andere, ja, Organisationen dran orientieren können.“ (ÖffV:2)

Die Person gibt sich überzeugt, dass auf jeder Stufe im allgemeinbildenden Bereich Praktika, die einen Einblick in Berufe ermöglichen, sinnvoll seien, unabhängig vom Ziel und Niveau des Bildungsgangs. Hier zeigt sich eine Art universeller Glaube an das Praktikum, „ein ganz tolles Element“, dessen genaue Funktion als „Gelenkstelle zwischen schulischer Welt und der Berufswelt“ nicht mehr weiter erläutert werden muss. Mit der Verbindung von „Abbrecherquote“ und der Annahme von zwei „Welten“ wird so suggeriert, dass Schule eben nicht (ausreichend) auf eine anschließende Berufstätigkeit vorbereite, die praktische Erfahrung jedoch das Scheitern verringere.

Die Diskrepanz zwischen den Evaluationsbefunden und der eindeutigen Erfolgswahrnehmung stellt für unseren Auswertungsprozess eine erste Irritation dar. Im Folgenden untersuchen wir genauer, wie die Expert:innen die Problematik bearbeiten, dass für den Praxistag Unterrichtszeit ausfällt. Eine Lehrperson nimmt dabei eine klare Prioritätensetzung vor:

> „Weil, ich sage jetzt mal, wenn man da ein Stückchen Deutsch abschneidet, die Schüler haben nur noch drei statt vier Stunden Deutsch, dann meldet sich die Fachkonferenz Deutsch und weist auf die Wichtigkeit des Fachs hin […]. Man muss halt einfach den Kollegen klarmachen, wir setzen die Priorität auf den Praxistag, weil sich das als Maßnahme für unsere Berufsreifeschüler sehr bewährt hat.“ (LehrRS:1)

Die Höhergewichtung des Praxistags gegenüber dem Deutschunterricht wird begründet mit der besonderen Bewährung der Maßnahme für die Zielgruppe der schulleistungsschwachen Schüler:innen. Der Praxistag wird hier gegen die „Fachkonferenz Deutsch“ durchgesetzt. Es lässt sich die Lesart entwickeln, dass die Lobbygruppe mit ihrem Fachinteresse zurückgewiesen wird, um die (pädagogisch relevantere) Orientierung an den Schüler:innen hervorzuheben. Bemerkenswert ist auch die sprachliche Verniedlichung „ein Stückchen Deutsch“, die die Sache, um die es geht, kleiner erscheinen lässt, wie die Lehrperson mit einer ähnlichen Formulierung entsprechend bestätigt:

> „Ich glaube nicht, dass da ein großer Nachteil entsteht, weil da punktuell hier und da ein Fach ein Stündchen weniger unterrichtet wird.“ (LehrRS:1).

„Punktuell hier und da“ einmal „ein Stündchen“ Unterrichtsausfall – das Abwiegen der aufgewendeten Zeit für den Praxistag gegen den Unterricht fällt der interviewten Lehrperson leicht, weil sie diese insgesamt als klein wahrnimmt. Aus Perspektive der Fachkonferenz Deutsch ließe sich gegenrechnen, dass diesem „Stündchen“ während des Langzeitpraktikums jedoch ein Viertel des gesamten Deutschunterrichts entspricht. Die gleiche Priorisierung des Praktikums gegenüber dem Schulunterricht findet sich bei anderen Expert:innen. Ein:e Vertreter:in einer Kammer vertritt die Position, dass der Fachunterricht in der Schule gekürzt werden könne und begründet dies mit den vielen Misserfolgserlebnissen der schulleistungsschwachen Schüler:innen, die durch Erfolgserlebnisse in der Praxis zu kompensieren seien. Daraus schließt die Person:

> „Ich sag mal, ich, aus unserer Sicht sollten Schüler noch viel mehr praktische Arbeit während ihrer Schulzeit in dem Sinne verrichten müssen.“ (Kam:1)

Deutlich wird hier erneut die Nicht-Bearbeitung des Qualifizierungsproblems: Die Lösung wird nicht darin gesehen, dass die Schüler:innen ihre schulfachlichen Leistungen verbessern, sondern in einer Veränderung des schulischen Curriculums zugunsten praktischer Tätigkeiten. Schließlich seien schulfachlich schwache Schüler:innen in praktischen Bereichen selbstverständlich stark. Darin spiegelt sich die gesellschaftlich tradierte, aber wissenschaftlich überholte Vorstellung von theoretisch und praktisch Begabten, mit der über Jahrzehnte hinweg die Gliederung des deutschen Schulsystems legitimiert wurde.

Weiter berichtet ein:e Praxistagkoordinator:in, dass die Schüler:innen vom Unterricht zusätzlich freigestellt werden können:

> „Wenn ihr einen Betrieb habt, der euch eine Woche kennenlernen will, dann stellen wir euch vom Unterricht frei, weil das einfach ganz wichtig ist, dass ihr in die Ausbildung reinkommt“ (LehrRS:2).

Betont wird hier, dass der Übergang in die Ausbildung entscheidend sei, wohingegen der Unterricht nachrangig erscheint. Suchen wir jedoch gezielt nach Sequenzen, in denen der erfolgreiche Übergang in die Ausbildung dann auch thematisiert wird, zeigt sich eine gewisse Zurückhaltung darin, bspw. den Abschluss eines Ausbildungsvertrags als harten Indikator für den Erfolg des Praxistags zu benennen. Stattdessen scheint es doch nur darum zu gehen, außerhalb der Schule das Berufsleben kennenzulernen:

> „So ein bisschen eben diese sozialen Kompetenzen auch üben können, sehen, was außerhalb der Schule wichtig ist und das unabhängig davon, ob sie danach direkt in eine Ausbildung gehen oder zunächst weiter zur Schule gehen. Von daher finde ich das eine sehr, sehr gute Möglichkeit, um genau das kennenzulernen." (PädBOM:1)

Ähnlich relativiert ein:e Berufsberater:in, dass das Praktikum bereits dann erfolgreich sei, wenn die Schüler:innen ihre Vorstellungen vom beruflichen Alltag verändern können:

> „Sie lernen an diesem Tag auch mal so ein Berufsleben kennen, den Umgang in einem Kollegium mit einer Chef-Chefin, sozusagen Führungsetage. Das lernen die einfach dann schon mal kennen und haben danach einen ganz anderen Eindruck davon. Und das finde ich persönlich genauso wichtig wie den Übergang, ob eine Ausbildung zustande kommt oder nicht" (BaBOM:1)

In verschiedenen Interviews ist uns schließlich aufgefallen, dass die Akteur:innen sich bei der Bewertung des Erfolgs der Maßnahme auf Daten beziehen, die wir zunächst nicht mit den uns vorliegenden Daten aus der kommunalen Evaluation in Einklang bringen können. So verweist ein:e Lehrer:in auf eine „hohe Vermittlungsquote".

> „Allein schon, wenn ich auf die hohe Vermittlungsquote der letzten Jahre verweise, spricht das für sich. Also als Beispiel, letztes Jahr sind alle, die eine Lehrstelle antreten wollten, auch in eine Lehre gegangen. Die konnten wir alle vermitteln. Die allermeisten mit dem sogenannten Klebeeffekt, das heißt, die sind auch in dem Betrieb, in dem sie den Praxistag abgeleistet haben, als Auszubildende dann übernommen worden. […] Alle, die normal mit dem Hauptschulabschluss raus sind, konnten vermittelt werden und ich habe jetzt keinen Vergleich, wie es ohne Praxistag wäre. Aber ich denke, dass diese Quote schon, schon sehr gut ist und deswegen auch ein, ja, großer Pluspunkt für den Praxistag darstellt". (LehrRS:1)

Die Gewissheit über die erfolgreiche Maßnahme wird hier besonders deutlich, da der Erfolg unter dem Label des „Klebeeffekts" dem Praxistag zugerechnet wird, obwohl die Lehrperson zugibt, dass sie eigentlich keinen Vergleichsmaßstab hat

(„wie es ohne Praxistag wäre"). Eine weitere Lehrperson berichtet, dass es vor der Corona-Pandemie „annähernd 90 % [waren], die wir in die Ausbildung gebracht haben über den Praxistag" (LehrRS:2). Auf den ersten Blick überraschen die Angaben der Lehrpersonen, dass an der einen Schule alle und an der anderen 90 % in eine Ausbildung vermittelt werden konnten, weichen sie doch drastisch von den 12 % aus der kommunalen Evaluation ab. Wir gehen jedoch davon aus, dass sich die Akteur:innen tatsächlich auf die dieselben Zahlen beziehen. In einer „bereinigten Statistik" dieser Evaluation wird nämlich ausgewiesen, dass als Grundgesamtheit für die Berechnung des Klebeeffekts nur noch die viel kleinere Teilmenge der Praxistag-Schüler:innen gezählt wurde, die einen Ausbildungsvertrag erhalten hat. Von diesen 22 Schüler:innen haben in der Bildungskommune 20 den Ausbildungsvertrag mit demselben Betrieb geschlossen, in dem sie ihr Langzeitpraktikum absolviert haben. Das ergibt dann eine hohe Quote von 82 %.

Damit stehen wir nun vor einem widersprüchlichen Befund: Einerseits zeigen die Experteninterviews, dass die Akteur:innen der städtischen Koordinierungsgruppe im Praktikum ein Erfolgsmodell sehen, das als gemeinsame Vision (Luthe, 2009) die Bildungskommune im Inneren zusammenhält. Andererseits kann aus den Evaluationskennzahlen der Bildungskommune ein eigener positiver Effekt des Langzeitpraktikums nicht abgeleitet werden. Wir interpretieren die Wahrnehmung des Praxiserfolgs daher im Sinne des soziologischen Neo-Institutionalismus als einen institutionellen Mythos (Walgenbach, 2019, S. 306). Nur so wird verständlich, warum alle Akteur:innen von der Legitimität des Praxistags überzeugt sind, obwohl von einer erfolgreichen Übergangsmaßnahme angesichts der geringen Quoten kaum die Rede sein kann. Denn ein institutioneller Mythos lässt Zweifel nicht zu. Was nicht passt, muss daher uminterpretiert oder weggeschoben werden. Dabei ist die gemeinsame Überzeugung umso wichtiger, da andere Strukturen des Praxistags ohnehin fragil sind (z. B. durch die zeitliche befristete Finanzierung der Maßnahme oder die Additivität der BOM). Ohne den festen Glauben in die Sinnhaftigkeit des Praxistags ließe sich das Engagement der einzelnen Akteur:innen für den Praxistag wohl kaum dauerhaft aufrechterhalten und die Gruppe würde sich auflösen.

Um unserer Deutung des Praxis-Mythos in der Bildungskommune weiter nachzugehen, analysieren wir die Interviewdaten in einem zweiten Durchgang mit Blick auf weitere konzeptionelle Unstimmigkeiten im Praxistag, die den Blick auf das Erfolgsmodell trüben könnten.

Das Verkaufen des Praxis-Vorteils

Für unsere Expert:innen ist also der Praxistag ein Erfolgsmodell. Insofern müssten sie davon ausgehen, dass auch die Schüler:innen gern am Langzeitpraktikum teilnehmen. In der Konzeption des Praxistags liegt hier nun die

Problematik, dass die Teilnahme rechtlich gesehen von der Zustimmung der Sorgeberechtigten abhängt. Das bedeutet, sie können sich auch gegen die Teilnahme entscheiden, sodass ihre Kinder regulär den Schulunterricht besuchen. Ein:e Verwaltungsbeamt:in sieht daher die Notwendigkeit, den Praxistag entsprechend „als Vorteil" zu verkaufen:

> „Und das muss man sehr wohl ausloten, dass man es immer als Vorteil verkauft, als Bonus verkauft, als Bonbon verkauft, so nach dem Motto: Du darfst in den Praxistag. Nicht: Du musst in den Praxistag. Ja, du kriegst auch nachher eine Urkunde. Oder: Du hast jetzt die Möglichkeit direkt, ohne Anschlussverlust, in den Betrieb zu gehen, Geld zu verdienen, Karriere zu machen. Das haben die anderen nicht." (ÖffV:2)

In der Sequenz wird insbesondere betont, dass den Schüler:innen nicht das Gefühl gegeben werden soll, sie in den Praxistag abzuschieben, sondern dass sie vielmehr mit dem Praxistag eine besondere Chance erhalten, die den anderen Schüler:innen vorenthalten bleibt und ihnen direkte Vorteile verspricht. Sowohl der finanzielle als auch der Karriere-Vorteil werden als Verkaufsargumente angepriesen. Dass dies aber überhaupt nötig ist, lässt auf Zweifel bei den Schüler:innen und ihren Sorgeberechtigten schließen, ob der Praxistag für sie das Richtige ist. Diese Zweifel werden von unseren Expert:innen jedoch nicht aufgegriffen. Es gibt im gesamten Interviewmaterial keine Sequenz dazu, dass die Teilnahme am Praxistag für eine:n Schüler:in sinnlos war, sondern die Praxiserfahrung allein scheint den Aufwand immer wert, wie ein:e Vertreter:in einer Kammer betont:

> „Der Praxistag ist eine regional vorhandene Ausprägung des Praktikums und das Praktikum an sich ist in seiner Bedeutung für duale Berufsausbildung und Handwerk nicht zu überschätzen." (Kam:2 m)

Der Praxistag als regionale Variante wird hier nur als ein Beispiel genannt, entscheidend kommt es der Person aber auf das Praktikum allgemein an. Dies deutet darauf hin, dass der Praxistag in der Bewertung dieser Person nicht als Paradebeispiel dient. In der Hauptsache ist die Maßnahme als Praxiserfahrung aber wichtig.

Motivationswunder durch Praxis

In einem Flyer des BM wird der Praxistag wie folgt beworben: „Durch dieses Praktikum wird die Bedeutung von Anstrengung und Lernen erfahrbar; Pünktlichkeit, Sorgfalt, Genauigkeit und Zuverlässigkeit bekommen einen neuen Stellenwert. Der Praxistag führt zu einem Motivationsschub für das Lernen insgesamt in allen schulischen Lernbereichen."[4] Insbesondere der letzte Punkt, die Praxiserfahrung als Motivator für das schulische Lernen, ist für die Rekonstruktion des Praxis-Mythos bedeutsam. Tatsächlich findet sich diese Argumentationsfigur auch in unseren Interviews wieder:

> „Es ist in den meisten Schulen so, dass es die Berufsreifeschülerinnen und -schüler sind, die oft Misserfolgserlebnisse im schulischen Kontext haben, im kognitiven Kontext, schlechte Noten und die durch diese frühe Praxiserfahrung hoffentlich auch wieder, ja, nicht nur ihre Persönlichkeitsentwicklung, ja, verbessern, sondern auch einen Motivationsschub bekommen." (ÖffV:1)

In dieser Sequenz spiegelt sich die Vorstellung, dass die Schule für schulleistungsschwache Schüler:innen kein Ort sein kann, an dem sie gern sind. „Misserfolg" und „schlechte Noten" wirken aus Sicht dieses:r Expert:in negativ auf die Persönlichkeitsentwicklung. Zwischen den Zeilen wird die Annahme erkennbar, dass die Schule als Institution für diese Schüler:innen insgesamt schlecht sei, während das Praktikum dagegen ohne weitere Begründung positiv gesetzt wird. Ähnlich äußert sich auch ein:e Vertreter:in einer Kammer, der/die glaubt, „dass es diesen Schülerinnen und Schülern gut tut aus dem Schulkontext auch mal rauszukommen eine gewisse Zeit." (Kam:1)

Praxis statt Parken

In verschiedenen Interviews denken die Akteur:innen schließlich über die Frage nach, inwiefern der Verbleib im vollzeitlichen Schulsystem eine Alternative für die Schüler:innen mit erstem Schulabschluss sei. Dabei könnten die Schüler:innen mit Berufsreife-Abschluss in die einjährige Berufsfachschule I (BFI) wechseln, um berufliche Grundkompetenzen zu erwerben. In einem weiteren Schuljahr könnten sie in der Berufsfachschule II (BFII) den Sekundarschulabschluss (Mittlere Reife) erwerben. Diese Optionen, die zum Zweck der Erhöhung der Durchlässigkeit (durch Entkopplung von Abschlüssen und Bildungsgängen) eingerichtet wurden, werden von unseren Interviewpartner:innen jedoch als unnötiges „Parken" rekontextualisiert. Passend sieht ein:e Vertreter:in einer Kammer allgemein als Ziel für diese Schülergruppe, „dass sie eigentlich möglichst schnell in die Berufswelt wechseln, um dort ihre Talente, sag ich mal, entfalten zu können." (Kam:1). Ein:e Sozialpädagog:in erzählt von ihren Erfahrungen mit Schüler:innen, die zunächst auf die BFI wechseln:

4 Flyer „Der Praxistag. Ein Angebot für Schulen mit Bildungsgang Berufsreife" des BM. Abzurufen unter: https://praxistag.bildung-rp.de/fileadmin/user_upload/praxistag.bildung-rp.de/Material/Flyer_Praxistag.pdf [Juni 2022].

> „Also, ich habe viele, die gehen ein Jahr auf diese berufsvorbereitende Schule und dann sagen sie: Nee, ich mach jetzt doch nicht weiter. Dann suchen sie sich irgendeine Pups-Ausbildungsstelle und machen das halt einfach mal. Das sollte man besser steuern, obwohl ich sagen muss, die Arbeitsagentur, die Berufsberater, die sind da uns als Bildungsträger ganz nahe dran, die sehen das ähnlich wie wir. Manchmal sind die Kinder halt einfach uneinsichtig und müssen wahrscheinlich ihre eigenen Erfahrungen machen." (PädBOM:1)

Aus dieser Perspektive lohnt sich der Weg für die Schüler:innen nicht, wenn sie ihn nicht bis zum Erreichen des Sekundarschulabschlusses gehen, sondern dann doch eher unüberlegt in eine Ausbildung wechseln. In der Formulierung „Pups-Ausbildungsstelle" schwingt die Assoziation mit, dass die Schüler:innen im Vergleich zur antizipierten Anstrengung in der BFII vor allem eine leichtere Alternative wählen wollen.

Ein:e Verwaltungsbeamt:in berichtet in diesem Kontext zudem von „falschen Hoffnungen":

> „Viele gehen mit falschen Hoffnungen an die Berufsschule, glauben dort mit der BFII die Mittlere Reife machen zu können, scheitern aber. Und dann haben die Schüler eine Biographie des Scheiterns hinter sich. Und dann ist es ganz-ganz// und sie sind auch älter, haben zwei Jahre in Anführungsstrichen vergeudet und haben letztlich keinen höheren Abschluss, sondern haben quasi nur, ja, ihr Leben geparkt in einem schulischen Umfeld, was sie nicht weiterbringt." (ÖffV:2)

Im Vergleich zur vorherigen Sequenz geht es hier nicht um eine möglicherweise noch nicht ausreichend entwickelte (kindliche) Anstrengungs- oder Durchhaltebereitschaft („Kinder halt einfach uneinsichtig"), sondern Thema sind die geringen kognitiven Fähigkeiten der Schüler:innen, die an den Leistungsanforderungen der BFII scheitern werden. In beiden Sequenzen scheint die Zukunft der Schüler:innen letztlich vorprogrammiert – sie werden nicht durchhalten können, sondern müssen scheitern. Mit der Formulierung, dass diese Zeit einem „Parken" entspricht, wird zudem nahegelegt, dass es für die Schüler:innen mit dem Übergang in die Berufsausbildung auch nur einen gangbaren Weg gibt. Dieser Weg kann über den Praxistag schnell und im Hinblick auf die Gefahr des Scheiterns relativ sicher durchlaufen werden. Denn die Versuche der Schüler:innen, sich über das Erreichen eines höheren Schulabschlusses weitere Chancen zu eröffnen, bewerten die Akteur:innen aufgrund ihres Erfahrungswissens als zu risikoreich und letztlich sinnloses Unterfangen.

6. Match-Point: Ist das Festkleben der Risikogruppe gerecht?

Nach Rolff und Tillmann (1980, S. 251) kann die Analyse von Institutionen Struktur- und Handlungszusammenhänge mit dem Ziel aufklären, „Aufschlüsse über das wechselseitige Implikationsverhältnis" von schulischen und gesellschaftlichen Veränderungen zu geben. Am Beispiel des Praxistags haben wir herausgearbeitet, dass sich abhängig von der Problemwahrnehmung schulische und gesellschaftliche Zuständigkeiten verschieben. Die Bildungskommune kommt ins Spiel (Hermstein, 2021), wenn die Problematik gering qualifizierter Schüler:innen als Allokationsproblem definiert wird, welches durch ein besseres Matching mit der lokalen Wirtschaft gelöst werden soll. Der von uns rekonstruierte Praxis-Mythos trägt insofern zur Stabilisierung der Maßnahme in der Bildungskommune bei, indem u. a. der damit einhergehende Unterrichtsausfall marginalisiert wird. Als Konsequenz wird dem Qualifizierungsproblem keine weitere Aufmerksamkeit geschenkt, obwohl es für die Risikogruppe der Schüler:innen bestehen bleibt. Einerseits wird es in Anlehnung an Klemm (2009, S. 326) sogar schlimmer, weil die Schüler:innen durch den Praxistag in einem sie separierendem Übergang zur Berufsausbildung festgeklebt werden sollen. Der Klebeeffekt, mit dem positiv der Erfolg der Maßnahme indiziert wird, kann demgemäß negativ als Perspektivenarmut interpretiert werden. Denn für die Schüler:innen wird es schwieriger, sich alternative Bildungsoptionen zu erschließen. Andererseits verbleibt die Mehrheit der gering qualifizierten Schüler:innen trotz ihrer Teilnahme am Praxistag im Schulsystem und wechselt in das Übergangssystem statt in die Berufsausbildung. Daher sollte die Aufmerksamkeit auch jener großen Mehrheit der Schüler:innen gelten, denn nicht zuletzt aufgrund des Unterrichtsausfalls müssen ihre Chancen innerhalb des Übergangssystems zu reüssieren als besonders schlecht eingeschätzt werden.

Das Schließen von Optionen durch das Bildungswesen geht folglich mit einem ethischen Problem einher und wirft die Frage nach Gerechtigkeit auf, die für den Praxistag als nächstes im Programm einer kritischen Schulsystementwicklungsforschung (Berkemeyer, 2016) zu bearbeiten wäre. Dem Praxis-Mythos gemäß wird die Gruppe der gering qualifizierten Schüler:innen, die sich zunächst gegen den Übergang in eine Ausbildung entscheiden, von den Akteur:innen auf einem unnötig die Schulzeit verlängernden Weg gesehen, welcher zur Lösung des Allokationsproblems nicht beiträgt. Unser Forschungsprojekt werden wir daher mit der Frage fortführen, warum diese Schüler:innen trotzdem den weiteren Besuch der Schule gegenüber einer Ausbildung bevorzugen.

Literaturverzeichnis

Autorengruppe Bildungsberichterstattung (2020). *Bildung in Deutschland 2020.* Bielefeld: wbv Media GmbH & Co. KG.

Bellmann, J., Dužević, D., Schweizer, S. & Thiel, C. (2016). Nebenfolgen Neuer Steuerung und die Rekonstruktion ihrer Genese. *Zeitschrift für Pädagogik*, 62(3), S. 381–402.

Benz, A., Lütz, S., Schimank, U., & Simonis, G. (2007). Einleitung. In A. Benz, S. Lütz, U. Schimank & G. Simonis (Hrsg.), *Handbuch Governance.* (S. 9–25). Wiesbaden: VS Verlag.

Berkemeyer, N. (2016). Kritische Schulsystementwicklungsforschung. In U. Steffens & T. Bargel (Hrsg.), *Schulqualität - Bilanz und Perspektiven.* (S. 201–230). Münster: Waxmann.

Bogner, A., & Menz, W. (2002). Das theoriegenerierende Experteninterview. In A. Bogner, B. Littig, & W. Menz (Hrsg.), *Das Experteninterview.* (S. 33–70). Wiesbaden: VS Verlag.

Fend, H. (2008a). *Neue Theorie der Schule. Einführung in das Verstehen von Bildungssystemen.* Wiesbaden: VS Verlag.

Fend, H. (2008b). *Schule gestalten. Systemsteuerung, Schulentwicklung und Unterrichtsqualität.* Wiesbaden: VS Verlag.

Fink, C. (2011). *Der Übergang von der Schule in die berufliche Ausbildung.* Wiesbaden: VS Verlag.

Glaser, B. G., & Strauss, A. L. (2005). *Grounded Theory. Strategien qualitativer Forschung* (2., korrigierte Auflage). Bern: Huber.

Gläser, J., & Laudel, G. (2010). *Experteninterviews und qualitative Inhaltsanalyse.* Wiesbaden: VS Verlag.

Hasse, R., & Krüger, A. K. (2020a). *Neo-Institutionalismus.* Bielefeld: transcript.

Hasse, R., & Krüger, A. K. (2020b). Außenbezüge, Binnendifferenzen und neue Herausforderungen des Neo-Institutionalismus. In R. Hasse & A. K. Krüger (Hrsg.), *Neo-Institutionalismus.* (S. 9–34). Bielefeld: transcript.

Häußling, R. (2018). Institution. In J. Kopp & A. Steinbach (Hrsg.), *Grundbegriffe der Soziologie* (11. Aufl., S. 140–143). Wiesbaden: VS Verlag.

Hebborn, K. (2009). Bildung in der Stadt: Bildungspolitik als kommunales Handlungsfeld. In P. Bleckmann & A. Durdel (Hrsg.), *Lokale Bildungslandschaften: Perspektiven für Ganztagsschulen und Kommunen* (S. 221–231). Wiesbaden: VS Verlag.

Hermstein, B. (2021). Wer spielt warum mit? Schnittstellen in der Schulsystementwicklung und Prozesse ihrer Rationalisierung. *Die deutsche Schule,* 113(1), 14–29.

Ittner, D. M., Mejeh, M. & Diedrich, M. (2021). Governance im Bildungssystem. In T. Hascher, T. S. Idel & W. Helsper (Hrsg.), *Handbuch Schulforschung* (S. 1–17). Wiesbaden: VS Verlag. https://doi.org/10.1007/978-3-658-24734-8_13-1

Klemm, K. (2009). ‚Risikoschüler' – Jugendliche auf dem Abstellgleis? In W. Helsper, C. Hillbrandt & T. Schwarz (Hrsg.), *Schule und Bildung im Wandel.* (S. 317–327). Wiesbaden: VS Verlag.

Koch, S., & Schemmann, M. (Hrsg.). (2009). *Neo-Institutionalismus in der Erziehungswissenschaft.* Wiesbaden: VS Verlag.

Kuckartz, U. (2016). *Qualitative Inhaltsanalyse.* Weinheim, Basel: Beltz Juventa.

Kühnlein, G., & Klein, B. (2011). Kommunale Bildungslandschaften. In H.-J. Dahme & N. Wohlfahrt (Hrsg.), *Handbuch Kommunale Sozialpolitik* (S. 175–187). Wiesbaden: VS Verlag.

Kurt, R., & Herbrik, R. (2014). Sozialwissenschaftliche Hermeneutik und hermeneutische Wissenssoziologie. In N. Baur & J. Blasius (Hrsg.), *Handbuch der Methoden der empirischen Sozialforschung* (S. 473–491). VS Verlag.

Luthe, E.-W. (2009). *Kommunale Bildungslandschaften.* Berlin: Erich Schmidt.

Maag Merki, K., & Altrichter, H. (2015). Educational Governance. *DDS - Die Deutsche Schule, 4,* 396–410.

Mayntz, R. (2004). *Governance Theory als fortentwickelte Steuerungstheorie?* (MPIfG Working Paper Nr. 04/1). Max Planck Institute for the Study of Societies. http://hdl.handle.net/10419/44296

Merkens, H. (2011). *Neoinstitutionalismus in der Erziehungswissenschaft.* Leverkusen: Barbara Budrich.

Meuser, M., & Nagel, U. (2013). Experteninterviews. In B. Friebertshäuser, A. Langer & A. Prengel (Hrsg.), *Handbuch Qualitative Forschungsmethoden in der Erziehungswissenschaft* (S. 457–471). Weinheim, Basel: Beltz Juventa.

Meyer, J. W., & Rowan, B. (1977). Institutionalized Organizations: Formal Structure as Myth and Ceremony. *American Journal of Sociology*, *83*(2), 340–363.
Olk, T., & Stimpel, T. (2011). Kommunale Bildungslandschaften und Educational Governance vor Ort. In P. Bollweg (Hrsg.), *Räume flexibler Bildung. Wiesbaden* (S. 169–188). Wiesbaden: VS Verlag.
Przyborski, P. & M. Wohlrab-Sahr (2014). Forschungsdesigns für die qualitative Sozialforschung. In N. Baur & J. Blasius (Hrsg.), *Handbuch Methoden der empirischen Sozialforschung.* (S. 117–134). Wiesbaden: VS Verlag.
Rolff, H.-G. & Tillmann K.-J. (1980). Schulentwicklungsforschung: Theoretischer Rahmen und Forschungsperspektive. *Jahrbuch der Schulentwicklung 1*, 237–264.
Schaefers, C. (2002). Der soziologische Neo-Institutionalismus. *Zeitschrift für Pädagogik*, *48*(6), 835–855.
Schimank, U. (2007). Neoinstitutionalismus. In A. Benz, S. Lütz, U. Schimank, & G. Simonis (Hrsg.), *Handbuch Governance.* (S. 161–175). Wiesbaden: VS Verlag.
Stanat, P. & Schneider, W. (2004). Schwache Leser unter 15-jährigen Schülerinnen und Schülern in Deutschland: Beschreibung einer Risikogruppe. In U. Schiefele, C. Artelt, P. Stanat & W. Schneider (Hrsg.), *Struktur, Entwicklung und Förderung von Lesekompetenz – vertiefende Analysen im Rahmen von PISA 2000* (S. 243–274). Wiesbaden: VS Verlag.
Stolz, H.-J., Schalkhaußer, S. & Täubig, V. (2011). „Vernetzte Bildung" – Ein institutioneller Mythos? In P. Bollweg & H.-U. Otto (Hrsg.), *Räume flexibler Bildung.* (S. 99–111). Wiesbaden: VS Verlag.
Walgenbach, P. (2019). Neoinstitutionalistische Ansätze in der Organisationstheorie. In A. Kieser & M. Ebers (Hrsg.), *Organisationstheorien* (8., erweiterte und aktualisierte Auflage, S. 300–350). Stuttgart: W. Kohlhammer.

Kommunales Bildungsmonitoring

Eine Kontexturanalyse von Spannungsfeldern und ihre Bearbeitung in der Praxis

Michael Brock und Franciska Mahl

1. Einleitung

Bildungsmonitoring und Bildungsberichterstattung haben sich nach der Landes- und Bundesebene in den letzten Jahren zunehmend auch auf kommunaler Ebene in Deutschland verbreitet (Brüggemann & Tegge, 2018, S. 20–21). Eine Bestandsaufnahme der „Koordinierungsstelle Bildungsmonitoring“ (KOSMO) zählt zwischen 2005 und 2020 bundesweit ca. 380 Produkte des kommunalen Bildungsmonitorings wie Bildungsberichte, thematische Analysen, Teilberichte oder kommentierte Datensammlungen (Siepke, Förster, Kühne & Vetterle, 2021, S. 18–19). Die Mehrheit dieser Publikationen wurde von Kommunen erarbeitet, die an den beiden Förderprogrammen des Bundesministeriums für Bildung und Forschung (BMBF), „Lernen vor Ort“ (LvO) (2009–2014) und „Bildung integriert“ (Bi) (2015–2021) teilnahmen. In über 100 Kommunen förderte das BMBF so Personalstellen zur Etablierung eines Bildungsmonitorings als einen wichtigen Baustein des datenbasierten kommunalen Bildungsmanagements (DKBM)[1]. In der Konzeption des DKBMs hat das Bildungsmonitoring die Aufgabe einer kontinuierlichen datengestützten Beobachtung und Analyse des kommunalen Bildungssystems. Trotz der großen Zahl an veröffentlichten Monitoringprodukten liegt bisher kaum Wissen zur konkreten Praxis und Umsetzung von kommunalem Bildungsmonitoring vor. Der vorliegende Beitrag versucht diese Forschungslücke ein Stück weit zu schließen.

Nachfolgend skizzieren wir zunächst theoretische Perspektiven und empirische Befunde zum Bildungsmonitoring. Dabei wird deutlich, dass die kommunale Bildungsberichterstattung geprägt ist von Widersprüchen zwischen einem wissenschaftlichen Anspruch und den Positionen politisch-administrativer Akteure. Mit der Kontexturanalyse führen wir dann einen analytischen Rahmen ein, mit dem sich die komplexen Bezugnahmen dieser beiden Perspektiven

1 Seit Mitte 2022 wird der Ausbau des DKBMs im Anschlussprogramm „Bildungskommunen“ weiter durch das BMBF gefördert.

erforschen lassen. In der anschließenden Ergebnisdarstellung stellen wir drei Formen der Vermittlung vor. Den Abschluss bilden Überlegungen zu weiteren Forschungsbedarfen und den konzeptionellen Grundlagen des kommunalen Bildungsmonitorings.

2. Bildungsmonitoring im Spannungsfeld divergierender Anforderungen

Wie die nationale Bildungsberichterstattung verfolgt auch die kommunale Variante im Kern einen deutlich formulierten Steuerungsanspruch. Im Zentrum des Steuerungsgedankens stehen theoretisch und methodisch fundierte Indikatoren. Sie liefern, so die Idee, „steuerungsrelevante, neutrale und fortschreibbare Informationen über Kernbereiche des Bildungswesens“ (Statistisches Bundesamt, Statistisches Landesamt Baden-Württemberg & Deutsches Institut für Erwachsenenbildung, 2020, S. 9) und gelten damit als geeignete Grundlage zur Versachlichung von Diskussionen und zielgerichteter und rationaler Entscheidungen im Bildungsbereich. Doch Monitoringprodukte finden ihre Begründung und Anwendung nicht ausschließlich als Instrument rationaler Steuerung. Vielmehr zeigt sich, dass sie Legitimität auch durch ihre symbolische Funktion, als Aushängeschild für modernes und rationales Verwaltungshandeln, erlangen (vgl. Brüggemann, 2021; Brüsemeister, 2017). Dass sich hierbei ein grundlegendes Spannungsfeld zwischen einer an wissenschaftlichen Ansprüchen orientierten Indikatorenforschung und den Adressierten aus dem politisch-administrativen System aufbaut, deutet Döbert (2007, S. 12) an, wenn er zwei wesentliche Voraussetzungen für die Entwicklung von Steuerungspotenzialen benennt: „Um ihren Zweck zu erfüllen, müssen die Indikatoren wissenschaftlich fundiert, zugleich aber auf die Bedürfnisse der Kommunalpolitik in der jeweiligen Region zugeschnitten sein“. Und Rürup, Fuchs und Weishaupt (2016, S. 418) sehen in der „Bewältigung dieser doppelten Referenz auf Wissenschaft und Abnehmer/innen“ sogar die zentrale inhaltliche Leistung der Bildungsberichterstattung.

Im Zentrum der Betrachtungen stehen in der Regel die Produkte des Bildungsmonitorings. Die Frage der Vermittlung zwischen den beiden Perspektiven wird so enggeführt auf Aspekte der adressatengerechten Aufbereitung von Monitoringprodukten. Es geht dann u. a. um Fragen der Qualität und Steuerungsrelevanz der abgebildeten Indikatoren, wie wissenschaftliche Daten für die Zielgruppen verständlich dargestellt werden können oder welche Formate sich am besten auf die Aufmerksamkeitszyklen der politisch-administrativen Akteure abstimmen lassen. Ziel ist es, die Akzeptanz der Produkte und damit auch deren Rezeptionswahrscheinlichkeit zu erhöhen. Hierfür wird immer wieder auf die Notwendigkeit der kommunikativen Einbettung der politisch-administrativen Akteure in die verschiedenen Phasen des kommunalen Bildungsmonitorings hingewiesen (vgl. z. B. Pohl & Schwarz, 2015).

Auf konzeptioneller Ebene bleibt jedoch weitgehend unklar, wie die Ambivalenzen und Widersprüche zwischen einer wissenschaftlichen und einer politisch-administrativen Perspektive vermittelt werden sollen. Ein Grund hierfür könnte darin liegen, dass die Bildungsberichterstattung in Deutschland bislang vorrangig ein Arbeitsgebiet der Indikatorenforschung ist, während eine gegenstandstheoretische Betrachtung und Forschung, die Strukturen, Bedingungen und Prozesse der Bildungsberichterstattung reflektieren, noch immer ein Desiderat sind (Hermstein, Berkemeyer & Abendroth, 2018). Der primäre Zielkontext von Bildungsberichterstattung, das politisch-administrative System, und die Möglichkeiten der Verständigung zwischen unterschiedlichen Systemen, bleiben somit theoretisch unterbestimmt (Hermstein et al. 2018, S. 182). Doch gerade in diesen Verständigungsprozessen sehen Hermstein et al. (2018, S. 188) das zentrale Leistungspotenzial der Bildungsberichterstattung und die Voraussetzung für politisch-administrative Steuerung. Bei der Umsetzung einer Bildungsberichterstattung könne kaum von einer schematischen Arbeitsteilung zwischen einem Wissen produzierenden wissenschaftlichen System und einer anschließenden Verarbeitung durch Politik, Verwaltung und Öffentlichkeit ausgegangen werden (Hermstein et al., 2018, S. 181).

Niedlich und Brüsemeister (2016) sehen die Grenzziehung zwischen beiden Systemen als praktische Herstellung einer „Balance zwischen theoretischer Fundierung und Praxis- und Verwaltungsnähe des Monitorings“, die sich nur in Auseinandersetzung mit den Geltungsansprüchen anderer Akteure entfaltet und somit Teil einer „konflikthaften Professionalisierung“ des Bildungsmonitorings ist (Niedlich & Brüsemeister, 2016, S. 85). Bildungsmonitoring kann somit nicht als technokratisches Verfahren, sondern besser als politischer und sozialer Aushandlungsprozess begriffen werden (Niedlich & Brüsemeister, 2016, S. 83). In einzelnen empirischen Studien finden sich bereits Hinweise auf das widersprüchliche Verhältnis wissenschaftlicher Anforderungen und politisch-administrativer Logiken und wie sie von den Monitorerinnen und Monitorern bearbeitet werden.

Eine Kluft zwischen Wissenschaft und Verwaltung thematisieren etwa die Umsetzenden eines kommunalen Bildungsmonitorings in der Untersuchung von Opper (2016, S. 116–117) zur Karriere des Bildungsmonitorings in LvO-Kommunen. Unterschiedliche Arbeits- und Denkweisen sowie Machtkonflikte erschweren hier die Kommunikation und Kooperation. Zudem deuten sich verschiedene Formen des Umgangs mit dieser Kluft an, wenn sich die befragten Monitorerinnen und Monitorern bspw. zu Beginn des Projektes der allgemeinen Skepsis in der Verwaltung mehrheitlich in der Rolle eines Dienstleisters nähern (Opper, 2016, S. 131) oder ihnen in einer späteren Phase „erfolgreiche Grenzstellenarbeit“ dadurch gelingt, dass „sie fachliche und vor allem soziale Kompetenzen flexibel kombinierten“ (Opper, 2016, S. 134).

Ein wichtiges Spannungsfeld im praktischen Balancieren theoretischer und politisch-administrativer Ansprüche an ein kommunales Bildungsmonitoring ist die oben bereits angesprochene Frage der funktionalen Differenzierung zwischen den Produzierenden wissenschaftlichen Wissens (Bildungsmonitoring) und den Nutzenden dieses Wissens (politisch-administrative Akteure), die sich empirisch besonders in der Erstellung von Handlungsempfehlungen zeigt. Monitoringverantwortliche werden nicht selten von politischen und administrativen Akteuren aufgefordert, empirische Daten zu bewerten und Empfehlungen in ihre Berichte aufzunehmen (Niedlich, 2020, S. 360; Rädler & Niedlich, 2016, S. 156; Brock & Mahl, 2019, S. 21). Da diese Erwartungen in Kontrast zur programmseitig zugeschriebenen neutralen Beobachterrolle stehen, entsteht für viele Mitarbeitende im Monitoring an dieser Stelle ein Konflikt. Rädler und Niedlich (2016, S. 156) erläutern, dass Monitoringverantwortliche diese Spannung so bearbeiten, dass sie zu einer der beiden Seiten aufgelöst wird: Einerseits in Richtung einer neutralen Perspektive, indem sie Aufforderungen zur Entwicklung von Handlungsempfehlungen abwehren und der Objektivitätsanspruch damit gewahrt bleibt, oder andererseits durch die Übernahme der Forderungen und der Integration von Handlungsempfehlungen in ihre Publikation, womit sie die Ansprüche politischer und administrativer Verantwortlicher aufgreifen.

Weiterhin vermutet Niedlich (2020, S. 92–94), dass die Aneignung von Konzepten des DKBMs und das Ausbalancieren von Zielkonflikten und Widersprüchen in der Frage, wie Wissen mit bildungspolitischen Entscheidungen verknüpft wird, ein wichtiges Moment bei der Etablierung eines kommunalen Bildungsmonitorings ist. Als Ergebnis dieser Aneignungsprozesse erkennt Niedlich (2020) in den acht von ihm untersuchten LvO-Kommunen verschiedene Umsetzungsformen, die er auf zwei Grundformen der wissensbasierten Steuerung verdichtet. In Kommunen, die einem instrumentellen Ansatz folgen, agiert das Monitoring relativ isoliert und „die Diskussion und Bewertung der Monitoringergebnisse erfolgt in einem kleinen Kreis zentraler Entscheidungsträger" (Niedlich, 2020, S. 401). In Kommunen, die ein reflexives Bildungsmanagement etabliert haben, treten Akteure der Wissensproduktion, des politisch-administrativen Systems und Bildungsakteure zudem diskursiv in einen Austausch, wobei auch Erfahrungs- und Fachwissen bedeutsam sind. Das Monitoring ist hier stärker in ämterübergreifende Verständigungsprozesse eingebunden, in denen Ergebnisse gemeinsam diskutiert und bewertet werden (Niedlich, 2020, S. 402).

Die vorliegenden Studien legen zwar Kontexte, Ergebnisse und Implikationen konflikthafter Aushandlungsprozesse zwischen einer wissenschaftlichen und einer politisch-administrativen Perspektive auf kommunale Bildungsberichterstattung frei. Eine Rekonstruktion der konkreten Praxisformen der Vermittlung unterschiedlicher Perspektiven ist jedoch ein Desiderat. An dieser Stelle setzen wir mit unserer Untersuchung an und fragen danach, wie die Bildungsmonitorinnen und -monitorer mit den Spannungen und Widersprüchen, die sich aus dem wissenschaftlichen Anspruch an ein kommunales Bildungsmonitoring und politisch-administrativer Perspektive ergeben, umgehen.

3. Methodologischer und methodischer Rahmen: Kontexturanalyse

Die aufgeworfene Fragestellung macht eine methodologische Rahmung erforderlich, die Ambivalenzen, Spannungen und Konflikte zwischen unterschiedlichen Perspektiven und deren Bearbeitung in der Praxis beobachtbar macht. Geeignet erscheint uns in diesem Zusammenhang der Ansatz der Kontexturanalyse (Jansen & Vogd, 2022), die sich in Auseinandersetzung mit der dokumentarischen Methode entwickelt hat. Bisher wurde die Kontexturanalyse in der rekonstruktiven Forschung u. a. zum Krankenhausmanagement (Vogd, Feißt, Molzberger, Ostermann & Slotta, 2018), der Entscheidungsfindung in Aufsichtsräten von Unternehmen (Jansen, 2013) und Familienunternehmen (Jansen, Vogd & von Schlippe, 2015) sowie der Schulentwicklungs- und Unterrichtsforschung (Goldmann, 2021; Hempel & Herfter, 2021) eingesetzt und kontinuierlich weiterentwickelt.

Ausgangspunkt ist die Annahme dokumentarischer Organisationsforschung, dass sich organisationale Praxis entlang der Logik impliziten Wissens bzw. eines konjunktiven Erfahrungsraums entfalte. Jansen et al. (2015) machen darauf aufmerksam, dass gerade (aber nicht nur) in organisationalen Settings noch weitere Wissensbestände und eigenlogische Entitäten, wie etwa organisatorische Formalstrukturen (Hierarchie, Funktionszuordnungen), professionelle Wissensbestände oder Funktionslogiken (z. B. rechtliche, wirtschaftliche, wissenschaftliche), handlungsleitend sein können. Diese verschiedenen logischen Räume verschränken sich in der konkreten Praxis und arbeiten sich aneinander ab. Soziale Praxis „ist als Resultat der Konfrontation und des Arrangements unterschiedlicher Räume zu verstehen" (Jansen et al., 2015, Abs. 16). Welche Räume in konkreten Situationen wie wirksam werden, lässt sich nicht theoretisch erfassen, sondern ergibt sich aus der Rekonstruktion des empirischen Materials. Hierfür entwickeln Jansen und Vogd (2022) in Anlehnung an Günther (1979) den Begriff der Kontextur. Sie bezeichnet zunächst alles, „was als logischer Raum eigenen Rechts im Datenmaterial erscheint" (Jansen & Vogd, 2022, S. 48–49). Das kann ein bestimmter konjunktiver Erfahrungsraum sein, verschiedene Funktionsrationalitäten, organisationsinterne Logiken, Diskurse oder anderes. Der Kontextur-Begriff fungiert in diesem Sinne als „methodologisches Hilfsmittel" (Jansen & Vogd, 2022, S. 48), mit dem das empirische Material analytisch aufgeschlossen wird.

Um das Verhältnis von Kontexturen näher zu fassen, greifen Jansen und Vogd (2022) auf Günthers Konzept der Polykontexturalität zurück. Es verweist auf die Kopräsenz mehrerer Kontexturen, die in ihren Eigenlogiken nicht zur Deckung zu bringen sind. Diese Idee der „Gleichzeitigkeit von Unterschiedlichem"

(Nassehi, 2004, S. 103) betont die Mehrdeutigkeit sozialer Situationen und macht deutlich, dass an unterschiedlichen logischen Positionen je etwas anderes der Fall ist. Die verschiedenen Perspektiven oder Kontexturen schränken sich so gegenseitig ein (Jansen & Vogd, 2022, S. 55–56). Um es am Beispiel des oben dargestellten Spannungsfeldes zwischen den wissenschaftlichen Anforderungen an ein Bildungsmonitoring und einer politisch-administrativen Position zu veranschaulichen: Nicht immer ist alles möglich, was aus wissenschaftlicher Perspektive im Bildungsmonitoring wünschenswert wäre, wenn bspw. im Rahmen der Vorstellung eines Bildungsberichts (oder im Bericht selbst) kein Raum für die Reflexion der Möglichkeiten und Grenzen des eingesetzten Beobachtungsinstrumentes bleibt oder Bewertungen der Ergebnisse und konkrete Handlungsalternativen gefordert werden. Aus Sicht der politisch-administrativen Entscheidungsträgerinnen und -träger wiederrum könnten die im Bericht präsentierten Befunde präferierte Handlungsstrategien in Frage stellen oder auf bisher nicht bearbeitete Problemstellungen aufmerksam machen.

Akteure stehen also vor der Herausforderung, in konkreten Situationen die Bezüge zu den im Feld vorfindbaren Kontexturen herzustellen und die dabei auftretenden Spannungen und Konflikte zwischen den unterschiedlichen Positionen handlungspraktisch zu bearbeiten. Um im obigen Beispiel zu bleiben: Die Monitoringverantwortlichen müssen einen Weg finden, wie sie die wissenschaftlichen Ansprüche an Transparenz und Neutralität mit dem Interesse der politisch-administrativen Akteure an die Bewertung der Ergebnisse und die Entwicklung politischer Handlungsmöglichkeiten in ein funktionierendes Wechselspiel bringen. Die Kontexturanalyse interessiert sich für eben diese Bewegungen und Übergänge zwischen den Kontexturen und sucht nach dem konkreten Arrangement, das „auf eine bestimmte Art und Weise Antworten auf Fragen gibt, die durch verschiedene […] Positionen aufgeworfen werden“ (Jansen & Vogd, 2022, S. 58). Die Vermittlung zwischen den Kontexturen wird als eigenständige Operation verstanden, deren Logik es zu rekonstruieren gilt.

In dieser Untersuchung konzentrieren wir uns auf die Spannungen, die sich aus dem wissenschaftlichen Anspruch an ein kommunales Bildungsmonitoring und der Position politisch-administrativer Akteure ergeben. Wie wir weiter oben herausgearbeitet haben, wird dieses Spannungsfeld sowohl in gegenstandstheoretischen und programmatischen Konzeptionen, als auch in empirischen Befunden, als wesentliches Konfliktfeld des Bildungsmonitorings identifiziert. Trotz der Plausibilität dieser Annahme, erzeugen wir mit dieser Festlegung ein starkes deduktives Moment in unserer Untersuchung. Indem wir vorab festlegen, welche Bezüge relevant sind, laufen wir in Teilen dem Anliegen der Kontexturanalyse entgegen, der es gerade nicht darum geht ex ante festzulegen, welche Kontexturen in einem Feld wirksam sind, sondern diese ausschließlich am empirischen Material rekonstruiert. Unser Vorgehen verstehen wir deshalb als ersten Schritt, sich der komplexen Praxis des Bildungsmonitorings zu nähern.

Bildungsmonitoring erscheint in der so vorgenommenen metatheoretischen Rahmung als die Praxis, die zwischen dem wissenschaftlichen Anspruch des Bildungsmonitorings und der Position politisch-administrativer Akteure vermittelt. Wenn wir im Material nach Bezügen auf wissenschaftliche Ansprüche Ausschau halten, geht es uns nicht um fachliche Inhalte der Kommunikation oder die Einschätzung der Wissenschaftlichkeit des Bildungsberichts (z. B. die Validität der Indikatoren). Wir interessieren uns dafür, wie Kommunikation an den semantischen Code des wissenschaftlichen Systems (Luhmann, 1992) anknüpft und Handeln so „im sinnhaften Horizont […] des Wissenschaftlichen" (Nassehi, 2004, S. 109) erscheint. Im Zentrum unserer Analyse steht die Frage, wie eine solche Perspektive in Relation zur Position der politisch-administrativen Akteure gebracht wird.

4. Ergebnisse: Formen der Vermittlung zwischen den Logiken

Unserer Fragestellung gehen wir anhand der Sekundäranalyse von acht Experteninterviews mit Bildungsmonitorerinnen und -monitorern nach, die wir im Zeitraum von Juli bis September 2018 im Rahmen einer Studie der „Transferagentur Mitteldeutschland für kommunales Bildungsmanagement" (TransMit) in ausgewählten Städten und Landkreisen in Sachsen, Sachsen-Anhalt und Thüringen erhoben haben (Brock & Mahl, 2019). Alle Interviews wurden als persönliche, leitfadengestützte Interviews in Kommunen geführt, die durch eine Programmförderung (LvO, Bi) Personalstellen zum Aufbau eines kommunalen Bildungsmanagements inklusive einer Bildungsberichterstattung eingerichtet haben. Unsere methodische Anlage folgt dem Vorschlag von Jansen und Vogd (2022, S. 79–94), die das Vorgehen der dokumentarischen Methode aufgreifen und um kontexturanalytische Arbeitsschritte erweitern. Der erste Schritt der *formulierenden Interpretation* schließt den immanenten Sinngehalt des Interviewtextes auf. Dafür werden Textstellen ausgewählt, die sich neben der inhaltlichen Relevanz in Bezug auf unser Forschungsinteresse durch ihre interaktive Dichte auszeichnen und solche, die widersprüchlich oder unverständlich erscheinen, da gerade hier Brüche zwischen Kontexturen vermutet werden. In der anschließenden *logischen Kondensation* wird der Text aussagenlogisch verdichtet. Wir legen die Bezüge zu den wissenschaftlichen Ansprüchen des Monitorings und der Perspektive politisch-administrativer Akteure offen und markieren logische Brüche zwischen diesen Reflexionspositionen. In der folgenden *reflektierenden Interpretation* löst sich die Analyse vom immanenten Sinngehalt und die Interpretationshaltung wechselt auf eine theoriegeleitete Ebene. Die Kontexturbrüche werden mithilfe einer komparativen Analyse in Mehrdeutigkeiten, Ambivalenzen und Widersprüche überführt und die zentralen Positionen im betreffenden Fall konsolidiert. Im abschließenden Schritt der *funktionalen Analyse* wird danach gefragt, wie die verschiedenen Kontexturen in Beziehung gesetzt werden und welches Arrangement sich herausbildet.

Die im Folgenden beschriebenen Typen bilden aus der oben skizzierten kontexturanalytischen Perspektive verschiedene Formen, Spannungen zwischen wissenschaftlichen Ansprüchen an das Monitoring und den Positionen politisch-administrativer Akteure. Die untersuchten Fälle verdichten sich im Kern auf drei Typen. Die Unterschiede in der dahinterliegenden Praxis der Vermittlung sind innerhalb der Typen I und II vergleichsweise groß. Typ III stellt einen Sonderfall dar, weil er nur aus einem Interview besteht und sich hier vergleichsweise wenige Konflikte und Spannungen zeigen. In der Darstellung der einzelnen Typen beschränken wir uns jeweils auf einen exemplarischen Fall und versuchen so das jeweils Typische zu illustrieren.

Typ I: Bildungsmonitoring als funktionales Nebeneinander der Logiken

Charakteristisch für diesen ersten Typ ist die strikte Trennung der Aufgabenbereiche zwischen wissenschaftlichem und politisch-administrativem System, der Bereitstellung von Wissen einerseits, und der Entwicklung von politischen Handlungs- und Entscheidungsmöglichkeiten auf der anderen Seite. Wenngleich die Kontexturen handlungspraktisch miteinander gekoppelt sind, scheinen sie nebeneinander zu laufen und strukturbildende Momente, die aus dem politisch-administrativen System gewonnen werden, verdichten sich in der Rahmung der Vermittlungspraxis als Rezeptionsproblem, die die Bedingungen und Möglichkeiten der Adressierten aus Bildungsadministration und -politik in ihren Publikationen (und nur in diesen) zu reflektieren hat. Besonders deutlich wird das am Fall von Frau Nagel.

Zu Projektbeginn ist das Bildungsmonitoring in der Kommune, in der Frau Nagel tätig ist, randständig angesiedelt. Nach der Umsiedlung in ein anderes Ressort ergeben sich für sie verschiedene Anknüpfungen an relevante Gremien (Ausschüsse, Kommunalparlament) und damit verbunden Möglichkeiten zur Umsetzung von Themen und Produkten des Monitorings. Frau Nagel entwickelt Formate, die in Umfang und Bearbeitungstiefe der gewählten Themen variieren. Im folgenden Interviewausschnitt thematisiert sie die Rezeptionsgewohnheiten politisch-administrativer Akteure, auf die sie ihre Veröffentlichungen zuschneidet. Angesprochen auf die verschiedenen Publikationsformate, antwortet Frau Nagel folgendermaßen:

> „Ja. Genau, da werden die Zahlen dann immer kontextualisiert. Da kann man auch mal mit Theorien arbeiten, muss man aber auch wissen, dass das in der Verwaltung nicht nachgefragt wird. Also, theoretische Arbeit, also, es darf nicht zu wissenschaftlich sein, es muss praxisnah sein, zielgruppenorientiert und praxisnah. Das ist nicht

schlimm, aber das muss man halt auch bei der Produktgestaltung bedenken, ja? Also, eine Literaturliste wird nicht gelesen. Das ist einfach, da fehlt einfach die Übung im Umgang mit solchen Produkten.“ [Z. 213–220]

In dieser Passage ruft Frau Nagel zwei Positionen mit differenten Logiken auf. Sie schließt kommunikativ einerseits an eine wissenschaftliche Kontextur an, indem sie Programmelemente wissenschaftlicher Wahrheitssuche aufruft (Theorien, Kontextualisierung, Darstellung der spezifischen Beobachtungsperspektive durch Offenlegung der theoretischen und methodischen Bezüge in Literaturangaben) und ihr Handeln damit in den sinnhaften Horizont des Wissenschaftlichen rückt. Davon grenzt sie auf der anderen Seite die Position politisch-administrativer Akteure ab, die in ihrer Wahrnehmung eben diese wissenschaftliche Herangehensweise nicht nachfragen und keinen Anschluss finden an die kommunikativen Kategorien und Programme der wissenschaftlichen Kontextur.

Eine Vermittlung zwischen den beiden Perspektiven scheint für Frau Nagel dann möglich, wenn die Rezeptionserwartungen und Bedingungen der Adressierten aus dem politisch-administrativen System berücksichtigt werden. Die Position der politischen Administration ragt jedoch so stark in die wissenschaftliche Logik hinein, dass sie diese gleichsam zu überformen scheint: Alles, was nicht Zahl ist (Kontext, Literaturlisten, Verallgemeinerungen) wird „nicht gelesen“. Frau Nagel äußert gewissermaßen einen Anpassungszwang, wenn sie mehrfach mit dem Verb „müssen“ darauf verweist, dass die Logik der politischen Administration bei der Gestaltung von Veröffentlichungen unbedingt zu beachten ist, sonst würden sie nicht „nachgefragt“.

Sie öffnet die quasi hegemoniale Position der politisch-administrativen Akteure jedoch an zwei Stellen für eine wissenschaftliche Logik. Mit der Relativierung „nicht zu wissenschaftlich“ macht sie deutlich, dass es durchaus Möglichkeiten zur Verschränkung der Ansprüche gibt, die beide Kontexturen mit sich führen. Zum anderen ruft sie mit der Feststellung „da fehlt einfach die Übung im Umgang mit solchen Produkten“ eine Entwicklungsperspektive auf. So ist nicht ausgeschlossen, dass die politisch-administrativen Akteure in Zukunft mit wissenschaftlichen Produkten umgehen können und werden. Die Rezeptionslogik der Verwaltungsmitglieder markiert für Frau Nagel den Punkt, an dem ein Bildungsmonitoring als vermittelndes Drittes die Logiken der wissenschaftlichen Kontextur und der politisch-administrativen Position aufgreifen kann. Indem sie die wissenschaftliche Logik in ihren Veröffentlichungen vorsichtig und in unterschiedlichen Intensitäten einführt, hofft sie an die Rezeptionsgewohnheiten der Verwaltungsmitglieder anzuschließen und so die Ablehnungswahrscheinlichkeit ihrer Produkte zu reduzieren, um über das dosierte und fortwährende Einspielen von Veröffentlichungen den Umgang mit der wissenschaftlichen Perspektive „einzuüben“.

Eine strikte Grenze zwischen den Kontexturen zieht Frau Nagel hingegen bei der funktionalen Differenzierung zwischen dem Leistungsbereich einer wissenschaftlichen Perspektive und der des politisch-administrativen Systems. An mehreren Stellen im Interview betont Frau Nagel nachdrücklich, dass die Entwicklung von Handlungsempfehlungen nicht in ihren Aufgabenbereich falle. Etwa in Bezug auf die Arbeitsgruppe Bildung, die das Projekt-Team begleitet. Nachdem Frau Nagel von den Mitgliedern Hinweise erhält, wie sie ihre Monitoringprodukte an die Adressierten im Kommunalparlament anpassen kann, resümiert sie:

> „Also, im Grunde muss man immer über Handlungsempfehlungen nachdenken, und so muss man sich einen Text vorstellen. Also im Endergebnis muss man mit der Frage konfrontiert werden ‚Was sollen wir da jetzt machen?', ‚Was machen wir mit diesen Informationen?'. Ist nicht meine Aufgabe als Bildungsmonitorerin, das zu beantworten, aber so wird da rangegangen." [Z. 238–241]

Interessant ist weiterhin, dass im Verlauf des Interviews keine weiteren Erkundungen der Interessen und Bedürfnisse der politisch-administrativen Zielgruppe hinsichtlich der (gemeinsamen) Entwicklung von Empfehlungen und politischen Lösungen erfolgt (wie bspw. in Typ II). Die funktionale Differenzierung der Aufgabenbereiche wird anerkannt. Jenseits der Reflexion von Rezeptionsbedingungen der Adressierten und der Produktgestaltung zeigt sich jedoch keine Perspektive der handlungspraktischen Kopplung der wissenschaftlichen und der politisch-administrativen Position.

Mit der Arbeitsgruppe gibt es jedoch einen interaktiven Raum, in dem eine weitreichendere Vermittlung der beiden Kontexturen möglich scheint. So wird durch ein Mitglied der Arbeitsgruppe, hier in der indirekten Rede Frau Nagels, ein „Wir" aufgerufen, in dem beide Perspektiven zusammenfinden können, um einen neuen, gemeinsamen, Handlungsvektor zu bilden:

> „Also, aber das wird dann halt so auch so diskutiert ‚Tolles Produkt, tolle Information, aber können wir das nicht so und so machen? Das versteht keiner.' " [Z. 230–232].

Doch auch in der Arbeitsgruppe wird die Kopplung der beiden Perspektiven fast ausschließlich im Rahmen eines Rezeptionsproblems verhandelt, in dem die Rezeptionsmöglichkeiten und Bedingungen der politisch-administrativen Akteure das Zentrum bilden. Zwar deutet sich die Möglichkeit an, Daten gemeinsam zu interpretieren (Z. 554–555), die (kooperative) Entwicklung von bildungspolitischen Handlungspotenzialen wird jedoch nicht thematisch. Die spezifische Form des Bildungsmonitorings wird so gleichsam durch die Arbeitsgruppe konditioniert und stabilisiert.

Typ II: Bildungsmonitoring als komplexe Verschränkung der Logiken

Die Fälle des zweiten Typs unterscheiden sich von den beiden anderen dahingehend, dass sie eine komplexere Struktur zwischen der wissenschaftlichen und politisch-administrativen Perspektive aufbauen. Der Fall von Frau Nowak soll das verdeutlichen. In der entsprechenden Kommune wurde die Bildungsberichterstattung als Veröffentlichung von thematischen Teilberichten angelegt. Im Interview mit Frau Nowak zeigen sich wiederkehrende Brüche in den Bezugnahmen auf unterschiedliche Perspektiven, wie im nachfolgenden Ausschnitt deutlich wird:

> „Und, ja, das, denke ich, ist auch ein Entwicklungsschritt von Seiten des Bildungsmonitorings, dass man das versucht sofort umzusetzen und die Fragestellungen zu berücksichtigen, auch wenn ich persönlich ja immer sage ‚Man sollte nicht nur auf enges Steuerungswissen gucken, sondern ein Bericht, der stellt die grundlegenden Sachverhalte dar, und Wissen ist eine Ressource', selbst wenn jetzt die [Kommune] nicht, beispielsweise im Bereich Hochschule Steuerungsmacht hat, aber überhaupt das Wissen zu haben, wie sich der Bereich entwickelt, ist eigentlich schon etwas, was so ein Bildungsbericht leisten sollte." [Z. 450–458]

In der Passage stellt Frau Nowak zwei Positionen gegenüber: Zum einen spricht sie die Perspektive der politisch-administrativen Ebene auf den Bildungsbericht an, die vor allem eigene Steuerungsmöglichkeiten bei der Themensetzung im Blick hat. Zum anderen wird aus einer theoretisch-konzeptionellen Perspektive heraus gegen diese Engführung argumentiert. Neues Wissen zum Bildungssystem hat in dieser Sichtweise unabhängig von konkreten Steuerungspotenzialen einen Eigenwert. Der Konflikt zwischen beiden Reflexionsperspektiven wird durch eine Öffnung gegenüber den politisch-administrativen Wissensbedarfen bearbeitet. Die Berücksichtigung dieser Bedarfe wird von Frau Nowak als Entwicklungsschritt des Bildungsmonitorings gedeutet.

Während bei der Themenauswahl Einschränkungen des Monitorings zugelassen werden, führt die Frage nach dem Entstehungskontext von Handlungsempfehlungen zu einer anderen Relationalisierung der Kontexturen. So zieht Frau Nowak eine deutliche Trennlinie zwischen einer wissenschaftlichen und politisch-administrativen Perspektive, wenn es um die Formulierung von Handlungsempfehlungen geht:

> „Also, es ist auf alle Fälle das Ziel, dass Handlungsempfehlungen entstehen. Wir haben uns aber von Anfang an dagegen gesträubt, das als Teil des Berichts oder in den Bericht zu integrieren, weil der Bericht ist ja eine deskriptive Darstellung, und wir trennen schon Sein und Sollen, und es liegt auch rein an der Expertise, also es kann nicht das Projekt für den riesigen Bereich Handlungsempfehlungen erarbeiten, da fehlt

es auch einfach an Expertise. Und das soll jetzt aber schon, sollen diese Workshops bringen, dass man Bedarfe identifiziert, Handlungsempfehlungen ableitet, und die ganzen Sachen auch in die Zielstellungen der [Kommune] einsortiert." [Z. 328–336]

Während Frau Nowak die Entwicklung von Handlungsempfehlungen als Notwendigkeit betrachtet, bleibt die Frage nach dem konkreten Entstehungskontext zunächst unbeantwortet. Sie nimmt deutliche Erwartungen wahr, Handlungsempfehlungen bereits in den Bildungsbericht aufzunehmen. Dagegen habe sich das Projekt-Team von Anfang an „gesträubt". Mit der Trennung von „Sein und Sollen" rechnet Frau Nowak Handlungsempfehlungen dem Bereich normativer Bewertungen zu, die der Position einer sachlich deskriptiven Darstellung im Bildungsbericht (wissenschaftliche Kontextur) gegenüberstehen. Eine weitere Differenz, die Frau Nowak einführt, ist diejenige zwischen Expertise und Nicht-Expertise haben. Für das Ableiten von Handlungsempfehlungen werde fachliche Expertise für den gesamten Bildungsbereich benötigt, über die das Projekt-Team nach Aussage von Frau Nowak nicht verfügt. Mit den angesprochenen Workshops skizziert Frau Nowak einen alternativen Raum, in dem Expertenwissen, vom Bildungsmonitoring generiertes Wissen und normative Folgerungen zusammentreffen dürfen.

Die strikte Trennung der funktionalen Leistungsbereiche der wissenschaftlichen und politisch-administrativen Position führt im vorliegenden Fall nicht ausschließlich zu einer Kopplung der Kontexturen im Medium des Berichtes, wie bei Frau Nagel (Typ I). Vielmehr sieht sich das Projekt-Team selbst in der Verantwortung, die Entwicklung von Handlungsempfehlungen zu koordinieren und Bezugnahmen von Perspektiven zu organisieren:

„Wir werden auf alle Fälle das, was im ersten Workshop lief, nochmal aufbereiten. Dann haben wir verschiedenen Input aus den politischen Gremien zu den Berichten. Das werden wir ebenfalls aufbereiten. Und dann haben wir die Anwesenden gebeten, dass sie sich nochmal mit den Berichten beschäftigen und, ja, Handlungsbedarfe, Ziele, Maßnahmen etc. durchdenken für ihren fachlichen Bereich. Und das werden wir dann sammeln in den nächsten Workshops und versuchen zu priorisieren, und versuchen, in so einen Steuerungskreislauf einzuordnen." [Z. 351–358]

Frau Nowak beschreibt in dieser Passage ein prozesshaftes Vorgehen: Ergebnisse des Bildungsberichts bilden den Ausgangspunkt und werden mit dem Wissen unterschiedlicher Akteure zusammengeführt. Das Projekt-Team übernimmt dabei eine Vermittlungsfunktion zwischen unterschiedlichen (Wissens-)Ebenen und Perspektiven. Am Ende dieses Prozesses steht der Versuch, das gesammelte und aufbereitete Wissen in einen Steuerungskreislauf einzuordnen. Anhand der Ausführungen von Frau Nowak wird deutlich, dass mit den Workshops die Möglichkeit geschaffen werden soll, Handlungsempfehlungen auf Grundlage der

Monitoringergebnisse abzuleiten, ohne sich ausschließlich auf diese Wissensbasis zu beschränken. Erst durch die schrittweise Einbindung des Experten- und Fachwissens anderer Akteure wird die Identifizierung von Handlungsbedarfen, die Entwicklung von Handlungsempfehlungen und die Ableitung von Zielen zu einem legitimen Verfahren, das innerhalb eines Bildungsberichts nicht leistbar ist. Die Schaffung eines interaktiven Raumes, in dem verschiedene Perspektiven gleichberechtigt zusammenfinden können und komplexe Formen der Verschränkung zwischen ihnen möglich scheinen, erlebt Frau Nowak als „ganz, ganz, schwierige[n] Prozess“ (Z. 622–623). Gleichwohl ergibt sich für das Projekt-Team in der Rolle der aktiv Gestaltenden ein Handlungsraum, der Frau Nagel (Typ I) und Herr Kluge (Typ III) in ihren Kommunen nicht zur Verfügung steht. Nichtsdestotrotz deutet Frau Nowaks Verweis auf den schwierigen Prozess die Fragilität des Arrangements und die Notwendigkeit seiner fortlaufenden Stabilisierung an. Ob die Verschränkung der verschiedenen Perspektiven handlungspraktisch gelingt und ob sich die Workshops als dauerhafte Struktur in der Kommune etablieren, bleibt offen.

Typ III: Bildungsmonitoring mit der Primärreferenz politisch-administratives System

Grundlage des dritten Typs ist das Interview mit Herrn Kluge. Im Gegensatz zu den anderen Fällen tritt die wissenschaftliche Kontextur hier nicht in Form einer eigenständigen Reflexionsposition auf. Deshalb entfalten sich im Interview keine offenen Spannungen zwischen den beiden Kontexturen. Die Rekonstruktion des Falls entwickelte sich deshalb vor allem entlang der Kontraste zu den anderen Typen.

Im Fall von Herrn Kluge speist sich die Praxis des Bildungsmonitorings aus einer Primärkontextur, der Position politisch-administrativer Akteure. Nur einmal deutet Herr Kluge an, dass wissenschaftliche Erkenntnis im Rahmen des Bildungsmonitorings einen Eigenwert entfalten könnte. Als er über die Veröffentlichung von Monitoringergebnissen spricht, merkt er an:

> „weil halt auch Zahlen drinstehen, oder Analysen von Schulen, was weiß ich ‚Das Gymnasium wird jetzt nicht gebaut, wird dann gebaut‘, oder irgend solche Sachen, solche Informationen, die dann vielleicht verbindlicher sind, als wenn sie in der Presse stehen.“ [Z. 297–301].

Bildungsmonitoring findet hier unter den Bedingungen einer steilen Verwaltungshierarchie für einen kleinen Kreis von Personen statt. Wie der folgende Interviewauszug verdeutlicht, kann das Projekt-Team kaum eigene Handlungsmacht entfalten:

> „Das ist immer, im Prinzip wird das auch von der Steuerungsgruppe mit vorgegeben. Zum Beispiel hatten wir gleich am Anfang, das war [Jahr], ein Dossier zu [Thema] gemacht. Und dann, im [Zeitpunkt] war die Steuerungsgruppe. Und da haben wir die gefragt, ob das das ist, was sie auch so möchten. Und da haben die gesagt ‚Nee, wir haben andere Schwerpunkte'. Und das fanden wir interessant. Ich fand es auch gut, dass wir uns auch um das kümmern, was jetzt letztendlich hier schon längst im Argen liegt [lacht], also die Grundlagen erstmal […] Ja. Und, ähm, deswegen ist es immer themenbezogen. Ganz viel kommt von unserer Leitung. Und da sind wir ja ziemlich nah dran." [Z. 73–80]

Es wird schnell ersichtlich, wie sich die Sprecherpositionen in der Steuerungsgruppe verteilen und wer wen wegen was adressieren darf. Themenvorschläge sind nur dann anschlussfähig, wenn sie die Interessenlage der Steuerungsgruppenmitglieder oder der Vorgesetzten treffen. Vorschläge des Projekt-Teams werden nicht diskutiert. Innerhalb der Steuerungsgruppe (und auch in bilateralen Interaktionen mit der Vorgesetzten) entfaltet sich kein interaktiver Raum, der ein „Wir" zwischen Herr Kluge bzw. dem Projekt-Team und den Mitgliedern ausbilden kann, in dem sich die unterschiedlichen Perspektiven, zumindest temporär, auflösen, wie es etwa in der Arbeitsgruppe von Frau Nagel (Typ I) der Fall ist.

Die Monitoringdaten werden von Herrn Kluges Vorgesetzter vor allem zur Legitimation und Durchsetzung partikularer Interessen genutzt. Wenn er deshalb in der folgenden Passage von Themenheften als „Arbeits- und Druckmittel" spricht, meint er das durchaus wörtlich:

> „Es wird präsentiert in dem Ausschuss. Wir sind ja bei dem Schulausschuss [Name] oder so was heißt unser Ausschuss, und da sind wir vertreten, regelmäßig stellen wir da unsere Arbeit vor. Und in der Steuerungsgruppe. Und dann, naja, dieses Themenheft, das kriegen die Leute in die Hand, wie unsere Vorgesetzte, und da läuft sie mit rum. Das wird, es ist ein Arbeitsmittel dann […] Arbeits- und Druckmittel [lacht]." [Z. 124–131]

Die Rezeptionserwartungen und Bedingungen der Adressierten sowie Verständigungsprozesse über die Ergebnisse werden, im Gegensatz zu Frau Nowak (Typ II) und Frau Nagel (Typ I), im Interview nicht thematisch. Sie sind bedeutungslos, weil dem Verwendungszweck der Produkte und dem Auftrag konkrete Vorstellungen der Steuerungsgruppe und der Vorgesetzten zugrunde liegen. Reflexionen zur Vermittlung einer wissenschaftlichen Position und der Perspektive politisch-administrativer Akteure in den Produkten, wie bei Frau Nagel (Typ I), oder zu Möglichkeiten der Verschränkung verschiedener Perspektiven, wie bei Frau Nowak (Typ II), bleiben deshalb aus. Spannungen und Brüche werden nur einmal explizit von Herrn Kluge thematisiert. Als eines seiner Herzensthemen von der Steuerungsgruppe abgelehnt wird, bringt er mit Verweis auf seine Berufsbiografie sein Bedauern zum Ausdruck („...dadurch, dass ich aus dem [Amt] komme, ist das mein Favorit, eigentlich [...] Aber das ist nicht das, was so gewollt ist“ [Z. 105–107]). Spannungen deuten sich vor allem auf einer impliziten Ebene an. Wie in der Passage oben, klammert das Lachen auch hier die vorausgehende Setzung von Herrn Kluge, das Themenheft sei Arbeits- und Druckmittel zugleich, ein. Es bleibt unklar, ob eine wissenschaftliche Kontextur (oder andere) hier gegen die politisch-administrative laufen. Jedoch wird deutlich, dass die sich andeutenden Spannungen nicht im gegebenen Rahmen der steilen Verwaltungshierarchie thematisiert werden können. Die politisch-administrative Position bildet hier den primären Referenzrahmen für die Praxis des Bildungsmonitorings. Das, was Bildungsmonitoring ist und sein kann, kann nur als Problem der politisch-administrativen Perspektive formuliert werden.

5. Fazit und Ausblick

Der Beitrag verfolgt das Ziel, die vielfältige und komplexe Praxis des kommunalen Bildungsmonitorings näher zu beleuchten und die bestehende Kenntnislage um weitere empirische Befunde zu erweitern. Auf Basis von acht Interviews mit Bildungsmonitorerinnen und -monitorern wurde der Frage nachgegangen, wie Spannungen zwischen divergierenden und widersprüchlichen Anforderungen in der Umsetzung eines Bildungsmonitorings bearbeitet werden. Dabei stand die Vermittlung zwischen wissenschaftlichen Ansprüchen an das Bildungsmonitoring und den Positionen administrativ-politischer Akteure im Zentrum der Analyse.

Unsere Ergebnisse verdeutlichen, dass die Umsetzung eines Bildungsmonitorings nicht einer spezifischen Logik folgt. Vielmehr treffen unterschiedliche Reflexionsräume zusammen, die zu komplexen Verschachtelungen dieser Perspektiven und zu unterschiedlichen Praxisformen des Bildungsmonitorings führen. Mit der Methode der Kontexturanalyse (Jansen & Vogd, 2022) konnten wir drei Formen rekonstruieren, die die Perspektiven auf je unterschiedliche Weise in Beziehung setzen: Bildungsmonitoring als funktionales Nebeneinander der Logiken (Typ I), Bildungsmonitoring als deren komplexe Verschränkung (Typ II) und Bildungsmonitoring mit der Primärreferenz politisch-administratives System (Typ III). Unterschiede zwischen den jeweiligen Typen ergaben sich u. a. mit Blick auf den Aufbau einer eigenständigen wissenschaftlichen Perspektive und der genutzten Anschlussmöglichkeiten zwischen den Logiken. Hinter den Typen stehen vielfältige Praxisformen, die sich entlang der spezifischen Bedingungen und durch das Zusammenspiel der Perspektiven am jeweiligen Standort ergeben und (zumindest temporär) stabile und funktionierende Formen des Bildungsmonitorings bilden. Funktionieren meint hier nicht „gut“ oder „richtig“ funktionieren. Die Frage nach gelingender Praxis kann die Kontexturanalyse nicht beantworten (Jansen & Vogd, 2022, S. 193). Sie lenkt den Blick vielmehr auf alternative Formen der Bearbeitung von Spannungsfeldern und Problemen.

Im vorliegenden Beitrag haben wir uns darauf beschränkt, das Bildungsmonitoring als Vermittlungspraxis zweier Logiken zu untersuchen. Unsere Analysen zeigen jedoch, dass weitere Perspektiven, wie z. B. die befristete Projektlogik, berufsbiografische Referenzen, Perspektiven der Bildungsteilsysteme oder Außenspannungen durch gesetzliche Vorgaben und länderspezifische Regelungen, ins Spiel kommen. Die komplexen Bezugnahmen zwischen diesen Perspektiven konnten wir an dieser Stelle nicht aufgreifen.

Hier ergeben sich jedoch Anknüpfungspunkte für die weitere Forschung mit der Kontexturanalyse. Die Vielfalt der Reflexionspositionen und ihrer wechselseitigen Bezugnahmen ließe sich etwa anhand der tiefergehenden Analyse eines Einzelfalls aufschließen. In prozessanalytischer Perspektive kann zudem die „Evolution des Falls" (Jansen & Vogd, 2022, S. 143) als Auf- und Abbau von Spannungen rekonstruiert werden. Für die Betrachtung komplexer Gesamtarrangements in einer Kommune wäre der Einbezug komplementärer Sichtweisen aufschlussreich. So ließe sich rekonstruieren, wie Probleme und Spannungsverhältnisse an verschiedenen Positionen im Bildungsmonitoring (neben den Monitoringverantwortlichen etwa bei Vorgesetzten in der Verwaltung und bildungspolitischen Akteuren) bearbeitet und die rekonstruierten Arrangements in „Meta-Arrangements" (Jansen & Vogd, 2022, S. 65) verschachtelt werden.

Wie unsere Ergebnisse zeigen, kann Bildungsmonitoring eine vermittelnde Praxis sein, die unterschiedliche Wissensbestände und Perspektiven zusammenführt und miteinander verschränkt, um auf komplexe Bildungsprobleme zu reagieren. Wenn Bildungsmonitoring nicht ausschließlich ein wissenschaftliches Programm zur Generierung von datenbasiertem Steuerungswissen sein soll, sondern auch ein demokratisches Projekt, in dem verschiedene Wissensformen und Logiken gleichberechtigt einbezogen werden, braucht es entsprechende Konzepte, wie dies gelingen kann. Hierzu bietet z. B. der Ansatz der *diskursiven Politikgestaltung* von Renn (2017) eine Orientierung, wie wissenschaftliches Wissen in demokratisch-pluralistischen Gesellschaften in ein umfassenderes Modell legitimer Steuerung eingebunden werden kann. Ansätze zur kommunikativen Verschränkung von Perspektiven im kommunalen Bildungsmanagement, wie das Konzept der *wirkungsorientierten Steuerung als Kommunikationsinstrument* zwischen Akteuren der Bildungsverwaltung, -wissenschaft und -praxis (Jungermann, 2021) oder der Ansatz der *Relational Agency* zur Unterstützung multiperspektivischer Verständigung in Bildungslandschaften (Duveneck & Schmachtel in diesem Band), können methodische Impulse zur Umsetzung des Bildungsmonitorings als Teil einer diskursiven Politikgestaltung geben.

Literaturverzeichnis

Brock, M. & Mahl, F. (2019). Anschlüsse im Bildungsmonitoring herstellen. In Transferagentur Mitteldeutschland (Hrsg.), *Perspektive kommunales Bildungsmanagement. Kommunales Bildungsmonitoring - Anschlüsse herstellen.* (TransMit plus, Bd. 1) (S. 6–30). Halle/Leipzig.

Brüggemann, C. (2021). Datenbasiertes Bildungsmanagement als Steuerungsversprechen der Regionalisierungspolitik im Bildungswesen. *Zeitschrift für Pädagogik, 67*(3), 338–352.

Brüggemann, C. & Tegge, D. (2018). *Strukturen kommunalen Bildungsmanagements in Deutschland.* Bonn: DLR.

Brüsemeister, T. (2017). Educational Governance in kommunalen Bildungslandschaften. Zur Literalität von Kommunen im Programm „Lernen vor Ort". In T. Olk & S. Schmachtel (Hrsg.). *Educational Governance in kommunalen Bildungslandschaften* (S. 52–77). Weinheim, Basel: Beltz Juventa.

Döbert, H. (2007). *Indikatorenkonzept und Beschreibung von Beispielindikatoren für eine regionale Bildungsberichterstattung. Ein Beitrag zur Entwicklung von Indikatoren für einen regionalen Bildungsbericht.* Bertelsmann Stiftung.

Goldmann, D. (2021). Kontexturale Schulentwicklungsforschung. Ein Vorschlag zur Beobachtung reflexiver Verschränkungen schulischer Aushandlungsprozesse. In E. Zala-Mezö, J. Häbig & N. Bremm (Hrsg.). *Die Dokumentarische Methode in der Schulentwicklungsforschung* (S. 37–55). Münster: Waxmann.

Günther, G. (Hrsg.) (1979). *Beiträge zur Grundlegung einer operationsfähigen Dialektik* (2. Band, Wirklichkeit als Poly-Kontexturalität). Hamburg: Felix Meinen Verlag.

Hempel, C. & Herfter, C. (2021). Kontexturanalyse: Rekonstruktion des Mit- und Gegeneinanders verschiedener Logiken unterrichtlicher Kommunikation. In A. Petrik, D. Jahr & C. Hempel (Hrsg.): *Methoden der qualitativen Politikunterrichtsforschung* (S. 138–159). Frankfurt/M.: Wochenschau Verlag.

Hermstein, B., Berkemeyer, N. & Abendroth, S. (2018). Indikatorengestütztes Bildungsmonitoring zwischen Institutionengestaltung und Verständigung. Kritisch-konstruktive Überlegungen. In K. Drossel & B. Eickelmann (Hrsg.), *Does ‚What works' work? Bildungspolitik, Bildungsadministration und Bildungsforschung im Dialog* (S. 175–190). Münster: Waxmann.

Jansen, T. (2013). *Mitbestimmung in Aufsichtsräten.* Wiesbaden: VS Verlag.

Jansen, T., Schlippe, A. von & Vogd, W. (2015). Kontexturanalyse – ein Vorschlag für rekonstruktive Sozialforschung in organisationalen Zusammenhängen [68 Absätze]. *Forum Qualitative Sozialforschung, 16*(1).

Jansen, T. & Vogd, W. (2022). *Kontexturanalyse. Theorie und Methode einer systemischen Sozialforschung.* Wiesbaden: VS Verlag.

Jungermann, A. (2021). Wirkungslogik als Kommunikationsinstrument an den Schnittstellen zwischen Bildungsverwaltung, Bildungswissenschaft und Bildungspraxis. *DDS - Die Deutsche Schule. 113*(1), 30–44.

Luhmann, N. (1992). *Die Wissenschaft der Gesellschaft.* Frankfurt/M.: Suhrkamp.

Nassehi, A. (2004). Die Theorie funktionaler Differenzierung im Horizont ihrer Kritik. *Zeitschrift für Soziologie. 33(2)*, 98–118.

Niedlich, S. (2020). *Neue Ordnung der Bildung. Zur Steuerungslogik der Regionalisierung im deutschen Bildungssystem.* Wiesbaden: VS Verlag.

Niedlich, S. & Brüsemeister, T. (2016). Bildungsmonitoring zwischen Berichterstattung und Steuerungsanspruch. Entwicklungslinien und akteurtheoretische Implikationen. In Arbeitsgruppe „Lernen vor Ort" (Hrsg.). *Kommunales Bildungsmanagement als sozialer Prozess. Studien zu „Lernen vor Ort"* (S. 75–96). Wiesbaden: VS Verlag.

Opper, M. K. (2016). Zur Karriere des Bildungsmonitorings in „Lernen vor Ort". In Arbeitsgruppe „Lernen vor Ort" (Hrsg.). *Kommunales Bildungsmanagement als sozialer Prozess. Studien zu „Lernen vor Ort"* (S. 111–138). Wiesbaden: VS Verlag.

Pohl, U. & Schwarz, A. (2015). Konzipierung eines kommunalen Bildungsmonitorings. In H. Döbert & H. Weishaupt (Hrsg.), *Bildungsmonitoring, Bildungsmanagement und Bildungssteuerung in Kommunen* (S. 127–142), Münster: Waxmann.

Renn, O. (2017). Kommunikation zwischen Wissenschaft und Politik. In H. Bonfadelli, B. Fähnrich, C. Lüthje, J. Milde, M. Rhomberg & M. S. Schäfer (Hrsg.), *Forschungsfeld Wissenschaftskommunikation* (S. 183–205). Wiesbaden: VS Verlag.

Rürup, M., Fuchs, H.-W. & Weishaupt, H. (2016). Bildungsberichterstattung – Bildungsmonitoring. In H. Altrichter & K. Maag Merki (Hrsg.), *Handbuch Neue Steuerung im Schulsystem* (S. 411–437). Wiesbaden: VS Verlag.

Siepke, T., Förster, A., Kühne, S. & Vetterle, T. (2021). *Entwicklungsfelder des kommunalen Bildungsmonitorings. Konzipieren. Ausprobieren. Etablieren.* Handreichung der Koordinierungsstelle Bildungsmonitoring. Potsdam: KOSMO.

Statistisches Bundesamt, Statistisches Landesamt Baden-Württemberg & Deutsches Institut für Erwachsenenbildung (2020). *Anwendungsleitfaden für den Aufbau eines kommunalen Bildungsmonitorings.* Wiesbaden/Stuttgart/Bonn: Statistisches Bundesamt/Statistisches Landesamt Baden-Württemberg/Deutsches Institut für Erwachsenenbildung (DIE).

Vogd, W., Feißt, M., Molzberger, K., Ostermann, A. & Slotta, J. (2018). *Entscheidungsfindung im Krankenhausmanagement. Zwischen gesellschaftlichem Anspruch, ökonomischen Kalkülen und professionellen Rationalitäten.* Wiesbaden: VS Verlag.

Handlungsfelder, Aufgabenbereiche und Tätigkeiten in einem kommunalen Bildungsmanagement

Ein Beitrag zur Einordung eines (neuen) Berufsfeldes

Julia Klausing und Elisabeth Aram

1. Einleitung

Mit Beginn der breiteren Implementierung eines datenbasierten kommunalen Bildungsmanagements durch das Programm „Lernen vor Ort“ (LvO) und der darauffolgenden Transferinitiative wurde der Versuch unternommen, ein anderes Verständnis von „Bildung in der Kommune“ in die Kommunalverwaltungen zu tragen. Die Programmatiken der Bundesinitiativen starteten mit dem Anspruch, systematisch alle mit Bildung befassten Institutionen und Verwaltungseinheiten zu adressieren und einen kommunalen Bildungsraum zu definieren, der mit einem Bildungsmanagement gestaltet werden soll. Maßgeblich beteiligt ist dabei ein Bildungsmonitoring, das Daten zu Bildungsprozessen und -ergebnissen erfasst und aufbereitet, mit denen eine rationale Basis für kommunale Bildungsentscheidungen zur Verfügung gestellt werden soll.

Unabhängig davon, ob sich dieser Anspruch in Kommunen durchsetzen konnte, wurden durch die in der Transferinitiative verorteten Förderrichtlinien faktisch neue Personalstellen in vielen Kommunalverwaltungen geschaffen, die mit dem Aufbau eines datenbasierten kommunalen Bildungsmanagements betraut wurden. Zahlreiche dieser Stellen wurden auch nach Ende der Förderung in die Stellenpläne der Verwaltung überführt. Darüber hinaus ist vereinzelt festzustellen, dass Kommunalverwaltungen unabhängig von Förderprogrammen und -logiken Personal für diesen Aufgabenbereich einstellen und dementsprechend Fachstellen etablieren.

Trotz dieser Entwicklung fehlen jedoch klare Vorstellungen vom Profil einer Fachkraft für kommunales Bildungsmanagement. Das Fehlen eines Studiengangs sowie die fehlende Berücksichtigung in der Ausbildung von Verwaltungsfachkräften einerseits und die vorhandene Begleitstruktur der Transferinitiative für Kommunen andererseits, machen diese Leerstelle deutlich. Darüber hinaus bleibt unklar, ob sich solch ein Aufgaben- oder gar Berufsfeld langfristig (auch nach Auslaufen der Förderprogramme) in der Kommunalverwaltung wiederfindet.

Ausgehend von dieser Leerstelle widmet sich dieser Beitrag folgenden Fragestellungen:

- Lässt sich ein Aufgabenprofil für im Bildungsbereich tätige koordinierende und steuernde Fachkräfte in der Kommunalverwaltung nachzeichnen?
- Kommt es zu einer nachhaltigen, d. h. über befristete Projektförderung hinausgehenden Verankerung eines solchen Aufgabenprofils in Kommunalverwaltungen?

Der Beitrag fokussiert sich dabei zum einen auf die Ermittlung von grundlegenden Handlungsfeldern und zughörigen Aufgabenbereichen in einem kommunalen Bildungsmanagement, um im Sinne von Nittel (2011, S. 41) „jene Gelenkstellen und Elemente", also konstituierende Merkmale für dieses Berufsfeld herauszuarbeiten, sowie zum anderen auf die Identifizierung von möglichen Gemeinsamkeiten und Differenzen zwischen den ausgeübten Tätigkeiten. Es handelt sich somit um einen ersten Versuch, ein kommunales Bildungsmanagement berufsanalytisch zu beschreiben und Entwicklungen innerhalb des Aufgabenfelds nachzuzeichnen.

2. Ansätze der Organisation von Bildung in Verwaltung

Die Regionalisierung des Bildungswesens ist ein Grundgedanke für die Entwicklung von Programmatiken, die auf dezentrale Veränderungs- und Steuerungsstrukturen abzielen. Dieser Gedanke wird zum einen als Trend bezeichnet und zum anderen unter einer Vielzahl von konzeptionellen Ansätzen gefasst (Niedlich, 2016, S. 23). Regionalisierung wird im politischen Bildungsdiskurs seit den 1990er Jahren und von unterschiedlichen Bundes- und Landesinitiativen aufgegriffen. Kernforderungen umfassen dabei grundlegend die Erhöhung von Chancengleichheit im Bildungssystem u. a. durch das Herstellen einer transparenten Infrastruktur vernetzter Bildungsangebote, die Stärkung eines breiten Bildungsbegriffs losgelöst vom Fokus auf Schulbildung sowie die Verknüpfung formeller mit non-formellen Angeboten. Zudem sind die föderalen Strukturen mit ihren Zuständigkeiten Ausgangpunkt für einen Ansatz, der sich auf eine bereichs- und institutionenübergreifende Vernetzung und Koordination sowie die Schaffung entsprechender rechtlicher und finanzieller Rahmenbedingungen fokussiert. Kommunen gewinnen in dieser Debatte als zentraler Akteur an Bedeutung.

In diesem Kontext wurde zwischen 2001 und 2008 das kommunale Engagement in Bildungsfragen durch eine Reihe an Programminitiativen des Bundes unterstützt. Neben der räumlichen Verortung der Steuerung von Bildung, wurden *Netzwerke* in den Mittelpunkt als „verbindendes, quasi dazwischen liegendes Element" gerückt (Nuissl, 2010, S. 18). Das Programm „Lernende Regionen – Förderung von Netzwerken" (2001–2008) wurde als Zukunftsmodell für die Netzwerkarbeit im Bildungsbereich bezeichnet (ebd., S. 22). Während der Programmlaufzeit wurde der Begriff des regionalen Bildungsmanagements geprägt, der neben einem „kompetente[n] Netzwerkmanagement" (Emminghaus & Tippelt, 2009, S. 192), weitere Aspekte in den Vordergrund rückt: zum einen „Ansätze zur Verbesserung der Wissensbasis" (ebd., S. 19) durch indikatorenbasierte Bildungsberichterstattung und Bildungsmonitoring und zum anderen die „geteilte Zielorientierung" (ebd.), die die Akteure in die Lage versetzt, „auch unabhängig voneinander im Alltag im Sinne der gemeinsamen Themen- und Zielstellung zu agieren" (ebd.).

Im Folgeprogramm Lernen vor Ort „LvO" (2009–2014) wurde nicht nur die Rolle der Kommune in Hinblick auf die Gestaltung von Bildungslandschaften gestärkt, sondern auch Funktionsrollen in der Verwaltung geschaffen, indem vier zentrale Aktionsfelder – Bildungsmanagement, Bildungsmonitoring, Bildungsberatung und Bildungsübergänge – durch die Finanzierung von Personalstellen gefördert wurden (vgl. zum Aufbau BMBF, 2008). Dabei wurde der in den „Lernenden Regionen" gesetzte Schwerpunkt der übergreifenden Netzwerkarbeit in der Region um das Ziel, verwaltungsinterne Vernetzungs- und Kooperationsstrukturen aufzubauen, erweitert.

Die an „LvO" anschließende „Transferinitiative" (2015–2022) führte die beschriebenen Aspekte insbesondere durch das Programm „Bildung integriert" (BI) weiter fort.[1] Dabei wurden die Funktionen Bildungsmanagement und Bildungsmonitoring mit dem Ziel „Managementstrukturen für ein ganzheitliches Bildungswesen aufzubauen" (BMBF, 2015) in den Mittelpunkt der Förderung gestellt. Damit wird der Kommunalverwaltung und -politik im Rahmen der regionalen Steuerung des Bildungswesens eine zunehmend koordinierende Rolle zugeschrieben, was sich durch die verstärkte Integration von Managementstrukturen und -ansätzen in den Kommunalverwaltungen erkennen lässt.

Regionalisierungs- und Managementansätze sind jedoch nicht nur durch die Initiative des BMBF, sondern zusätzlich von diversen Bundes-, Landes- oder Verbandsinitiativen auch unter anderen Themen aufgegriffen worden, wie z. B. im Übergangs- oder Integrationsmanagement. Zudem wirkte sich bereits in den 1990er Jahren parallel das „Neue Steuerungsmodell", das auch soziale und pädagogische Bereiche der Kommunalverwaltungen betroffen hat, auf die lokalen Verwaltungen aus (s. a. Schubert, 2001). Auch mit der Jugendhilfeplanung und Sozialplanung sind spätestens seit den 1980er Jahren wesentliche Zielsetzungen des kommunalen Bildungsmanagements – bspw. die analytische Wissensaneignung

1 „BI" konnte in zwei Förderrunden beantragte werden (2015 und 2017). Die Förderung war zunächst auf drei Jahre begrenzt, konnte aber von den Kommunen aus der ersten Förderrunde um zwei Jahre verlängert werden (BMBF, 2015).

und Bedarfsermittlung, der Anspruch zu bereichsübergreifender Kooperation oder die Übernahme der Koordinationsrolle in Planungsprozessen – bereits in Teilen der Verwaltung etabliert (Schubert, 2020, S. 6).

Nach dem Programmende von „LvO“ kam es zu vielfältigen Bestrebungen, die Programmansätze auf struktureller Ebene durch die Verstetigung bzw. Schaffung von Personalstellen fortzuführen. Zum Ende des Programms beabsichtigten die Mehrzahl der Modellkommunen, Kernelemente des Programms über kommunale Haushaltsmittel zu finanzieren (Niedlich, Klausing & Rädler, 2016, S. 242). Es blieb zum damaligen Zeitpunkt jedoch offen, inwieweit eine Verankerung der Ansätze und Aufgabenbereiche mittels Personalstellen stattgefunden hat.

Bei der Beteiligung an „BI“ hatten die Kommunen in Bezug auf die Förderlogik andere Vorrausetzungen als es im modell- und transferorientierten Programm „LvO“ der Fall war. Bereits zu Beginn war für „BI“ eine Teilfinanzierung von kommunaler Seite erforderlich. Auch wurden die förderfähigen Funktionsrollen auf jeweils eine Stelle für Bildungsmanagement und Bildungsmonitoring beschränkt. Nach Auslaufen des Programms wird aktuell davon ausgegangen, dass bei etwa der Hälfte der geförderten Kommunen die Personalstrukturen in den kommunalen Haushaltsplan überführt wurden (BMBF, 2022, S. 31). Allerdings gibt es auch hier bisher wenig Erkenntnisse darüber, wie diese Kommunen den Programmansatz nach der Förderung für ihre bildungsstrategischen Ziele und Aktivitäten übersetzen. Es ist zu vermuten, dass diese Übersetzung aus einem geförderten Programmkontext recht unterschiedlich ausgestaltet ist, was den Umfang des Personals aber auch die Differenzierung und Priorisierung nach Aufgaben angeht. So ist vorstellbar, dass z. B. beide Funktionsrollen in die Stellenpläne überführt werden, eine Reduzierung auf eine Stelle mit beiden Funktionen in Personalunion vorgenommen wird oder nur eine Funktion in den Stellenplan übernommen wird. Grundsätzlich sind in der Verstetigung von Zielen, Funktionen und somit Aufgaben eine weitaus größere Vielzahl an Variationen als hier skizziert denkbar. Zentral ist u. E. die Erkenntnis, dass es laut der Ergebnisse der wissenschaftliche Begleitforschung von „BI“ nach Förderende bundesweit zu einer weiteren Verstetigung von Personalstellen für koordinierende Aufgaben im Bildungsbereich gekommen ist (ebd.). Vor diesem Hintergrund stellt sich die Frage, wie die den Bildungsbereich betreffenden Aufgabenfelder in Kommunalverwaltungen berufstheoretisch zu fassen sind, die sich auf Tätigkeiten fokussieren, für die Koordinierung, Management, Planung oder Steuerung zentrale Selbstbezeichnungen darstellen.

3. Methodische Vorgehensweise: Bestimmung eines Berufsfelds

Grundsätzlich ist das Verständnis von Beruf durch eine „Weite und Dehnbarkeit" (Büchter, 2021, S. 186) gekennzeichnet. Neue Berufe entstehen, alte wandeln sich in „ihren Tätigkeitsmerkmalen, ihren Anforderungen und ihren Strukturen" (ebd., S. 191), wieder andere „verschwinden" durch die Entwicklung und den Einsatz neuer Technologien, gesellschaftlichen Wandel oder politische Initiativen. Für unsere Annäherung an eine berufsbezogene Einordnung des kommunalen Bildungsmanagements ist festzustellen, dass die „Unübersichtlichkeit und Unsystematik und [...] zu große Vielfalt beruflicher Dimensionen" (ebd., S. 194) dazu führt, dass die Entstehung von neuen Berufsfeldern schwer analytisch erfasst werden kann. Gleichwohl deutet allein schon die bundesweit beobachtbare Entstehung von Personalstellen in der kommunalen Bildungsverwaltung auf die Entwicklung eines Berufsfeld hin. Aus der allgemeinen Definition von Beruf als „Kombination spezifischer Fähigkeiten und Fertigkeiten, die als Leistungspotential die Grundlage für eine kontinuierliche Erwerbs- und Versorgungschance des Individuums abgeben [...] und jener vergleichsweise stabilen Merkmale, die das Individuum mit gesellschaftlichen Strukturen und Prozessen verbindet" (Tärre, 2013, S. 465) wird deutlich, dass Berufe im Spannungsfeld zwischen Arbeitsplatz (Unternehmen) und Arbeitskraft (Individuum) entstehen (ebd.). Hieraus werden eine Vielzahl von berufswissenschaftlichen Theorien abgeleitet, die die Grundlage für berufspädagogische und -didaktische Konzepte liefern, worunter sich u. a. die Dimensionen von Kompetenzen, Anforderungen und Arbeitsprozessen gegenseitig beeinflussen und berufstheoretisch einzeln zu analysieren sind (ebd.).

In der nachfolgenden Analyse fokussieren wir uns daher auf die „Handlungsdimension, also den Mikrobereich [...] und die darin eingewobenen Kernaktivitäten" (Nittel, 2011, S. 42) im Sinne der Arbeitsaufgabe, die Teil des oben genannten Prozesses ist. Dabei konzentrieren wir uns auf konkret beobachtbare bzw. benannte Arbeitsaufgaben und -tätigkeiten, um auf dieser Grundlage ein Aufgabenprofil eines kommunalen Bildungsmanagements zu rekonstruieren, ohne den Anspruch zu haben, die „Erfüllung" weiterer Kriterien eines Berufs zu überprüfen.[2]

Für eine Annäherung an die Beschreibung dieses Berufsfelds über die Handlungs- bzw. Aufgabendimension und ihrer nachhaltigen Verankerung in

2 So wären zentrale Kategorien des symbolischen Interaktionismus beispielsweise Lizenz und Mandat. Weitere sind z. B. Berufsziele, Arbeitsabläufe, Arbeitsmilieu, Autonomie oder Status im gesellschaftlichen Kontext. Auch Kriterien, über die Professionen beschrieben werden – 1) spezifisches theoretisches Wissen, 2) eine eindeutige, meist formalrechtliche Begrenzung eines Tätigkeitsfeldes und damit einhergehend einem Bildungstitel sowie 3) die Selbstorganisation im Verband (Pfadenhauer & Sander, 2015, S. 362) –, werden hier nicht weiter berücksichtigt.

Kommunalverwaltungen wurde ein mehrstufiger berufsanalytischer Ansatz gewählt, der den Fokus auf die *Arbeitsaufgabe und -tätigkeit* als zentrales Merkmal eines Berufs legt (vgl. hierzu Dostal, Stooß & Troll, 1998; Spöttl, 2015; Jahn, 2012). Es wurden drei Dokumententypen inhaltsanalytisch ausgewertet (siehe hierzu auch Tab. 1):

(1) Zur Bearbeitung der Frage, welche Aufgaben aus einer programmtisch-normativen Perspektive von Kommunalverwaltungen erfüllt werden sollen, wurden Stellenausschreibungen aus dem Förderkontext zum Programm „BI" hinsichtlich der dort aufgeführt Aufgaben bzw. Tätigkeiten ausgewertet.[3]
(2) Um die Arbeitsplatzperspektive und Tätigkeitsbereiche sowie Hinweise auf die Verankerung von Programmzielen zu ermitteln, wurden Stellenausschreibungen und Funktionsbeschreibungen von Kommunen, die nach Ende der Programmförderung Stellen verstetigt oder ohne jegliche Förderung Stellen eingerichtet haben, in die Analyse einbezogen.[4]
(3) Eine subjektive Tätigkeitsanalyse anhand des DACUM-Verfahrens („Develop a Curriculum"), das mit berufserfahrenen Fachkräften in der Funktion von Bildungsmanagement und Bildungsmonitoring durchgeführt wurde (vgl. Spöttl, 2015), ergänzt unsere Analyse mit der Perspektive der Fachkräfte.[5] Das DACUM-Verfahren setzt den Fokus auf den Prozess der Arbeit und detaillierte Auflistungen von Aufgaben- und Tätigkeitsbeschreibungen (DACUM Research Chart). Die Ergebnisse des Verfahrens sind u. E. zentral, da diese subjektive Tätigkeitsanalyse über die normativ-formalen Aussagen aus den Stellenausschreibungen hinaus die Selbsteinschätzung der ausführenden Fachkräfte einbezieht.[6]

---

3 In dieser Gruppe wurden acht Stellenausschreibungen aus vier Kommunen jeweils für das Bildungsmanagement und Bildungsmonitoring gemäß dem Förderprogramm „Bildung integriert" ausgewertet. Bei allen Dokumententypen liegt der Fokus auf den dort formulierten Tätigkeiten. Die Zielstellung der Tätigkeit, die dafür erforderlichen Kompetenzen oder Fragen zur Eingruppierung wurden vorerst nicht berücksichtig, wären aber für weitere Fragestellungen interessant.

4 Hier wurden aus sechs Kommunen drei Stellenausschreibungen und fünf Funktionsbeschreibungen ausgewertet, in denen zum Zeitpunkt der Ausschreibung keine Förderung bestand. Zum Teil sind dies Kommunen, die „BI" verstetigt oder die ohne jegliche Förderung ein Bildungsmanagement eingerichtet haben.

5 Es handelt sich um eine Methode aus der Curriculaentwicklung zur Identifizierung und Visualisierung von beruflichen Anforderungen sowie zur Entwicklung eines Berufsprofils und den zugehörigen berufsrelevanten Tätigkeiten. Im Rahmen einer Curriculaentwicklung für ein kommunales Bildungsmanagement hat die Transferagentur Hessen zur Ermittlung von Aufgaben und Kompetenzen zwei DACUM-Workshops mit zwölf berufserfahrenen kommunalen Fachkräften aus elf Kommunen durchgeführt.

6 Drei zentrale Annahmen begründen nach Collum (1999) den DACUM-Prozess: (1) Kompetente Arbeitnehmer:innen seien am besten in der Lage, ihren eigenen Beruf zu beschreiben. (2) Jeder Beruf lässt sich „genügend genau" durch die Tätigkeiten beschreiben und

Ausgehend von den in der ausgewählten Literatur sowie in den drei Dokumententypen benannten Tätigkeiten wurden induktiv Handlungsfelder identifiziert, die als konstituierend für die berufliche Tätigkeit im Bildungsmanagement in einer kommunalen Verwaltung gelten und somit die Ableitung eines Kategoriensystems für den Arbeitsbereich sowie eine Zuordnung im Sinne eines Codiersystems ermöglichen. Die einzeln aufgeführten Tätigkeiten konnten so den jeweiligen Handlungsfeldern zugeordnet werden, um den Arbeitsbereich konkreter zu beschreiben und im Sinne einer Quantifizierung eine anteilige Verteilung der einzeln formulierten Tätigkeiten innerhalb der Handlungsfelder zu ermittelten. Zum einen, um eine summarische Bewertung der Handlungsfelder und zugehörigen Tätigkeiten und zum anderen, um Veränderungen durch einen Vergleich der jeweiligen Dokumentengruppen und somit Perspektiven auf das Arbeitsfeld ableiten zu können.

Tab. 1: Analyseschritte und Informationsquellen

Programmperspektive	Verwaltungsperspektive	Fachkraftperspektive
Dokumentenanalyse I: Stellenausschreibungen von geförderten Kommunen („BI")	**Dokumentenanalyse II:** Stellen- und Funktionsbeschreibungen von nicht (mehr) geförderten Kommunen	**Dokumentenanalyse III:** DACUM Research Chart kommunales Bildungsmanagement/Bildungsmonitoring
8 Stellenausschreibungen aus 4 Kommunen	5 Funktionsbeschreibungen und 3 Stellenausschreibungen aus 6 Kommunen	12 Fachkräfte aus 11 Kommunen
Ermittlung von **Handlungsfeldern** und zughörigen **Aufgabenbereichen** Nachhaltige **Verankerung** der Aufgabenbereiche in Verwaltungen		

An dieser Stelle ist hervorzuheben, dass wir unter einem kommunalen Bildungsmanagement sowohl Funktionen als auch die zugehörigen Tätigkeiten von Bildungsmanagement *und* Bildungsmonitoring fassen. Denn nur so können wir ein Abbild des jeweils kommunalen (z.T. individuellen) Verständnisses dieses Handlungsfelds und Aufgabenbereichs nachzeichnen. Wie bereits skizziert, befindet sich in unserer Dokumentengruppe eine heterogene Ausgestaltung eines kommunalen Bildungsmanagements hinsichtlich der Personalaufstellung (z.B. Bildungsmanagement inklusive Bildungsmonitoring in Personalunion oder jeweils eine Personalstelle für Bildungsmanagement und Bildungsmonitoring). Eine Differenzierung nach Funktion Bildungsmanagement und Bildungsmonitoring wurde also nicht vorgenommen, kann aber für weitere Analyseschritte eine Rolle spielen.

(3) die Tätigkeiten geben Rückschlüsse auf für eine erfolgreiche Ausführung benötigtes Wissen, Fertigkeit und Einstellung (Vgl. Collum, 1999; Norton, 1997).

4. Ergebnisse der Analysen

4.1 Handlungsfelder und Aufgabenbereiche in einem kommunalen Bildungsmanagement

In der Literatur wurden bisher selten konkrete Aufgaben oder Tätigkeiten in einem kommunalen Bildungsmanagement thematisiert. Zu finden sind jedoch Annährungen an Rollen- und Funktionskonzepte, die wir hier kurz aufführen wollen, um die von uns identifizierten Handlungsfelder in einem kommunalen Bildungsmanagement in den Kontext der wissenschaftlichen Auseinandersetzung einordnen zu können.

In der modellhaften Entwicklung von Ansätzen und Strukturen eines kommunalen Bildungsmanagement im Rahmen von „LvO" wurde bereits hervorgehoben, dass sich das konkrete Selbstverständnis, die Rolle und das Aufgabenprofil für die Projektverantwortlichen während der Projektlaufzeit konkretisieren und etablieren mussten sowie sich über die Kommunen hinweg nicht einheitlich entwickelt haben (Niedlich et al., 2016, S. 255; Lindner, Niedlich, Klausing, Lüthi & Brüsemeister, 2016, S. 65). Das Selbstverständnis bewegte sich zwischen einer neutralen Dienstleistungs- und einer Agenda-Setting-Rolle, was wiederum Einfluss auf die übernommenen Aufgaben und Tätigkeiten hatte. Auch wird in diesem Zusammenhang der Managementbegriff im Rahmen der Selbstbezeichnung thematisiert und zum Teil abgelehnt, weil er nicht „kompatibel mit den Aufgaben", „unklar", „abstrakt" oder „mit negativen Konnotationen belegt" (ebd., S. 65) sei. In diesen Fällen wurde von den Projektverantwortlichen z. B. explizit der Begriff der „Bildungskoordination"[7] oder des „Bildungsbüros" verwendet. Unabhängig davon konnten übergreifende Aufgaben benannt werden: (1) Koordinations- und Vernetzungsaufgaben, (2) Aufgaben zur Herstellung von Transparenz im Sinne eines Steuerungs- und Handlungswissens über Bildungsprozesse und Bildungsangebote und (3) Aufgaben im Bildungsmarketing und der Öffentlichkeitsarbeit (ebd., S. 67).

---

7 Es ist zu vermuten, dass der Begriff Bildungskoordination im Zuge der Fluchtbewegungen 2015/2016 und dem dadurch beeinflussten Förderaufruf zum Programm „Kommunale Koordinierung der Bildungsangebote für Zugewanderte" (vgl. BMBF, 2016) eine veränderte Bedeutung erlangt hat. Zum einen, weil das Förderziel im Rahmen des Programms explizit Elemente eines umfassenden Bildungsmanagements ausgeschlossen hat, wie z. B. das Bildungsmonitoring, und es sich zum anderen auf eine Zielgruppe im Rahmen von Integrationsfragen fokussierte und zugleich eine hohe Reichweite in die bundesdeutschen Kommunalverwaltungen erfahren hat. Der Begriff Bildungskoordination wird zum Teil auch nach Auslaufen dieser Förderung explizit für diese Tätigkeit verwendet. Der Einbezug des Programms und seine Auswirkungen auf das Tätigkeitsfeld in einem Bildungsmanagement wird hier nicht weiter thematisiert, müsste aber an anderer Stelle Einzug in die Auseinandersetzung finden.

Weitere Arbeiten in diesem Kontext beschreiben zwar nicht die unmittelbare Aufgaben- und Tätigkeitsebene, jedoch funktionale Kernbereiche eines umfassend ausgerichteten kommunalen Bildungsmanagements, denen Aufgaben und Tätigkeiten zugeordnet werden können: (1) Koordination, (2) Kooperation mit Akteuren außerhalb der Verwaltung, (3) verwaltungsinterner Kooperation, (4) Datenbasierung und (5) strategische Zielsetzung (Euler & Sloane, 2015, S. 4). Später wurde das Modell um die Komponenten des (6) öffentlichen Bildungsdiskurses und (7) des Qualitätsmanagements erweitert.

Auch Manitus und Szendik (2013) beschreiben empirische Befunde zu thematischen Arbeitsfeldern sowie Arbeitsweisen regionaler Bildungsbüros in NRW: Neben den thematischen Arbeitsfeldern (wie z. B. dem Übergangsmanagement) wurde hier das Netzwerkmanagement als die zentrale „Bearbeitungstrategie" (ebd., S. 162) in den Mittelpunkt gestellt.

Zusammengenommen ergeben sich in den oben aufgeführten unterschiedlichen Beschreibungsansätzen gewisse Übereinstimmungen, welche grundlegende Handlungsfelder eines kommunalen Bildungsmanagements sichtbar machen. Die Auswertung der Stellenausschreibungen, Funktions- und Tätigkeitsbeschreibungen konnten diese Übereinstimmungen validieren und erweitern. Dafür wurden die einzelnen Tätigkeiten aus den Dokumententypen den identifizierten Handlungsfeldern zugeordnet, wodurch jeweils zugehörige Aufgabenbereiche abgeleitet wurden, die ein kommunales Bildungsmanagement aus der Perspektive der Arbeitsaufgabe beschreiben. Tabelle 2 veranschaulicht die Handlungsfelder und ihre zugehörigen Aufgabenbereiche, welche mit Ankerbeispielen aus den Tätigkeitsbeschreibungen hinterlegt wurden.

Tab. 2: Handlungsfelder und Aufgabenbereiche in einem kommunalen Bildungsmanagement

Handlungsfelder	Aufgabenbereiche	Ankerbeispiele aus der Dokumentenanalyse
Bildungs-monitoring	• Bestands- und Bedarfsanalyse konzipieren und durchführen • Datenbestand aufbauen und pflegen • Datenanalyse betreiben • Bildungsberichterstattung umsetzen	• Aufbau und Weiterentwicklung des Bildungsmonitorings und der Bildungsberichterstattung • Definition von Indikatoren und Kennzahlen • Datensammlung, -erhebung, -bündelung, -sondierung und -verarbeitung • Pflege des eingesetzten Datenbanksystems • eigene Datenerhebungen und -analysen durchführen
Kommunale Bildungs-strategie	• Kooperative Strategieentwicklung erarbeiten • Datenbasierte Handlungsbereiche identifizieren • Bildungsmaßnahmen ableiten • Bildungsstrategie überprüfen und fortschreiben	• Aufzeigen von Sachständen und Entwicklungen im Bildungsgeschehen • Identifikation von Handlungsfeldern • Wissenschaftliche Beratung (z. B. Identifikation und Priorisierung von Handlungsfeldern unterstützen, fachliche Stellungnahmen schreiben)

Handlungsfelder	Aufgabenbereiche	Ankerbeispiele aus der Dokumentenanalyse
Kommunikation und Öffentlichkeitsarbeit	• Kommunikationskonzept entwickeln • Ergebnisse des Bildungsmonitorings verbreiten • Verschiedene Formate für den Bildungsdiskurs durchführen	• Veranstaltungsmanagement • Bildungsprodukte für den Ergebnistransfer erstellen • Presse- und Öffentlichkeitsarbeit betreiben • Transferarbeit betreiben (z. B. Multiplikatoren zu Bildungsthemen beraten)
Netzwerkaufbau und -koordination	• Netzwerkanalyse durchführen • Netzwerkstrategie entwickeln • Netzwerke aufbauen (strategisch/operativ) • Netzwerkpflege betreiben	• Stakeholder-Analyse durchführen, Netzwerkanalyse • Gremiensitzungen initiieren, organisieren oder an ihnen teilnehmen • Übernahme von federführenden Aufgaben in Gremien
Qualitätssicherung	• Konzepte zur Qualitätssicherung entwickeln • Prozesse und Produkte evaluieren	• Analysen zur eigenen Arbeit durchführen • Prozess-Evaluation im Team durchführen • Einhaltung der internen und externen Vorgaben prüfen • Einhaltung der wissenschaftlichen Standards prüfen • Eigene Projekte evaluieren und Veränderungsbedarf umsetzen
Sonderaufgaben	• Teamentwicklung betreiben • Mittel verwalten • Büroorganisation betreiben	• Teamsitzungen moderieren, Fortbildungsbedarf anmelden, Mitarbeiter-innen einarbeiten • Projektanträge schreiben, Fördermittel durchleiten, Verwendungsnachweis erstellen • Ausstattungsanforderungen schreiben, allgemeine Verwaltungsaufgaben erledigen • Aufbau und Organisation des Bildungsbüros

Die verdichteten sechs Handlungsfelder lassen sich wie folgt zusammenfassen:

1. *Bildungsmonitoring*: Die Fachkraft erhebt systematisch Daten zu den relevanten Bildungsthemen und wertet diese aus.
2. *Kommunale Bildungsstrategie*: Die Fachkraft betreibt eine datenbasierte und kooperative Entwicklung der Bildungsstrategie im Rahmen der kommunalen Gesamtplanung.
3. *Kommunikation und Öffentlichkeitsarbeit*: Die Fachkraft gestaltet systematisch und regelmäßig öffentliche Formate und Kommunikationswege zu Bildungsthemen.
4. *Netzwerkaufbau und -koordination*: Die Fachkraft etabliert Strukturen und definiert Prozesse für die systematische ressortübergreifende Vernetzung und Kooperation mit internen und externen Organisationen in Bildungsfragen.

5. *Qualitätssicherung*: Die Fachkraft betreibt Qualitätssicherung im Sinne des kontinuierlichen Verbesserungsprozesses der eigenen Arbeit und Projekte.
6. *Sonderaufgaben*: Die Fachkraft übernimmt Sonderaufgaben in Form von administrativen und z. T. führungsbezogenen Tätigkeiten.

Sowohl förderprogrammspezifische Erwartungen als auch die bereits skizzierten wissenschaftlichen Beschreibungsansätze lassen sich in der hier stark verdichteten Aufgabenanalyse wiederfinden. Inwieweit einzelne Aufgabenbereiche im Arbeitsalltag eine größere Rolle als andere spielen, kann aus dieser Analyse nicht hervorgehen.

4.2 Entwicklungen und Verankerung der Aufgabenbereiche in Kommunalverwaltungen

Der zahlenmäßige Vergleich der Nennung von Tätigkeiten zeigt, dass sich in der verbindlichen und subjektiv-faktischen Perspektive (aus Kommunen ohne Programmförderung und der Perspektive der Fachkräfte) die Stellenzuschnitte nicht grundsätzlich verändern, jedoch die Schwerpunktsetzung von bestimmten Handlungsfeldern je nach Perspektive variiert (vgl. Tab. 3).

Tab. 3: Häufigkeitsverteilungen der Tätigkeiten innerhalb der grundlegenden Handlungsfelder in einem kommunalen Bildungsmanagement im Vergleich

Programmperspektive Mit Förderung (8 Stellenausschreibungen aus 4 Kommunen)		**Verwaltungsperspektive Ohne Förderung (5 Funktionsbeschreibungen und 3 Stellenausschreibungen aus 6 Kommunen)**		**Fachkraftperspektive Sicht der Fachkräfte (12 Fachkräfte aus 11 Kommunen)**	
Häufigkeit der Nennung von Tätigkeiten in % (N=68)*		**Häufigkeit der Nennung von Tätigkeiten in % (N=104)***		**Häufigkeit der Nennung von Tätigkeiten in % (N=218)**	
38 %	Bildungsmonitoring	30 %	Bildungsmonitoring	35 %	Kommunikation/ Öffentlichkeitsarbeit
21 %	Netzwerkkoordination	26 %	Kommunikation/ Öffentlichkeitsarbeit	16 %	Bildungsmonitoring
18 %	Bildungsstrategie	18 %	Netzwerkkoordination	16 %	Bildungsstrategie
18 %	Kommunikation/ Öffentlichkeitsarbeit	13 %	Bildungsstrategie	13 %	Netzwerkkoordination
		7 %	Sonderaufgaben	12 %	Sonderaufgaben
		4 %	Qualitätssicherung	7 %	Qualitätssicherung

* Einige wenige Tätigkeiten konnten keinem Handlungsfeld zugeordnet werden, da sie zu allgemein formuliert waren, daher entspricht die Gesamtsumme nicht 100 %. Dies waren Formulierung wie z. B. Aufbau und Pflege von Servicestrukturen, Ansprechpartner:in für alle Akteure oder Aufbau eines kommunalen Bildungsmanagements.

Grundsätzlich ist zu erkennen, dass sich die Tätigkeiten im Einzelnen und die Handlungsfelder im Allgemeinen auch ohne eine Programmförderung etablieren bzw. nach Förderende verstetigt werden. Zum einen werden dadurch die grundlegenden Handlungsfelder eines kommunalen Bildungsmanagements weiter bestätigt. Zum anderen lässt sich aus diesem Ergebnis die These ableiten, dass programmbedingte Vorgaben im Sinne der zu erfüllenden Aufgaben im Stellenplan der untersuchten Verwaltungen auch nach Förderende Bestand haben und auch von Kommunalverwaltungen ohne vorherige Förderung aufgegriffen werden – was jedoch durch eine umfassendere Erhebung weiter zu bestätigen wäre.

Die in Tabelle 3 abgebildeten Rangfolgen der zahlenmäßigen Nennung lassen vermuten, dass die Handlungsfelder im Vergleich der unterschiedlichen Perspektiven ein unterschiedliches Gewicht haben und ihnen wahrscheinlich im Arbeitsalltag eine unterschiedlich hohe Relevanz zugeschrieben wird. Eine Gewichtung in Bezug auf Zeitanteile oder Intensität der Bearbeitung der Handlungsfelder wurden hier nicht analysiert, somit ist eine höhere oder niedrigere Bedeutsamkeit der einzelnen Handlungsfelder nicht eindeutig abzuleiten. Die folgenden Ausführungen sind daher als weiter zu untersuchende Thesen zu verstehen.

Zwei Aspekte lassen sich hier hervorheben: Zum einen zeigt der Vergleich, dass die Tätigkeiten im *Bildungsmonitoring* eine zentrale Gewichtung in allen drei Perspektiven im Aufgabenspektrum eines kommunalen Bildungsmanagements einnehmen. Zum anderen wird aus Verwaltungs- und Fachkraftperspektive eine höhere Gewichtung und Ausdifferenzierung des Aufgabenbereichs *Kommunikation und Öffentlichkeitsarbeit* im Vergleich zu den anderen Handlungsfelder und zur Programmperspektive deutlich.

Schwerpunkt der Stellenbeschreibungen, die ohne eine Förderung aufgesetzt wurden (Verwaltungsperspektive), bildet das *Bildungsmonitoring*, welches durch Aufgaben im Bildungsmanagement flankiert und begleitet wird. Die eigene Datenerhebung bekommt im Gegensatz zur Programmperspektive ein größeres Gewicht, aber auch die Fortschreibung der Bildungsberichterstattung wird häufiger aufgeführt. Auch die Tätigkeiten selbst haben in den Stellenausschreibungen von nicht geförderten Kommunen einen höheren Akzentuierungsgrad (z. B. wird nicht nur der Aufbau einer Bildungsberichterstattung, sondern die Erstellung von Spezialberichten oder integrierte Bildungsberichterstattung gefordert). Diese Tendenz wird auch durch die beschriebenen Tätigkeiten aus der Fachkräfte-Perspektive bestätigt. Ein höherer Detailgrad trifft auch auf die weiteren Handlungsfelder zu und insbesondere auf die Tätigkeiten im Handlungsfeld *Kommunikation und Öffentlichkeitsarbeit*. Diese beziehen sich auf die Verbreitung und den Transfer der Ergebnisse hauptsächlich aus dem Bildungsmonitoring (z. B. Ergebnisse der Berichterstattung in Gremien, in Beschussvorlagen, in die Pressearbeit einbringen). Ein großer Bestandteil der Aufgaben und Tätigkeiten wird dem Veranstaltungsmanagement zugeschrieben. Insgesamt kann festgehalten werden, dass kommunikative und öffentlichkeitswirksame Aufgaben ein zentrales Handlungsfeld darstellen.

Auch Tätigkeiten, die dem Handlungsfeld der *kommunalen Bildungsstrategie* zuzuordnen sind, erscheinen als zentraler Bestandteil des Aufgabenprofils. Die Stellenausschreibungen und Funktionsbeschreibungen aus den Kommunen ohne Förderung zeigen, dass das Handlungsfeld weiterhin relevant ist sowie durch Querschnittsthemen erweitert und akzentuiert wird (z. B. Sicherung des regionalen Fachkräftebedarfs oder Qualitätsmanagement in der frühkindlichen Bildung). In diesem Zusammenhang ist hervorzuheben, dass von den Fachkräften des Bildungsmonitorings im DACUM-Verfahren der Bereich der wissenschaftlichen Beratung von Anderen als ein zentraler Verantwortungsbereich definiert wird. Das umfasst beispielsweise Tätigkeiten wie die Identifikation und Priorisierung von Handlungsfeldern oder das Anleiten bei der Entwicklung von Fachkonzepten sowie von Evaluations-/Erhebungsdesigns. Eine wissenschaftliche Beratung von Anderen (hier vor allem durch das Bildungsmonitoring) ist auch vor dem Hintergrund der Auseinandersetzung in Wissenschaft und Programmentwicklungen eine in dieser Form neu akzentuierte Tätigkeit und vor dem Hintergrund von grundsätzlichen Zielen eines datenbasierten kommunalen Bildungsmanagements ein Aspekt, der stärker Beachtung finden sollte.

Die *interne und externe Netzwerkkoordination* kann vor dem Hintergrund der ausformulierten Tätigkeiten als ein operatives und umsetzungsorientiertes Handlungsfeld beschrieben werden. Zwar geht es hier auch um die strategische Netzwerkentwicklung durch z. B. Stakeholder- oder Netzwerkanalysen, es wird jedoch von operativen Tätigkeiten zum Aufbau und der Pflege von Netzwerken dominiert, welche eher organisatorische Tätigkeiten in den Netzwerken umfassen. Auch hier wird eine Verschränkung mit dem Handlungsfeld der Kommunikation/Öffentlichkeitsarbeit sowie der Bildungsstrategie deutlich, denn die oben beschriebenen Tätigkeiten, wie die Aufbereitung und der Transfer von Ergebnissen oder die wissenschaftliche Beratung, sind Aufgaben, die auf den Erfolg einer strategischen und operativen Netzwerkarbeit einzahlen.

Darüber hinaus werden *Sonderaufgaben* benannt, die administrative und Führungsaufgaben umfassen. Zusätzlich werden Stellen ohne eine Programmförderung mit kommunalen Pflichtaufgaben oder weiteren Planungsaufgaben verbunden, sodass hier die Tendenz zu beobachten ist, dass kommunale Planungsaufgaben mit Aspekten des kommunalen Bildungsmanagements verknüpft werden.

Wenngleich in einem kleineren Umfang ist die Nennung von Tätigkeiten im Bereich der *Qualitätssicherung* im Vergleich zur Programmperspektive als ein sich neu entwickelndes Handlungsfeld zu bezeichnen. Die Tätigkeiten beziehen sich dabei eher auf die Überprüfung und Sicherung der eigenen Aufgaben (wie z. B. Planung, Steuerung und Kontrolle von Arbeitsprozessen oder die Evaluation von Veranstaltungen), als es in einem umfassenden auf das gesamte Bildungssystem zielenden Qualitätsmanagements zu sehen ist.

5. Zusammenfassung und Ausblick

Im Rahmen der unterschiedlichen Perspektiven ist eine wiederholte Nennung von bestimmten Tätigkeiten in den einzelnen Handlungsfeldern des kommunalen Bildungsmanagements zu erkennen. Parallel dazu werden die Aufgabenbereiche zunehmend ausdifferenziert. Diese Gleichzeitigkeit lässt eine zunehmende *Profilierung und Spezialisierung der Handlungsfelder* im kommunalen Bildungsmanagement erkennen. Mit der zunehmenden Ausdifferenzierung von Aufgaben findet auch eine weitere *Verschränkung und gegenseitige Einflussnahme der Handlungsfelder* statt. Datenbezogene sowie kommunikative und öffentlichkeitswirksame Aufgaben können als zentrale und eindeutig beschreibbare Handlungsfelder eines kommunalen Bildungsmanagements bezeichnet werden, dabei bedingen sie sich jedoch gegenseitig. Gleiches gilt auch für die strategischen und netzwerkbezogenen Aufgaben. Die in Tabelle 2 dargestellten Handlungsfelder und Aufgabenbereiche in einem kommunalen Bildungsmanagement zeigen, wie sehr die einzelnen Tätigkeiten aufeinander bezogen sind und somit voneinander profitieren. Demnach kommt beispielsweise die Entwicklung von kommunalen Bildungsstrategien nicht ohne Tätigkeiten aus dem Bildungsmonitoring oder der Öffentlichkeitsarbeit aus.

In Bezug auf die Verankerung eines kommunalen Bildungsmanagements als abgrenzbare berufliche Aufgabe, lässt sich neben dieser deutlichen Akzentuierung auch die *Übernahme von Sonderaufgaben* des Regelbetriebs beobachten, was sowohl administrative und qualitätssichernde Aufgaben, aber zum Teil auch pflichtige Aufgaben oder Aufgaben in angrenzenden Bereichen, wie z.B. die Schulentwicklungs- oder Sozialplanung betrifft. Inwieweit über die Beschreibung von Aufgaben und Tätigkeiten hinaus die Etablierung eines neuen Berufsfelds stattgefunden hat, muss durch weitere Untersuchungen, die beispielsweise strukturelle und prozessuale Aspekte in Verwaltungen in den Blick nehmen, beleuchtet werden.

Die *Rollenbestimmung eines kommunalen Bildungsmanagements im Zusammenspiel mit den Bildungsorganisationen in der Kommune* bedarf ebenfalls einer weiteren Betrachtung. Auch wenn die identifizierten Handlungsfelder die programmatischen Erwartungen widerspiegeln, lässt sich festhalten, dass unsere Daten keine Aussagen zur Bedeutung von Netzwerkarbeit im kommunalen Bildungsmanagement erlauben, die in wissenschaftlichen und öffentlich geführten Auseinandersetzungen hervorgehoben wird. So stellt sich für dieses Handlungsfeld die Frage, welche Rolle die institutionellen Rahmenbedingungen spielen, in denen sich Akteure des kommunalen Bildungsmanagements befinden.

Infolgedessen ist auch der Managementbegriff noch einmal systematisch und kritisch zu hinterfragen. Hier könnten die Schnittmengen zwischen den identifizierten Handlungsfeldern oder die Erkenntnis von bisher wenig betrachteten Tätigkeitsfeldern, wie z. B. der wissenschaftlichen Beratung Anderer, weitere Anknüpfungspunkte liefern.

Grundsätzlich ist u. E. eine weitere *Validierung des Aufgabenprofils eines kommunalen Bildungsmanagements* notwendig. Die dargestellten Ergebnisse geben einen ersten Eindruck von einem Aufgabenprofil und der Entwicklung einer beruflichen Aufgabe in der Kommunalverwaltung. Gleichwohl bedarf unsere explorative Herangehensweise einer weiteren (berufs-)analytischen Betrachtung. Weiterhin wäre ein Abgleich mit einer höheren Fallzahl sowie ein Vergleich mit weiteren koordinierenden Funktionsgruppen sinnvoll. Auch der Abgleich von vorhandenen Stellenausschreibungen und Funktionsbeschreibungen aus angrenzenden und bereits etablierteren Tätigkeitsfelder in der Kommunalverwaltung, wie der Jugendhilfeplanung, Sozialplanung oder Schulentwicklungsplanung, kann weitere Hinweise für die Ausarbeitung von zentralen Merkmalen des Tätigkeitsfeldes und seiner Abgrenzung zu anderen Tätigkeitsfeldern liefern. Beispielweise wurden für ein kommunales Integrationsmanagement bereits ähnliche Handlungsfelder identifiziert, darunter Netzwerkkoordination sowie Kommunikation und Öffentlichkeitsarbeit (vgl. hierzu Reichwein, 2009). Das von uns verdichtete Aufgabenprofil für ein kommunales Bildungsmanagement wird darüber hinaus von eher instrumentell-methodisch ausgerichteten Arbeitsaufgaben im Sinne eines klassischen Managements dominiert. In diesem Kontext drängt sich die Frage auf, welche Bedeutung eigentlich der dahinter liegende Bezugsrahmen – nämlich ein bildungsbezogener und pädagogischer – für die Ausgestaltung eines kommunalen Bildungsmanagement hat. So könnte eine Schlussfolgerung lauten, dass die beschriebenen Aufgaben im Prinzip auf jedes sozial-gesellschaftliche Feld, wie z. B. Soziales, Gesundheit, Integration, Inklusion etc., zu übertragen sind. Das wiederum wirft die Frage auf, welche Fachlichkeit dem Arbeitsfeld zugrunde liegt. Wunsch (2022, S. 25) stellt in diesem Kontext die Frage nach der pädagogischen Funktion von Bildungslandschaften: „Verwaltung von Straßenbau und Verwaltung von Pädagogik unterscheidet sich durch andere Prinzipien, ein grundlegend anderes Verständnis von Praxis und vieles andere mehr. So oder so geht es um Fachlichkeit und Professionalität in dem entsprechenden Gebiet. Ich betone das deshalb, weil in den allgemeinen Ansätzen zum Aufbau von Verwaltungseinheiten nicht immer berücksichtigt wird, dass pädagogische Prinzipien grundlegend andere Ansätze und Vorgehensweisen notwendig machen."

Gleichwohl können die von einer management-orientierten Methodik dominierten Aufgabenbereiche eines kommunalen Bildungsmanagements einen Ansatz darstellen, um gesellschaftlich relevante Themen mit Fokus auf Bildung zu kanalisieren, und sie aus der Perspektive und mit den Handlungsspielräumen einer Kommunalverwaltung bearbeiten zu können. In jedem Falle brauchen die

Fachkräfte bildungsbezogene Feldkenntnisse, um die Aufgaben in den Handlungsfeldern ausüben zu können, wie es insbesondere im Handlungsfeld *kommunale Bildungsstrategie,* z. B. bei der Ableitung von Empfehlungen, der Entwicklung von Konzepten oder der wissenschaftlichen Beratung Anderer notwendig erscheint. Zu fragen wäre jedoch, inwieweit pädagogische Prinzipien Eingang finden in die Aufgabenbereiche eines kommunalen Bildungsmanagements, wie z. B. in die Entwicklung von Lehrplänen und -konzepten unterschiedlichster Bildungsangebote und -institutionen.

Die Ergebnisse weiterer Analysen können schließlich dazu beitragen, das Berufsprofil für ein kommunales Bildungsmanagement genauer zu bestimmen und *die unterschiedlichen Anforderungen an eine solche Tätigkeit* genauer zu beschreiben sowie die Weiterbildung für die Fachkräfte in diesem Bereich konzeptionell weiterzuentwickeln, zu systematisieren und an die derzeitige Praxis anzupassen.

Literaturverzeichnis

Büchter, K. (2021). Beruf und Beruflichkeit – Historische (Dis-)Kontinuität von Diskursen, Funktionen und Sichtweisen. In L. Bellmann, K. Büchter, I. Frank, E. M. Krekel & G. Walden (Hrsg.), *Schlüsselthemen der beruflichen Bildung in Deutschland. Ein historischer Überblick zu wichtigen Debatten und zentralen Forschungsfeldern* (S. 185–199). Bonn: Verlag Barbara Budrich.

BMBF (2008). Bekanntmachung. Das Programm „Lernen vor Ort". http://www.lvo.transferinitiative.de/_media/BMBF_Foerderrichtlinien_lvo_final.pdf [12.03.2022].

BMBF (2015). Bekanntmachung des Bundesministeriums für Bildung und Forschung von Förderrichtlinien für das Programm „Bildung integriert". https://www.bmbf.de/foerderungen/bekanntmachung-1010.html [12.03.2022].

BMBF (2016). Bekanntmachung zur Förderrichtlinie zur kommunalen Koordinierung der Bildungsangebote für Neuzugewanderte. https://www.transferinitiative.de/media/content/BAnz%20AT%2022.01.2016%20B2.pdf [15.03.2022].

BMBF (2022). Bildungschancen gestalten. Vor Ort. Für alle. https://www.transferinitiative.de/media/content/Broschuere_Bildung_integriert_barrierefrei.pdf [06.07.2022].

Collum, J. (1999). Der DACUM Prozess. https://edudoc.ch/record/13852?ln=de [01.03.2022].

Dostal, W., Stooß, F. & Troll, L. (1998). Beruf – Auflösungstendenzen und erneute Konsolidierung. Mitteilungen aus der Arbeitsmarkt- und Berufsforschung. 31. Jh./1988, Nr. 3.

Euler, D. & Sloane, P. F. E. (2015). Neue Bildungslandschaften – Kommunales Bildungsmanagement als Zukunftsaufgabe. *Zeitschrift für Berufs- und Wirtschaftspädagogik.* Band 111, Heft 1., 1–10

Emminghaus, C. & Tippelt, R. (Hrsg.) (2009). *Lebenslanges Lernen in regionalen Netzwerken verwirklichen. Abschließende Ergebnisse zum Programm „Lernende Regionen – Förderung von Netzwerken".* Bielefeld: WBV.

Jahn, R. W. (2012). Stützlehrerinnen und Stützlehrer in der beruflichen Integrationsförderung: Erarbeitung eines Aufgabenprofils auf Basis berufsanalytischer Verfahren. In P. Ulmer, R. Weiß & A. Zöller (Hrsg.), *Berufliches Bildungspersonal – Forschungsfragen und Qualifizierungskonzepte* (S. 183–202). Bielefeld: WBV.

Lindner, M., Niedlich, S., Klausing, J., Lüthi, K. & Brüsemeister, T. (2016). Zum Aufbau von Arenen des Bildungsmanagements in Lernen vor Ort. In *Arbeitsgruppe „Lernen vor Ort". Kommunales Bildungsmanagement als sozialer Prozess.* Studien zu „Lernen vor Ort" (S. 47–74). Wiesbaden: VS Verlag.

Manitius, V. & Sendzik, N. (2012). Regionale Bildungsbüros. Ein Einblick zu Unterstützungsleistungen eines noch jungen Akteurs der Schulentwicklung. In H. Buchen, L. Horster & H.-G. Rolff

(Hrsg.), *Schulen in der Region - Region in der Schule* (S. 157–174). Stuttgart: RAABE Fachverlag für Bildungsmanagement.

Niedlich, S. (2016). Regionalisierung des Bildungswesens in Deutschland. In *Arbeitsgruppe „Lernen vor Ort". Kommunales Bildungsmanagement als sozialer Prozess. Studien zu „Lernen vor Ort"* (S. 23–46). Wiesbaden: VS Verlag.

Niedlich, S., Klausing, J. & Rädler, M. (2016). Was bringt's, was bleibt? Zu Wirkungen und Nachhaltigkeit datenbasierten kommunalen Bildungsmanagements. In *Arbeitsgruppe „Lernen vor Ort". Kommunales Bildungsmanagement als sozialer Prozess. Studien zu „Lernen vor Ort"* (S. 237–262). Wiesbaden: VS Verlag.

Nittel, D. (2011). Von der Profession zur sozialen Welt pädagogisch Tätiger? Vorarbeiten zu einer komparativ angelegten Empirie pädagogischer Arbeit. In W. Helsper & R. Tippelt (Hrsg.), *Pädagogische Professionalität* (S. 40–59). Weinheim: Beltz.

Norton, R. E. (1997). DACUM Handbook. https://files.eric.ed.gov/fulltext/ED401483.pdf [01.03.2022].

Nuissl, E. (2010). *Netzwerkbildung und Regionalentwicklung. Studienreihe Bildungs- und Wissenschaftsmanagement.* Band 12. Münster: Waxmann.

Pfadenhauer, M. & Sander, T. (2010). Professionssoziologie. In Kneer, G.; Schroer, M. (Hrsg.), *Handbuch Spezielle Soziologien* (S. 361–378). Wiesbaden: VS.

Reichwein, A. (2009). Kommunales Integrationsmanagement - Ansätze für ein strategische Integrationspolitik. In F. Gesemann, & R. Roth (Hrsg.), *Lokale Integrationspolitik in der Einwanderungsgesellschaft* (S. 227–310). Wiesbaden: VS.

Schubert, H. (2001). Sozialmanagement zwischen Wirtschaftlichkeit und fachlichen Zielen - eine Einführung. In Ders. (Hrsg.), *Sozialmanagement zwischen Wirtschaftlichkeit und fachlichen Zielen.* Wiesbaden: VS Verlag.

Schubert, H. (2020). Integrierte Sozialplanung in Kreisen und kreisangehörigen Kommunen. In A. Nutz, & H. Schubert (Hrsg.), *Integrierte Sozialplanung in Kreisen und kreisangehörigen Kommunen* (S. 1–38). Stuttgart: Kohlhammer.

Spöttl, G. (2015). DACUM versus Arbeitsprozessanalysen. Zur Dominanz anglo-amerikanischer Ansätze in der Curriculumentwicklung. *Berufsbildung*, Heft 154.

Tärre, M. (2013). Berufstheorie - Theorie der Berufe. In J. P. Pahl & V. Herkner (Hrsg.), *Handbuch Berufsforschung* (S. 463–474). Bielefeld: WBV.

Wunsch, R. (2022). *Pädagogik der Bildungslandschaften. Ein Arbeitsbuch.* Bielefeld: transcript.

Relational Agency

Ein Ansatz zur kritisch-reflexiven Professionalisierung multiperspektivischer Zusammenarbeit in kommunalen Bildungslandschaften?

Anika Duveneck und Stefanie Schmachtel

1. Einleitung

Mit der Ausschreibung „Bildungskommunen" geht die Entwicklung kommunaler Bildungslandschaften in die nächste Runde. Nach „Lernen vor Ort" und den „Transferagenturen Kommunales Bildungsmanagement" zielt das BMBF mit dem neuen Programm darauf ab, Kreise und kreisfreie Städte „bei der Verbesserung ihres datenbasierten kommunalen Bildungsmanagements sowie beim Auf- und Ausbau von analog-digital vernetzten und thematisch vertieften Bildungslandschaften" (BMJ, 2022, S. 2) zu unterstützen. Im Gegensatz zum Beginn der Debatte vor etwa 15 Jahren kann dabei auf praktische Erfahrungen, wissenschaftliche Erkenntnisse und erste Ansätze professioneller Strukturen aufgebaut werden. Und das scheint dringend geboten: Die bisherige Entwicklung ist durch eine große Diskrepanz zwischen Programmatik und Umsetzung und eine damit einhergehende „deutliche Ernüchterung" (Stolz, 2014; Schmachtel & Olk 2017, S. 12–13) auf Seiten der Forschung, Praxis und Politik geprägt: Bislang konnte kaum eine Verbesserung der Bildungschancen junger Menschen festgestellt werden, und auch Ziele wie eine stärkere Anerkennung non-formaler Bildung oder die Entwicklung neuer pädagogischer Ansätze wurden bislang wenig erreicht (vgl. z. B. Stolz, 2012; Duveneck, 2016; Schmachtel & Olk, 2017).

Ein Teil der Diskrepanz wurde darauf zurückgeführt, dass bei der Steuerung und Implementation von Bildungslandschaftsprogrammen und -initiativen die Bedeutung von *Wissen, Lernprozessen und Wissensarbeit* lange nicht im Blick der Beteiligten war, die sich als Voraussetzungen für gelingende Zusammenarbeit von Vertreter:innen verschiedener Bereiche erwiesen haben. So zeichnete sich schon früh ab, dass die Vernetzung von Vertreter:innen verschiedener Bereiche wie Schule und Jugendhilfe „häufig an Unkenntnis über die Arbeitsbedingungen und Standards der jeweils anderen Profession" (Stolz, 2010, S. 127) scheitert. Zusammenarbeit zwischen verschiedenen Zuständigkeitsbereichen, sei es zwischen unterschiedlichen pädagogischen Handlungsfeldern oder zwischen

Bildungspraxis und Verwaltung, wurde häufig als Frage der Haltung verstanden. Vielerorts wurden die dafür erforderlichen Kenntnisse über die verschiedenen Bereiche als selbstverständlich vorausgesetzt (Million, Coelen, Heinrich, Loth & Somborski, 2017, S. 220), obgleich schon aus der Diskussion um die Kooperation von Schule und Jugendhilfe bekannt war, dass davon nicht ausgegangen werden kann (z. B. Olk, 2004; Zschiesche, 2004; Bradna & Stolz, 2011).

Genau im Bereich des Lernens und in der Wissensarbeit wurden die größten Wirkungen von Bildungslandschaften festgestellt: Studien zeigen, dass sie häufig erste Anlässe bieten, damit Beteiligte aus verschiedenen Handlungsfeldern sich und ihre Arbeitskontexte kennenlernen konnten. In Bildungslandschaften entstehen Schnittmengen und Kooperationspotenziale; durch die Arbeit in den gemeinsamen Erfahrungsräumen wird ein Wissen von- und übereinander herausgebildet, das für Zusammenarbeit und die kollaborative Entwicklung gemeinsamer Maßnahmen grundlegend ist (Niedlich, Klausing & Rädler, 2016, S. 248; Schmachtel, 2017, S. 156). Auch aus dem Ganztag ist bekannt, dass die Kenntnis der jeweiligen Handlungsfelder und Stärken notwendig ist, damit die Vorteile von Kooperationsprozessen für die pädagogisch Tätigen erkennbar werden (Kielblock, Reinert & Gaiser, 2020, S. 60). Im Zuge dessen erhält auch die Koordination der Zusammenarbeit in Bildungslandschaften eine Bedeutungsaufwertung, wie die seit einigen Jahren zunehmende Forschung zur Koordination von Bildungslandschaften reflektiert (Jungermann, 2018; Niedlich, 2020; Sendzik, 2020; Duveneck, Schlingensiepen-Trint & Schmachtel, 2021; Schmachtel, 2022). Dabei fehlt es aber immer noch an konkreten Gestaltungsansätzen für die Zusammenarbeit, die diese Aspekte miteinschließt.

Relational Agency (kurz: RA) bezeichnet hier einen Ansatz in Anlehnung an die britische Kulturhistorikerin Anne Edwards (z. B. 2005, 2010), der gezielt auf Wissensarbeit und Auseinandersetzung mit professionellen Perspektiven abzielt. Der vorliegende Beitrag eruiert, inwiefern RA dazu beitragen kann, über eine kritisch-reflexive Professionalisierung der Zusammenarbeit in Bildungslandschaften Spielräume für die pädagogische Gestaltung zu erschließen und zu erweitern. Im ersten Kapitel werden zunächst der Ansatz und anschließend sein Potenzial für die Gestaltung multiperspektivischer Zusammenarbeit in Bildungslandschaften vorgestellt. Im zweiten Teil wird kritisch diskutiert, wie sich RA zu makrostrukturellen, politökonomischen Einflussfaktoren verhält, die die Bildungslandschaftspraxis stärker prägen als die Absichten der Beteiligten Akteur:innen (bzw. teilweise dazu führen, dass deren Absichten sogar unbeabsichtigt in ihr Gegenteil verkehrt werden). Dazu werden zunächst entsprechende Befunde vorgestellt und anschließend Kenntnisse aus dem empirischen Einsatz von RA als Analyseinstrument in Bildungslandschaften herangezogen. Auf der Grundlage wird schließlich erörtert, inwiefern RA Ansatzpunkte bietet, um diese Aspekte kritisch zu reflektieren. Der Beitrag schließt mit einem Fazit über das Potenzial von RA für eine kritisch-reflexive Professionalisierung von Zusammenarbeit zur weiteren Erschließung der Potenziale von Bildungslandschaften.

2. Relational Agency als Ansatz zur Gestaltung multiperspektivischer Zusammenarbeit

Anne Edwards beschreibt RA als „a capacity for working with others to strengthen purposeful responses to complex problems" (Edwards, 2009, S. 39, s. auch 2005, 2010, 2017) – eine Fähigkeit, verschiedene Perspektiven problembezogen füreinander fruchtbar zu machen. RA wurde von ihr auf empirischer Basis für die interorganisationale Zusammenarbeit im Bildungsbereich entwickelt und kann sowohl als Analyseinstrument als auch als Entwicklungsperspektive zur praktischen Gestaltung von Zusammenarbeit gedacht und verwendet werden. Edwards beschreibt RA als einen zweischrittigen Prozess, bestehend aus:

1. working with others to expand the 'object of activity' or task being worked on by recognising the motives and the resources that others bring to bear as they, too, interpret it, and
2. aligning one's own responses to the newly-enhanced interpretations with the responses being made by the other professionals while acting on the expanded object (Edwards, 2010, S. 14).

Es geht also im ersten Schritt um ein Moment des Anerkennens (‚recognising') der Motive und Ressourcen der anderen, die diese vor dem Hintergrund ihres jeweiligen Kontexts auf den gemeinsam zu bearbeitende Problemgegenstand mitbringen – ein Schritt, der auch immer ein Moment des ‚Kennens' impliziert. Im zweiten Schritt geht es um das Moment des sich aneinander Ausrichtens (‚aligning') – des aufeinander Eingehens und sich aufeinander Zubewegens, um eine gemeinsame Richtung zu finden. RA stellt dabei sowohl eine kollektive wie auch situative Handlungskapazität dar; es ist eine Zusammenarbeitsfähigkeit, die ein Kollektiv gemeinsam in einer konkreten Situation aufweist.

Abb. 1: Konstitutive Elemente von Relational Agency (vgl. Duveneck, Schlingensiepen-Trint & Schmachtel, 2021, S. 14)

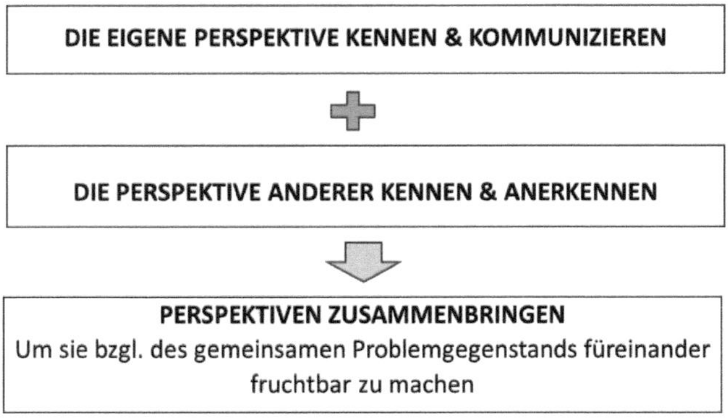

Dass RA als kollektive Fähigkeit jedoch auch mit einer individuellen, situativen Handlungskapazität einhergeht, wird deutlich, wenn man sich den doppelten Fokus dieses Ansatzes genauer verdeutlicht (s. Abb. 1; Edwards, 2010; Duveneck, Schlingensiepen-Trint & Schmachtel, 2021). Denn im ersten Schritt geht es darum, den Blick auf sich selbst zu richten und die eigene Perspektive sowie die eigenen Gegenstandsmotive und Ressourcen vor dem Hintergrund der professionellen Handlungspraxis zu reflektieren – um diese dann in konkreten Zusammenarbeitssituationen an andere zu kommunizieren. Ziel ist dabei, anderen situationsbezogen aktiv die eigene professionelle Perspektive näher zu bringen und zu erklären, warum und vor welchem Hintergrund einem etwas hinsichtlich der gemeinsamen Problembearbeitung wichtig ist.

Gleiches gilt es, zweitens, dann auch in Bezug auf andere Beteiligte in Erfahrung zu bringen; dies bedeutet konkret, sich situativ in der Arbeit am gemeinsamen Gegenstand für die Perspektiven anderer zu öffnen und diese hinsichtlich ihrer Motive und Ressourcen im Kontext ihrer jeweiligen Handlungspraxis verstehen und entschlüsseln zu lernen. Dabei geht auch darum, Erklärungen der anderen ggf. einzufordern: Was ist ihnen in der jeweiligen Zusammenarbeitssituation wichtig und warum?

Auf dieser Basis gilt es dann, in der Problembearbeitung aufeinander einzugehen und gemeinsam Wege zu finden, um die Interpretationen hinsichtlich des gemeinsamen Problemgegenstandes wechselseitig anzureichern und die Perspektiven so füreinander fruchtbar zu machen.

Edwards nennt diese individuelle, situative Expertise, die dialektisch mit RA einhergeht, ‚Relational Expertise'. Beides wird maßgeblich durch ein Drittes vermittelt, dem eine Katalysatorfunktion in der Entwicklung von RA und ‚Relational Expertise' zukommt: dem ‚Common Knowledge' – einem gemeinsam geteilten Wissen darüber, was den beteiligten Personen vor dem Hintergrund ihrer jeweiligen professionellen Hintergründe in ihrer Praxis und auch in der

Kooperationssituation selbst mit Blick auf das gemeinsam zu Bearbeitende wichtig ist und warum. Dabei ist ein Hintergrundwissen zu den verschiedenen Praxen der Beteiligten, inkl. ihrer Rahmenbedingungen, aber auch ein Wissen über die fachlichen (Handlungs-)Konzepte, Theorien und Begriffslogiken wichtig, die die unterschiedlichen (professionellen) Perspektiven ausmachen, mit denen die Akteure auf den gemeinsamen Gegenstand schauen. Dies ermöglicht den Beteiligten, in konkreten Situationen sehr viel besser und differenzierter die Perspektiven der anderen zu verstehen und auf ihre Perspektiven einzugehen.

Dieses aktiv zu kultivierende, geteilte Wissen bildet die Basis dafür, dass die beteiligten Akteure Probleminterpretationen und Handlungsmotive situationsspezifisch vor dem Hintergrund der jeweiligen professionellen Perspektiven und Handlungspraxen verstehen lernen können – mit dem positiven Nebeneffekt, den im Kontext multiprofessioneller Zusammenarbeit beklagten impliziten Annahmen und Stereotypen entgegenzuwirken, die in der Praxis häufig zu Konflikten und schlechten Erfahrungen in der Zusammenarbeit führen. Die Bedeutungen wie auch die Sinnstrukturen, die dabei zum Tragen kommen, werden dabei entlang des kulturhistorischen Denkens im institutionellen Kontext verortet: Edwards Ansatz versteht „meanings as representations of how institutions are shaped and shape themselves, and therefore of what matters within practices" (Edwards, 2010, S. 53).

Edwards spricht von den drei Begriffen RA, ‚Relational Expertise' und ‚Common Knowledge' als ‚gardening tools' – als konzeptionelle Instrumente, mithilfe derer eine Zusammenarbeit langsam zum Wachsen gebracht werden kann. Dabei weist sie darauf hin, dass es ein Mindestmaß an ‚Common Knowledge' benötigt, um RA (und ‚Relational Expertise') entwickeln zu können.

Abb. 2: Edwards drei Analyse- und Entwicklungskonzepte für die multiperspektivische Zusammenarbeit

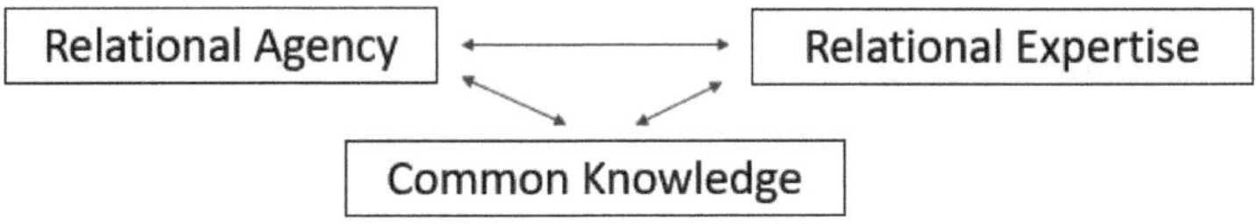

Edwards Ansatz thematisiert multiperspektivische Wissensarbeit im Sinne eines Mehrwert-schaffenden Ineinandergreifens unterschiedlicher fachlicher Perspektiven und macht sie dabei sowohl sichtbar als auch reflektierbar (vgl. Schmachtel[-Maxfield] 2013, S. 39–62, 2021a). Dabei benennt er zentrale Voraussetzungen bei der Gestaltung von Zusammenarbeit in Bildungslandschaften – sowohl zwischen unterschiedlichen Professionellen und Akteuren auf horizontaler Ebene oder (verwaltungs-)ebenenübergreifend auf vertikaler Ebene:

- RA stützt die Erkenntnis, dass Zusammenarbeit mehr als eine Frage der Haltung ist, sondern eine *gemeinsame Wissensarbeit* erfordert. Als Bewusstmachungs- bzw. Sensibilisierungsansatz adressiert er genau jene Lernprozesse und Wissensarbeit, die in der ersten Generation Kommunaler Bildungslandschaften als unerwartete Sekundäreffekte auf Ebene der Zusammenarbeit aufgetreten sind und sich als unverzichtbare Voraussetzungen für multiperspektivische Zusammenarbeit und die daraus resultierende Entwicklung gemeinsamer Ansätze erwiesen haben (vgl. auch Duveneck, Schlingensiepen-Trint & Schmachtel, 2021).
- Zugleich schärft RA den Blick für die *Bedeutung eines gemeinsam entwickelten (pädagogischen) Problemverständnisses* als Grundlage für strategische Entscheidungen in Bildungslandschaften (vgl. Schmachtel-[Maxfield], 2013, S. 39–62, 2021a). Die Gegenstandsorientierung des kulturhistorischen Ansatzes legt dabei gleichzeitig eine Verfachlichung des Umganges mit unterschiedlichen Positionen nahe, die dazu einlädt, Stereotype aufgrund fehlenden (Kontext-)Wissens voneinander zu hinterfragen und aufzubrechen.
- Weiter zeigt RA Professionalisierungs-Anforderungen auf, die mit RA verbunden sind, und einer gezielten Förderung bedürfen: (1) hinsichtlich der Herausbildung eines Bewusstseins bezüglich der eigenen Perspektive und der Fähigkeit, diese situativ zu kommunizieren, (2) hinsichtlich einer situativen Interpretationsfähigkeit und Responsivität der Perspektiven anderer, sowie (3) hinsichtlich des Sicherstellens einer gemeinsamen Wissensbasis als Voraussetzung, responsiv miteinander arbeiten zu können.
- Hinzu kommt, dass die Auseinandersetzung mit den eigenen Handlungslogiken, Strukturen, etc. und derer anderer eine Voraussetzung für die *Identifikation von Spielräumen* bietet. Ein Verständnis über die jeweiligen Professionen, ihre Stärken, Bedingungen und Grenzen, sei ausschlaggebend für eine gemeinsame Vergrößerung der Gestaltungsspielräume (Duveneck, 2016, S. 121). Da im Bildungssystem aufgrund der Organisation in getrennten Zuständigkeiten kaum Kapazitäten für Zusammenarbeit vorgesehen sind, müssen Spielräume dafür aktiv gesucht, erkannt und genutzt werden. Die Forschung zum Ganztag zeigt ebenso, dass die Beteiligten die Zuständigkeiten und Verantwortlichkeiten sowie rechtliche Grundlagen ihrer jeweiligen Bereiche kennen müssen, um Spielräume richtig erschließen und nutzen zu können (Kielblock, Reinert & Gaiser, 2020, S. 62).

Relational Agency hat also das Potenzial, zunächst unterschätzte Voraussetzungen in der Gestaltung von Zusammenarbeit gezielt zu fördern. Das ist wiederum eine zentrale Voraussetzung für die Implementierung von Bildungslandschaften. In diesem Sinne wurde auch bereits praktisch damit gearbeitet: Im Rahmen der PerspektivWechsel-Methode, die in einem ko-konstruktiven Prozess von Duveneck, Schlingensiepen-Trint und Schmachtel (2021) in Zusammenarbeit mit Praxispartner:innen aus dem Dialogforum Bildungslandschaften NRW entwickelt wurde, wurde basierend auf einer gemeinsamen Bearbeitung von multiperspektivischen Problemszenarien RA als Ansatz zur Professionalisierung von Zusammenarbeit in Bildungslandschaften eingesetzt[1]. Einen weiteren Einsatz hat RA in der Konzeption der „Standortabfrage" des Online-Transferinstruments Kompass Bildungslandschaften NRW gefunden, mit der sich die Nutzer:innen einen Eindruck davon verschaffen können, welche Voraussetzungen für Zusammenarbeit in Bildungslandschaften im Sinne der Kenntnis eigener und anderer Perspektiven bereits gegeben sind[2].

3. Relational Agency und strukturelle Einflussfaktoren

Neben der unterschätzten Bedeutung des Wissens der Beteiligten über die verschiedenen Bildungsbereiche als Voraussetzung für gelingende Zusammenarbeit wurden noch weitere Gründe für die Diskrepanz zwischen Zielen und Umsetzung von Bildungslandschaften gefunden. So gibt es Studien, die Bildungslandschaften im Kontext des Umbaus von Wohlfahrtsstaatlichkeit untersuchen und den Einfluss struktureller Einflussfaktoren aufzeigen, der die Zusammenarbeit stärker vorstrukturiert als die Absichten der Beteiligten bzw. diese sogar unbeabsichtigt in ihr Gegenteil verkehren kann (z. B. Duveneck, 2016; Schmachtel[-Maxfield], 2013, 2016; Dirks, Kessl, Lippelt & Wienand, 2016; Emmerich, 2017). So zeigt Duveneck (2016) auf, dass Bildungslandschaften zwar als Ansatz gegen die Auswirkungen wettbewerbsorientierter Politik (z. B. eine starke Fokussierung auf formale Bildungserfolge oder die Verstärkung sozialer Benachteiligung) verstanden werden und das Konzept seine Attraktivität genau daraus bezieht, die Umsetzung aber keinen Einfluss auf Wettbewerbsorientierung als Ursache hat, sondern dadurch bestimmt wird und diese Logik reproduziert. Das hat zur Folge, dass den Auswirkungen nicht begegnet wird, sondern sie im Zuge von Bildungslandschaftsprojekten vielmehr verstärkt werden[3].

---

1 https://www.ljr-nrw.de/themen/bildung/dialogforum-bildungslandschaften/perspektivwechsel-methode/ [19.10.2022].

2 Standortabfrage im Logbuch unter https://www.kompass-bildungslandschaften-nrw.de/ [19.10.2022].

3 Die strukturelle, nicht unmittelbar bewusste Steuerung vollzieht sich dadurch, dass einerseits Handlungsspielräume eröffnet, aber gleichzeitig durch fiskalische Zwänge unterlaufen werden und die Setzung von Prioritäten im Sinne der Wettbewerbsfähigkeit erzwingt. Bildungslandschaften eröffnen den Beteiligten zwar Handlungsspielräume, allerdings müssen diese zusätzlich zur regulären Arbeit gefüllt werden. Die knappen Zeitressourcen erzwingen Prioritäten. In vielen Bildungslandschaften rückte in dem Zuge trotz hoher Zustimmung zu einem weiten Bildungsverständnis der formale Schulerfolg in den Fokus, da er in der Wissensgesellschaft ein entscheidender Prädiktor für die gesellschaftlichen Teilhabechancen junger Menschen ist (Duveneck, 2016, S. 63–64; vgl. auch Dirks et al., 2016).

Die wissenschaftliche Anwendung von RA als Analyseinstrument in einer Studie zu lokalen Planungsprozessen in Bildungslandschaften (Schmachtel[-Maxfield], 2013, 2017, 2021a) hat zudem gezeigt, dass Konflikte in der Zusammenarbeit und die dahinter stehenden Handlungslogiken, Interessen und Motive der Beteiligten maßgeblich durch makrostrukturelle Faktoren geprägt werden. Deren Einfluss spiegelt sich bereits in den bestehenden Verhältnissen der lokalen Einrichtungen untereinander wider. So waren im untersuchten Projekt die Einrichtungen der Kinder- und Jugendhilfe durch die hohe Drittmittelabhängigkeit und eine Kürzung der Mittel, u. a. im Zuge der Einführung der Ganztagsschule, in ein starkes Wettbewerbsverhältnis gesetzt, sowohl untereinander als auch zu den Schulen. Auch die Schulen standen untereinander im Wettbewerb um Kinder aus Mittelschichtsfamilien. Zwischen Kitas und Grundschulen bestand zudem ein Wettbewerbsverhältnis um Vorschulkinder. Die Einführung des Bildungslandschaftsprojektes bzw. die damit einhergehenden Dynamiken im lokalen Planungsprozess machten die schon lang bestehenden Konfliktlinien, Vorbehalte und darüber hinaus existierenden (professions-)ideologischen Unterschiede[4] zwischen den Einrichtungen sichtbar und verschärften sie (ebd., 2013, S. 69–70, S. 131–133, s. auch ebd., 2022, S. 301). Dabei bestand ein ungleiches Machtverhältnis zwischen den Einrichtungen, in welchem die (insbesondere kleineren) Einrichtungen der Kinder- und Jugendhilfe den Schulen in ihrer Ressourcenlage[5] wie auch hinsichtlich der Legitimität ihrer Interessen als Bildungsakteure deutlich unterlegen waren. Kurzum: das wettbewerbsorientierte Zueinander-gesetzt-Sein der Einrichtungen unter ungleichen Machtverhältnissen stand der Anforderung, konsensuell und multiperspektivisch im Sinne der RA gemeinsam die lokale Bildungslandschaft zu gestalten, diametral gegenüber.[6]

Es wurde darüber hinaus deutlich, dass der Thematisierung und Bearbeitung dieser makrostrukturell angeleiteten Konflikte im Sinne einer Verständigung entlang der RA deutliche Grenzen unter den gegebenen Bedingungen gesetzt sind. Die Konflikte konnten in den lokalen Planungsprozessen nicht adäquat thematisiert und bearbeitet bzw. in ihrer Komplexität und Ambivalenz reflektiert

4 Die professionsideologischen Unterschiede ließen sich dabei sowohl interinstitutionell, z. B. zwischen Kitas und Grundschulen bzw. Jugendhilfeeinrichtungen und Schulen, wie auch intrainstitutionell, z. B. zwischen einzelnen Schulen oder zwischen einzelnen Einrichtungen der Jugendhilfe feststellen. Dabei kamen unterschiedliche pädagogische und organisationale Verständnisse zum Tragen (z. B. Schmachtel[-Maxfield], 2013, S. 69–70, S. 131–133).

5 Dieses Ungleichgewicht wurde durch die politisch und fiskalisch forcierte Stärkung der Ganztagsschule bei gleichzeitigen Kürzungen von außerschulischen Angeboten weiter verschärft (Schmachtel, 2017, S. 188).

6 Dies zeigte sich z. B. darin, dass innovative pädagogische Ideen dadurch für die stark von Drittmitteln abhängigen Jugendhilfeeinrichtungen plötzlich zum Wettbewerbsfaktor wurden und (nach schlechter Erfahrung) mangels Vertrauens von ihnen zurückgehalten wurden (Schmachtel-Maxfield, 2013, S. 125–126).

werden[7]. Stattdessen wurden sie über individualisierende Zuschreibungen auf die Ebene der Individuen verlagert.

Auch dabei kam die von den politökonomischen Bedingungen geprägte Ausrichtung von Bildungslandschaftsprojekten zum Tragen. Vermittelt wurde sie über die Anforderung an die zuständige Koordination, im Rahmen der Projektlogik zügig konkrete und im Stadtteil gut sichtbare Ziele zu erreichen – ein Anspruch, der nicht nur von den knappen Ressourcen absieht, sondern auch den (Verständigungs-)Anforderungen an die Gestaltung multiperspektivischer Zusammenarbeit zuwiderläuft. Konflikte konnten so nicht über eine Verständigung über dahinterliegende fachliche oder strukturelle Gründe verfachlicht werden. Sie wurden vielmehr kraft der Autorität der Projektkoordination aufgelöst, die ihre Legitimation dafür aus den Rahmenbedingungen bezog und so die Logik von Effizienz, Effektivität und Produktorientierung reproduzierte (z. B. Schmachtel, 2016, 2017, 2022).

Der Einfluss struktureller Rahmenbedingungen prägt also nicht nur die Umsetzung Kommunaler Bildungslandschafen, sondern setzt auch der Reichweite von Relational Agency Grenzen: Der Ansatz eignet sich zwar, um durch eine gezielte gemeinsame Wissensarbeit Verständigungsprozesse in der Zusammenarbeit anzuregen und damit Voraussetzungen für multiperspektivische Zusammenarbeit zu schaffen. Die Realität der Zusammenarbeit wird jedoch durch strukturelle Einflussfaktoren geprägt, die den Anforderungen an eine professionelle Gestaltung multiperspektivischer Zusammenarbeit diametral zuwiderlaufen. Daraus resultieren widersprüchliche Anforderungen an die Beteiligten, die die Zusammenarbeit belasten (ebd., 2022). Bleibt der Einfluss struktureller Rahmenbedingungen bei der Arbeit mit RA unberücksichtigt, besteht die Gefahr, dass die Anstrengungen der Beteiligten zum Scheitern verurteilt sind, während zentrale Ursachen für die Probleme, die mit Bildungslandschaften adressiert werden sollen, unberührt bleiben oder sogar aus dem Blick rücken (vgl. Duveneck, 2016). Um dieser Gefahr zu begegnen, bedarf RA einer Anreicherung durch geeignete, makroanalytisch sensible Theorieansätze, die in der Auseinandersetzung mit dem Ansatz als wissenschaftliches Analyseinstrument bereits stattfindet (Schmachtel[-Maxfield] 2013, S. 87–113, 2021a, 2022)[8].

7 Es kam zu diskursiven Schließungen in der kollektiven Strategiebildung, die die Möglichkeiten der offenen Verständigung der Beteiligten untereinander systematisch untergruben. Dadurch stellte sich teilweise eine widersprüchliche Doppelbödigkeit in der Kommunikation untereinander ein, in der auf der verbalen Ebene eine Konsensorientierung enaktiert wurde und die nonverbale Ebene eine Konkurrenzorientierung aufwies (z. B. Schmachtel, 2016, 2017).

8 Vielversprechend sind hier Theorieansätze, die die Rationalisierungsprozesse von Akteuren auf Mikroebene mit makroanalytischen Aspekten verbinden. In der obigen empirischen Analyse wurde dafür auf Nissens kulturhistorischen Theorieansatz zur Analyse kollektiver Subjektivierungs- und Objektivierungsprozessen zurückgegriffen (Schmachtel[-Maxfield],

4. Weiterentwicklung von RA zum kritisch-reflexiven Ansatz zur Gestaltung multiperspektivischer Zusammenarbeit?

Für RA als *Gestaltungsansatz* für die Zusammenarbeit in Bildungslandschaften stellt sich die Frage, inwiefern RA als Professionalisierungsansatz dahingehend weiterentwickelt werden kann, dass der Einfluss makrostruktureller Faktoren in der Zusammenarbeitspraxis im Sinne einer kritisch-reflexiven Professionalisierung praktisch berücksichtigt werden kann.

Kerr und Dyson (2017, S. 11) sehen den Schlüssel für den Umgang mit „wider social structures" im reflexiven Bewusstsein von Bildungslandschaftskoordinator:innen: Der Anspruch an sie sollte nicht darauf reduziert werden, vorhandene Probleme zu lösen, sondern auch ein Verständnis von ihrer Entstehung umfassen: „their interventions need to be guided by these understandings – focusing not just on the presenting problems, nor even just on the causes of those problems, but on these together with the 'causes of the causes.' " (Kerr & Dyson, 2017, S. 14). Auch Duveneck (2016, S. 123) sieht in der Reflexion des Einflusses struktureller Bedingungen den zentralen Ansatzpunkt, um sie für eine bewusste Gestaltung fruchtbar zu machen.

Während klar zu sein schein, *dass* Reflexionswissen ein zentraler Ansatzpunkt im Umgang mit dem Einfluss struktureller Rahmenbedingungen ist, ist deutlich weniger klar, *wie* die Vermittlung in der Praxis gelingen kann (Kerr & Dyson, 2017, S. 17). Die Möglichkeiten für Analyse und Reflexion sind Praxisakteuren meist generell „aufgrund ihres alltäglichen Handlungsdrucks verwehrt" (Kessl & Reutlinger, 2013, S. 49–50). Während den Beteiligten in der Regel bereits Freiräume für praktische Zusammenarbeit fehlen, sind Freiräume für Reflexion über übergeordnete, nicht direkt auf das fachliche Handeln zurückzuführende Einflussfaktoren wie politökonomische Dynamiken noch schwerer einzufordern. Diese Herausforderung findet sich auch auf Ebene der Bildungskoordination. Niedlich (2020) verweist darauf, dass für den Typus des „Reflexiven Bildungsmanagements", für den Lernen ein „systematischer Bestandteil des DKBM" (S. 402) ist, die Ausrichtung weg vom (ohnehin nicht einlösbaren) Anspruch eines direkten Erreichens von Bildungszielen hin zur Gestaltung der dafür erforderlichen Lernprozesse nach außen nur schwer zu vermitteln ist.

RA weist dennoch Anschlussstellen für die Vermittlung von Reflexionswissen und den Umgang mit strukturellen Einflussfaktoren auf.

2013, S. 87–113, 2022, i. E.). Auch Hermstein (2021) hat mit Essers (2001) Theorierahmen des strukturtheoretischen Individualismus (siehe auch Greshoff, 2013) eine interessante theoretische Ressource hierfür aufgeschlossen.

- RA lenkt als *Bewusstmachungs- und Sensibilisierungsansatz* den Blick wie auch die Kommunikation auf die Motive, die Perspektiven, die Ressourcen und das Wissen von Akteuren auf die gemeinsamen Problemgegenstände und verortet diese im Handlungskontext der jeweiligen Praxis. Damit forciert RA im selben Zuge eine aktive Identifikation von Spielräumen für gemeinsame Lern- und Verständnisprozesse wie auch einen bislang in der Bildungslandschaftspraxis vernachlässigten Reflexionsfokus für die *Reflexion struktureller Einflussfaktoren*, für die diese Räume ebenfalls genutzt werden können.
- Dabei setzt RA an der gemeinsamen Bearbeitung *konkreter fachlicher (Problem-)Situationen* in der Zusammenarbeit der Beteiligten an. So können Gründe für Probleme, die sich nicht durch eine professionelle Gestaltung von Zusammenarbeit bearbeiten lassen, „gemeinsam identifiziert, Forderungen für Bedingungen, die die Umsetzung der konzeptionellen Ziele ermöglichen, formuliert und politische AdressatInnen dafür ausfindig gemacht werden." (Duveneck, 2016, S. 122). Damit ergeben sich *alltagsrelevante Reflexionsanlässe* mit den (makro-)strukturellen Verhältnissen, die zugleich mit Politisierungen einhergehen können. Das vorhandene Forschungswissen über den Einfluss struktureller Faktoren auf die Praxis kann für die Vermittlung in die Praxis anschlussfähig gemacht werden.
- Die Anwendung des Reflexionswissens auf die Arbeit mit dem Ansatz sensibilisiert für die Involviertheit von Bildungsmanagement und -koordination in den Einfluss struktureller Rahmenbedingungen. Dabei schützt es davor, die Entstehung von Strukturen für eine professionelle Gestaltung von Zusammenarbeit und Freiräumen für Lernprozesse im Zuge der Entwicklung kommunaler Bildungslandschaften überzubewerten (z. B. Schmachtel, 2017, 2021b, 2022)[9].

Und das ist dringend geboten: Trotz der inzwischen vorhandenen Kenntnisse über die Umsetzung und Reichweite von Bildungslandschaften wird Bildungskoordination weiterhin mit politökonomisch geprägten Erwartungen konfrontiert und am Erreichen nicht-realisierbarer Ziele gemessen: So dominiert in der Ausschreibung der „Bildungskommunen" weiterhin eine technokratische Vorstellung von der Gestaltung multiperspektivischer Zusammenarbeit (etwa über den Abschluss von Kooperationsvereinbarungen oder digitale kommunale Bildungsportale), in denen mittlerweile überholte Vorstellungen zum Ausdruck kommen, während Kenntnisse über die dafür erforderlichen Voraussetzungen keinen Einzug gefunden haben. Die Räume für Lernprozesse und Wissensarbeit sind in

9 Dies beinhaltet auch eine kritische, selbstreflexive Haltung hinsichtlich der eigenen emotionalen, motivationalen und (professions-)identitären Verflechtungen mit der Bildungslandschaftsprogrammatik, die in der Reproduktion politökonomischer Logiken eine kritische Rolle spielen (Schmachtel, 2022).

Bildungslandschaften inzwischen zwar größer als am Anfang der Entwicklung, aber nach wie vor zu klein, um deren Potenzial voll zu entfalten.

5. Fazit

Edwards' Konzept der RA bietet einen vielversprechenden Ausgangspunkt (1) für einen Ansatz, der die weitere Entwicklung von Bildungslandschaften durch eine Professionalisierung multiperspektivischer Zusammenarbeit flankiert, und (2) fungiert zugleich als Vehikel für die Vermittlung von kritischem Reflexionswissen, um zentrale Gründe für die Diskrepanz zwischen Zielen und Umsetzung verstehen, einordnen und ggf. adressieren zu können.

Zunächst weist RA eine hohe Passung mit den derzeitigen Professionalisierungsanforderungen für die Koordination von Bildungslandschaften auf. Mit Lernprozessen über die beteiligten Bereiche und die gemeinsamen Themen adressiert der Ansatz gezielt jene Voraussetzungen für multiperspektivische Zusammenarbeit, die sich in der Praxis als erforderlich erwiesen haben, aber zunächst nicht systematisch in den Blick genommen und gefördert wurden. Die Auseinandersetzung mit den verschiedenen Bereichen bringt jenes Wissen hervor, das die Erarbeitung gemeinsamer Ansätze erfordert, und zwar indem klar wird, was die Beteiligten berücksichtigen müssen, damit die Ansätze für alle funktionieren. Die Auseinandersetzung mit den verschiedenen professionellen Perspektiven forciert dabei eine Verfachlichung im Umgang mit unterschiedlichen Positionen, die eine Gegenperspektive zu persönlichen und individualisierenden Zuschreibungen sowie Stereotypen anbietet. Andersherum erlauben die Bedeutungsaufwertung von Koordination und die Einrichtung entsprechender Koordinationsstellen mit Gestaltungsspielräumen auf intermediärer Ebene inzwischen den praktischen Einsatz von Ansätzen zur professionellen Gestaltung von Zusammenarbeit (während diese Bedingungen in früheren Stadien mangels Bewusstseins für die Bedeutung von Voraussetzungen für die multiperspektivische Zusammenarbeit fehlten).

Die Analyse des Einflusses struktureller Rahmenbedingungen auf das Verhältnis von Zielen und Umsetzung von Bildungslandschaftsinitiativen wie auch der Einsatz des Konzepts als Analyseinstrument haben die Grenzen von RA als Gestaltungsansatz in Bildungslandschaften sowie einen Weiterentwicklungsbedarf als kritisch-reflexive Perspektive offenlegt. Es wurde deutlich, wie makrostrukturelle Einflussfaktoren mikrostrukturelle Dynamiken zwischen den Beteiligten auslösen, die den Anforderungen an Zusammenarbeit zuwiderlaufen und sogar dazu führen können, dass ihre Absichten unbeabsichtigt in ihr Gegenteil verkehrt werden. Um zu verhindern, dass diese Einflussfaktoren im Zuge der Arbeit mit RA aus dem Blick geraten, bietet es sich an, den Ansatz für die Vermittlung von Wissen über den Einfluss struktureller Faktoren auf die Umsetzung von Bildungslandschaften fruchtbar zu machen.

Dabei ist die Anschlussfähigkeit des Bewusstmachungsansatzes an die Arbeitsebene der Beteiligten ein zentrales Potenzial: RA bietet einen Anlass für die Auseinandersetzung mit strukturellen Faktoren, die auf Ebene der Zusammenarbeit zum Ausdruck kommen und Probleme erzeugen, aber nicht dort verursacht werden und daher auch nicht dort bearbeitet werden können. Das in dem Zuge entstehende Reflexionswissen schafft einerseits ein Bewusstsein für die Gefahr der Reproduktion jener Logiken, gegen deren Folgen sich das Handeln der Beteiligten eigentlich richtet, und richtet andererseits das Augenmerk auf den Bedarf nach politischen Antworten auf diese Ursache der Diskrepanz zwischen Zielen und Umsetzung von Bildungslandschaften, um dieser Gefahr zu begegnen.

Die Reflexion über den Einfluss struktureller Rahmenbedingungen impliziert nicht zuletzt auch die Reflexion der Reichweite des Ansatzes insgesamt: Auch wenn es inzwischen ein Bewusstsein für die Bedeutung von Lernprozessen und Wissensarbeit sowie für die Bedeutung von Koordination und entsprechende Spielräume gibt, sind die Bedingungen für multiperspektivische Zusammenarbeit noch lange nicht hinreichend. Sie markieren vielmehr einen Ausgangspunkt, der für die weitere Entwicklung genutzt werden kann. Durch die Auseinandersetzung mit den verschiedenen professionellen Perspektiven birgt RA gleichzeitig das Potenzial, zentrale Voraussetzungen für multiperspektivische Zusammenarbeit gezielt zu befördern und im Zuge der Auseinandersetzung mit den eigenen Strukturen aktiv Spielräume für Zusammenarbeit zu identifizieren. Diese können durch eine verbesserte Nutzung am besten erweitert werden. Daher ist es zielführend, den Einsatz von RA in Bildungslandschaften von einer ergebnisorientierten Konsenslogik zu entkoppeln, ihn also primär nicht zur Zielerreichung oder als Rezeptur zur Optimierung einer funktionsfähigen Kooperation, sondern zur besseren Verständigung der Beteiligten untereinander und zur Identifikation von Spielräumen für eine kritisch-reflexive Koordination von Bildungslandschaften einzusetzen. Das wiederum ist eine Voraussetzung, um die Reichweite von Bildungslandschaften zur Entfaltung ihrer Potenziale weiter kritisch auszuloten.

Danksagung

Wir bedanken uns herzlich bei Karina Schlingensiepen-Trint wie auch den Herausgeber:innen dieses Sammelbandes für die hilfreichen Kommentare zur Überarbeitung dieses Artikels.

Literaturverzeichnis

BMJ (2022). Bundesanzeiger vom Bundesministerium für Justiz: https://www.bundesanzeiger.de/pub/publication/yFlt0FlMUNCc42AVZrX/content/yFlt0FlMUNCc42AVZrX/BAnz%20AT%2018.01.2022%20B7.pdf [17.5.22].

Bradna, M., & Stolz, H.-J. (2011). Professions- und Institutionsverständnis im Gestaltungskontext lokaler Bildungslandschaften. In K. Speck, T. Olk, O. Böhm-Kasper, H.-J. Stolz, & C. Wiezorek (Hrsg.), *Ganztagsschulische Kooperation und Professionsentwicklung: Studien zu multiprofessionellen Teams und sozialräumlicher Vernetzung* (S. 138–153). Weinheim, München: Juventa.

Dirks, S., Kessl, F., Lippelt, M. & Wienand, C. (2016). *Urbane Raum(re)produktion – Soziale Arbeit macht Stadt.* Münster: Westfälisches Dampfboot.

Duveneck, A. (2016). *Bildungslandschaften verstehen. Zum Einfluss von Wettbewerbsbedingungen auf die Praxis.* Weinheim, Basel: Beltz Juventa.

Duveneck, A., Schlingensiepen-Trint, K. & Schmachtel, S. (2021). *PerspektivWechsel – Methode für multiperspektivische Zusammenarbeit im Bildungsbereich.* Praxisleitfaden in Zusammenarbeit mit dem Dialogforum NRW. Landesjugendring NRW. Düsseldorf.

Edwards, A. (2005). Relational Agency. Learning to be a resourceful practitioner. *International Journal of Educational Research 43*, 68–82.

Edwards, A. (2009). Relational agency in collaborations for the wellbeing of children and young people. *Journal for Children's Services 4*(1), 33–43.

Edwards, A. (2010). *Being an Expert Professional Practitioner: the Relational Turn in Expertise.* Dordrecht: Springer.

Edwards, A. (Hrsg.) (2017). *Working relationally in and across practices: cultural-historical approaches to collaboration.* New York: Cambridge University Press.

Emmerich, M. (2017). Semantiken regionaler Bildungssteuerung. In T. Olk & S. Schmachtel (Hrsg.): *Educational Governance in kommunalen Bildungslandschaften: Empirische Befunde und kritische Reflexionen* (S. 78–99). Weinheim, Basel: Beltz Juventa.

Esser, H. (1999). *Soziologie. Spezielle Grundlagen*, Bd. 1: Situationslogik und Handeln. Frankfurt/M.: Campus.

Hermstein, B. (2021). Wer spielt warum mit? Schnittstellen in der Schulsystementwicklung und Prozesse ihrer Rationalisierung. *DDS-Die Deutsche Schule 113*(1), 14–29.

Jungermann, A.-K. (2018). *Bildungslandschaften wirksam steuern – eine heuristische Wirkungslogik unter Berücksichtigung des sozio-ökologischen Kontexts.* Dissertation an der TU Dortmund https://eldorado.tu-dortmund.de/handle/2003/37780?mode=full [10.11.2021].

Kerr, K. & Dyson, A. (2017). *Area-based responses to educational disadvantage.* Oxford Research Encyclopedia of Education.

Kessl, F. & Reutlinger, C. (2013). *Urbane Spielräume. Bildung und Stadtentwicklung.* Wiesbaden: VS Verlag.

Kielblock, S., Reinert, M. & Gaiser, J. M. (2020). Die Entwicklung multiprofessioneller Kooperation an Ganztagsschulen aus der Perspektive von Expertinnen und Experten. Eine Qualitative Inhaltsanalyse. *Journal for Educational Research Online 12*(1), 47–66.

Million, A., Coelen, T., Heinrich, A. J., Loth, C. & Somborski, I. (2017). *Gebaute Bildungslandschaften. Verflechtungen zwischen Pädagogik und Stadtplanung.* Berlin: jovis.

Niedlich, S., Klausing, J. & Rädler, M. (2016). Was bringt's, was bleibt? Arbeitsgruppe „Lernen vor Ort" (Hrsg.), *Kommunales Bildungsmanagement als sozialer Prozess: Studien zu „Lernen vor Ort"* (S. 237-262). Wiesbaden: Springer.

Niedlich, S. (2020). *Neue Ordnung der Bildung. Zur Steuerungslogik der Regionalisierung im deutschen Bildungssystem.* Wiesbaden: Springer.

Olk, T. (2004). Kooperation Schule und Jugendhilfe – das Verhältnis zweier Institutionen auf dem Prüfstand. In B. Hartnuß & S. Maykus (Hrsg.), *Handbuch Kooperation von Jugendhilfe und Schule. Ein Leitfaden für Praxisreflexionen, theoretische Verortungen und Forschungsfragen* (S. 69–101). Berlin: Eigenverlag des Deutschen Vereins für öffentliche und private Fürsorge.

Schmachtel-Maxfield, S. (2013). *Exploring local governance in a German 'educational landscapes' partnership. An ethnographic case study of a collective strategy-building process from a cultural-historical perspective.* Doktorarbeit an der Sozialwissenschaftlichen Fakultät der Universität Kopenhagen.

Schmachtel, S. (2016). Local partnerships as 'rationalized myths': a critical examination of the micro-discourse in educational partnership working. *Critical Policy Studies 10*(4), 448–467.
Schmachtel, S. (2017). Bildungslandschaften als Managementproblem? In T. Olk & S. Schmachtel (Hrsg.), *Educational Governance in kommunalen Bildungslandschaften: Empirische Befunde und kritische Reflexionen* (S. 176–203). Weinheim, Basel: Beltz Juventa.
Schmachtel, S. (2021a). The micro-politics of co-creation: Augmenting analyses of 'relational agency' in local education partnerships with the 'documentary conversation analysis'. *Learning, Culture and Social Interaction. Volume 30*, Part A. 100517.
Schmachtel, S. (2021b). *Bildungslandschaften als Kooperations- und Lernanlass. Überlegungen zu einer 2. Generation Bildungslandschaften.* Eröffnungsvortrag des Online-Fachforums „Bildung in Kommunen – Bildungsmanagement in Sachsen" der Transferagentur Mitteldeutschland in Kooperation mit dem Sächsischen Staatsministerium für Kultus am 16. November 2021. Online verfügbar unter: https://www.transferagentur-mitteldeutschland.de/veranstaltungen/termine/fachforum-sachsen-bildung-in-kommunen-bildungsmanagement-in-sachsen/dokumentation [15.3.2022].
Schmachtel, S. (i. E.). Pädagogische Organisationspraxis im Spiegel der kollektiven Subjektivierung. Nissens kritisch-kulturhistorischer Ansatz. In A. Mensching, N. Engel, C. Fahrenwald, M. Hunold & S. M. Weber (Hrsg.), *Organisation zwischen Theorie und Praxis.* 3. Jahrbuch der Organisationspädagogik.
Schmachtel, S. (2022). Zur Performativität sozial- und bildungspolitischer Reformideen als Rationalitätsmythen und Phantasmen: das Beispiel Bildungslandschaften. *Neue Praxis (3)* 2022, 293–310.
Schmachtel, S. & Olk, T. (2017). Educational Governance in kommunalen Bildungslandschaften: Empirische Befunde und kritische Reflexionen – eine Einführung. In T. Olk & S. Schmachtel (Hrsg.), *Educational Governance in kommunalen Bildungslandschaften: Empirische Befunde und kritische Reflexionen* (S. 10–50). Weinheim, Basel: Beltz Juventa.
Sendzik, N. (2018). *Pfadabhängigkeiten in Bildungsregionen: Regionale Bildungsbüros als „agents of change"?* Dissertation. Dortmund.
Stolz, H.-J. (2010). Lokale Bildungslandschaften in Kooperation von Ganztagsschule und Jugendhilfe. Ausgewählte Ergebnisse. In C. Nerowski & U. Weier (Hrsg.), *Ganztagsschule organisieren – ganztags Unterricht gestalten* (S. 121–134). Bamberg: University of Bamberg Press (Forum Erziehungswissenschaft und Bildungspraxis, 2).
Stolz, H.-J. (2012). Bildung neu denken! Kritische Anmerkungen zu aktuellen Ansätzen lokaler Bildungslandschaften und möglichen Alternativen. In P. Bleckmann & V. Schmidt (Hrsg.), *Bildungslandschaften. Mehr Chancen für alle* (S. 21–31). 1. Aufl. Wiesbaden: VS Verlag für Sozialwissenschaften.
Stolz, H.-J. (2014). Zwischen Gestaltungskraft und Ernüchterung-Kommunale Netzwerkkoordinierung im Bereich Bildung, Erziehung und Betreuung. *DDS-Die Deutsche Schule 106*(1), 50–61.
Tibussek, M. (2009). Netzwerkmanagement. Steuerung in Bildungslandschaften. In P. Bleckmann & A. Durdel (Hrsg.), *Lokale Bildungslandschaften. Perspektiven für Ganztagsschulen und Kommunen* (S. 203–219). Wiesbaden: VS Verlag.
Zschiesche, T. (2004). Was gibt's da zu lernen? Fortbildung zur Förderung der Kooperation von Schule und Jugendhilfe. In B. Hartnuß & S. Maykus (Hrsg.), *Handbuch Kooperation von Jugendhilfe und Schule. Ein Leitfaden für Praxisreflexionen, theoretische Verortungen und Forschungsfragen* (S. 954–963). Berlin: Eigenverlag des Deutschen Vereins für öffentliche und private Fürsorge.

Potenziale und Herausforderungen von Kooperationen im Bereich der Erwachsenenbildung

Exemplarische Erörterung am Beispiel einer Programmanalyse

Jakob Benecke und Nicole Luthardt

1. Die Volkshochschule als Ort einer Bildung für alle – Ausgangspunkt von Kooperationen in der Erwachsenenbildung

Die Erwachsenenbildung[1] stellt seit den 1970er Jahren einen anerkannten Bildungsbereich im deutschen Bildungssystem dar, der sich durch eigene Grundprinzipien auszeichnet (u. a. Freiwilligkeit und Pluralität). Während die Bildung im Kindes- und im Jugendalter im Rahmen der gesetzlichen Schulpflicht als obligatorisch gilt, ist die Teilnahme an Bildungsangeboten der allgemeinen, kulturellen und politischen Erwachsenenbildung im Allgemeinen als freiwilliges Angebot konzipiert.[2] Für ältere Heranwachsende und Erwachsene ist die Entscheidung, an Bildungsangeboten zu partizipieren, vor allem von einer, persönlichen Interessen oder den Erfordernissen von Ausbildung und Beruf folgenden, Lern- und Bildungsmotivation geprägt, weniger hingegen von einer externen Bildungsverpflichtung. So stehen Einrichtungen der Erwachsenenbildung einerseits vor der Herausforderung, ein – für die jeweiligen Bildungsbedürfnisse – passendes Bildungsangebot zu offerieren, um Bildungswillige von einer Teilnahme an den eigenen Bildungsangeboten zu überzeugen. Andererseits sind sie, vor allem wenn sie durch öffentliche Zuschüsse gefördert werden, dazu aufgerufen, nicht ausschließlich die aktuelle Nachfrageseite zu bedienen, sondern im Kontext eines gesellschaftlichen Auftrags auch Bildungsbedarfe in der Bevölkerung zu erfassen und zu kommunizieren. In diesem Kontext spielen Volkshochschulen eine

1 *Erwachsenenbildung* wird in Anlehnung an Weinberg (2000, S. 15) als systematischer Oberbegriff für alle formalen, non-formalen und informellen Bildungsmöglichkeiten im Erwachsenenalter verwendet.

2 Im Rahmen der betrieblichen Weiterbildung oder auch für bestimmte Zielgruppen, u. a. im Rahmen von verpflichtenden Integrationskursen, gilt dieses Prinzip nicht.

wichtige Rolle. Sie gehörten zu den bekanntesten Einrichtungen in öffentlicher Trägerschaft: 2019 existierten in Deutschland 888 Volkshochschulen mit mehr als 28.000 Außenstellen; 63 % der Bildungseinrichtungen lagen in Trägerschaft der Gemeinden, Kreise oder Stadtstaaten (vgl. Huntemann, Echarti, Lux & Reichart, 2021, 20–21).

Die Förderung der Erwachsenenbildung, und somit auch die Förderung von Volkshochschulen und sonstigen Bildungseinrichtungen in freier Trägerschaft, gilt im Rahmen der kommunalen Daseinsvorsorge als Aufgabe der Länder, Kommunen und Gemeinden (hierzu exemplarisch: Bubenzer, 1983; Meisel, 2011). Eine solche kommunale Einbindung der Erwachsenenbildung – einerseits in Bezug auf die institutionelle Trägerschaft sowie auf die gesetzliche und verwaltungsrechtliche Förderung von Erwachsenenbildungsanbietern; andererseits die Anerkennung der Erwachsenenbildung als kommunale Bildungsaufgabe betreffend – kann als systematisches Grundprinzip spätestens seit den 1960er Jahren für die alte Bundesrepublik und seit den 1990er Jahren für das wiedervereinigte Deutschland angesehen werden. Dieser konkrete verfassungsrechtliche Förderauftrag bezüglich der Erwachsenenbildung lässt sich auch an seiner Verankerung in den Landesverfassungen ablesen[3]; wobei sich die ausdrückliche Aufforderung zur Förderung der Erwachsenenbildung nicht nur an die Länder richtet, sondern auch – wie es in der Thüringer Verfassung heißt – an alle Gebietskörperschaften und somit auch an die Kommunen. In der Bayerischen Verfassung wird die Verantwortung der Gemeinden und Kommunen für die Erwachsenenbildung noch einmal konkret hervorgehoben. In Artikel. 83 Abs. 1 BV ist festgelegt, dass die Förderung der Erwachsenenbildung im eigenen Wirkungskreis der Gemeinden liegt und somit der kommunalen Selbstverwaltung zugeschrieben ist (vgl. Küspert, 2022, S. 12). So sind in diesem Bundesland Gemeinden und Kommunen gesetzlich verpflichtet, die Pluralität der Bildungseinrichtungen und des Bildungsangebots zu fördern und somit einen „möglichst niederschwellige[n] Zugang“ zu diesen zu gewährleisten (Art. 1 Abs. 3 S. 2 BayEBFöG). Ortsnahe Angebote sollen zur Herstellung gleichwertiger Lebensverhältnisse beitragen (vgl. Art. 1 Abs. 3 S. 3 BayEBFöG, 2021). In diesem Kontext können Einrichtungen der Erwachsenenbildung, wie etwa Volkshochschulen und andere Einrichtungen freier Träger, „einen wichtigen Beitrag zur Bildungsgerechtigkeit, zur Integration, zur Orientierung vieler Menschen und damit auch zur Zukunftssicherung von Staat und Gesellschaft“ leisten (Küspert, 2022, S. 17). Gerade die Erwachsenenbildungseinrichtungen, hierunter insbesondere die Volkshochschulen, bieten oftmals ein vielfältiges Lern- und Bildungsprogramm an, das sich an unterschiedliche Zielgruppen wendet. Dieses kann der beruflichen Qualifizierung

3 Exemplarisch Art. 29 der Verfassung des Freistaats Thüringen, 2004 oder Art. 139 der Verfassung des Freistaates Bayern, 2013.

oder gesellschaftlichen Orientierung dienen oder auch der internationalen, interkulturellen und intergenerationellen Kommunikation (vgl. DVV, 2011, 18–19).

Allerdings zeigen aktuelle Ergebnisse zum Weiterbildungsverhalten in Deutschland, dass trotz allgemein steigender Quoten bei der Weiterbildungsbeteiligung heterogene Faktoren wie der Erwerbsstatus, die Stellung im Beruf, der Bildungshintergrund, das Geschlecht, der Migrationshintergrund oder das Alter die Bildungsteilnahme differenzierend beeinflussen (vgl. BMBF, 2021). Des Weiteren zeigen die Ergebnisse aus dem Deutschen Weiterbildungsatlas zum einen, dass die Erreichbarkeit von Bildungsangeboten – durch räumliche (Wohnorts-) Nähe oder durch eine gute Verkehrsanbindung – ein weiteres wesentliches Motiv für oder gegen eine Bildungsteilnahme darstellen kann (vgl. Martin, Schoemann & Schrader, 2021, S. 179). Dies gilt insbesondere in ländlich geprägten Regionen. Durch die Schaffung von Bildungsnetzwerken und den Aufbau von Kooperationsbeziehungen unterschiedlicher Bildungseinrichtungen könnten das jeweilige regionale Bildungsangebot erweitert und infolgedessen auch neue Zielgruppen erreicht werden. Zum anderen wird deutlich, dass sich die institutionalisierte Bildungslandschaft teils deutlich unterscheidet, insbesondere in Bezug auf die Angebote der betrieblichen Weiterbildung und von marktförmiger Weiterbildung sowohl auf Ebene der Bundesländer (vgl. ebd., S. 14–17) als auch auf Ebene der Kreise und kreisfreien Städte (vgl. ebd., S. 50–62). Die Autoren resümieren entsprechend: Die „beobachtbare Heterogenität der Weiterbildungslandschaft auf Ebene der Kreise und kreisfreien Städte geht paradoxerweise mit bisher nur geringen Steuerungspotentialen der bildungspolitischen Akteure […] einher. […] Es wäre demzufolge wichtig, den Einfluss der Kommune und der Akteure dort auf das Weiterbildungsverhalten zu stärken“ (ebd., S. 180–181).

Die hier einführend skizzierte Ausgangslage zeigt, dass das anspruchsvolle erwachsenenpädagogische Leitprinzip einer *Bildung für alle* nicht von einer Bildungseinrichtung allein zu realisieren ist und sich in diesem Kontext regionale Disparitäten in der Bildungslandschaft insbesondere auf kommunaler Ebene zeigen. Insofern bedarf es für eine Realisierung dieser Bildungsidee notwendigerweise Kooperationen zwischen Bildungseinrichtungen sowie zwischen diesen und regionalen und kommunalen Partnern. Der These folgend, dass das Leitprinzip einer *Bildung für alle* allein durch ein kooperatives Agieren unterschiedlicher Bildungsverantwortlicher realisiert werden kann, stellen sich für die vorliegende Analyse folgende Fragen: 1. ob und ggf. in welcher Form die Zusammenarbeit mit anderen Akteur:innen in den Programmheften von Volkshochschulen aufgegriffen wird; 2. inwieweit vorhandene Kooperationen im Leitbild der betreffenden Einrichtungen von Bedeutung sind. Um diese Fragen systematisch bearbeiten zu können, wird zu Beginn die bildungspolitische Entwicklung und Bedeutung von Bildungskooperationen knapp dargestellt (Kapitel 2). Im Anschluss daran werden der Zugang zum Forschungsfeld umrissen sowie die Ergebnisse der durchgeführten Programmanalyse vorgestellt (Kapitel 3). Im Rahmen der Programmanalyse wurden die veröffentlichten Programmhefte einer Volkshochschule aus Thüringen im Zeitraum Frühjahrssemester 2012 bis Herbstsemester 2015 untersucht – der Untersuchungszeitraum deckt sich mit dem Auswertungszeitraum des Deutschen Weiterbildungsatlas. Im abschließenden Fazit wird für weiterführende Forschungsaktivitäten plädiert (Kapitel 4).

2. Kooperation(en) als Leitidee der Erwachsenenbildung

2.1 Kooperation(en) als bildungspolitische Leitidee?

„Kooperation und Koordination der Bildungsmaßnahmen sind [...] zu den zentralen Strukturproblemen der westdeutschen Erwachsenenbildung geworden", so resümieren die Autoren Keim, Olbrich und Siebert ihre Untersuchungen zu den „kontroversen Positionen gesellschaftlicher und öffentlicher Träger" im Kontext der Entwicklung eines Gesamtsystems Weiterbildung als quartärer Bildungsbereich des Bildungssystems (Keim, Olbrich & Siebert, 1973, S. 11). Durch dieses Fazit wird das Ergebnis historischer Entwicklungen der Erwachsenenbildung in den frühen 1970er Jahren auf den Punkt gebracht. Diese vollzogen sich in Form unterschiedlicher Entwicklungen und Positionierungen der Träger der Erwachsenenbildung in der Weimarer Republik und nach 1945 in den drei westlichen Besatzungszonen. Das obige Fazit spiegelt auch das Verständnis von Eigenständigkeit im Kontext einer beginnenden staatlichen Planung wider.

Die – in der Zeit der Bildungsplanungseuphorie aufkommende – Maxime, nach welcher die Bildung im Erwachsenenalter nunmehr weder als „beliebige Privatsache noch als eine nur Gruppeninteressen dienende Maßnahme betrachtet und behandelt werden" dürfe, führte zu einer stärkeren staatlichen Förderung, u. a. durch die Verabschiedung rechtlicher Rahmenbedingungen. Ziel sollte es sein, durch die Zusammenarbeit und durch Zusammenschlüsse unterschiedlicher Bildungsanbieter ein vielseitiges Angebot für heterogene Bildungsbedürfnisse und -bedarfe zu entwickeln (Deutscher Bildungsrat, 1972, S. 199). Um dies realisieren zu können, bedurfte es jedoch koordinierter Kooperationen. Diese Annahme fußt u. a. auf der Erkenntnis, dass bisher die „freiwillige, partnerschaftliche Kooperation [...] nicht in dem Maße funktioniert", wie dies bildungspolitisch erwartet wurde (Keim et al., 1973, S. 124).

Zur regulativen Umsetzung solcher Bestrebungen wurden auf Länderebene in den jeweiligen Erwachsenenbildungsgesetzen die horizontale und die vertikale Zusammenarbeit von Bildungseinrichtungen als Förderungsvoraussetzung betont. Diese sehen infolgedessen eine Zusammenarbeit unterschiedlicher Träger, kommunaler Bildungseinrichtungen und bildungspolitisch Verantwortlicher in Landesverbänden, Kuratorien oder Arbeitskreise vor. Bis heute gilt Kooperation, d. h. „die Zusammenarbeit einer Weiterbildungseinrichtung mit mindestens einer weiteren Einrichtung oder Organisation", die sich durch „die Zusammenarbeit von selbständigen und im Prinzip unabhängigen Partnern unter einer gemeinsamen Zielperspektive" charakterisieren lässt (Dollhausen & Mickler, 2012, S. 9), als eine genuine Voraussetzung, welche Bildungseinrichtungen erfüllen müssen, um Landeszuschüsse zu erhalten.[4] Seit den 1980er Jahren war in der Bundesrepublik[5] allerdings der Begriff der Kooperation in den bildungspolitischen Positionen sukzessive durch den Begriff der Konkurrenz abgelöst worden (vgl. Jütte, 2002, S. 17). Letzteres war sicherlich durch eine stärkere Marktorientierung der öffentlich verantworteten und geförderten Erwachsenenbildung mitbedingt (vgl. Faulstich & Haberzeth, 2007, S. 28–33). Kooperationen sollten demnach vor allem einer „Korrektur eventuellen Marktversagens" (Jütte, 2002, S. 17) dienen.

Die in diesen bildungspolitischen Texten anklingende Neuakzentuierung der europäischen Bildungskonzeptionen wurde in den Folgejahren durch die Lissabon-Strategie weiter vorangetrieben. Das am 23./24. März 2000, von den Staats- und Regierungschefs in einer Sondersitzung des Europäischen Rats in Lissabon, formulierte „Ziel, die EU bis 2010 zum wettbewerbsfähigsten und dynamischsten wissensbasierten Wirtschaftsraum der Welt zu machen" (Europäischer Rat, 2000), gilt als Novum und richtungsweisend für die europäische Bildungspolitik seither (vgl. Schemmann, 2007, S. 125). In den unmittelbar darauf folgenden Post-Lissabon-Dokumenten, insbesondere im *Memorandum über Lebenslanges Lernen* wird die Dezentralisierung des Lernens (Lernen „vor Ort"/ lokales Lernen, vgl. Kommission der Europäischen Gemeinschaften, 2000, S. 22) als ein Ausbau- und Förderschwerpunkt verstanden (vgl. Schemmann, 2007, S. 127). Dieser Idee folgend wurde im Rahmen des Bundesprogramms „Lernende Regionen – Förderung von Netzwerken" der Ansatz einer lokalen Organisation und Koordination von Bildungsangeboten auch auf nationaler Ebene bildungspolitisch aufgegriffen. Ein zentrales Anliegen des Bundesprogramms war es, durch die Schaffung „konkrete[r] Handlungsfelder" und das Ergreifen „entsprechende[r] Maßnahmen" den „Weg in eine ‚lernende Gesellschaft' " zu ebnen (BMBF, 2001, S. 2). Ziel sollte es sein, „unter Einbezug der jeweils spezifischen regionalen Voraussetzungen und mit dem Einsatz von Akteuren aus verschiedenen Institutionen jeweils regional angepasste Lern-, Beratungs-, Bildungs- und Weiterbildungsdienstleistungen" zu etablieren (Tippelt, Strobel & Reupold, 2009, S. 7). Die Berichte der wissenschaftlichen Begleitevaluierung zu den lernenden Regionen (2005–2007) schrieben für die nachhaltige Entwicklung der Netzwerkarbeit den kommunalen Kooperationen eine „Schlüsselfunktion" zu (Strobel, Kuwan &

4 Exemplarisch hierzu: §§ 3 und 6 Thüringer Erwachsenenbildungsgesetz.

5 Die hier skizzierten Diskussionen um Kooperation und Vernetzung der Erwachsenenbildung in der Bundesrepublik stehen konträr zu den Entwicklungen in der DDR. Die Frage nach einem Nebeneinander unterschiedlicher Bildungseinrichtungen mit je eigenem Bildungsverständnis stellte sich als bildungspolitische Frage in DDR nicht (vgl. Kloubert-Hoggan & Luthardt, 2022).

Reupold, 2009, S. 140). Daher wurde in den weiteren Förderperioden die Einbindung kommunaler Akteure zu einem zentralen Förderkriterium. Die nachhaltige Etablierung von „Lernenden Regionen", so die Ergebnisse der Begleitstudie, ist somit auch von der Anerkennung der Kooperationen und Netzwerke durch die Kommunalpolitik abhängig – sowohl in Bezug auf finanzielle Förderung und öffentliche Anerkennung als auch hinsichtlich des aktiven Zusammenwirkens kommunaler Akteure und Institutionen.

Neben diesen bildungspolitischen Konzeptionen kann ein positives Votum für Kooperationen und Kooperationsbereitschaft auch in einschlägigen Selbstdarstellungen und Stellungnahmen von Trägern und Einrichtungen der Erwachsenenbildung gefunden werden. So bezeichnet der Deutsche Volkshochschulverband (DVV) in seiner 2011 veröffentlichten Standortbestimmung die Kooperationsbereitschaft der Volkshochschulen zum Aufbau von regionalen und kommunalen Bildungsräumen[6] als deren „besondere Kompetenz", die einen wesentlichen Beitrag zum Aufbau und zur Weiterentwicklung kommunaler Strukturen leiste (DVC, 2011, S. 55). Demgegenüber werden allerdings auch mögliche Herausforderungen infolge kooperativer Strukturen hervorgehoben: „Bei allen Bemühungen um unverzichtbare regionale Vernetzung darf darunter die Erhaltung und ständige Weiterentwicklung der volkshochschuleigenen Kernkompetenzen nicht leiden. Volkshochschule muss als eigenständiger Ort in einer kommunalen Bildungslandschaft identifizierbar bleiben" (ebd., S. 56). Insbesondere durch das Programmplanungshandeln werden Volkshochschulen zu regionalen Bildungsanbietern, die ihre Angebote einerseits an die „konkrete Bevölkerung vor Ort" adressieren und sich andererseits „an den gesellschaftlichen Bedarfen und individuellen Bedürfnissen im sozialen Umfeld" orientieren (Fleige, Zimmer & Lücker, 2015, S. 118). Sie entwickeln und gestalten in diesem Sinne kontinuierlich temporäre formale und non-formale Lern- und Bildungsmöglichkeiten für Erwachsene und prägen dadurch regionale Bildungslandschaften. Dies setzt jedoch die Erkenntnis voraus, dass die kommunalen Gegebenheiten in der Entwicklung von Bildungsangeboten und umfassenden Bildungsprogrammen Berücksichtigung finden müssen, während zugleich nur durch Abgleichungsprozesse mit anderen Bildungseinrichtungen ein eigenständiges Bildungsprofil entwickelt werden kann.

Sowohl die zitierten bildungspolitischen Erwartungen als auch die Selbstzuschreibungen des Deutschen Volkshochschulverbandes erwecken letztendlich den Eindruck, Kooperationen könnten problemlos begonnen werden und ihr Funktionieren sei gesichert, zugleich seien infolge eines institutionellen Zusammenwirkens

6 Innerhalb der Erwachsenenbildung wird der Terminus Raum unterschiedlich verwendet. So werden einerseits unter dem Begriff des Bildungsraums didaktische Fragestellungen diskutiert (u. a. die materielle Ausgestaltung eines Raumes als Anreizcharakter für subjektive Bildungsprozesse). Andererseits wird er als Differenzierungsmerkmal von Bildungsstrukturen verwendet, z. B. in Bezug auf die Besonderheiten ländlicher Bildungslandschaften.

(un-)mittelbare Erfolge (z. B. in Bezug auf steigende Teilnehmer:innenzahlen) zu erwarten, wenn nicht sogar garantiert. Die von Keim, Olbrich und Siebert in den 1970er Jahren beschriebenen besonderen Herausforderungen im Weiterbildungsbereich finden sich demgegenüber, trotz einer Regulation in Landesgesetzen und durch (finanzielle) Förderanreize (Bundesprogramme/Landesprogramme etc.), auch im aktuellen Diskurs wieder. Bedingt durch die sich z. T. verschärfende Notwendigkeit einer Marktpositionierung der Einrichtungen vor Ort können „kooperative Orientierungen unwahrscheinlich" werden (Dollhausen & Mickler, 2013, S. 29), insbesondere solche von öffentlichen Trägern und privaten/kommerziellen Bildungseinrichtungen. Ebenso ist jede allzu „harmonistische Vorstellung von Kooperation" sicher eine falsche Erwartungshaltung (ebd.). Kooperationen gestalten sich nach ihrer Initiierung nicht ohne weiteres Zutun unproblematisch. Sie erfordern vielmehr, neben dem zeitlichen und personellen Einsatz von Ressourcen, auch eine klare Kommunikation bezüglich der Ziele (bspw. bei divergierenden Erwartungen oder Spielräumen verschiedener Träger) unter Einhaltung von Transparenz und kontinuierlichem Dialog (ebd., S. 29–31).

2.2 Erwachsenenpädagogische Kooperationsforschung

Einhergehend mit den bildungspolitischen Entwicklungen in den 1970er Jahren stieg auch auf Seiten der Wissenschaft das Interesse an Fragen zur Kooperation (Dollhausen & Mickler, 2012, S. 13–32), wobei sich erst in den 1980er und 90er Jahren eine „engagierte weiterbildungsspezifische Netzwerkdiskussion und Forschung etabliert" hat (Dollhausen, 2013, S. 14). So liegen mittlerweile diverse Forschungsarbeiten vor, die sich mit Fragen der Vielschichtigkeit und Mehrdeutigkeit von kooperativen Arrangements beschäftigen. Außerdem solche, die selbst eine Weiterentwicklung der (anhaltenden) Debatten über Begriffe und theoretische Zugänge darstellen, wie etwa die Arbeiten von Bernhard (2017) zum Thema Region, von Dollhausen und Mickler (2012) zum Thema Kooperation und des Kooperationsmanagements in der Erwachsenenbildung oder von Dollhausen, Feld und Seitter zum Thema Netzwerkforschung (2013).

Resümierend muss konstatiert werden, dass die unterschiedlichen Studien keine unmittelbaren Rückschlüsse auf einen einheitlichen Nutzen oder ein Erfolgsprofil kooperativer Zusammenschlüsse erlauben, sondern dass es „weitgehend unbestimmt ist, ob und in welchem Umfang Kooperationen tatsächlich die Leistungserbringung von Weiterbildungseinrichtungen beeinflussen bzw. einen Nutzen stiften" (Martin & Muders, 2018, S. 386). Zu ähnlich ambivalenten Ergebnissen kommen Martin und Muders in ihrer quantitativen, anhand der VHS-Statistik vorgenommenen, Untersuchung zu kooperativ gestalteten Kursangeboten und der Frage nach einem veränderten Teilnehmerverhalten (ebd., S. 401–403). Schließlich weisen die Ergebnisse der wissenschaftlichen

Begleitstudie zum Programm „Lernende Regionen – Förderung von Netzwerken" daraufhin, dass erfolgreiche (und im Rahmen des Programms nachhaltige) Kooperationen zwischen unterschiedlichen Akteur:innen von verschiedenen Kontextfaktoren abhängen (u. a. Antragstellung, Kommunikation, personelle Wechsel und Zuständigkeiten etc.) (vgl. Tippelt, Strobel, Reupold, Emminghaus & Brödel, 2009). Bisher weniger betrachtet wurde, inwieweit Kooperationen in deren Außendarstellung durch die beteiligten Bildungseinrichtungen selbst thematisiert und eingeordnet werden und inwieweit kooperatives Handeln aus Bildungsprogrammen ersichtlich wird.

Wenn davon ausgegangen werden kann, dass insbesondere Volkshochschulen ihr Leistungsprofil (Bildung für alle, wohnortnah und bedarfsgerecht (vgl. Meilhammer, 2019)) nur innerhalb von Kooperationsbeziehungen erfüllen können, stellt sich die Frage, inwieweit dieses Thema ein spezifisches Kennzeichen der dortigen programmplanerischen Arbeit ist. Zur Beantwortung dieser Frage liefern Programmanalysen erhellende Aufschlüsse.

3. Daten und Methode

3.1 Der empirische Hintergrund

Die Weiterbildungsbeteiligung der 18–64-Jährigen in Deutschland lag laut Adult Education Survey 2018 bei 54 und 2020 bei 60 %. Demnach haben sich mehr als 28 Millionen Erwachsene im Erhebungszeitraum 2018 und mehr als 30 Millionen im Erhebungszeitraum 2020 weitergebildet (vgl. BMBF, 2019, S. 13; vgl. BMBF, 2021, S. 11). In Ostdeutschland lag die Teilnahmequote vor 2020 um 8 % niedriger und somit deutlich unter der Weiterbildungsbeteiligung in Westdeutschland (48 % zu 56 %). Im Jahr 2020 lagen beide Quoten bereits in etwa gleichauf (vgl. BMBF, 2021, S. 13). Die Ergebnisse des Deutschen Weiterbildungsatlasses[7] aus dem Jahr 2019 (Bezugszeitraum: 2012–2015) zeigen ein ähnliches Bild in Bezug auf die Entwicklung des West-Ost-Gefälles. 2015 lag die durchschnittliche Weiterbildungsbeteiligung bei 12,24 % – wobei aber die Weiterbildungsbeteiligung nach Bundesländern von 7,8 % im Saarland bis 15,25 % in Baden-Württemberg divergierte. Von den ostdeutschen Bundesländern lagen Sachsen (13,14 %) und Thüringen (12,38 %) über sowie Mecklenburg-Vorpommern (11,06 %), Brandenburg (10,74 %) und Sachsen-Anhalt (10,70 %) unter dem Bundesdurchschnitt (vgl. Martin, Schoemann & Schrader, 2021, S. 14). Ein noch weiter ausdifferenziertes

7 Die voneinander abweichenden Ergebnisse zur Weiterbildungsbeteiligung sind dadurch zu erklären, dass sich die Erhebungsmodalitäten in Bezug auf die befragte Zielgruppe, den Erhebungszeitraum für die Weiterbildungsbeteiligung und die inhaltliche Bestimmung, was als Weiterbildung begriffen wird, unterscheiden.

Bild findet sich bei einer regionalen Betrachtung der einzelnen Bundesländer. Exemplarisch lässt sich dies für den Freistaat Thüringen zeigen. Dort liegt in dünn besiedelten Regionen die Weiterbildungsbeteiligung zum Teil bei 4 %, in den größeren Städten hingegen bei bis zu 16 %. Während im Bundesdurchschnitt die Bildungsbeteiligung in Großstädten um etwa 2,3 % höher liegt als in ländlichen Regionen, umfasst dieser Abstand in Thüringen fast 6 % (ebd., S. 46).

So konstatieren die Autoren des Weiterbildungsatlasses, dass es zum einen ein West-Ost-Gefälle bei den Volkshochschulen gibt und zum anderen, dass sich innerhalb der Kommunen recht heterogene Ergebnisse in Bezug auf das Weiterbildungsangebot verzeichnen lassen. Die Ergebnisse des Weiterbildungsatlasses zeigen aber auch, dass das Bildungsangebot von Volkshochschulen einerseits entscheidend die jeweilige regionale Bildungslandschaft mitprägt; sich andererseits das verfügbare Bildungsangebot von Volkshochschulen in den Kommunen zugleich (teils deutlich) unterscheidet. Das *potenzielle* Leistungsspektrum von Volkshochschulen lässt sich in den Programmheften ablesen, die – jedenfalls vor Beginn der Pandemie – zweimal jährlich in gedruckter und digitaler Version erschienen und als das zentrale Kommunikationsinstrument in deren Außendarstellung angesehen werden können. In den Programmheften der VHSen spiegelt sich die Vielfalt ihres möglichen Bildungsangebots wider, zugleich stellen sie das konkrete Ergebnis der Angebots- und Programmplanung von mehreren Monaten dar.

3.2 Die Programmforschung

Die Programmforschung gehört zu den in den letzten Jahren stark gewachsenen Forschungsbereichen der Erwachsenenbildung und wird von Nuissl als „einzige wirklich weiterbildungsspezifische Forschungsmethode" bezeichnet (2010, S. 173). Dies einerseits deshalb, da Programme (immer noch) das zentrale Kommunikationsmedium von Volkshochschulen für Bildungsangebote darstellen und andererseits in Programmen das pädagogische Profil zu erkennen ist. Bei Programmen handelt es sich um „die veröffentlichten Ankündigungen von Lehr-/Lernangeboten und anderen Leistungen (z. B. Mitarbeiterfortbildung oder Beratung). Sie dienen primär der Information über die jeweils aktuellen Angebote bzw. der Kundenwerbung, sekundär der Selbstdarstellung der Anbieter und der Legitimation ihrer Arbeit" (Nolda, 2018, S. 433). Dabei darf jedoch nicht übersehen werden, dass Programme nicht identisch sein müssen mit dem tatsächlich stattfindenden Kursangebot. Programme stellen eher ein Leistungsversprechen einer Einrichtung dar, in welchem Kursangebote beworben werden. Ob diese dann tatsächlich nachgefragt werden und entsprechend stattfinden, lässt sich retrospektiv durch Programmforschung nicht bestimmen. Anhand von Programmforschungen ist es allerdings möglich, Entwicklungstrends (u. a. bezüglich inhaltlicher Schwerpunktsetzungen oder veränderter Bedeutungszuschreibungen für Programmbereiche) „aus der Distanz von Beobachtern" abzulesen, um „sich nachträglich der in diesen enthaltenen Texte bzw. Informationen bedienen" zu können und auf Basis dessen „Erkenntnisse zu gewinnen über das Erwachsenenbildungsangebot einzelner oder mehrerer Träger bzw. einzelner oder mehrerer Einrichtungen" (ebd., S. 434–435). Bedauerlicherweise sind jedoch (noch) nicht alle Programmhefte von deutschen Volkshochschulen (insbesondere Programmhefte (weiter) zurückliegender historischer Epochen) digitalisiert beziehungsweise in Programmarchiven oder Datenbanken hinterlegt. Darüber hinaus weichen „Programme der Weiterbildungseinrichtungen zunehmend flexiblen Angeboten im flüchtigen Medium des Internets" (Nuissl, 2010, S. 173).

Innerhalb der Programmforschung hat sich gegenwärtig eine vielschichtige Forschungslandschaft entwickelt, in der hauptsächlich durch (qualitativ oder quantitativ ausgerichtete) inhaltsanalytische Verfahren mit (deduktiver, induktiver oder einer beide umfassenden) Kategorienbildung die jeweiligen Forschungsfragen bearbeitet werden.

3.3 Zugänge zum Feld

Im Folgenden werden die veröffentlichten Programmhefte einer Volkshochschule aus Thüringen für den Zeitraum Frühjahrssemester 2012 bis Herbstsemester 2015 untersucht. Der Untersuchungszeitraum wurde in Anlehnung an die Datengrundlage des Deutschen Weiterbildungsatlasses 2021 gewählt, der die Entwicklungen der Bildungseinrichtungen in Kommunen für den Zeitraum 2012–2015 in den Blick nimmt. Der Landkreis der betreffenden Volkshochschule, bestehend aus 40 Gemeinden, liegt östlich im Freistaat Thüringen, im Zentrum Mitteldeutschlands, und hat knapp 90.000 Einwohner:innen. Von dort sind größere Ballungszentren in Sachsen, Sachsen-Anhalt und Thüringen durch den Autobahnausbau sowie durch die Anbindung an das Bahn- und S-Bahn-Netz gut erreichbar. Neben der Landwirtschaft sind dort auch viele kleinere und mittelständische Unternehmen angesiedelt. Laut Weiterbildungsatlas liegt hier die Anzahl öffentlich angebotener und durchgeführter VHS-Kurse pro 1000 Einwohner in den Jahren 2014 und 2015 bei 5,73 – damit über dem Durchschnitt Thüringens, aber unter dem bundesdeutschen Durchschnitt. Neben dem Angebot der Volkshochschulen gibt es im Landkreis außerdem Bildungsangebote der konfessionellen und gewerkschaftlichen Bildungsanbieter sowie betriebliche Weiterbildungen und Veranstaltungen von privatwirtschaftlichen Anbietern, z. B. Sprachschulen.

Das Datenmaterial der Untersuchung umfasst sieben Programmhefte (für das Herbstsemester 2012 konnte kein Programmheft gefunden werden) mit mehr als 2600 Veranstaltungsankündigungen. Nicht alle Veranstaltungsankündigungen wurden in die Analyse einbezogen, vor allem dann, wenn es sich um

Veranstaltungen handelt, die in identischer Form zu unterschiedlichen Zeitpunkten im Semester angeboten wurden. In Konsequenz dessen erstreckt sich das verwendete Datenmaterial auf 2321 codierte Veranstaltungsankündigen. Ein weiteres Merkmal der Programmhefte ist, dass jeweils ein Vorwort, das Leitbild der Volkshochschule, die Entgeltordnung, Allgemeine Geschäftsbedingungen, ein Schlagwortverzeichnis, ein Anmeldeformular, unterschiedliche Werbeanzeigen und – je nach aktueller Lage – bildungspolitische Auswirkungen auf die Bildungspraxis (z. B. die Weiterbildungsprämie) thematisiert werden. Für die Untersuchung relevant waren, neben den Ankündigungstexten[8], insbesondere die Vorwörter, mögliche Änderungen im Leitbild und die jeweilige Darstellung aktueller Entwicklungen. Das Codebuch für die Ausschreibungstexte wurde zunächst auf der Grundlage bereits bestehender Codiersysteme zu Programmanalysen entwickelt (exemplarisch hierzu: Gieseke, Opelt, Stock & Börjesson, 2005; Käpplinger, 2007). Zu den vorab festgelegten Kategorien im Codiersystem zählen: Differenzierung nach dem Erscheinungsjahr der Programmhefte; die Festlegung von Hauptgruppen für die Zuordnung der einzelnen Veranstaltungen; der Titel der jeweiligen Veranstaltung; Informationen zur Lehrperson bzw. zu den Lehrpersonen bei gemeinsam durchgeführten Veranstaltungen, Berufszuordnung, Räumlichkeiten, Preise und Fördermöglichkeiten sowie inhaltliche Schwerpunktsetzungen (Teilnehmer:inneninformationen, Ziele der Lehrveranstaltung sowie Veranstaltungsformat). Zusätzlich wurden aus dem Material heraus eigene Ergänzungen vorgenommen. Auf diesem Wege wurden solche Unterkategorien gebildet, die Informationen zum Thema Kooperation erfassen. Im Ergebnis ergab sich folgende Klassifizierung:

- Die Begriffe Kooperation/Zusammenarbeit/Mitwirkung oder Hinweise auf eine Beteiligung einer bestimmten Einrichtung, eines Verbandes etc. sind direkt im Ankündigungstext enthalten.
- Kooperation(en) in Form von Austragungsorten außerhalb der Räume der Hauptstelle/Außenstelle werden erwähnt.
- Kooperationen werden durch bildliche Darstellung zum Ausdruck gebracht (z. B. Logo oder Werbeanzeige von Kooperationspartnern).
- Kooperationen sind indirekt ableitbar, z. B. durch Ansprechen einer Teilnehmer:innengruppe mit direkter Verbindung zu einer anderen Bildungseinrichtung (Erzieher:innen, Lehrer:innen etc.) oder durch eine erkennbare spezifische Verbindung der/des Dozierenden zum jeweiligen

8 Zum Ankündigungstext gehören: Titel, (falls vorhanden) Untertitel, Informationen zur Veranstaltung (falls vorhanden: Inhalte, Mediennutzung, Aufbereitungsformen, Zulassungsvoraussetzungen, Informationen zum Veranstaltungsort, zur Veranstaltungsdauer, zur/zum Dozent:in und zu weiteren Vertragspartnern).

Veranstaltungsort (z. B.: berufliche Qualifikation der Dozierenden spiegelt sich im Veranstaltungsort wider).

Die Aufnahme der Daten erfolgte unter Verwendung eines EDV-Programms und eines vorher festgelegten Codierleitfadens. Die deduktive Pre-Codierung sowie die induktive Erstellung der Sondercodes wurde durch die Autor:innen vorgenommen, die bei der Dateneingabe bei auftretenden Fragen im Austausch standen (Probecodierung, Kontrolle, Erstellung und Überprüfung der Sondercodes etc.). Darüber hinaus wurden für die Analyse jeweils die Vorwörter und die Formulierung des Leitbildes in den Programmheften einbezogen.

3.4 Darstellung zentraler Ergebnisse

3.4.1 Das Programmheft – (Dis-)Kontinuitäten in grafischer und inhaltlicher Perspektive

Bereits einleitend soll erwähnt werden, dass sich die Programmhefte im Untersuchungszeitraum in Aufbau und Darstellung nicht wesentlich verändert haben. Jedes Programmheft startet mit einem, immer wechselnden, farbigen Titelbild, gefolgt von Werbeanzeigen, einer Gesamtdarstellung des Lehrprogramms anhand eines Inhaltsverzeichnisses (mit den jeweiligen Seitenangaben), einem Vorwort (bestehend aus einem etwa einseitigen Geleitwort, welches entweder von unterschiedlichen Landrät:innen oder der Präsidentin des Thüringer Volkshochschulverbandes e. V. verfasst wurde, und einer Darstellung der Bildungseinrichtung (Nennung von Adressen, Ansprechpartner:innen, Informationen zur Buchung)). Anschließend wird das Leitbild der Einrichtung präsentiert, bevor in einem nächsten Schritt auf die Bildungsprämie sowie den Thüringer Weiterbildungsscheck als Instrumente zur Förderung der individuellen Weiterbildungsbeteiligung hingewiesen wird.

Erst im Anschluss erfolgt dann die eigentliche Präsentation des Bildungsprogramms für das kommende Semester. Zum leichteren Auffinden der jeweiligen Kurse werden die Programmbereiche Politik-Gesellschaft-Umwelt, Kultur-Gestalten, Gesundheit, Sprachen, Arbeit-Beruf und Grundbildung-Schulabschlüsse mit den für die Volkshochschularbeit typischen Farben hinterlegt (orange, rot, grün, lila, blau und gelb). Eine Neuerung in Bezug auf die Gestaltung des Volkshochschul-Logos ist für die Programmhefte ab 2014 zu erkennen. 2013 wurde vom Deutschen Volkshochschulverband eine sog. Dachmarke eingeführt, die sich auch im Corporate Design der Öffentlichkeitsarbeit zeigt; neben der bekannten Abkürzung *vhs* sind nun *Kreise* in den Farben der Fachbereiche angeordnet.[9] Durch die Übernahme dieser Marke wurde die bisherige Darstellung mit Pfeilen, die noch bis zum Herbstsemester 2013 Verwendung fand, abgelöst. Im Vorwort der Präsidentin des Thüringer Volkshochschulverbandes im Frühjahrsprogrammheft 2014 heißt es hierzu: „Die Volkshochschulen bekommen einen neuen Auftritt mit einheitlicher Dachmarke. Das Logo mit seinen sich überschneidenden Kreisen steht für Volkshochschulen als Orte der Begegnung, an denen Menschen zusammenkommen, um miteinander zu lernen und voneinander ‚abzufärben' – in positiver Weise!". Darüber hinaus finden sich in den Programmheften ebenso ab 2014 vermehrt Hinweise auf volkshochschuleigene Werbemaßnahmen, z. B. die auf einer vollen Seite abgedruckte Ansprache potenzieller neuer Kursteilnehmender oder Hinweise auf die Volkshochschul-App.

Unabhängig von solchen offensichtlichen Ähnlichkeiten in der formalen Gestaltung der Programmhefte zeigen sich in der inhaltlichen Ausrichtung der Programmhefte Kontinuitäten und Diskontinuitäten. Diese ermöglichen Einblicke in didaktische Entscheidungen der Bildungseinrichtungen. Entsprechende Veränderungen werden auch in den Grußwörtern der Landrät:innen angesprochen, z. B. im Herbstprogramm 2015: „Das Programmangebot unterliegt einer ständigen Veränderung – entsprechend der Nachfrage und den gesellschaftlichen Erfordernissen". Im Leitbild der Volkshochschule wird ebenso von einem breit gefächerten Bildungsangebot gesprochen, das flächendeckend ausgebaut ist und so den Bildungsbedürfnissen der Teilnehmer:innen entspricht; „zudem weckt es Interesse an neuen Bildungsinhalten". Diese Pluralität der Anforderungen an die pädagogische Arbeit der Volkshochschule, die mit diesen Ausführungen aufgerufen werden, spiegelt sich auch in der Angebotsstruktur des Programmhefts wider.

Innerhalb von vier Jahren wurden in den untersuchten Programmheften mehr als 2500 Angebote angekündigt; mit ganz unterschiedlichen didaktischen Zugängen (Einzelvorträge und Vortragsreihen, Veranstaltungen und Kurse, Bildungsreisen oder Zertifikatsprogramme), Themenschwerpunkten und Dozierenden. Über den gesamten Erhebungszeitraum hinweg veränderten sich hingegen die Angebote im Bereich Grundbildung und Schulabschlüsse nicht. Die untersuchte Volkshochschule bot pro Semester die Möglichkeit an, an zwei eigenen Vorbereitungslehrgängen zum nachträglichen Erwerb des Realschulabschlusses und des Abiturs teilzunehmen. Im Bereich der Grundbildung werden zwei Kurse an zwei unterschiedlichen Standorten angeboten. Hier erfolgte nicht nur die Nennung der Bildungsangebote, sondern vorab wurde auf die Bedeutung und Notwendigkeit des Schriftsprachenerwerbs im Erwachsenenalter hingewiesen. Die Volkshochschule verstand und versteht sich selbst als „Lernzentrum Lesen

---

9 2020 hat der „Styleguide […] ein leichtes Fresh-up erhalten, welches hauptsächlich aus der Reduktion von Farben und Kreisen besteht. Damit soll ein monochromeres Gesamterscheinungsbild erreicht werden – das Logo bleibt davon natürlich unberührt" (DVV o. J.).

und Schreiben“, in dem sich die betroffenen Personen, wie auch Personen aus deren Umfeld, anonym informieren, beraten lassen und im Gespräch geeignete Bildungsangebote gefunden werden konnten. Merkmale oder Besonderheiten des Lernzentrums wurden in den Texten jedoch nicht weiter ausgeführt. Darüber hinaus fanden sich dort bildliche und sprachliche Hinweise zur bundesweiten Hotline des ALFA-Telefons[10] sowie die Nennung einer URL-Adresse des Landesverbandes der Volkshochschulen in Thüringen. Der Fachbereich Sprachen war hinsichtlich seiner inhaltlichen Gestaltung vergleichbar mit den Bildungsangeboten anderer Volkshochschulen in vergleichbaren regionalen Strukturen. Neben einem ausdifferenzierten Angebot im Bereich des englischen Spracherwerbs für unterschiedliche Zielgruppen („senior students“ oder Business English), fanden sich auch Kurse unterschiedlicher Niveaustufen für Französisch, Spanisch und Italienisch – wobei insbesondere in den Sprachkursen das Zustandekommen vertiefender Bildungsangebote direkt von den Anmeldezahlen in den Anfänger:innenkursen abhing. Die Rubrik „weitere Sprachen“ unterlag einer Entwicklung: Während zu Beginn des Untersuchungszeitraums Norwegisch und Tschechisch angeboten worden sind, war die Rubrik 2015 nicht mehr zu finden. Insbesondere im Programmbereich Gesellschaft sowie in Kunst und Kultur war die regionale Verbundenheit (z. B. Ausstellungen und Fachvorträge/Vortragsreihen) oder auch die saisonal gebundene Angebotsentwicklung (exemplarisch: Veranstaltungen für bestimmte Fest- und Feiertage, Verwendung von Nahrungsmitteln, Kreativkurse im Freien) der Bildungseinrichtung deutlich zu erkennen.

Insgesamt sank das in den Programmheften dargestellte Veranstaltungsangebot von 428 im Frühjahrsemester 2012 auf 351 im Herbstsemester 2015, d. h. dass um knapp 20 % weniger Bildungsangebote innerhalb von vier Jahren durch die Bildungseinrichtung in den Programmheften der Öffentlichkeit präsentiert wurden. Allerdings ist diese Aussage nicht auf alle Fachbereiche zu übertragen, wie auch die Ursachen für diese Änderungen nicht pauschalisiert werden dürfen. Während nominell das Veranstaltungsspektrum beispielsweise im Bereich Gesellschaft reduziert wurde – u. a. durch den Verzicht auf eine Nennung aller Bildungsreisen –, differenzierten sich die Angebote im Bereich Arbeit-Beruf aus. So stieg die Anzahl der Veranstaltungsmöglichkeiten von 79 Angeboten im Frühjahr 2012 auf 95 im Herbst 2014. Dies verdankte sich vor allem neuen Bildungsangeboten zum Umgang mit sozialen Medien für unterschiedliche Zielgruppen (Eltern, Senioren, Lehrkräfte).

Der Aktualitätsbezug ist insbesondere auch im Fachbereich Kultur-Gestalten festzustellen. Immer wieder finden sich hier Angebote, die am Puls der Zeit sind und auf historische (Jubiläen etc.), aktuelle und/oder regionale Besonderheiten abstellen. Exemplarisch sei hier das Angebot „Weiterbildung zum Führer von

10 ALFA-Telefon ist ein Beratungs- und Informationsangebot des Bundesverbandes Alphabetisierung und Grundbildung e. V.

Gästegruppen“ genannt, das 2013 in den Programmheften veröffentlicht wurde. Ebenfalls im Rahmen der Lutherdekade entstand außerdem 2014 eine Ausstellung, für die die Volkshochschule ein Weiterbildungsprogramm organisierte. Das Ziel der Veranstaltung, die in 60 Unterrichtsstunden (zu 45 Minuten) an 30 Tagen angeboten wurde, bestand darin, historische Kenntnisse und praktische Fähigkeiten zu erlernen, um Gästegruppen fachkundig durch die Ausstellung zu führen. Der Kurator der Ausstellung war gleichzeitig Dozent der Weiterbildungsveranstaltung.

3.4.2 „In Zusammenarbeit mit …“ – exemplarische Kooperationsvollzüge der Volkshochschule im regionalen und kommunalen Raum

Die untersuchte Volkshochschule bezeichnet sich in ihrem Leitbild selbst als kommunales Bildungszentrum, das angebots- und nachfrageorientiert arbeitet und mit dem Kurs- und Veranstaltungsangebot unterschiedliche Zielgruppen wie „Erwachsene, Jugendliche, Eltern mit Kindern, Senioren und Migranten, unabhängig von ihrer sozialen Herkunft, Nationalität und Religion“ (Leitbild) ansprechen möchte. Dieses umfassende Bildungsverständnis der Einrichtung kann jedoch nur in einer Bildungspraxis in Kooperationsbeziehungen seinen Ausdruck finden. Ausgehend von den induktiv entwickelten Kategorien zum Thema Kooperation sollen die zentralen Ergebnisse nachfolgend präsentiert werden.

Über alle untersuchten Programmhefte hinweg werden Bildungsveranstaltungen angeboten, die in Zusammenarbeit beispielsweise mit einem Träger der Offenen Jugendarbeit, mit kommunalen Behörden, lokalen Bibliotheken, Museen oder Vereinen organisiert werden. Die Kooperation wird in den Ankündigungstexten zumeist explizit erwähnt (z. B.: „in Kooperation mit“, „zusammen mit“ oder „als Teil des Programms von“). Zu diesen, während des Untersuchungszeitraumes in jedem Semester wiederkehrend initiierten, Kooperationen zählen u. a.

- eine Verkehrsschulung als mehrtägige Veranstaltungsreihe für Personen der Generation „50+“, gerichtet an aktive Verkehrsteilnehmer:innen aller Verkehrsarten, die im Rahmen des Programms „sicher mobil“ des Deutschen Verkehrssicherheitsrates angeboten wird und zusätzliche fakultative Veranstaltungen umfassen kann, wie etwa den Fahr-Fitness-Check, Sicherheitstrainings des ADAC oder das Angebot, an Sonderführungen in einem Automuseum teilzunehmen (in allen Programmheften);
- Kooperationen mit einem Träger der offenen Jugendarbeit für ein freizeitpädagogisches Angebot, das jedoch nur auf Terminanfrage stattfindet;
- Kooperation mit einem einschlägigen Fachdienst des Landratsamtes sowie
- die Zusammenarbeit mit dem Kantor der Stadtkirchnerei oder mit Unterstützung eines Seelsorgers ein Kurs zum intuitiven Malen.

Neben diesen regelmäßigen Angeboten finden sich auch einzelne Veranstaltungen, die entweder einmalig oder nur über ein Programmjahr angeboten worden sind – z. B. regionalgeschichtliche Vorträge mit unterschiedlichen Schwerpunkten in Kooperation mit einem Heimatverein (untersuchtes Programmheft 2012, Frühjahrsprogramm 2013 und Herbstprogramm 2014). Ebenso lassen sich Veranstaltungen finden, die ausschließlich in der angebotenen Kooperationsform und nur einmalig stattfanden, wie ein Fachvortrag mit einer Expertin eines kleineren Vereins über landeskundliche Fragestellungen in internationaler Perspektive (Herbstsemester 2013). Aufgrund des im Januar 2013 gestarteten gemeinsamen Kooperationsprogramms der Volkshochschulen in Deutschland mit der *Apotheken Umschau* findet sich ab dem Frühjahrsprogramm 2013 eine Anzeige im Programmbereich Gesundheit, welche auf das Projekt aufmerksam macht und die Kurse auflistet, die projektbezogen angeboten werden. Die jeweiligen Kurse werden auch in der Programmdarstellung mit dem Titel des Projekts „Ich beweg mich“ versehen.

Einige der kooperativ durchgeführten Veranstaltungen finden nur nach „Terminabsprache“ respektive infolge einer „Gruppenanmeldung“ statt. Die Volkshochschule scheint hier als Vermittlungs- und Sammelinstanz von Anmeldungen zu fungieren. Daneben gibt es auch solche Kooperationsbeziehungen, vor allem mit dem Heimatverein, die zwar nicht in jedem Semester, aber doch immer wieder im Programm erscheinen. Hier scheint die Kooperation als solche und ihre inhaltliche Schwerpunktsetzung vor allem vom Angebot des beteiligten Vereins abhängig zu sein. Eine kooperative Veranstaltung mit einer konfessionellen Einrichtung wird ebenfalls in jedem Programmheft angeboten unter direkter Nennung der Beteiligten.

Neben der namentlichen Nennung der Kooperationspartner wurde auch untersucht, inwieweit die Volkshochschule durch die Verwendung grafischer Abbildungen die Zusammenarbeit mit anderen (Bildungs-)Institutionen in der Öffentlichkeit präsentiert. Hier zeigt die Programmanalyse *vier unterschiedliche Wege*. Insbesondere im Rahmen der Verkehrsschulung wird neben der *direkten begrifflichen Zuordnung einer Kooperation auch mit den Markenlogos der Partner gearbeitet (ADAC)* bzw. findet sich das Markenbild der Volkshochschulen in Deutschland, um die Projekte in einen bundesweiten Kontext einzubinden. Einige Veranstaltungsangebote zeichnen sich auch durch die *Verwendung von Logos unterschiedlicher Institutionen* aus, *deren Kontextualisierung jedoch unklar bleibt*. So ist beispielsweise neben einem Computer-Einsteigerkurs das Logo eines Verlages mit Hinweisen zu IT-Schulungsunterlagen zu finden. Inwieweit die Bildungsmedien Einsatz im Kurs finden, lässt sich weder aus der Veranstaltungsankündigung noch aus einer einführenden Bemerkung ablesen. Neben der expliziten sprachlichen Benennung oder grafischen Zuordnung zu (bundesweiten) Projekten zeigt die Untersuchung ebenso, dass es gemeinsame Bildungsveranstaltungen mit anderen Einrichtungen gibt, die keinen genuinen

Bildungsauftrag verfolgen. Exemplarisch soll hierfür eine Veranstaltung aus der Reihe „Sicheres Auftreten – gutes Benehmen" genannt werden. Inhaltlich sollen dort Kenntnisse zu den Themen: Tische festlich eindecken, gutes und sicheres Benehmen am Tisch sowie eine kleine Wein- und Getränkekunde vermittelt werden – die Veranstaltung endet mit einem 4-Gänge-Menü; der Preis hierfür ist in der Teilnahmegebühr enthalten. Durchgeführt wird die Veranstaltung vom Inhaber des Gasthofes, in dem die Veranstaltung stattfindet. Auch wenn sich aus didaktischen Gesichtspunkten (Auswahl des Lernortes, Auswahl der Inhalte sowie die Auswahl der Lehrperson) überzeugende Argumente für eine so gelagerte Veranstaltungsorganisation finden lassen, so erscheint es doch irritierend, dass neben der Kursankündigung auch eine *Werbeanzeige* des Restaurants geschaltet ist. Es lässt sich vermuten, dass sich die Veranstaltung einiger Beliebtheit erfreut, da sie jedes Semester wieder aufgenommen wird. Die Kooperation mit dem Gasthof bzw. dem Inhaber des Gasthofes wird in der Veranstaltungsankündigung nicht direkt erwähnt, lässt sich aber durch die Zuordnung des Lernortes und der Lehrperson feststellen.

Darüber hinaus begibt sich die Volkshochschule durch *eigene Aufrufe auf die Suche nach neuen Kooperationen*. So findet sich in jedem Heft des Untersuchungszeitraums im Programmbereich Arbeit-Beruf die Anzeige: „Angebote für Betriebe und Firmen", in der für interessierte Einrichtungen die Möglichkeit offeriert wird, auf die jeweiligen Bedürfnisse „maßgeschneiderte" Weiterbildungsangebote anzubieten – sowohl in Bezug auf die „inhaltliche Gestaltung, den Umfang, die gewünschte Kurs-Zeit als auch die Gruppenstärke" (Ausschreibungstext). Hier wird die Volkshochschule selbst aktiv und wirbt im Rahmen der Programmhefte mit ihrem Kompetenzprofil um Kooperationen.

4. Fazit und Ausblick

Nicht nur in bildungspolitischen Programmen und Positionspapieren wird die regelmäßige Teilnahme an Bildungsangeboten als zwingende Voraussetzung einer gesellschaftlichen Partizipation angesehen, sondern sie gilt mittlerweile als Kernkompetenz aller lebenslang Lernenden. Bildungseinrichtungen der Erwachsenenbildung stehen entsprechend vor der Herausforderung, für die unterschiedlichen Bildungsbedürfnisse und -bedarfe der erwachsenen Bevölkerung ein teilnehmerorientiertes, plurales, flexibles und offen zugängliches Bildungsangebot zu konzipieren; unter besonderer Berücksichtigung regionaler Besonderheiten und einer zielgruppenadäquaten Ansprache. Um diesem Anspruch gerecht werden zu können, müssen Einrichtungen der Erwachsenenbildung auf unterschiedliche Weise versuchen, Kooperationsbeziehungen aufzubauen und zu pflegen, ohne dabei ihr je eigenes Bildungsprofil zu verlieren. Diese, zunächst wie eine Selbstverständlichkeit anmutende, Tatsache berührt allerdings auch das

Herzstück der Erwachsenenbildung: die Programmplanung. Bisher ist dieser Schwerpunkt, die Frage nach dem wechselseitigen Verhältnis von didaktischen Fragestellungen und Kooperationsbeziehungen, in der Weiterbildungsforschung noch nicht aufgegriffen worden.

Die Ergebnisse der vorliegenden Untersuchung zeigen, dass in Programmen von Volkshochschulen einerseits Kooperationen mit anderen (regionalen) Bildungsanbietern vorhanden sind (und sich teils über den gesamten Betrachtungszeitraum erstrecken), diese aber andererseits in den Programmheften weder in den Vorwörtern oder im Leitbild der untersuchten Bildungseinrichtung noch in den meisten Kursankündigungen explizit thematisiert werden. Die Unterstützung der Bildungseinrichtungen und deren Bildungsarbeit durch Persönlichkeiten der Kommunalpolitik wird in den formulierten Vorwörtern ersichtlich, wobei eine stärkere kommunalpolitische Verantwortungsübernahme wünschenswert wäre. Die Bedeutung des lebenslangen Lernens für eine individuelle und regionale Entwicklung wird zwar aufgegriffen – zum einen anhand von Hinweisen auf aktuelle Entwicklungen (beispielsweise zum Steuerungsinstrument der Bildungsprämie) und zum anderen durch die Nennung von Besonderheiten des Programms oder kommunaler Entwicklungen – jedoch sind konkrete Vorstellungen zur Entwicklung und Etablierung von Bildungsräumen in der Kommune resp. der Gemeinde kaum ersichtlich.

In weniger als 5 % aller Ankündigungen von Bildungsveranstaltungen wird eine Kooperationsbeziehung explizit thematisiert – sei es mit dem Thüringer Volkshochschulverband, mit dem ADAC, mit lokalen Vereinen oder mit Mitarbeiter:innen von Abteilungen des Landratsamtes. Durch die z. T. zusätzliche Verwendung von Grafiken/Logos anderer (vor allem) impliziter Weiterbildungsanbieter wird zwar die Kooperationsbeziehung deutlich, jedoch fehlt es an einem In-Beziehung-Setzen von Text und Bild. Aufgrund weiterführender Angaben in den Ausschreibungstexten (Angaben zu Dozierenden sowie zum Veranstaltungsort) wird mitunter bei genauerer Betrachtung deutlich, dass die Volkshochschule unterschiedliche Kooperationen pflegt, z. B. mit kommunalen Schwimmbädern, Kunst- und Kultureinrichtungen, mit konfessionellen Bildungsanbietern oder Sportanlagen sowie durch die Nutzung externer Räumlichkeiten, u. a. in Schulgebäuden.

Die untersuchten Programmhefte der Bildungseinrichtung zeigen, losgelöst von den Kooperationsanbahnungen und bereits erfolgten -stabilisierungen, zugleich auch, dass sich auf der einen Seite das Bildungsangebot in einzelnen Rubriken verstetigte (z. B. Sprachen, EDV), auf der anderen Seite jedoch veränderte. Leider sind für andere Bildungseinrichtungen (gewerkschaftliche und kirchliche Bildungsarbeit) keine Programmhefte vorhanden – gleiches gilt auch für Dokumente des in der Kommune vorfindbaren betrieblichen und privatwirtschaftlichen Bildungsangebots –, mit denen die hier ermittelten Ergebnisse abgeglichen werden könnten. Abschließend kann gesagt werden, dass die vorgenommene

Programmanalyse – zunächst einmal in explorativer Hinsicht – deutlich gemacht hat, dass regionale und kommunale Kooperationen an der untersuchten Volkshochschule bereits eine rege und in ihren Ausprägungen heterogene Umsetzung erfahren. Dies ließe sich, ebenso wie der zu Tage tretende Bedarf an weiterer Förderung und Organisation solcher Initiativen, auch für andere Volkshochschulen erwarten. Um entsprechende Nachweise zu führen und Empfehlungen für effiziente(re) Verfahrensweisen aussprechen zu können, wäre jedoch weitere Forschung im oben skizzierten Sinne notwendig.

Gerade solche weiterführenden Studien erscheinen lohnenswert, die neben der Längsschnittanalyse einer Bildungseinrichtung in einer Querschnittsanalyse weitere Bildungseinrichtungen vergleichend einbeziehen, sodass die tatsächliche Ausgestaltung von kommunalen Bildungsräumen untersucht werden kann. Letztendlich sind die veröffentlichen Programme von Bildungseinrichtungen Ausdruck eines professionellen Planungshandelns, in dem neben internen Rahmenbedingungen (Teilnehmer:innenstatistiken, wissenschaftliche Analysen durch Mitarbeiter:innen zu aktuellen Bildungsbedürfnissen und -bedarfen) auch Umfeldanalysen (kommunale Entwicklungen, Entwicklungen in den Angeboten anderer Einrichtungen der formalen und non-formalen Bildung etc.) berücksichtigt werden müssen, um als Bildungseinrichtung konkurrenzfähig bleiben zu können. Innerhalb der Erwachsenenbildungswissenschaft und -forschung stellen Untersuchungen über kommunale Strategien zum Auf- und Ausbau eines lebenslangen und lebensbegleitenden (Erwachsenen-)Bildungsbereichs noch ein Desiderat dar – aus bildungshistorischer Perspektive kann in diesem Zusammenhang auf die Studie von Meilhammer zur Rolle der Gemeinden und Kommunen beim (Wieder-)Aufbau von Volkshochschulen in Bayern nach 1945 verwiesen werden (Meilhammer, 2022) bzw. auf die in diesem Beitrag skizzierten Begleitstudien zu „Lernenden Regionen".

Eine Zusammenführung dieser unterschiedlichen Fragestellungen, d.h. die Erstellung einer umfassenden Erhebung der konkreten Beiträge, welche die unterschiedlichen Einrichtungen der Erwachsenenbildung sowie deren Zusammenwirken zur kommunalen Strategie eines Aufbaus von Bildungsräumen liefern bzw. welche Bedeutung ihnen dabei aus Sicht der Kommune zugeschrieben wird, steht noch aus.

Literaturverzeichnis

Bayerisches Erwachsenenbildungsförderungsgesetz (BayEbFöG) vom 31. Juli 2018 (GVBl. S. 662, BayRS 2239-1-K), zuletzt geändert durch Gesetz vom 23. Juli 2021 (GVBl. S. 433). https://www.gesetze-bayern.de/Content/Document/BayEbFoeG/true [05.08.2022].

Bernhard, C. (2017). *Erwachsenenbildung und Region. Eine empirische Analyse in Grenzräumen*. Bielefeld: wbv.

Bubenzer, R. (1983). *Grundlagen für Staatspflichten auf dem Gebiet der Weiterbildung. Zur Herleitung von Staatsaufgaben und Individualrechten im Weiterbildungswesen*. Frankfurt/M. u. a.: Lang.

Bundesministerium für Bildung und Forschung (BMBF) (2001). *Aktionsprogramm „Lebensbegleitendes Lernen für alle"*. Bonn: BMBF.
Bundesministerium für Bildung und Forschung (BMBF) (2019). *Weiterbildungsverhalten in Deutschland 2018. Ergebnisse des Adult Education Survey – AES-Trendbericht*. Bonn: BMBF.
Bundesministerium für Bildung und Forschung (BMBF) (2021). *Weiterbildungsverhalten in Deutschland 2020. Ergebnisse des Adult Education Survey – AES-Trendbericht*. Bonn: BMBF.
Bretschneider, M. & Nuissl, E. (2003). „Lernende Region" aus Sicht der Erwachsenenbildung. In U. Matthiesen & G. Reutter (Hrsg.), *Lernende Region. Mythos oder lebendige Praxis?* (S. 35–55). Bielefeld: wbv.
Deutscher Bildungsrat (1972). *Empfehlungen der Bildungskommission. Strukturplan für das Bildungswesen* (4. Auflage). Stuttgart: Ernst Klett Verlag.
Deutscher Volkshochschulverband (2011). *Die Volkshochschule – Bildung in öffentlicher Verantwortung* [anlässlich des XIII. Deutschen Volkshochschultages]. Bonn: Deutscher Volkshochschulverband.
Deutscher Volkshochschulverband (DVV) (o. J.*): Die vhs-Dachmarke und das vhs-Markenpaket*. https://www.volkshochschule.de/verbandswelt/service-fuer-volkshochschulen/die-marke-vhs-das-markenpaket.php [02.05.2022].
Dollhausen, K. (2013). Netzwerke als Impulsgeber für die Selbststeuerung und Organisationsentwicklung von Weiterbildungseinrichtungen. In: K. Dollhausen, T. C. Feld & W. Seitter (Hrsg.), *Erwachsenenpädagogische Kooperations- und Netzwerkforschung* (S. 13–31). Wiesbaden: Springer.
Dollhausen, K., Feld, T. C. & Seitter, W. (Hrsg.) (2013). *Erwachsenenpädagogische Kooperations- und Netzwerkforschung*. Wiesbaden: Springer.
Dollhausen, K. & Mickler, R. (2012). *Kooperationsmanagement in der Weiterbildung* (Reihe: Studientexte für Erwachsenenbildung): Bielefeld: wbv.
Europäisches Parlament (1995). *Beschluss 2493/95/EG des Europäischen Parlaments und des Rates über die Veranstaltung eines europäischen Jahres des lebensbegleitenden Lernens*, Amtsblatt Nr. L 256 vom 26.10.1995.
Europäischer Rat (2000). *Schlussfolgerungen des Vorsitzes*. 23.–24. März 2000, SN 100.
Faulstich, P. & Haberzeth, E. (2007). *Recht und Politik* (Reihe: Studientexte für Erwachsenenbildung). Bielefeld: wbv.
Fleige, M., Zimmer, V. & Lücker, L. (2015). Programmplanung und die Ansprache von Adressatinnen und Adressaten „vor Ort". Regionale, lokale und sozialräumliche Bedingungen des Planungshandelns. In: C. Bernhard, K. Kraus, S. Schreiber-Barsch & R. Stang (Hrsg.), *Erwachsenenbildung und Raum. Theoretische Perspektiven – professionelles Handeln – Rahmung des Lernens* (Reihe: Theorie und Praxis der Erwachsenenbildung) (S. 117–127). Bielefeld: wbv.
Gieseke, W., Opelt, K., Stock, H. & Börjesson, I. (2005). *Kulturelle Erwachsenenbildung in Deutschland: Exemplarische Analyse Berlin-Brandenburg*. Münster u. a.: Waxmann.
Hoggan-Kloubert, T. & Luthardt, N. (2022). Erwachsenenbildung in der DDR. In: J. Benecke (Hrsg.): *Erziehung und Bildung in der DDR* (S. 291–311). Bad Heilbrunn: Klinkhardt.
Huntemann, H., Echarti, N., Lux, T. & Reichart, E. (2021). *Volkshochschul-Statistik*. 58. Folge, Berichtsjahr 2019 (Reihe: DIE Survey – Daten und Berichte zur Weiterbildung). Bielefeld: wbv.
Jütte, W. (2002), *Soziales Netzwerk Weiterbildung. Analyse lokaler Institutionenlandschaften* (Reihe Theorie und Praxis der Erwachsenenbildung). Bielefeld: wbv.
Käpplinger, B. (2007). *Abschlüsse und Zertifikate in der Weiterbildung*. Bielefeld: wbv.
Keim, H., Olbrich, J. & Siebert, H. (1973). *Strukturprobleme der Weiterbildung: Kooperation, Koordination und Integration in Bildungspolitik und Bildungsplanung*. Düsseldorf: Bertelsmann Verlag.
Kommission der Europäischen Gemeinschaften (2000). *Memorandum über Lebenslanges Lernen*. SEK (2000 = 1832). Brüssel.
Küspert, P. (2022). Verankerung der Volkshochschulen in der bayerischen Verfassung. *Hessische Blätter für Volksbildung, 72*(1), 9–17.
Martin, A. & Muders, S. (2018) Zum Nutzen von Kooperationen für Volkshochschulen. *Zeitschrift für Erziehungswissenschaft, 21*, 383–405.
Martin, A., Schoemann, K. & Schrader, J. (2021). *Deutscher Weiterbildungsatlas 2019. Kreise und kreisfreie Städte im Längsschnitt*. (Reihe: DIE Survey). Bielefeld: wbv.
Meilhammer, E. (2019). Volkshochschule: Vergangenheit – Gegenwart – Zukunft. *Volkshochschule aktuell, Heft 4*. Jena: Thüringer Volkshochschulverband e. V.

Meilhammer, E. (2022). *Schulen der Demokratie. Deutsche und amerikanische Initiativen zum Wiederaufbau der Volkshochschulen in Bayern nach 1945.* München: Bayerischer Volkshochschulverband e. V.
Meisel, K. (2011). Perspektiven des Öffentlichen und die öffentlich verantwortete Volkshochschule. *HBV*, 1/2011, 61–68.
Nuissl, E. (2010). Trends in der Weiterbildungsforschung. In Deutsches Institut für Erwachsenenbildung (Hrsg.), *Trends in der Weiterbildung – DIE Trendanalyse 2010* (S. 171–180). Bielefeld: wbv.
Nolda, S. (2018). Programmanalyse in der Erwachsenenbildung/Weiterbildung – Methoden und Forschungen. In R. Tippelt & A. von Hippel (Hrsg.), *Handbuch Erwachsenenbildung/Weiterbildung* (S. 443–449) (6. Auflage). Wiesbaden: VS Verlag.
Reichart, E., Christ, J. & Denz, E. (2021). Anbieter und Angebot in der Weiterbildung. In S. Widanym, E. Reichart, J. Christ, & N. Echarti (Hrsg.), *Trends der Weiterbildung. DIE-Trendanalyse 2021* (S. 66–145) (Reihe: DIE Survey – Daten und Berichte zur Weiterbildung). Bielefeld: wbv.
Schemmann, M. (2007). *Internationale Weiterbildungspolitik und Globalisierung. Orientierungen und Aktivitäten von OECD, EU, UNESCO und Weltbank* (Reihe: Theorie und Praxis der Erwachsenenbildung). Bielefeld: wbv.
Strobel, C., Kuwan, H. & Reupold, A. (2009). Erfolge, Erfolgsbedingungen und Hindernisse. In: Tippelt, R., Reupold, A., Strobel, C., Kuwan, H., Pekince, N., Fuchs, S., Abicht, L. & Schönfeld, P. (Hrsg.), *Lernende Regionen – Netzwerke gestalten. Teilergebnisse der Evaluation des Programms „Lernende Regionen – Förderung von Netzwerken“* (S. 132–150). Bielefeld: wbv.
Thüringer Erwachsenenbildungsgesetz (ThürEBG) vom 18. November 2010, zuletzt geändert am 4. Oktober 2021. https://landesrecht.thueringen.de/bsth/document/jlr-ErwBildGTH2011rahmen [02.05.2022].
Tippelt, R., Strobel, C. & Reupold, A. (2009). Zusammenfassung. In: R. Tippelt, A. Reupold, C. Strobel, H. Kuwan, N. Pekince, S. Fuchs, L. Abicht, & P. Schönfeld (Hrsg.), *Lernende Regionen – Netzwerke gestalten. Teilergebnisse der Evaluation des Programms „Lernende Regionen – Förderung von Netzwerken“* (S. 7–19). Bielefeld: wbv.
Tippelt, R., Strobel, C., Reupold, A. Emminghaus, C. & Brödel, R. (2009). Verortung im bildungspolitischen Kontext, theoretische Einbettung und Zielsetzung des Programms. In C. Emminghaus, & R. Tippelt (Hrsg.), *Lebenslanges Lernen in regionalen Netzwerken verwirklichen. Abschließende Ergebnisse zum Programm „Lernende Regionen – Förderung von Netzwerken“* (S. 25–34). Bielefeld: wbv.
Weinberg, J. (2000). *Einführung in das Studium der Erwachsenenbildung.* Bad Heilbrunn: Klinkhardt.

Die Institution Bildungslandschaft

Eine Institutionenanalyse nach Max Weber

Robert Stölner

1. Einleitung

Zwischen Idee zu einer regionalen Bildungspolitik (Deutscher Bildungsrat, 1975) und Umsetzung in eine Bildungslandschaft/-region liegen fast 50 Jahre. Bis heute hat sich keine konsensuelle Definition von Bildungslandschaften in der Literatur durchgesetzt (Million, Coelen, Heinrich, Loth & Somborski, 2017, S. 8). Eine einheitliche Vorgehensweise zeichnet sich in einer weit gefassten Umschreibung ab, die den Nachteil der mangelnden Präzisierung durch Anschlussfähigkeit an verschiedene Konzepte ausgleicht (Mack, 2020, S. 1311–1312; Niedlich, 2016, S. 26–27). Ich greife daher auf eine von mir leicht veränderte Definition von Bleckmann und Durdel (2009) zurück, die sich mit den Elementen lokale Begrenzung (Raum), Kooperation (Netzwerk), breiter Bildungsbegriff und organisierte Bildungsgestaltung für Individuen mindestens vermehrt in der Literatur wiederfindet, wenngleich mit unterschiedlichen Akzentuierungen und Kritikpunkten (Niedlich, 2016, S. 26–40): Bildungslandschaften sind danach „langfristig, professionell gestaltete, auf ein gemeinsames, planvolles Handeln abzielende, kommunalpolitisch gewollte Netzwerke zum Thema Bildung, die – ausgehend von der Perspektive des lernenden Subjekts – formale[, non-formale] und informelle […] Bildungssettings umfassen und sich auf einen definierten lokalen Raum beziehen" (Bleckmann & Durdel, 2009, S. 12).[1] Mattern und Lindner (2019) unterstreichen die Breite, indem sie Bildungslandschaften als ein „kleinräumig definiertes Konglomerat […], die […] ein Gesamtsystem dessen zu institutionalisieren versuchen, was man im weitesten Sinne als ‚Bildung' bezeichnen kann" (S. 82).

Die Autoren stoßen mit dem ‚Institutionalisieren' von Bildung ein Konstrukt an, das in der Debatte mindestens unterbelichtet ist, den Bildungslandschaften aber ein theoretisches Fundament verleihen kann, so mein Vorschlag. Denn was ist damit gemeint, wenn in einem lokalen Raum Bildung institutionalisiert wird? Welche Art „pädagogische[n] Handeln[s]" (Gudjons & Traub, 2020, S. 206) ist für die Bildungslandschaft relevant bzw. gehört dazu? Welches pädagogische

1 Für überzeugender halte ich die Charakterisierung von Schwan und Noschka-Roos (2019), die die non-formale Seite von Bildung mitberücksichtigen.

Handeln lässt sich durch die Agierenden einer Bildungslandschaft beeinflussen (steuern) und womöglich als wünschenswertes regelmäßiges Handeln im Sinne einer Institutionalisierung implementieren? Hier erscheint mir ein Rückgriff auf den Institutionenbegriff von Max Weber vielversprechend zu sein, Licht ins Dunkel dieser Fragen zu bringen. Meine Forschungsfragen lauten daher: (1) Wie lässt sich eine Bildungslandschaft als Institution beschreiben? (2) Damit verbunden ist die Frage, wie der Begriff ‚Institutionalisierung von Bildung' im Rahmen einer Bildungslandschaft mit der weberschen Institutionentheorie zu fassen ist. (3) Dies führt schließlich zu Webers Ausführungen bezüglich der Wirkmächtigkeit kultureller Ideen: Entfalten kulturelle Bildungsideen aus sich heraus eine Wirkmächtigkeit für eine Bildungslandschaft?

Die angeführten Forschungsfragen werden wie folgt angegangen: Zu Beginn (Kap. 2) werden die Verortung der weberschen Institutionentheorie sowie der Stand der Forschung dargestellt. Darauf folgend (Kap. 3) geht es um den Bildungsbegriff und seine aktuellen Bedeutungsdimensionen, die zur Bestimmung von pädagogischem oder Bildungshandeln in einer Bildungslandschaft von Relevanz sind. Im Anschluss daran (Kap. 4) werden Webers Vorstellung einer Institution, der Prozess der Institutionalisierung und sein Verständnis von Wirkmächtigkeit kultureller Ideen auf Bildungslandschaften angewendet. Ein Fazit (Kap. 5) rundet den Beitrag ab.

2. Stand der Forschung und Verortung der weberschen Wertsphären-/Institutionentheorie

Für Webers Institutionentheorie zeigen sich bei näherer Sichtung der Literatur vielfältige Anschlussmöglichkeiten sowohl an die Erziehungswissenschaften als auch an die Soziologie. Die soziologische Einordnung bezieht sich auf Soziologie als „Kulturwissenschaft" (Weber, 1988b, S. 180), die darauf abzielt, soziales Handeln und dessen Orientierung an Leitwerten bestimmter Ordnungen zu analysieren (Reckwitz, 2010, S. 18). Auf Bildungslandschaften bezogen geht es demnach um pädagogisches Handeln vor dem Hintergrund des Leitwertes Bildung. Webers Institutionentheorie fand allerdings bisher in der soziologischen Institutionendebatte wenig Berücksichtigung (Stölner, 2009; Schwinn, 2001; Stachura, Albert, Bienfait & Sigmund, 2009), v.a. mögliche Anwendungsfelder in Bereichen der Bildung, des Sports oder der Familie bilden bis heute ein Desiderat.

Eine Anknüpfung an die Erziehungswissenschaft, ohne expliziten Verweis auf Weber, lässt sich ab Mitte der 1970er Jahre in dem Versuch ausmachen, den Bildungsbegriff zu reformulieren (Tenorth, 1986) und ihn als Leitkriterium für pädagogisches Handeln zu implementieren (Gudjons & Traub, 2020, S. 206). Dem schließt sich bspw. Klafki (1991) in seinen bildungstheoretischen Überlegungen an, indem er den Bildungsbegriff als „zentrale Kategorie [...], [als] unbedingt notwendig" (S. 44) erachtet. Trotz der Einigkeit in der Uneinigkeit, Bildung als Leitkategorie zu verwenden, hat Webers kulturwissenschaftlicher Ansatz Eingang in die erziehungwissenschaftliche Literatur gefunden. Sein Konzept findet sich bei Honig (2003, S. 86–121) im Zuge der Analye von Institutionen der frühen Kindheit, bei Fend (2008, S. 137–157) in Anwendung auf Schule, als Erziehungsordnung (Stölner, 2009) sowie als Theorieentwurf für Bildungs- und Schulkulturen (Caruso, 2013, S. 51–52) wieder.

Als Theorieansatz für die Educational-Governance-Forschung mit ihrer die drei Analyseebenen (Mikro-, Meso-, Makro-) umfassenden Perspektive ist Webers Institutionentheorie ebenfalls anschlussfähig. Dieser aus der Politikwissenschaft übernommene Ansatz analysiert soziale Ordnungen im Bildungswesen – bspw. ließen sich Bildungslandschaften als Ordnungen begreifen – im Hinblick auf die Handlungskoordinationen zwischen vielfältigen Agierenden (Maag Merki, Langer & Altrichter, 2014, S. 11). Langer (2015) formuliert in diesem Zusammenhang die folgende Frage: „[W]ie wirken gesellschaftliche, institutionelle, organisationale, interaktionale und personale Strukturen zusammen, gegeneinander und aufeinander ein?" (S. 58). Die Frage verweist auf die von mir eingangs gestellte Forschungsfrage in Bezug auf Bildungslandschaften, in der es darum geht, die Handlungskoordinationen (Steuerung) zwischen den Agierenden der verschiedenen Ebenen zu verstehen und zu erklären. Eine direkte Verknüpfung zwischen Webers Institutionentheorie (Stölner, 2009) und dem Educational-Governance-Ansatz stellen Kunze und Sauter (2019) mit der Etablierung des Menschenrechts auf Bildung her. Das Dreigestirn der Educational-Governance-Forschung ‚Handlungs- und Agierendenkoordination sowie Mehrebenensystem' ist analog zu Webers Institutionentheorie in eine Mikro-Makro-Struktur eingebettet, ist fern einer linearen Steuerungslogik sowie einer „hierarchischen Gegenüberstellung von Steuerungssubjekt und Steuerungsobjekt" (Kunze & Sauter, 2019, S. 605).

In der Debatte um Bildungsregionen spielt der webersche Institutionenbegriff bislang keine Rolle. Vielmehr ist der institutionelle Diskurs im Bildungsbereich bisher geprägt vom organisationssoziologischen Neo-Institutionalismus (Schaefers, 2002; Brüggemann, 2021). Der Neo-Institutionalismus[2] ist ein Ansatz innerhalb der Organisationstheorie, was eine entsprechende Perspektive bedingt. Sein Blick gilt vornehmlich Organisationen als Produkte ihrer institutionellen Umwelt und den Folgen, die sich aus diesen institutionellen Anforderungen an die Organisationen ergeben. Der Neo-Institutionalismus verfügt über kein geschlossenes Theoriegebäude (Schaefers, 2002, S. 835–838). Er ist gut darin, die Effizienzvorstellungen von Organisationen zu hinterfragen und damit die Entstehung und ‚Vereinheitlichung' der Bildungslandschaften als kommunal koordinierte Vor-Ort-Problemlösungsstrategien von Ungleichheitsproblemen

2 Hier nur bezogen auf makrosoziologische Ansätze (DiMaggio, 1988; Meyer & Rowan, 1994).

zu erklären. Damit ist er außerdem anschlussfähig an die Grundidee der Local-Governance-Forschung, die das Problemlösen auf Netzwerkebene in einer Kommune fokussiert (Täubig, 2011, S. 223–224). Nicht im Vordergrund steht, wie Institutionalisierungsprozesse theoretisch fundiert werden können. Ebenso ist unklar, was Institutionen eigentlich sind. Darüber besteht in der Literatur kein Konsens (Senge, 2006, S. 36). Auch wie bspw. die Integration informeller Bildungssettings in die Bereiche Familie und Freizeit, also in solche ohne direkten Organisationsbezug, innerhalb einer Institutionentheorie gelingen kann, bleibt außen vor. Institutionen sind im Neo-Institutionalismus mehr ‚Beiwerk' zur Erklärung von Organisationsvorgängen.

Bei Weber ist die Prioritätensetzung genau umgekehrt. Es stehen weniger die Organisationen, sondern die Institutionen im Mittelpunkt. Eine Institutionentheorie führt Weber dabei zwar nie explizit aus, deutet sie aber immerhin an (Weber, 1988a, S. 536–573). Für Lepsius (1995a, 1995b) ist die Institutionentheorie ein Ergebnis von Webers Beschreibungen der okzidentalen Entwicklung, also der Rationalisierung der Gesellschaft (Makroebene) (Müller, 2020, S. 139–140). Diese mündet in Makro-Differenzierungen gesellschaftlicher Teilbereiche bzw. Wertsphären, die als Folgeentwicklung des okzidentalen Rationalismus entstanden (Weber, 1988a, S. 11–12). Eine Wertsphäre gründet sich, wie der Name schon sagt, auf einem (Leit-)Wert. Ob nun eine Bildungslandschaft als Institution im Sinne Webers bezeichnet werden kann,[3] entscheidet sich ausgehend von der Bestimmung des Wertes oder der Werte als Startpunkt der Institutionenanalyse, an denen sich bspw. das pädagogische Handeln und auch Bildungsorganisationen, wie Schulen, orientieren.

Im nächsten Kap. stehen daher die aktuellen Bedeutungsvarianten des Bildungsbegriffs im deutschen Sprachraum im Vordergrund. Wie bereits angesprochen, rang schon die Erziehungswissenschaft mit dem Begriff. An dieser Situation hat sich grundlegend nichts geändert. Nach wie vor existiert ein Sammelsurium an Bedeutungsvarianten (Schwenk, 2004, S. 219), die eine klare Orientierung an einem dominanten Wert erschweren. Welche Konsequenzen dies für die Bestimmung einer Wertsphäre hat, wird im Folgenden erörtert.

3. Der Bildungsbegriff und seine aktuellen Bedeutungsdimensionen

Eine allgemein anerkannte Definition des Bildungsbegriffs lässt sich weder in der Erziehungswissenschaft (Nieke, 2004, S. 525) noch in der Bildungssoziologie (Grundmann, 2017, S. 84) finden. Die Diskussion um den Bildungsbegriff erstreckt sich von der Position, den Begriff ganz zu vermeiden, über die

3 Auf eine historische Rekonstruktion wird aus Platzgründen an dieser Stelle verzichtet.

Herangehensweise, ihn mit analogen Begriffen synonym zu verwenden (Heid, 2004, S. 44), bis hin zum Ansatz, die dem Begriff innewohnende „dialektische Spannung" (Löw & Geier, 2014, S. 24) aufzunehmen, die ihm aufgrund seiner Bedeutungsvarianten zugeschrieben wird.[4] Ich möchte die letzte Variante herausstellen, da diese die Bedeutungsvielfalt und die Widersprüchlichkeiten betont und den Dimensionen einer Bildungslandschaft am ehesten gerecht wird (ausführlicher Thiersch, 2015; Langewand, 2004).[5] Dazu später mehr.

Die einzelnen Bedeutungsdimensionen des Bildungsbegriffs, wie die Verwertbarkeit von Bildungsinhalten (ökonomische Dimension) oder die kulturhistorische Dimension mit antikem Ursprung, sind Teil der Organisation Schule und spielen für die Handlungsorientierung je nach Handlungskontext eine unterschiedliche Rolle. Stellt z. B. in der Schule eine Lehrkraft eine Matheaufgabe, so lässt sich das (Bildungs-)Handeln der Schüler:innen – Lösung der Aufgabe – dem ausgegebenen Ziel der kognitiven Kompetenzerweiterung in Mathematik zuordnen. Die Schüler:innen folgen nicht nur einer Vorgabe der Lehrkraft, sondern orientieren sich gleichsam an einem Bildungswert, die über die Lehrpläne (Ministerium), die Organisation Schule und schließlich über die Lehrkraft an die Schüler:innen vermittelt wird, nämlich als Mathematikkompetenz und spätere Verwertungsmöglichkeit für den Arbeitsmarkt bzw. als Teilhabechance. Die Orientierung in einem non-formalen Bildungssetting folgt oft anderen Handlungsprämissen in einem anderen Handlungskontext. Zwar lässt sich in einem Sportverein die Bewegung ebenfalls einer kognitiven Förderlichkeit zuordnen (Frey & Mengelkamp, 2010, S. 13), aber auf die Leitziele eines Breitensportvereins bezogen ist davon auszugehen, dass die Bewegung als Handeln der körperlichen Ertüchtigung dient und nicht in erster Linie der kognitiven Kompetenzentwicklung inklusive anschließender Verwertbarkeit auf dem Arbeitsmarkt.

Wie schon angesprochen, zeichnen den Bildungsbegriff vielfältige Bedeutungsvarianten aus. In seiner klassischen Variante soll Bildung erfolgen. Dies impliziert einen normativen Anspruch (Löw & Geier, 2014, S. 25) im Sinne eines ‚Gebildetseins'. Daran schließt der nächste Punkt an: Die Notwendigkeit von Bildung betont als Vorgang des Sichbildens und den Einschluss des Ergebnisses (Gebildetseins) das Verständnis der kulturellen Kontexte einer Gesellschaft und die Formung der Persönlichkeit im Sinne einer Perfektibilität. Diese klassische Variante zeigt sich heute noch auf struktureller Ebene in Bildungsorganisationen wie humanistischen Gymnasien mit den entsprechenden Fächern (Latein, Griechisch etc.). Die Perfektibilität, zurückgehend sowohl auf Herder, Schiller und Humboldt als auch auf die Antike, verweist ferner auf die Bildung eines eigenen

4 In den folgenden Kap. sind einige Punkte aus Stölner (2009) enthalten.

5 Eine Auseinandersetzung mit ‚verwandten' Begriffen wie Erziehung, Sozialisation und Lernen unterbleibt aus Platzgründen. Zudem zielt dieses Kap. nicht auf Vollständigkeit aller Bedeutungsvarianten ab.

Urteilsvermögens (Löw & Geier, 2014, S. 21–23; Langewand, 2004, S. 70–72). Rauschenbach et al. (2004) bezeichnen dieses Ziel als Mündigkeit des Individuums. Die Autor:innen verorten die Emanzipation durch Bildung nicht nur auf individueller Ebene, sondern sehen sie ebenso als Voraussetzung für das gelingende Zusammenleben in einer modernen und demokratischen Gesellschaft (S. 21–22). Als generelle Zielbestimmung schlagen sie die „autonome Lebensführung in möglichst allen Lebensbereichen" (Rauschenbach et al., 2004, S. 21) vor und richten damit den Blick auf den Begriff der sozialen Teilhabe (Rauschenbach et al., 2004, S. 21).

Darüber hinaus bleibt festzuhalten, dass Bildung in einen ökonomischen Diskurs eingebettet ist, der national und international geführt wird. Dies zeigen die alle drei Jahre stattfindende PISA-Studie, die Diskussionen um den Fachkräftemangel und der Begriff ‚Standortfaktor' (Kühnlein & Klein, 2011, S. 178). Auf Ebene der Bildungslandschaften zeigt sich die ökonomische Idee beim Übergang Schule/Beruf (Niedlich, 2016, S. 31).

Bildung distinguiert sich ferner durch eine Inkorporation im Sinne eines Besitzes, z. B. Kompetenzen – wie das Spielen eines Musikinstruments – verinnerlicht zu haben. Durch die Besitzfunktion dient Bildung als Distinktionsmerkmal z. B. zwischen Geschlechtern, Einheimischen, Fremden und Schichten. Dies impliziert die Funktion von Bildung, den Zugang zu Geld und Macht über schulische sowie akademische Titel zu regeln. Insgesamt werden über den Besitz bzw. Nichtbesitz von Bildung soziale Hierarchien erzeugt (Bourdieu, 1983, S. 185–198).

Das Pendant der genannten Distinktions- und Verwertungsfunktion ist der sowohl egalitäre als auch emanzipatorische Anspruch von Bildung: Chancengleichheit, Entfaltungsmöglichkeiten der Individuen (Persönlichkeitsbildung), Kulturverständnis und Voraussetzung für eine gelingende demokratische Gesellschaft in der Moderne (Löw & Geier, 2014, S. 21–23; Rauschenbach et al., 2004, S. 22). Chancengleichheit oder Bildungsgerechtigkeit ist eines der zentralen Themen in den Bildungslandschaften (Kühnlein & Klein, 2011, S. 180–181; Niedlich, 2016, S. 28–32).

Der Bildungsbegriff hat sich in seiner kulturhistorischen Dimension, zumindest im deutschsprachigen Raum, zu einem Wert an sich entwickelt. Er ist Leitidee seines eigenen kulturellen Bezugsrahmens und vereint Ziel und Inhalt in sich (Henz, 1991, S. 148, S. 153).

Hinter einem Wert ‚Bildung' findet sich aber keine isolierte Idee, wie die Ausführungen zeigten. Die genannten Bedeutungsstränge halten nach Weber Orientierungen und Motivationen bereit, an denen die Individuen ihr Handeln ausrichten. Diese Bedeutungsstränge sind nicht in allen Bildungsorganisationen vorzufinden und keinesfalls als gleichwertig motivierend anzusehen. Wie bereits dargelegt, verläuft über Bildung der Zugang zu beruflichen Positionen. Das Motivationsreservoir speist sich hier über ökonomische (Macht, Geld) und symbolische Prämien (Prestige), die durch andere Ordnungen zur Verfügung gestellt werden.

Neben den genannten Bedeutungssträngen verweist der Bildungsbegriff heute auf die drei Dimensionen formale, non-formale und informelle Bildung. Die Dimensionen umfassen einen breiten Bildungsbegriff, der über den formalen Kontext der jungen Jahre (Kita, Schule, berufliche Bildung, Hochschule) und einen spezifischen Raum hinausgeht. Gerade für die Beschreibung von Bildungslandschaften und die Institutionalisierung von Bildung an unterschiedlichen Orten bildet diese Begriffserweiterung ein wichtiges Instrumentarium, den kulturellen Bezugsrahmen einer Bildungslandschaft abzustecken.

Non-formales und informelles Lernen und damit auch Bildung finden außerhalb der genannten formalen Organisationen oder Orte in unterschiedlichen Formen statt, wobei non-formale Bildung ein organisiertes Setting mit Bildungszielen einschließt und bspw. Orte der Weiterbildung, Jugendarbeit, Museen und Zoos umfasst. Somit werden sowohl formale und non-formale als auch als intentionale Lernprozesse gesehen. Informelle Bildung findet hingegen ‚nebenbei' statt, etwa in der Familie, durch Medien oder im Spiel, also nicht organisiert, spontan, i. d. R. nicht bewusst und ohne explizites Bildungsziel.

Auch wenn hier nicht alle Unterscheidungen aufgeführt werden können (Schwan & Noschka-Roos, 2019, S. 134–137), so bleibt für den Beitrag festzuhalten, dass Bildung in unterschiedlichen Räumen einer Bildungslandschaft stattfindet und bestimmte Bedeutungsstränge von Bildung in einer Bildungslandschaft gefördert werden (Niedlich, 2016, S. 28–32). Des Weiteren zeigt sich, dass das Bildungshandeln in der non-formalen und informellen Dimension oft nicht intentional und nicht als Hauptaktivität erfolgt. Darüber hinaus verweist Bildung als Wert auf viele (Bildungs-)Ideen oder Bedeutungsdimensionen – wie Aufgeschlossenheit, Mündigkeit, Gleichheit, Demokratie, Emanzipation, Hierarchie/Distinktion, gesellschaftliche Integration/Inklusion, ökonomischer Nutzen –, die dem Begriff innewohnen bzw. Produkt sozialer Prozesse sind und teils in dialektischer Spannung zueinander stehen. Die Leitideen für die kommunalen Bildungslandschaften lassen sich i. d. R. den jeweiligen Leitbildern der Bildungslandschaften entnehmen (Heinrich, 2018, S. 4). Die dialektische Spannung der Bildungsbegriffe bedeutet hierbei für die Agierenden, dass Projekte, wie die Erstellung eines Bildungsberichts, zu einer mehrfachen Wertverfolgung führen können, ohne dass dies vorher beabsichtigt war. So lassen sich bspw. aus den Daten eines Bildungsberichts Maßnahmen für eine Schule ableiten, um im Zuge der Chancengerechtigkeit dort die Sprachbildung zu verbessern. Die Verbesserung der Sprachkompetenzen überschneidet sich zudem mit der Idee der späteren Verwertbarkeit von Bildung auf dem Arbeitsmarkt. In der Praxis lassen sich überschneidende Werte oft nicht vermeiden. Zudem können bestimmte Bildungswerte im informellen und non-formellen Bereich auch nur graduell betroffen sein, wie das Beispiel Sportverein zeigt. Überdies lassen sich sozialpolitische Maßnahmen, wie eine Familienförderung im informellen Bereich Familie, sowohl unter die Idee der Chancengerechtigkeit als auch unter die Idee der Verwertbarkeit subsumieren. Zu konstatieren bleibt, dass scheinbar alles zu Bildung wird, „wie eine Sauce über alle pädagogischen Tätigkeiten“ (Reutlinger, 2011, S. 61) hinweg, ohne dass mit der Sichtbarmachung ein pädagogischer Nutzen einhergeht.[6]

Für die Agierenden von Bildungslandschaften bedeutet dies, dass Bildungsprojekte durch die mit ihnen verbundenen (Bildungs-)Werte einerseits Spannungen enthalten können, die zu unterschiedlichen Zielen führen. Andererseits können sich Werte wie Verwertbarkeit und Chancengerechtigkeit auch gegenseitig in ihrem Beitrag zur Zielerreichung verstärken. Drittens ist zu überlegen, welche Bildungsprozesse in einer Bildungslandschaft einer Organisierung bedürfen oder als ‚wilde' Lernsettings weiterhin im ‚Dunklen' fortexistieren sollen.

Im nächsten Kap. geht es darum, ob sich eine Bildungslandschaft nach Weber als Institution beschreiben lässt, wie sich der Prozess der Institutionalisierung darstellt und wie eine Wirkmächtigkeit aus Bildungsideen hervorgehen kann.

4. Webers Wertsphären- und Institutionentheorie

4.1 Webers Begriff der Institution

Nach wie vor gilt der unscharfe Institutionenbegriff als Haupthindernis für die Entwicklung einer Institutionenanalyse (Lepsius, 1995a, S. 394). Institutionen stehen für Lebensbereiche, in denen Handlungsprogramme bzw. -muster oder Regeln dominieren, die für eine große soziale Gruppe ein kollektives Verhalten vorgeben sowie identitäts- und stabilitätsstiftend wirken (Pries, 2014, S. 142).[7]

Diese Lebensbereiche werden auch als Ordnungen verstanden, die einen Geltungsanspruch beinhalten. Hierzu wird auf den Begriff der ‚legitimen Ordnung' bei Weber zurückgegriffen, der auf Regelmäßigkeiten sozialen Handelns verweist, die wertdimensional bestimmt sind. Die Agierenden handeln aus Überzeugung, ohne auf die Folgen zu achten (Weber, 1980, S. 12). Herauszustellen ist ferner, dass die Handlungen bei legitimen Ordnungen auf Pflichtmotiven beruhen, also der Wert die „Vorstellung einer Geltung“ (Schluchter, 2005, S. 142) ist, die ursächlich für ein Handeln wird.

Konstatieren lässt sich, dass Institutionen eine Vermittlerfunktion zwischen Kultur und Gesellschaft innehaben, indem sie kulturelle Sinnproduktion, also

---

6 Mit Bildung wird außerdem die Hoffnung verbunden, den Schlüssel zur Lösung sozialer Probleme gefunden zu haben, was trügerisch ist (Butterwegge, 2019).

7 Eng verbunden, aber nicht deckungsgleich mit dem Institutionenbegriff ist der Terminus der Organisation. Organisationen sind Teil des Gebildecharakters einer Institution und spiegeln damit die strukturelle Seite einer Institution wider.

Bildungsideen, insofern sozial strukturieren, dass der Sinnbezug handlungsrelevant wird (Lepsius, 1995a, S. 394).

Die Wirkmächtigkeit von kulturellen Ideen, hier Bildungsideen, wird auf dieser Stufe erreicht, wenn kommunales Handeln, bspw. über ein kommunales Bildungsbüro, in Kooperation mit Schulen und freien Trägern die Idee Bildungsgerechtigkeit fördert, weil die Beteiligten überzeugt sind, dass diese Idee aus dem Leitbild als wünschenswert erachtet wird. Dem Beispiel folgend wird also eine (Bildungs-)Idee (Kultur) kraft wertrationalen Glaubens verfolgt, weil die Erlangung des Gutes Bildung (Chancengerechtigkeit etc.) hier wünschenswert bzw. wichtig ist und zugleich eine Verpflichtung zum Handeln ausstrahlt (Vorstellung einer Geltung). Die Verfolgung der Idee durch das tatsächliche Handeln besiegelt die Transmission.

4.2 Vom Wert zur Wirkmächtigkeit einer Idee

Wie bereits darauf hingewiesen, bildet der Wertbegriff den Ausgangspunkt der Analyse. Daran anknüpfend soll der Weg von der Konkretisierung eines Wertes zur Institutionalisierung einer Idee bis hin zu handlungsrelevanten Rationalitätskriterien beschrieben und im Anschluss daran auf die Wirkmächtigkeit kultureller Ideen in einer Bildungslandschaft eingegangen werden.

Werte verkörpern das generell Wünschenswerte in einer Gesellschaft. Allerdings begründen Werte nicht, warum etwas wünschenswert ist oder nicht. Zudem enthalten sie keine Anleitungen oder Begrenzungen, wie das Wünschenswerte erreicht werden kann. Werte bieten Orientierungen hinsichtlich des Ziels der Reise, z. B. Macht, Gewinn oder Bildung, aber sie enthalten als Wegweiser keine Begründungen, warum man die Reise antritt und wie man das Reiseziel erreichen kann. Aus der Offenheit des Weges ergibt sich ein enormer Handlungsspielraum für die Agierenden. Diesen einzuschränken, ist Aufgabe der Institutionen: zum einen durch die ordnungsstiftende Funktion der Institutionen. Diese basiert darauf, dass die teilnehmenden Personen mit gemeinsamen normativen und kognitiven Orientierungen versorgt werden. Zum anderen wird den Menschen durch die gewohnheitsbildende, sozialisierende und kognitiv standardisierte Funktion von Institutionen eine Anleitung zur Interpretation der sozialen Situation mitgegeben und so auch ein Verständnis für den Sinn des (Bildungs-)Handelns in solch einer Situation erzeugt.

Der nächste Schritt beschreibt den Weg von der Wertsphären- zur Ordnungsebene. Hierzu müssen für Werte als generalisierte Orientierungen Spezifizierungen erfolgen und die Ansprüche eingeschränkt sowie letztlich Standards, Regeln und Methoden festgelegt werden. Dies geschieht durch einen zweistufigen Prozess: Erstens durch den Prozess der *Interpretation*, in dem der Sinngehalt der

Werte bestimmt wird, es also zu Ideen kommt. Es gilt, diese kulturellen Ideen und ihre Handlungsrelevanz für das Individuum und das Kollektiv zu bestimmen.

Der zweite entscheidende Schritt ist der der *Institutionalisierung*. Auf Weber gewendet kommt es zu einer Konkretisierung der Ideen durch die Bildung von Rationalitätskriterien. Die Konkretisierung einer Idee ist von Bedeutung, weil sich daraus eine praktisch anwendbare Verhaltensorientierung ergibt. Die Rationalitätskriterien (z. B. Lernen)[8] lassen dabei die Ideen (z. B. die Verwertbarkeit von Bildung) für bestimmte Situationen (Unterrichtskontext) handlungsrelevant werden, sodass das Handeln systematisierbar, voraussehbar und intersubjektiv kontrollierbar wird (Stölner, 2009, S. 69). In diesem Sinne begründen sich Institutionen „durch Kriterien, die Wertbezüge konkretisieren und innerhalb eines ausgegrenzten Handlungskontextes Geltung beanspruchen" (Lepsius, 1995b, S. 329).

Eine Stabilisierung findet über die Verbindlichkeit von Wertgehalten statt, die im Idealfall durch Sanktionen abgesichert sind (Schwinn, 1993, S. 225), im Schulsystem bspw. durch Sitzenbleiben, Abschulung und Strafarbeiten. Insofern wirken die Sanktionen verhaltensprägend bzw. geben einen Handlungsrahmen vor.[9] Nicht alle Ordnungen verfügen über das gleiche Sanktionspotenzial[10] mit entsprechender Organisationsstruktur.

Auf welchem Institutionalisierungsgrad sich dann eine Sphäre ausbildet, hängt entscheidend davon ab, ob die jeweilige Sphäre konkrete Verhaltensnormierungen in einem homogenen Handlungskontext generieren und v. a. stabilisieren kann, es also zu stabilen pädagogischen Handlungsregelmäßigkeiten in Bildungslandschaften kommt. Grundsätzlich fördern drei miteinander verschränkte Aspekte die Ausbildung eines entsprechenden Institutionalisierungsgrades und entscheiden darüber mit, wie wirkmächtig eine Idee wird: Monopolisierbarkeit, Herrschaftsfähigkeit und die Bildung von Ungleichheitsverhältnissen. Sie gehen über die reine wertrationale Bestimmung einer Handlung hinaus. Ordnungen mit diesen Merkmalen können sanktionierende Organisationen entwickeln, die ausgebildete Ordnungen, wie Ökonomie, Politik oder Religion, entfalten (Schwinn, 2020, S. 190). Der formale Sektor einer Bildungslandschaft, insbesondere das Schulsystem, mit seinen Schulformen, erfüllt die drei dargelegten Dimensionen; dies trifft auf den non-formalen und informellen Bereich allerdings weniger zu.

Ungleichheitsverhältnisse in Ordnungen weisen auf Auseinandersetzungen um ungleichheitsrelevante (Macht-)Ressourcen bzw. Ordnungsprodukte hin, z. B. Bildungstitel, die den Zugang zu privilegierten Positionen innerhalb und

---

8 Noch konkreter im schulischen Kontext wäre das ‚formale' Vorgehen bei einer Gedichtinterpretation oder das Abfassen einer Erörterung.

9 Das Vorhandensein von Sanktionsmitteln verweist auf den Status der Verrechtlichung einer Ordnung (Stölner, 2009, S. 97), was für Bildung v. a. auf den formellen Bereich zutrifft.

10 Wissenschaft ist bspw. spezifikationsstark wie Politik und Wirtschaft, aber in weit geringerem Maße durch Sanktionen reguliert, vielmehr ist sie auf Selbstverpflichtung ausgerichtet (Schwinn, 2020, S. 190).

außerhalb der Ordnung ermöglichen, deren Erwerb mit konkreten Verhaltensprägungen im Schul- und Hochschulkontext verbunden und durch Sanktionen abgesichert ist (vgl. Kap. 3). Der Prozess dorthin ist innerhalb der Bildungsorganisationen weitestgehend normiert. Aus der Bedeutung und Bemächtigung der Ressourcen entsteht eine eigene ordnungsbildende Dynamik, die für die Generierung der Ordnungsstruktur und des Ordnungsgrades relevant ist (Schwinn, 2007, S. 46–57), z. B. durch Bildung entsprechender Organisationen, die diese Titel verleihen. Eine Bildungslandschaft ist allerdings qua Definition mehr als der formale Sektor. Außerhalb des formalen Bereichs lassen sich zwar auch Ungleichheiten konstatieren, aber auf einem abgeschwächten Niveau. So werden in Bildungslandschaften auf freiwilliger Basis knappe Finanzmittel z. B. über kommunale Bildungsbüros verteilt (Brüggemann, 2021, S. 339), indem entschieden wird, welche Bildungsmaßnahme unterstützt wird und wer diese erhält.

Eng mit der Ungleichheitsdimension hängt die der Monopolisierbarkeit des formalen Bildungsbereichs zusammen. Das Bildungskapital und die Berechtigungen bzw. Titel sind, unabhängig von ihrem:r jeweiligen Träger:in, an die Bildungseinrichtungen gebunden sowie durch diese weitestgehend staatlich monopolisiert. Ferner ist mit dem Schulsystem bzw. der Schulpflicht ein Zwangscharakter als Herrschaftsmoment verbunden, der physisch durchgesetzt werden kann. Damit lassen sich Verhaltensnormierungen unabhängig von einer intrinsischen Bildungsmotivation herstellen und zusätzlich im Rahmen kommunaler Bildungsnetzwerke, z. B. durch Lehrkräftefortbildungen, unterstützen. Für den non-formalen und informellen Bildungsbereich einer Bildungslandschaft zeigen sich eine mangelnde Monopolisierbarkeit und eine damit zusammenhängende mangelnde Herrschaftsfähigkeit. Dies ist darauf zurückzuführen, dass sich motivational gesteuertes Bildungshandeln als Hauptaktivität weniger in non-formalen Organisationen findet. Geschweige denn Bildungskapital und -titel sind als ungleichheitsrelevante Machtressourcen an sie geknüpft. Die kulturellen Leitideen in diesen Organisationen (z. B. Sportvereinen) offenbaren eine geringe Kongruenz mit den Bedeutungsvarianten von Bildung. Zudem verfügen diese beiden Bildungsbereiche über keinen Zwangscharakter, über den sich Herrschaftsmomente herstellen ließen.

Mit den Ausführungen wurden die Ordnung sowie der Prozess der Institutionalisierung in einer Bildungslandschaft diskutiert, die sich für die Dimensionen formal, non-formal und informell graduell unterschiedlich darstellen. Zu konstatieren bleibt, dass die Voraussetzungen für Bildungslandschaften, beruhend auf Monopolisierbarkeit, Herrschaftsfähigkeit und Ungleichheitsverhältnissen, zur Ausprägung einer umfangreichen Ordnung mit Ausnahme des formalen Sektors nicht gegeben sind. Es wird für die Agierenden der Bildungslandschaft eine Herausforderung sein, im non-formalen und informellen Sektor Handlungsansätze zu finden, die zu einer gewünschten Ideenverfolgung im Sinne der Bildungslandschaft führen.

Die Frage nach der Wirkmächtigkeit von Bildungsideen wurde bisher ausgespart und soll nun angegangen werden. (Bildungs-)Ideen sind nach Weber nicht allein wirkmächtig, sondern bedürfen eines Interessensbezugs. Sie stehen in einem Wechselverhältnis mit Interessen. Weder den Interessen noch den Ideen wird eine Vormachtstellung zur Erklärung eines Handlungskontextes zugewiesen. In einer Analyse, bspw. der Bildungslandschaft, sind Ideen immer mit Interessen unter Berücksichtigung des sozialen Kontextes zu untersuchen. Die Ideen müssen sich auf ein spezifisches Verhalten beziehen, sich an bestimmte Adressat:innen richten und für diese von Bedeutung sein. Mit den Interessen kommen die Agierenden bzw. Trägergruppen des Mehrebenensystems Bildungslandschaft ins ‚Spiel', die in einem Netzwerk interagieren. Es kommt zu Handlungskoordinationen, die der Analyseperspektive des Educational-Governance-Ansatzes entsprechen. Im Zentrum der Analyse stehen damit Bildungsideen, z. B. der Standortfaktor für eine Kommune, die dem unmittelbaren Interesse einer Trägergruppe, z. B. der IHK, dient, die wiederum Einfluss auf die Ressourcenverteilung einer Bildungslandschaft über bestimmte Gremien ausüben kann. Ebenso sind Interessen auf Ideen bezogen: Ideen als Ziele, die zur Legitimation der entsprechenden Mittel dienen (Stölner, 2009, S. 35–37). Die Analyse des Mehrebenensystems Bildungslandschaft sowie die nach Weber zentrale Frage nach der Wirkmächtigkeit von Ideen erfolgen anhand einer Untersuchung des Wechselspiels zwischen Ideen und Interessen.

5. Fazit

Der Beitrag ging von drei Forschungsfragen aus: ‚Wie ist lässt sich eine Bildungslandschaft als Institution beschreiben?', ‚Wie ist der Begriff Institutionalisierung zu fassen?' und ‚Entfalten kulturelle Bildungsideen aus sich heraus eine Wirkmächtigkeit für eine Bildungslandschaft?'.

Dazu wurden zunächst (Kap. 2) die Bezüge zu anderen Forschungsrichtungen aufgezeigt. Als Ergebnis zeigen sich große Überschneidungen zwischen Webers Institutionentheorie und anderen Forschungsansätzen wie der Educational-Governance-Forschung, die zur Analyse von Bildungslandschaften eingesetzt werden.

Kap. 3 befasste sich mit unterschiedlichen Bedeutungssträngen von Bildung und welche Konsequenzen diese für eine Bildungslandschaft haben. Festzuhalten bleiben die dialektische Spannung der Bedeutungen und die Schwierigkeit, aus deren Vielzahl *eine* Idee zu isolieren, an der sich das Handeln ausrichten kann. Hinzu kommt ein erweiterter Bildungsbegriff, der Bildung in einen formalen, non-formalen und informellen Sektor aufspannt. Vor allem in den beiden letztgenannten Dimensionen stellt Bildung nicht die Hauptaktivität dar, was in Kap. 4

für die Konstituierung einer Institution Bildungslandschaft vertiefend diskutiert wurde.

Eine Institution (Kap. 4) ist eine Lebensordnung, die für ihren Geltungsbereich den Anspruch auf die (Handlungs-)Verfolgung einer Idee erhebt. Bei der Institution Bildungslandschaft handelt es sich um eine spezifikationsschwache Ordnung mit Ausnahme des formalen Sektors. Trotz der vielfältigen Bildungsideen finden sich zahlreiche Rationalitätskriterien im formalen Bereich, die die Wertbezüge konkretisieren und den Kern des Institutionalisierungsvorgangs bilden. Ganz anders sieht es für den non-formalen und informellen Zweig aus. Diese weisen eine geringe Förderlichkeit zur Herausbildung von Rationalitätskriterien auf, weil Bildung hier nicht Hauptaktivität ist und nebenbei abläuft. Eine förderliche Verrechtlichung von Bildung in diesen zwei Dimensionen, die das Handeln stärker verhaltenswirksam ausrichten könnte, erscheint aus den obigen Gründen nicht legitim und aus sozialpädagogischer Perspektive auch nicht wünschenswert. Überdies sind die Voraussetzungen zur Entfaltung einer ausgeprägten Ordnung Bildungslandschaft, beruhend auf Monopolisierbarkeit, Herrschaftsfähigkeit und Ungleichheitsverhältnissen, nicht gegeben.

Die in Kap. 4 ebenfalls angedeutete Wirksamkeit von Ideen erschließt sich nach Weber im Zusammenspiel zwischen Ideen und den Interessen von Agierenden bzw. Trägergruppen. Dies empirisch zu erschließen, wäre m. E. gewinnbringend für Bildungslandschaften und für die Weberforschung.

Literaturverzeichnis

Bleckmann, P. & Durdel, A. (2009). Einführung: Lokale Bildungslandschaften – die zweifache Öffnung. In P. Bleckmann & A. Durdel (Hrsg.), *Lokale Bildungslandschaften: Perspektiven für Ganztagsschulen und Kommunen* (1. Aufl., S. 11–16). Wiesbaden: VS Verlag für Sozialwissenschaften.

Bourdieu, P. (1983). Ökonomisches Kapital, kulturelles Kapital, soziales Kapital. In R. Kreckel (Hrsg.), *Soziale Welt: Sonderband: Bd. 2. Soziale Ungleichheiten* (S. 183–198). Göttingen: Schwartz.

Brüggemann, C. (2021). Datenbasiertes Bildungsmanagement als Steuerungsversprechen der Regionalisierungspolitik im Bildungswesen. *Zeitschrift für Pädagogik*, *67*(3), 338–352.

Butterwegge, C. (2019). Bildung – ein probates Mittel zur Bekämpfung von (Kinder-)Armut in Deutschland? In G. Quenzel & K. Hurrelmann (Hrsg.), *Handbuch Bildungsarmut* (S. 743–767). Wiesbaden: VS Verlag.

Caruso, M. (2013). Ein Theorieentwurf für die Erforschung von Bildungs- und Schulkulturen im Medium funktionaler Differenzierung. In M. Hummrich & S. Rademacher (Hrsg.), *Studien Zur Schul- und Bildungsforschung Ser. Kulturvergleich in der Qualitativen Forschung: Erziehungswissenschaftliche Perspektiven und Analysen* (1. Aufl., S. 43–64). Wiesbaden: Springer Fachmedien Wiesbaden GmbH.

Deutscher Bildungsrat. (1975). *Die Bildungskommission. Bericht ,75. Entwicklung im Bildungswesen. Kurzfassung. Daten, Veränderungen, Vorschläge. Verabschiedet auf der 48. Sitzung der Bildungskommission.* Bonn.

DiMaggio, P. J. (1988). Interest and Agency in Institutional Theory. In L. G. Zucker (Hrsg.), *Institutional Patterns and Organizations* (S. 3–21). Cambridge: Ballinger Publ.

Fend, H. (2008). *Neue Theorie der Schule: Einführung in das Verstehen von Bildungssystemen* (2. Aufl.). Wiesbaden: VS Verlag für Sozialwissenschaften.

Frey, A. & Mengelkamp, C. (2007). Auswirkungen von Sport und Bewegung auf die Entwicklung von Kindergartenkindern. *Bildungsforschung, 4*(1), https://nbn-resolving.org/urn:nbn:de:0111-opus-46291 [30.06.2022].

Grundmann, M. (2017). Sozialisation – Erziehung – Bildung: Eine kritische Bestandsaufnahme. In R. Becker (Hrsg.), *Lehrbuch der Bildungssoziologie* (S. 63–88). Wiesbaden: Springer Fachmedien Wiesbaden.

Gudjons, H. & Traub, S. (2020). *Pädagogisches Grundwissen: Überblick – Kompendium – Studienbuch* (13. Aufl.). Bad Heilbrunn, Stuttgart: UTB.

Heid, H. (2004). Erziehung. In D. Lenzen (Hrsg.), *Erziehungswissenschaft* (S. 43–68). Reinbek: Rowohlt.

Heinrich, A. J. (2018). *Die sozialräumliche Bildungslandschaft Campus Rütli in Berlin-Neukölln. Quartiersforschung.* Wiesbaden: Springer Fachmedien Wiesbaden GmbH.

Henz, H. (1991). *Bildungstheorie.* Frankfurt/M.: Lang.

Honig, M.-S. (2003). Institution und Institutionalisierung. In L. Fried, B. Dippelhofer-Stiem, M.-S. Honig & L. Liegle (Hrsg.), *Einführung in die Pädagogik der frühen Kindheit* (S. 86–121). Weinheim, Basel: Beltz.

Klafki, W. (1991). *Neue Studien zur Bildungstheorie und Didaktik: Zeitgemäße Allgemeinbildung und kritisch-konstruktive Didaktik* (2. Aufl.). Weinheim, Basel: Beltz.

Kühnlein, G. & Klein, B. (2011). Kommunale Bildungslandschaften. In H.-J. Dahme & N. Wohlfahrt (Hrsg.), *Handbuch Kommunale Sozialpolitik* (S. 175–187). Wiesbaden: VS Verlag für Sozialwissenschaften.

Kunze, A. B. & Sauter, S. (2019). Educational Governance im Kontext von Heterogenität und Inklusion: Eine mehrperspektivische Betrachtung. In R. Langer & T. Brüsemeister (Hrsg.), *Handbuch Educational Governance Theorien* (S. 573–614). Wiesbaden: Springer Fachmedien Wiesbaden.

Langer, R. (2015). Educational Governance und Theoriebildung. In J. Schrader (Hrsg.), *Educational Governance Ser: v.28. Governance Von Bildung Im Wandel: Interdisziplinäre Zugänge* (1. Aufl., S. 45–64). Wiesbaden: Springer Fachmedien Wiesbaden GmbH.

Langewand, A. (2004). Bildung. In D. Lenzen (Hrsg.), *Erziehungswissenschaft* (S. 69–98). Reinbek: Rowohlt.

Lepsius, M. R. (1995a). Institutionenanalyse und Institutionenpolitik. In B. Nedelmann (Hrsg.), *Politische Institutionen im Wandel* (S. 392–403). Opladen: Westdt. Verl.

Lepsius, M. R. (1995b). Max Weber und das Programm einer Institutionenpolitik. *Berliner Journal für Soziologie, 5*(3), 327–333.

Löw, M. & Geier, T. (2014). *Einführung in die Soziologie der Bildung und Erziehung* (3. Aufl.). Opladen: Budrich.

Maag Merki, K., Langer, R. & Altrichter, H. (2014). Educational Governance als Forschungsperspektive: Strategien, Methoden und Forschungsansätze in interdisziplinärer Perspektive. In K. Maag Merki, R. Langer & H. Altrichter (Hrsg.), *Educational Governance als Forschungsperspektive* (S. 11–23). Wiesbaden: Springer Fachmedien Wiesbaden.

Mack, W. (2020). Bildungslandschaften. In P. Bollweg, J. Buchna, T. Coelen & H.-U. Otto (Hrsg.), *Handbuch Ganztagsbildung* (S. 1311–1322). Wiesbaden: Springer Fachmedien Wiesbaden; Imprint: VS Verlag.

Mattern, P. & Lindner, M. (2015). Warum Bildungslandschaften? *Widersprüche, 35*(1), 81–95.

Meyer, J. W. & Rowan, B. (1994). Institutionalized Organizations: Formal Structure as Myth and Ceremony. In W. W. Powell & P. J. DiMaggio (Hrsg.), *The new institutionalism in organizational analysis* (4. Aufl., S. 41–62). Chicago: Univ. of Chicago Press.

Million, A., Coelen, T., Heinrich, A. J., Loth, C. & Somborski, I. (2017). *Gebaute Bildungslandschaften: Verflechtungen zwischen Pädagogik und Stadtplanung.* Berlin: jovis.

Müller, H.-P. (2020). Rationalität, Rationalisierung, Rationalismus. In H.-P. Müller & S. Sigmund (Hrsg.), *Max Weber-Handbuch* (S. 136–145). Stuttgart: J. B. Metzler.

Niedlich, S. (2016). Regionalisierung des Bildungswesens. In Arbeitsgruppe „Lernen vor Ort“ (Hrsg.), *Kommunales Bildungsmanagement als sozialer Prozess. Studien zu „Lernen vor Ort“* (S. 23–46). Wiesbaden: VS Verlag.

Nieke, W. (2004). Erziehungswissenschaft (Studium). In D. Lenzen & F. Rost (Hrsg.), *Rowohlts Enzyklopädie: Bd. 1. Pädagogische Grundbegriffe I: Aggression – Interdisziplinarität* (7. Aufl., S. 525–535). Reinbek: Rowohlt-Taschenbuch-Verl.

Pries, L. (2014). *Soziologie: Schlüsselbegriffe, Herangehensweisen, Perspektiven.* Weinheim, Basel: Beltz Juventa.

Rauschenbach, T., Mack, W., Leu, H. R., Lingenauber, S., Schilling, M., Schneider, K. & Züchner, I. (2004). *Konzeptionelle Grundlagen für einen Nationalen Bildungsbericht – Non-formale und informelle Bildung im Kindes- und Jugendalter.* Hrsg. v. Bundesministerium für Bildung und Forschung (BMBF). Bonn.

Reckwitz, A. (2010). *Unscharfe Grenzen: Perspektiven der Kultursoziologie* (2. Aufl.). *Sozialtheorie.* Bielefeld: transcript.

Reutlinger, C. (2011). Bildungsorte, Bildungsräume und Bildungslandschaften im Spiegel von Ungleichheit – Kritischer Blick auf das „Räumeln" im Bildungsdiskurs. In P. Bollweg & H.-U. Otto (Hrsg.), *Räume flexibler Bildung: Bildungslandschaft in der Diskussion* (S. 51–69). Wiesbaden: VS Verlag für Sozialwissenschaften / Springer Fachmedien Wiesbaden GmbH.

Schaefers, C. (2002). Der soziologische Neo-Institutionalismus. Eine organisationstheoretische Analyse- und Forschungsperspektive auf schulische Organisationen. *Zeitschrift für Pädagogik, 48*(6), 835–855.

Schluchter, W. (2005). *Handlung, Ordnung und Kultur: Studien zu einem Forschungsprogramm im Anschluss an Max Weber.* Tübingen: Mohr Siebeck.

Schwan, S. & Noschka-Roos, A. (2019). Non-formale und informelle Bildungsangebote. In O. Köller, M. Hasselhorn, F. W. Hesse, K. Maaz, J. Schrader, H. Solga, C. K. Spieß & K. Zimmer (Hrsg.). *Das Bildungswesen in Deutschland: Bestand und Potenziale* (S. 131–159). Bad Heilbrunn: Verlag Julius Klinkhardt.

Schwenk, B. (2004). Bildung. In D. Lenzen & F. Rost (Hrsg.), *Rowohlts Enzyklopädie: Bd. 1. Pädagogische Grundbegriffe I: Aggression – Interdisziplinarität* (7. Aufl., S. 208–221). Reinbek: Rowohlt-Taschenbuch-Verl.

Schwinn, T. (1993). Max Webers Konzeption des Mikro-Makro-Problems. *Kölner Zeitschrift für Soziologie und Sozialpsychologie, 45*(2), 220–237.

Schwinn, T. (2001). *Differenzierung ohne Gesellschaft: Umstellung eines soziologischen Konzepts.* Weilerswist: Velbrück Wissenschaft.

Schwinn, T. (2007). *Soziale Ungleichheit. Einsichten.* Bielefeld: transcript.

Schwinn, T. (2020). Wertsphären und Lebensordnungen. In H.-P. Müller & S. Sigmund (Hrsg.), *Max Weber-Handbuch* (S. 189–192). Stuttgart: J. B. Metzler.

Senge, K. (2006). Zum Begriff der Institution im Neo-Institutionalismus. In K. Senge, K.-U. Hellmann & W. R. Scott (Hrsg.), *Lehrbuch. Einführung in den Neo-Institutionalismus* (1. Aufl., S. 35–47). Wiesbaden: VS Verlag für Sozialwissenschaften.

Stachura, M., Albert, G., Bienfait, A. & Sigmund, S. (Hrsg.). (2009). *Der Sinn der Institutionen: Mehr-Ebenen- und Mehr-Seiten-Analyse.* Wiesbaden: VS Verlag für Sozialwissenschaften / GWV Fachverlage GmbH Wiesbaden.

Stölner, R. (2009). *Erziehung als Wertsphäre: Eine Institutionenanalyse nach Max Weber.* Bielefeld: transcript.

Täubig, V. (2011). Lokale Bildungslandschaften – Governance zwischen Schule und Jugendhilfe zum Abbau herkunftsbedingter Bildungsungleichheit? In F. Dietrich, M. Heinrich & N. Thieme (Hrsg.), *Neue Steuerung – alte Ungleichheiten?* (S. 219–228). Münster, New York, München, Berlin: Waxmann.

Tenorth, H.-E. (Hrsg.). (1986). *Allgemeine Bildung. Analysen zu ihrer Wirklichkeit, Versuche über ihre Zukunft.* Weinheim, München: Juventa.

Thiersch, H. (2015). Bildung. In Otto, Hans-Uwe/Thiersch, Hans (Hrsg.), *Handbuch Soziale Arbeit* (S. 206–217). München: Reinhardt.

Weber, M. (1980). *Wirtschaft und Gesellschaft.* Tübingen: Mohr (Siebeck).

Weber, M. (1988a). *Gesammelte Aufsätze zur Religionssoziologie I.* Tübingen: Mohr (Siebeck).

Weber, M. (1988b). *Gesammelte Aufsätze zur Wissenschaftslehre.* Tübingen: Mohr (Siebeck).

Autor:innenverzeichnis

Aram, Elisabeth, Dr., involas – Institut für berufliche Bildung, Arbeitsmarkt- und Sozialpolitik

Bakoben, Sandrine, Universität Duisburg-Essen

Baray, Ariana, ehem. Universität Trier

Benecke, Jakob, Prof. Dr., Alanus Hochschule Mannheim

Brock, Michael, Deutsches Jugendinstitut e.V., Transferagentur Mitteldeutschland Leipzig

Brüggemann, Christian, Prof. Dr., Hochschule für Soziale Arbeit und Pädagogik (HSAP)

Duveneck, Anika, Dr., Freie Universität Berlin

Fischer, Sandra, Dr., Rheinische Friedrich-Wilhelms-Universität Bonn

Fobel, Lea, Universität Leipzig

Gordt, Simon, Dr., Universität Trier

Hack, Carmen, Prof. Dr., Fachhochschule Kiel

Hackstein, Philipp, Institut Arbeit und Qualifikation (IAQ), Universität Duisburg-Essen

Hermstein, Björn, Dr., Stadt Oberhausen

Jehles, Nora, Technische Hochschule Köln

Kanamüller, Alexander, Deutsches Jugendinstitut e.V.

Klausing, Julias, involas – Institut für berufliche Bildung, Arbeitsmarkt- und Sozialpolitik

Klomfaß, Sabine, Prof. Dr., Universität Trier

Kolleck, Nina, Prof. Dr., Universität Leipzig

Langner, Ronald, Deutsches Jugendinstitut e.V.

Le, Thi Huyen Trang, Universität Leipzig

Luthardt, Nicole, Universität Augsburg

Mahl, Franciska, Deutsches Jugendinstitut e.V. – Transferagentur Mitteldeutschland

Maykus, Stephan, Prof. Dr., Hochschule Osnabrück

Menzel, Britta, ism – Institut für sozialpädagogische Forschung Mainz gGmbH

Nikolai, Rita, Prof. Dr., Universität Augsburg

Schlee, Thorsten, Dr., Universität Duisburg-Essen

Schlimbach, Tabea, Deutsches Jugendinstitut e.V. Außenstelle Halle

Schmachtel, Stefanie, Dr., Martin-Luther-Universität Halle-Wittenberg

Scholz, Antonia, Dr., Deutsches Jugendinstitut e.V.

Spies, Anke, Prof. Dr., Carl von Ossietzky Universität Oldenburg

Steiner, Christine, Dr., Deutsches Jugendinstitut e.V.

Stöbe-Blossey, Sybille, Prof. Dr., Institut Arbeit und Qualifikation (IAQ), Universität Duisburg-Essen

Stölner, Robert, Prof. Dr., Ostfalia Hochschule für angewandte Wissenschaften

Wischmann, Anke, Prof. Dr., Europa-Universität Flensburg